V&R

Annette Streeck-Fischer (Hg.)

Die frühe Entwicklung – Psychodynamische Entwicklungspsychologien von Freud bis heute

Vandenhoeck & Ruprecht

Mit 3 Abbildungen

Bibliografische Information der Deutschen Nationalbibliothek

Die Deutsche Nationalbibliothek verzeichnet diese Publikation in der
Deutschen Nationalbibliografie; detaillierte bibliografische Daten sind
im Internet über http://dnb.d-nb.de abrufbar.

ISBN 978-3-525-45138-0

Weitere Ausgaben und Online-Angebote sind erhältlich unter: www.v-r.de

Umschlagabbildung: Delpixel/Shutterstock.com

© 2018, Vandenhoeck & Ruprecht GmbH & Co. KG, Theaterstraße 13, D-37073 Göttingen /
Vandenhoeck & Ruprecht LLC, Bristol, CT, U.S.A.
www.v-r.de
Alle Rechte vorbehalten. Das Werk und seine Teile sind urheberrechtlich
geschützt. Jede Verwertung in anderen als den gesetzlich zugelassenen Fällen
bedarf der vorherigen schriftlichen Einwilligung des Verlages.
Printed in Germany.

Satz: SchwabScantechnik, Göttingen
Druck und Bindung: ⊕ Hubert & Co GmbH & Co. KG,
Robert-Bosch-Breite 6, D-37079 Göttingen

Gedruckt auf alterungsbeständigem Papier.

Inhalt

Vorwort 7

Teil 1: Psychoanalytische Entwicklungstheorien

Samuel Bayer und Annette Streeck-Fischer
Entwicklungstheoretische Ansätze von Sigmund Freud 12

Lucie Loycke-Willerding
René A. Spitz: Seine Erkenntnisse und Folgerungen
aus der direkten Säuglingsbeobachtung 32

Annette Streeck-Fischer
Margaret Mahler und ihr Entwicklungsmodell 48

Samuel Bayer und Charline Logé
Anna Freud: Ich-Psychologie, Abwehr und Kinderanalyse 66

Nikolas Heim
Melanie Klein: Von der Analyse des Kindes zur Begründung
der Objektbeziehungstheorie 82

Lydia Kruska
Donald W. Winnicott – Good enough is good enough! 104

Teil 2: Säuglingsbeobachtung und daraus folgende Entwicklungstheorien

Anna da Coll und Lucia Röder
Daniel N. Stern: Die Entwicklungstheorie des Selbst 120

Anikó Zeisler
Robert N. Emde – von den Grundmotiven zur Selbstentwicklung 140

Adrian Kind
Joseph D. Lichtenberg: Psychoanalyse und Kleinkindforschung –
Folgerungen für die Selbstentwicklung 157

Nora Martinkat
Louis Wilson Sander – Stufen der Entwicklung 176

Ulrike Mensen und Ricarda Ostermann
Bindungstheorie nach Bowlby und Ainsworth 193

Teil 3: Neuere Entwicklungstheorien

Jenny Kaiser
Rainer Krause – Die Rolle der Affekte in der neueren analytischen
Entwicklungspsychologie 208

Julius Kohlhoff
György Gergely: Die Entwicklung des affektiven Selbst 233

Peter Nyssen
Peter Fonagy mit Mary Target:
Das Entwicklungskonzept der Mentalisierung 249

Tobias Becker und Annette Streeck-Fischer
Allan N. Schore – Die rechte Gehirnhemisphäre in der frühen Entwicklung 271

Entwicklungstheorien im Vergleich – grafische Übersicht 285

Die Autoren und Autorinnen 286

Vorwort

Seit den Anfängen der Psychoanalyse haben sich die Theorien zur Psychologie der Entwicklung erheblich verändert. Ausgehend von der Trieblehre wurde die frühe Zeit des Säuglings mit der Vogeleimetapher veranschaulicht (Freud, 1911/1964, S. 232): Danach lebt der Säugling in einem von Reizen weitgehend abgeschlossenen psychischen System, kaum etwas von seiner Umwelt wahrnehmend, lediglich auf Wärme- und Nahrungszufuhr angewiesen und nur dann eine gewisse Öffnung zur äußeren Realität zulassend, wenn die halluzinatorische Wunscherfüllung versagt. Die Auffassung, die sich in dieser Annahme widerspiegelt, hat noch bis vor etwa fünfzig Jahren auch das Laienwissen geprägt. Ich kann mich noch gut erinnern, wie meine Mutter einer Bekannten gegenüber die Bemerkung fallen ließ, dass sie in den ersten drei Lebensmonaten ihres Säuglings ganz beruhigt wegfahren könne; das mache gar nichts, weil das Baby davon nichts merke. Glücklicherweise hat sie diesen Rat bei ihrer eigenen Tochter nicht umgesetzt.

Mit dem viel beachteten Buch von Martin Dornes »Der kompetente Säugling« (1993) hat das veränderte Bild der frühen Entwicklung weite Verbreitung gefunden, was der Säugling alles kann. Verfeinerte Untersuchungsmethoden und differenzierte Beobachtungen haben die vielfältigen Fähigkeiten des Säuglings sowie die Bedeutung der frühen Pflegeperson für seine Entwicklung erkennen lassen und schließlich zu einem Paradigmenwechsel geführt, der die Psychoanalyse in erheblichem Maße beeinflusst hat. Wurde die Entwicklung ursprünglich als ein anlagebedingter, genuiner Prozess verstanden, wird darin mittlerweile ein interpersonelles Geschehen gesehen. Die damit einhergehende Modernisierungsbewegung hat nicht zuletzt zu neuen therapeutischen Konzepten geführt, die statt auf die individuelle seelische Binnenwelt auf zwischenmenschliche Bezogenheit und Intersubjektivität zentrieren. Zugleich waren und sind die modernen Entwicklungsauffassungen auch Anlass zu weitreichenden Kontroversen, zumal im Hinblick auf die fundamentale Frage, was noch oder was nicht mehr als psychoanalytisch gelten soll. So hat André Green (2006) die Entwicklungstheorie Daniels Sterns dahingehend kritisiert, dass sie nicht wissenschaftlich sei, sondern Science-Fiction, gründe Sterns Theorie doch in Beobachtungen von außen, erfasse aber die innere Welt eines Säuglings nicht. Gegenstand der Psychoanalyse, so Green, müsse jedoch das dynamische Unbewusste sein, das im Zentrum der psychoanalytischen Entwicklungstheorien stehe. Diese meinen, die Welt des Säuglings aus den Erfahrungen mit erwachsenen Patienten rekonstruieren zu können.

Während auf der einen Seite eine beziehungsfokussierte, relationale Orientierung in der modernen Psychoanalyse an Bedeutung gewinnt, wird von anderer Seite kritisiert, dass damit einer Oberflächlichkeit und Konformität im Dienste gesellschaftlicher Anpassung zugearbeitet werde, mit der der Reichtum, die Komplexität und die Rätselhaftigkeit eines jeden Augenblicks menschlicher Erfahrung verloren gehe. Während auf der einen Seite das Bemühen im Vordergrund steht, mit der Orientierung an wissenschaftlichen Erkenntnissen der frühen Entwicklung die Psychoanalyse anschlussfähig zu halten und auch neurobiologische Befunde des wachsenden Gehirns zu integrieren, wird auf der anderen Seite eine derartige Verwissenschaftlichung abgelehnt, weil damit der Geist der Psychoanalyse verfälscht werde. Bemühungen, konfligierende Theorien zu einem »Common Ground« zusammenzuführen, begrüßen einige, andere tun sie aber als Illusion ab.

Wenngleich mit den psychoanalytischen und psychodynamischen Entwicklungspsychologien einiger Zündstoff verbunden ist, so ist doch allen die Überzeugung von der Bedeutung der frühen Lebenserfahrungen und insbesondere für die Entwicklung der Persönlichkeit gemein. Allen Theorien liegen Beobachtungen an Säuglingen und Kindern zugrunde, auch wenn ihre Konstrukte von jeweils unterschiedlichen Vorannahmen ausgehen. Dies gilt sowohl für die Entwicklungspsychologen, die die frühen psychoanalytischen Entwicklungstheorien geprägt haben, wie auch für die späteren Entwicklungspsychologen, die sich im Unterschied konsequenter an den Säuglingsbeobachtungen und empirischen Ergebnissen der Säuglingsforschung orientiert haben.

Heute prägen die psychoanalytischen Entwicklungspsychologien sehr weitgehend das Verständnis von psychischen und psychosozialen Störungen. Sie sind nicht zuletzt in gegenwärtig verwendete diagnostische Systeme wie etwa die Operationalisierte Psychodynamische Diagnostik (OPD) eingegangen.

Seit vielen Jahren beschäftige ich mich im Rahmen meiner Tätigkeit als Kinder- und Jugendpsychiaterin und -psychotherapeutin sowie Psychoanalytikerin mit den verschiedenen psychoanalytischen Entwicklungspsychologien. Im Zusammenhang mit meiner Lehre an der Internationalen Psychoanalytischen Universität (IPU) in Berlin stellte sich bald heraus, dass es für die Studenten zumeist ein schwieriges und aufwendiges Unterfangen ist, die einschlägige Literatur zu den jeweiligen entwicklungspsychologischen Theorien aufzufinden. Zumeist müssen sie auf die Originalarbeiten zurückgreifen, die allerdings zu einem nicht unerheblichen Teil weit und unübersichtlich verstreut, zum Teil auch vergriffen sind. Sekundärliteratur zu den verschiedenen Entwicklungstheorien ist oftmals weiterhin rar. In Büchern zur Entwicklungspsychologie sind oft weniger die verschiedenen psychoanalytischen Entwicklungspsychologien dargestellt, vielmehr werden stattdessen die eigenen Konzepte der jeweiligen Autoren wiedergegeben, während die Originalarbeiten lediglich kurz zusammengefasst werden, vertiefte Informationen aber nicht erlauben.

Dabei sind die psychoanalytischen und psychodynamischen Entwicklungspsychologien anhaltend und grundsätzlich von erheblicher Bedeutung, sind sie doch nach wie vor die Grundlage psychoanalytischen und psychodynamischen klinischen Verstehens, der Diagnostik und therapeutischer Konzepte.

Das Buch ist in drei Teile gegliedert:

Im *ersten Teil* werden die frühen Entwicklungstheorien dargestellt, angefangen mit Sigmund Freud über René Spitz, Margaret Mahler, Anna Freud bis hin zu Melanie Klein. Ihre Theorien werden mit dem sogenannten »rekonstruierten Säugling« in Verbindung gebracht. Eine Ausnahme bildet hier lediglich Donald Winnicott, der in einer bis heute für die Entwicklungspsychologie wie die klinische Praxis aktuellen Weise das interpersonelle Geschehen zwischen Mutter und Kind in den Mittelpunkt stellt.

Der *zweite Teil* des Buches umfasst die Theorien, denen mehr oder weniger extensive Säuglingsbeobachtungen zugrunde liegen. Neben Daniel Stern kommen Robert Emde, Joseph Lichtenberg und Louis Sander zu Wort. Eine Ausnahme bilden hier John Bowlby und Mary Ainsworth insofern, als für ihre Theorie biologische Annahmen von zentraler Bedeutung sind.

Mit den Arbeiten von Rainer Krause, György Gergely, Peter Fonagy, Mary Target und Allan Schore geht der *dritte Teil* auf neuere Entwicklungen ein, die aus der Bindungsforschung und Neurobiologie hervorgegangen sind und Theorien der Mentalisierung und Affektentwicklung beeinflusst haben.

Die Autoren der Beiträge dieses Buches waren ausnahmslos Studentinnen und Studenten im Masterstudiengang an der IPU. Sie sind heute in ganz verschiedenen Feldern tätig, die es ihnen erlauben, sich mehr oder weniger intensiv mit den jeweiligen Entwicklungskonzepten auseinanderzusetzen. Ihnen ist es zu verdanken, dass es nun dieses Buch gibt.

Annette Streeck-Fischer

Literatur

Dornes, M. (1993). Der kompetente Säugling. Die präverbale Entwicklung des Menschen. Frankfurt a. M.: Fischer.

Freud, S. (1911/1964). Formulierungen über die zwei Prinzipien psychischen Geschehens. GW VIII (S. 229–238). Frankfurt a. M.: Fischer.

Green, A. (2006). Das Intrapsychische und das Intersubjektive in der Psychoanalyse. In M. Altmeyer, H. Thomae (Hrsg.), Die vernetzte Seele. Die intersubjektive Wende in der Psychoanalyse (S. 227–258). Stuttgart: Klett-Cotta.

Teil 1
Psychoanalytische Entwicklungstheorien

Samuel Bayer und Annette Streeck-Fischer
Entwicklungstheoretische Ansätze von Sigmund Freud

Leben und Werk

Sigismund Schlomo (Sigmund) Freud wurde am 6. Mai 1856 als Sohn des jüdischen Textilkaufmanns Jacob Freud und dessen Ehefrau Amalia geb. Nathanson in Freiberg in Mähren, dem heutigen Příbor (Tschechien) geboren. Freud hatte zwei Halbbrüder und sieben jüngere Geschwister. 1860 zog die Familie Freud aus finanziellen Gründen über Leipzig nach Wien. Wenige Jahre vor seinem Tod musste Freud aufgrund des zunehmenden Drucks des NS-Regimes Wien verlassen und emigrierte nach London, wo er 1939 an den Folgen einer Krebserkrankung starb.

Freud studierte ab 1873 Medizin an der Wiener Universität, promovierte (1881) und habilitierte (1885) dort. 1902 wurde er an selbiger Universität zum Professor für Neuropathologie ernannt. In den frühen 1880er Jahren begann er seine Forscherkarriere mit einer Reihe von Untersuchungen zur damals noch weitgehend unbekannten medizinischen Anwendbarkeit des Alkaloids Kokain, insbesondere seiner psychopharmakologischen Wirkungen, die er u. a. im Selbstversuch testete. Während einer Studienreise 1885/86 besuchte Freud die Pariser Nervenklinik Salpêtrière, in der er auf Jean-Martin Charcot traf. Charcot behandelte dort Patientinnen mit seelischen Erkrankungen – schwerpunktmäßig Frauen, die an Hysterie erkrankt waren – mittels Hypnose oder Suggestionen. Dass die hypnotisierten Patientinnen Auskünfte über ihr Erleben gaben, erweckte in Freud das Interesse, die seelischen Hintergründe der Hysterie intensiver zu erforschen. Er schreibt, er habe durch die intensive Lehrzeit bei Charcot erst »klinisch sehen gelernt« (Freud u. Freud, 1980, S. 228), und bot Charcot an, seine Arbeiten ins Deutsche zu übersetzen. 1896 eröffnete er in Wien eine neuropsychiatrische Praxis. Im selben Jahr heiratete er seine Verlobte Martha Bernays (1861–1951). Die beiden bekamen sechs Kinder, u. a. ihre jüngste Tochter Anna Freud, die ebenfalls Psychoanalytikerin wurde.

Durch die Behandlung seiner Patientinnen und Patienten gelangte Freud zu der Auffassung, dass seelischen Störungen, insbesondere der Hysterie, reale, verdrängte traumatische Erfahrungen (in der Regel ein sexueller Missbrauch) zugrunde liegen (Affekt-Trauma-Modell bzw. Verführungstheorie). Freuds Hypothese war, dass mithilfe von Deutungen der spontanen Äußerungen der Patienten auf ihre verschlüsselten Ängste geschlossen werden könne und mit Aufhebung der Verdrängung auch der Grund für die Symptombildung entfalle.

Später relativiert er die Verführungstheorie und ersetzt die Lehre vom pathogenen Trauma durch die Lehre von der konflikthaften Phantasie. 1897 formulierte Freud in einem Brief an Wilhelm Fließ u. a. nach selbstanalytischen Betrachtungen erstmals den sogenannten Ödipuskomplex: »Ein einziger Gedanke von allgemeinem Wert ist mir aufgegangen. Ich habe die Verliebtheit in die Mutter und die Eifersucht gegen den Vater auch bei mir gefunden und halte sie jetzt für ein allgemeines Ereignis früher Kindheit« (zit. nach Masson, 1985, S. 293). Durch diese Weiterentwicklung wurde die psychische Realität zum Hauptgegenstand der Psychoanalyse.

Im Jahre 1899/1900 veröffentlicht Freud eines der Grundlagenwerke der Psychoanalyse: »Die Traumdeutung«. Hier führt er zentrale Begriffe der frühen Psychoanalyse ein. Freud verbindet das bereits vorhandene Wissen um die Konflikthaftigkeit menschlicher Sexualität, den Ödipuskonflikt, die Mechanismen der Psychodynamik und der spezifischen Eigenarten des unbewussten Denkens. Er stellt das Unbewusste als das Eigentliche des Seelenlebens dar: »Das Unbewußte ist das eigentlich reale Psychische, uns nach seiner inneren Natur so unbekannt wie das Reale der Außenwelt und uns durch die Daten des Bewußtseins ebenso unvollständig gegeben wie die Außenwelt durch die Angaben unserer Sinnesorgane« (Freud, 1900/1961, S. 617 f.). Im weiteren Verlauf seiner frühen psychoanalytischen Theorieentwicklung begründet er bis 1905 die Triebtheorie als libidotheoretisches Konzept. Sexuelle Wunschregungen gelten als Triebfeder psychischer Geschehnisse und als biologisches Fundament und damit wichtigste motivationale Kraft. Mittels Sublimierung kann der Mensch die unterdrückte Libido in kulturelle Leistungen umwandeln. Träume, Symptome und die sogenannte Psychopathologie des Alltagslebens, in der sich Freud mit der Bedeutung von Vergesslichkeit, Feindseligkeit oder Eifersucht beschäftigt, gelten als verschlüsselte Hinweise auf den Konflikt zwischen menschlichen Wünschen und Verboten.

1905 fokussiert Freud in »Drei Abhandlungen zur Sexualtheorie« die menschliche Sexualität, anhand derer er seine Triebtheorie entwickelt und beschreibt (Laplanche u. Pontalis, 1975, Stichwort: Trieb). Er spricht dem Kleinkind erotische Impulse zu und betont den Sexualtrieb als zentrale Antriebskraft menschlichen Verhaltens. Freuds Triebtheorie ist von Beginn an dualistisch aufgebaut: zunächst als Dualismus von Sexualtrieben und Ich- bzw. Selbsterhaltungstrieben

(Laplanche u. Pontalis, 1975, Stichwort: Trieb). Mit der Einführung des Todestriebs in »Jenseits des Lustprinzips« (1920) konstatiert er den Triebdualismus von Eros, der den Sexualtrieb und den Lebenserhaltungstrieb zusammenfasst, und Thanatos (Freud, 1920/1963). In »Drei Abhandlungen zur Sexualtheorie« beschreibt Freud u. a. die sexuelle Komponente des normalen und des pathogenen Verhaltens.

Während sich Freud zu Beginn seiner Auseinandersetzung mit der Nervenheilkunde vor allem mit Josef Breuer und Wilhelm Fließ wissenschaftlich austauschte, fand er mit der Veröffentlichung der »Traumdeutung« einen erweiterten Anhängerkreis, mit dem er in der sogenannten Mittwochgesellschaft über die Psychoanalyse und kulturelle Themen diskutierte. 1908 fand in Salzburg der erste internationale psychoanalytische Kongress statt.

1916/17 hielt Freud an der Wiener Universität seine letzte Vorlesung zur Einführung in die Psychoanalyse. 1923 entwickelt er in »Das Ich und das Es« sein bekanntes Strukturmodell, bestehend aus Ich, Es und Über-Ich. Das Es stellt das Hauptreservoir psychischer Energie dar. Das Es und die Triebe haben wesentlichen Anteil an der Organisation der Psyche.

Freuds Entwicklungstheorien

Eine der wichtigsten Annahmen Freuds für die psychoanalytische Theoriebildung beruht darauf, dass er der frühen Kindheit eine zentrale Bedeutung für die Entwicklung des Menschen beimaß. Auf der Erkenntnis, dass die frühen Entwicklungsprozesse alle wesentlichen Persönlichkeitsfunktionen des späteren Lebens prägen, baute er seine Theorien und sein Behandlungskonzept auf.

Zu betonen ist, dass Freuds Forschungsschwerpunkt primär der Krankheitslehre galt und dass er sich aus der Perspektive der Ätiologie psychischer Erkrankungen mit der Entwicklung des Menschen und des Kindes auseinandersetzte. Seine theoretisch-rekonstruktiven Annahmen zur kindlichen Entwicklung stammen primär aus den Behandlungen erwachsener neurotischer Patienten. Freud spricht deshalb in Bezug auf seine entwicklungspsychologischen Theorien von »Konstruktionen« (u. a. Freud, 1937/1961). Auch die bekannte »Krankheits- und Heilungsgeschichte« des kleinen Hans (1905), auf die im folgenden Kapitel genauer eingegangen wird, stellte keine direkte Behandlung Freuds dar.

Die freudsche Psychoanalyse im Allgemeinen und die entwicklungstheoretischen Überlegungen im Speziellen sind im Kontext seiner Triebtheorie zu betrachten:

Freud ging davon aus, dass unbewusste Triebe im Menschen motivations- und handlungsbestimmend wirken. Es ist ein »dynamischer, in einem Drang bestehender Prozeß (energetische Ladung, motorisches Moment), der den Organismus auf ein Ziel hinstreben läßt« (Laplanche u. Pontalis, 1975, S. 525 f.). Freud entwickelte und untersuchte den Triebbegriff am Modell der Sexualität (Freud, 1905/1961). Er stellte dem Sexualtrieb, den er 1905 einführt, jedoch von vorneherein andere Triebe gegenüber (Laplanche u. Pontalis, 1975, Stichwort: Trieb). So ging Freud zunächst von einem Triebdualismus, bestehend aus Sexualtrieb und Selbsterhaltungstrieb, aus. Dieser Dualismus sei »seit den Anfängen der Sexualität am Werk: seit sich der Sexualtrieb von den Funktionen der Selbsterhaltung ablöst, an die er sich zunächst angelehnt hatte« (Laplanche u. Pontalis, 1975, S. 528).

In »Drei Abhandlungen zur Sexualtheorie«, die Freud 1915 substanziell ergänzt, definiert er den Begriff des Triebes wie folgt: »Unter einem ›Trieb‹ können wir zunächst nichts anderes verstehen als die psychische Repräsentanz einer kontinuierlich fließenden, innersomatischen Reizquelle, zum Unterschiede von ›Reiz‹, der durch vereinzelte und von außen kommende Erregungen hergestellt wird. Trieb ist so einer der Begriffe der Abgrenzung des Seelischen vom Körperlichen. […] Was die Triebe voneinander unterscheidet und was sie mit spezifischen Eigenschaften ausstattet, ist deren Beziehung zu ihren somatischen Quellen und zu ihren Zielen. Die Quelle des Triebes ist ein erregender Vorgang in einem Organ und das nächste Ziel liegt in der Aufhebung dieses Organreizes« (Freud, 1905/1961, S. 67).

Freud postuliert, dass Triebe nicht ins Bewusstsein gelangen könnten. Ihre »motivationsbestimmende Kraft [könne] nur aufgrund ihrer Auswirkungen auf das psychische Geschehen bewusst werden« (Tyson u. Tyson, 2009, S. 342). Bewusstseinsfähig seien lediglich sogenannte Triebabkömmlinge oder Triebrepräsentanzen, die im Verhalten eines Menschen, in seinen Gedanken, Impulsen und Wünschen Ausdruck finden können. Freud verknüpft mit dem Triebkonzept körperliche und seelische Vorgänge. Ein Trieb, der nicht mit einer Repräsentanz in Verbindung steht bzw. gleichsam als somatische Quelle persistiert, kann sich im Wiederholungszwang ausdrücken (Freud, 1920/1963) oder – so würde man heute sagen – körperlich bzw. handelnd zum Ausdruck kommen.

In Freuds Arbeiten finden sich nur relativ wenige Äußerungen über die frühe Mutter-Kind-Interaktion. Dennoch wird an einigen Stellen deutlich, wie er diese frühe Entwicklungsphase konzeptualisiert. Triebtheoretisch orientiert, beschreibt Freud in seinen Konzepten den Anderen/das Objekt »als Mittel, über das Bedürfnisbefriedigung gesucht und erlangt wird. Der Säugling erlebt das Objekt im Rahmen libidinöser Befriedigung« (Tyson u. Tyson, 2009, S. 80). Da die Libido für Freud lustorientiert ist, kann der Wunsch nach Befriedigung in eine Objektsuche münden, wenn bereits Erinnerungsspuren mit entsprechenden Interaktionserfahrungen gebildet wurden. Freud schreibt dazu: »Aus dem Wunschzustand folgt geradezu eine Attraktion nach dem Wunschobjekt respektive dessen Erinnerungsbild« (Freud, 1895/1987, S. 415).

Freud geht zunächst davon aus, dass der Säugling vom sogenannten Lustprinzip bestimmt ist mit dem Ziel, Lust zu erlangen und Unlust zu vermeiden. In seiner Schrift »Formulierungen über die zwei Prinzipien psychischen Geschehens« führt Freud neben dem Lustprinzip auch das Realitätsprinzip als reiferes Regulationsprinzip des psychischen Geschehens ein. Er beschreibt das Wirken des Lust- und Realitätsprinzips wie folgt: »Ich greife auf Gedankengänge zurück, die ich an anderer Stelle (im allgemeinen Abschnitt der Traumdeutung) entwickelt habe, wenn ich supponiere, daß der psychische Ruhezustand anfänglich durch die gebieterischen Forderungen der inneren Bedürfnisse gestört wurde. In diesem Falle wurde das Gedachte (Gewünschte) einfach halluzinatorisch gesetzt, wie es heute noch allnächtlich mit unseren Traumgedanken geschieht. Erst das Ausbleiben der erwarteten Befriedigung, die Enttäuschung, hatte zur Folge, daß dieser Versuch der Befriedigung auf halluzinatorischem Wege aufgegeben wurde. Anstatt seiner mußte sich der psychische Apparat entschließen, die realen Verhältnisse der Außenwelt vorzustellen und die reale Veränderung anzustreben. Damit war ein neues Prinzip der seelischen Tätigkeit eingeführt; es wurde nicht mehr vorgestellt, was angenehm, sondern was real war, auch wenn es unangenehm sein sollte. Diese Einsetzung des Realitätsprinzips erwies sich als ein folgenschwerer Schritt« (Freud, 1911/1964, S. 230 f.).

Freud ist der Auffassung, dass im Säugling zunächst das Lustprinzip wirke, indem die Triebe Abfuhr und Befriedigung auf kürzestem Wege suchen. Er meint, dass der Säugling über ein von den Reizen der Außenwelt relativ abgeschlossenes psychisches System verfüge (Freud, 1911/1964). Als Metapher hierfür führt Freud das »in die Eischale eingeschlossene Vogelei [an], für das sich die Mutterpflege auf die Wärmezufuhr einschränkt« (Freud, 1911/1964, S. 232). Ein solches geschlossenes, von äußeren Reizen geschütztes System (die Eierschale verweist auf der Reizschutzschranke, siehe Freud 1920/1963) lasse sich zunächst auch bei dem Säugling finden. Dieses modellhaft angenommene psychische System wird ausschließlich vom Lust-/Unlustprinzip bestimmt, schirmt äußere Reize so weit wie möglich ab und versucht die inneren Spannungen so gering wie möglich zu halten, eben auch mithilfe unreifer, dysfunktionaler Mechanismen: »Gebieterische Forderungen innerer Bedürfnisse« (Freud, 1911/1964, S. 231), das heißt Unlusterfahrungen, aktivieren die halluzinatorische Wunscherfüllung. Erst mit dem Ausbleiben der ursprünglich halluzinierten Befriedigung wendet sich der Säugling der äußeren Realität zu. Durch diese Erfahrungen werde das Realitätsprinzip mehr und mehr verankert.

An anderer Stelle nennt Freud den anfänglichen Zustand des Säuglings einen primär narzisstischen. Er beschreibt diesen als einen »ersten (objektlosen) narzißtischen Zustand«, der »durch das völlige Fehlen einer Beziehung zu seiner Umgebung charakterisiert« (Laplanche u. Pontalis, 1975, S. 319) ist. Diese Ansicht hat er allerdings später wieder revidiert.

Nachdem Freud mit seiner Verführungstheorie zunächst ein Erklärungsmodell für die Entstehung von Neurosen fand, hat er diesen Ansatz zurückgenommen und stattdessen ein umfassenderes Modell für psychische Störungen entwickelt. Mit der Triebtheorie legte er den Grundstein einer psychoanalytischen Entwicklungslehre, die im Wesentlichen ein Konstrukt darstellt. Er stellte fest, dass »die neurotischen Symptome nicht direkt an wirkliche Erlebnisse anknüpften, sondern an Wunschphantasien, und daß für die Neurose die psychische Realität mehr bedeute als die materielle« (Freud, 1925/1963, S. 60).

Mit der Entdeckung einer »konstitutionelle[n] sexuelle[n] Anlage des Kindes« (Freud, 1906/1961, S. 156), die »keines äußeren, akzidentellen Anlasses – z. B. einer realen Traumatisierung – bedarf, um geweckt oder gar erzeugt zu werden« (Lohmann, 2006, S. 31), fokussierte sich Freud auf die Entwicklung der Sexualität. Nach Freud sei es ein »folgenschwerer Irrtum« (Freud, 1905/1961, S. 73) anzunehmen, dass der Geschlechtstrieb in der Kindheit fehle. In »Drei Abhandlungen zur Sexualtheorie« bestand das Revolutionäre Freuds jedoch nicht allein darin, dass er von einer infantilen Sexualität ausging – das taten auch einige Autoren vor ihm (Früh u. Reichmayr, 2006) –, sondern vielmehr, dass »er die Erkenntnisse der zeitgenössischen Sexologie neu ordnete, verknüpfte und bewertete und deren grundlegende Bedeutung für die menschliche Existenz herausstellte« (Lohmann, 2006, S. 28). Die von Freud in den »Drei Abhandlungen zur Sexualtheorie« dargestellten Erkenntnisse beruhen zum einen auf direkten Kinderbeobachtungen, zum anderen auf der analytischen Aufdeckung bis dahin unbewusster Kindheitserinnerungen seiner neurotischen Patienten.

Freud ging von einer »polymorph perversen« (Freud, 1905/1961, S. 91) Struktur kindlicher Sexualität aus. Darunter ist zum einen die »Vielfältigkeit der Erregungsmöglichkeiten des kindlichen Körpers« (Früh u. Reichmayr, 2006, S. 149) zu verstehen, zum anderen, dass die Libido noch nicht unter dem Primat der Genitalität steht, sondern in Form von prägenitalen Partialtrieben unter der Regie unterschiedlicher erogener Zonen verschiedene Ziele verfolgt (Freud, 1905/1961). Damit äußert sich die kindliche Sexualität in vielfältigen Paraphilien, das heißt in Verhaltensweisen, die von der Norm einer erwachsenen, »normalen« sexuellen Beziehung oder Betätigung abweichen.

Freud ging von einer phasenspezifischen Entwicklung der (infantilen) Sexualität aus: beginnend mit den prägenitalen Organisationen der Libido bis hin zur definitiven Gestaltung des Sexuallebens nach der Pubertät.

Als früheste erogene Zone nahm Freud die orale Zone, den Mund an. Über die Mundschleimhaut – Freud nannte diese Phase orale Phase – erfasst der Säugling die Welt und verschafft sich durch Lutschen oder Ludeln (Wonnesaugen) Lust. »Das Wonnesaugen ist mit voller Aufzehrung der Aufmerksamkeit verbunden, führt entweder zum Einschlafen oder selbst einer motorischen Reaktion in einer Art von Orgasmus. Nicht selten kombiniert sich mit dem Wonnesaugen die reibende Berührung gewisser empfindlicher Körperstellen, der Brust, der äußeren Genitalien« (Freud, 1905/1961, S. 80 f.). Freud erkannte in dem kindlichen Lutschen, das »in einer rhythmisch wiederholten saugenden Berührung mit dem Munde (den Lippen)« besteht (S. 80), noch einen weiteren Aspekt der infantilen Sexualbetätigung: Sie entsteht immer in »Anlehnung an eine der lebensnotwichtigen Körperfunktionen« (S. 83): im Fall der oralen Phase an die Ernährungsfunktion des Mundes. Für Freud ist in der oralen Phase die Sexualfunktion noch nicht von der Ernährungsfunktion differenziert: »Das Objekt der einen Tätigkeit ist auch das der anderen, das Sexualziel besteht in der Einverleibung des Objektes« (S. 98). Die infantile Sexualbetätigung sei stets »durch das Suchen nach einer – bereits erlebten und nun erinnerten – Lust bestimmt« (S. 82). Die orale Sexualbetätigung ist die Wiederholung der Bedürfnisbefriedigung des Saugens an der Mutterbrust. »Die Erfahrung der Befriedigung erschafft den Sexualtrieb, die erogene Zone ist die psychosexuelle Erinnerungsspur einer primären [d. h. einer ursprünglichen] Befriedigung, die wiederholt bzw. wiederhergestellt werden soll« (Bayer u. Lohmann, 2010, S. 171 f.).

Auf die orale Phase folgt die sogenannte anale Phase. In dieser Phase löst die Afterzone die Mundschleimhaut als führende erogene Zone ab. Nach Freud ist ab diesem Punkt »die Gegensätzlichkeit, welche das Sexualleben durchzieht, bereits ausgebildet« (Freud, 1905/1961, S. 99). Er bezieht sich auf die Gegensätzlichkeit zwischen aktiv und passiv. »Die Aktivität wird durch den Bemächtigungstrieb von seiten der Körpermuskulatur hergestellt, als Organ mit passivem Sexualziel macht sich vor allem die erogene Darmschleimhaut geltend« (S. 99). Der Darminhalt stellt »das erste ›Geschenk‹ dar, durch dessen Entäußerung die Gefügigkeit, durch dessen Verweigerung der Trotz des kleinen Wesens gegen seine Umgebung ausgedrückt werden kann« (S. 87). Die Afterzone ist ähnlich wie die Lippenzone durch ihre Lage geeignet, eine Anlehnung der Sexualität an andere Körperfunktionen zu vermitteln. »Kinder, welche die erogene Reizbarkeit der Afterzone ausnützen, verraten sich dadurch, dass sie die Stuhlmassen zurückhalten, bis dieselben durch ihre Anhäufung heftige Muskelkontraktionen anregen und beim Durchgang durch den After einen starken Reiz auf die Schleimhaut ausüben können« (S. 87). In dieser Zeit könne es zu einer Vorherrschaft des Sadismus[1] und der Kloakenrolle[2] kommen. Freud unterteilt die anale Phase in eine frühe, in der das passive Darmentleeren, das Kotausstoßen, im Vordergrund steht, und eine späte Phase des Kotzurückhaltens.

Als dritte Phase der Sexualorganisation – nach der oralen und analen Phase, die er als »prägenital« (1905/1961, S. 98) zusammenfasste – führte Freud die sogenannte phallische Organisationsstufe/phallische Phase ein (Freud, 1923/1963), die er noch nicht von der ödipalen Phase trennte. Mittlerweile wird sie jedoch primär als phallisch narzisstische Phase (3.–5. Lebensjahr) oder als präödipal-genital bezeichnet. In dieser Phase stand zunächst noch nicht das ödipale Dreieck, sondern vielmehr die Bestätigung der jeweiligen psychosexuellen Differenzierung im Vordergrund.

Freud war der Auffassung, dass in dieser Phase der infantilen Sexualität das »Interesse an den Genitalien und die Genitalbetätigung eine dominierende Bedeutung [gewinnt], die hinter der in der Reifezeit wenig zurücksteht« (Freud, 1923/1963, S. 294). Die Phase sei charakterisiert »durch die Vereinigung der Partialtriebe unter dem Primat der Genitalorgane« (Laplanche u. Pontalis, 1975, S. 383). Sie unterscheide sich jedoch »in einem wesentlichen Punkt von der definitiven Organisation der Geschlechtsreife […]. Sie kennt nämlich nur eine Art von Genitale, das männliche« (Freud, 1905/1961, S. 100).

Das Kleinkind erkenne in der phallischen Phase, dass »der Penis nicht ein Gemeingut aller ihm ähnlichen Wesen« (Freud, 1923/1963, S. 295) ist. Das genitale Gegensatzpaar in dieser Phase heiße demnach noch nicht »männlich und weiblich«, sondern männliches Genital oder kastriert. Freud führt in diesem Zusammenhang den sogenannten Kastrationskomplex ein, der »eine Antwort auf das Rätsel [bietet], das der anatomische Geschlechtsunterschied […] dem

---

1 Dieser verbindet sich mit den »falschen Sexualtheorien« (Freud) des Kindes: Der Koitus der Eltern, den das Kind beobachtet, fasst es als sadistischen Akt auf, bei dem der stärkere Teil dem Schwächeren etwas mit Gewalt antut. So werde die Rauferei, wie sie sie aus ihrem Kinderverkehr kennen, ja auch mit sexueller Erregung verbunden. Sexuelle Lust oder Befriedigung wird dadurch erlebt, anderen Menschen Schmerzen zuzufügen, sie zu demütigen oder zu unterdrücken.
2 Das Kind halte das weibliche Genital für einen einzigen Raum, Vagina und After gehörten zusammen. Dann sei es »konsequent, daß das Kind das schmerzliche Vorrecht des Weibes, Kinder zu gebären, nicht gelten läßt. Wenn die Kinder durch den After geboren werden, so kann der Mann ebensogut gebären wie das Weib. Der Knabe kann also auch phantasieren, daß er selbst Kinder bekommt, ohne daß wir ihn darum femininer Neigungen zu beschuldigen brauchen. Wenn sich die Kloakentheorie der Geburt im Bewußtsein späterer Kinderjahre erhält, was gelegentlich vorkommt, so bringt sie auch eine allerdings nicht mehr ursprüngliche Lösung der Frage nach der Entstehung der Kinder mit sich« (Freud, 1908/1976, S. 181 f.).

Kind aufgibt« (Laplanche u. Pontalis, 1975, S. 242). Die Wahrnehmung der Ungleichheit des Genitals hat eine unterschiedliche Wirkung auf Jungen und Mädchen: Freud war der Auffassung, dass Mädchen die Penislosigkeit als »erlittene[n] Nachteil« (Laplanche u. Pontalis, 1975, S. 242), als Benachteiligung und Minderwertigkeit wahrnehmen. Jungen fürchten hingegen eine Kastration »als Realisierung einer väterlichen Drohung und als Antwort auf [...] sexuelle Aktivität; daraus entsteht [...] eine heftige Kastrationsangst« (S. 242). Freud exemplifiziert die Kastrationsandrohung anhand eines Beispiels: »Wenn das (männliche) Kind sein Interesse dem Genitale zugewendet hat, so verrät es dies auch durch ausgiebige manuelle Beschäftigung mit demselben und muß dann die Erfahrung machen, daß die Erwachsenen mit diesem Tun nicht einverstanden sind. Es tritt mehr oder minder deutlich, mehr oder weniger brutal, die Drohung auf, daß man ihn dieses von ihm hochgeschätzten Teiles berauben werde« (Freud, 1924/1963, S. 396). Bei Jungen sei diese Zeit von der Kastrationsangst und beim Mädchen vom Penisneid bestimmt.

Die Kastrationsangst steht in enger Verbindung mit dem Ödipuskomplex, dem zentralen Konfliktgeschehen der phallisch ödipalen Phase. Freud erkannte ödipale Triebregungen in der psychoanalytischen Behandlung seiner Patienten, später auch in seiner Selbstanalyse, wie er in einem Brief an Wilhelm Fließ schrieb: »Ein einziger Gedanke von allgemeinem Wert ist mir aufgegangen. Ich habe die Verliebtheit in die Mutter und die Eifersucht gegen den Vater auch bei mir gefunden und halte sie jetzt für ein allgemeines Ereignis in der frühen Kindheit« (zit. nach Masson, 1985, S. 293). In den »Drei Abhandlungen zur Sexualtheorie« verweist Freud auf die Ubiquität der ödipalen Krise: »Jedem menschlichen Neuankömmling ist die Aufgabe gestellt, den Ödipuskomplex zu bewältigen« (Freud, 1905/1961, S. 127).

Es gebe sowohl einen »positiven« als auch einen »negativen« Ödipuskomplex: In seiner positiven Form ist er durch Todeswünsche gegenüber »dem Rivalen als Person gleichen Geschlechts und sexueller Wunsch gegenüber der Person des entgegengesetzten Geschlechts« (Laplanche u Pontalis, 1975, S. 351) charakterisiert. Der negative Ödipuskomplex stellt sich in umgekehrter Form dar: Liebesgefühle für das gleichgeschlechtliche Elternteil und eifersüchtiger Hass gegenüber dem gegengeschlechtlichen. Tatsächlich finden sich beide Arten des ödipalen Konflikts in unterschiedlichem Grad in dem sogenannten vollständigen Ödipuskomplex (Laplanche u. Pontalis, 1975). Für den Jungen besteht die »positive« libidinöse Besetzung darin, dass er die Mutter begehrt und den Vater (mit dem er identifiziert ist) ersetzen möchte. Die »negative« Position besteht darin, dass er den Vater begehrt und, mit der Mutter identifiziert, vom Vater begehrt werden will. Die positive, aktive ödipale Position wird durch die Kastrationsandrohung (als Antwort auf masturbatorische Aktivität o. Ä.) zur Un-Möglichkeit, die negative, passive Position wird durch die Übernahme der weiblichen Position, das heißt, kastriert und penislos zu sein, ebenfalls zur Un-Möglichkeit. »Die unvermeidliche Kenntnisnahme des weiblichen, penislosen Genitales zwingt den Knaben zur Einsicht, daß Kastration tatsächlich möglich sei, wodurch die passive Position die nämliche Gefahr, den Verlust des Genitales, bedeutet und gleichzeitig die Gefahr der Kastration in der aktiven Position realistisch erscheinen läßt« (Staufenberg, 2006, S. 164). Der Junge gerät also in den Konflikt zwischen seinen ödipalen Triebwünschen gegenüber seinen Eltern und dem narzisstischen Interesse an seinem Genital. In diesem Konflikt wendet sich das Kind in der Regel vom Ödipuskomplex ab (Freud, 1924/1963).

Freud (1924/1963) sieht im Ödipuskomplex ein durch die Heredität bestimmtes Phänomen, das »programmgemäß« kommen und gehen muss. Jungen wie Mädchen stoßen auf die Unrealisierbarkeit ihrer ödipalen Wünsche: »das kleine Mädchen, das sich für die bevorzugte Geliebte des Vaters halten will, muß einmal eine harte Züchtigung durch den Vater erleben und sieht sich aus allen Himmeln gestürzt. Der Knabe, der die Mutter als sein Eigentum betrachtet, macht die Erfahrung, daß sie Liebe und Sorgfalt von ihm weg auf einen neu Angekommenen richtet« (S. 395).

Für Freud müsse der Ödipuskomplex »fallen«, wenn die Zeit seiner Auflösung gekommen sei. Er vergleicht es mit dem Ausfallen der Milchzähne und deren Ersetzung durch die bleibenden Zähne und sieht darin gleichsam ein biologisches Phänomen. Die Bewältigung des ödipalen Konfliktes markiert für Freud den vorläufigen Abschluss der psychosexuellen Entwicklung.

Freud bezieht sich in seiner Ödipustheorie ausdrücklich auf die Entwicklung beim männlichen Kind, während ihm die Vorgänge beim Mädchen »dunkler und lückenhafter« (Freud, 1924/1963, S. 400) erschienen. Auf die Rezeption seiner phallozentrischen Perspektive in der Konzeption der infantilen Sexualität wird im abschließenden Kapitel genauer eingegangen.

Die weitere kindliche Entwicklung stellte Freud sich wie folgt vor: »Die Objektbesetzungen werden aufgegeben und durch Identifizierung ersetzt. Die ins Ich introjizierte Vater- oder Elternautorität bildet dort den Kern des Über-Ichs, welches vom Vater die Strenge entlehnt, sein Inzestverbot perpetuiert und so das Ich gegen die Wiederkehr der libidinösen Objektbesetzung versichert. Die dem Ödipuskomplex zugehörigen libidinösen Strebungen werden zum Teil desexualisiert und sublimiert, was wahrscheinlich bei jeder Umsetzung in Identifizierung geschieht, zum Teil zielgehemmt und in zärtliche Regungen verwandelt. Der ganze Prozeß hat einerseits das Genitale gerettet, die Gefahr des

Verlustes von ihm abgewendet, anderseits es lahmgelegt, seine Funktion aufgehoben. Mit ihm setzt die Latenzzeit ein, die nun die Sexualentwicklung des Kindes unterbricht« (Freud, 1924/1963, S. 399).

Mit der Pubertät kommt es im Sinne des zweizeitigen Ansatzes der Sexualentwicklung zu einer Wiederbelebung frühkindlicher Arten des Lustgewinns. Die sogenannte *genitale Phase* mit einer zeitlichen Einteilung in Vorpubertät und Pubertät ist vor allem in der früheren Phase durch eine Wiederbelebung der ödipalen Situation gekennzeichnet.

In der Folgezeit wurde die psychosexuelle Entwicklungstheorie Freuds vielfach rezipiert, weiter ausgearbeitet und kritisch beleuchtet.

Der kleine Hans

Im Folgenden wird detaillierter auf Freuds Schrift »Analyse der Phobie eines fünfjährigen Knaben« aus dem Jahre 1909 eingegangen. Die berühmte Fallgeschichte stellt die einzige kinderpsychoanalytische Behandlung dar, die Freud veröffentlichte. Freud hat den »kleinen Hans« – sein vollständiger Name war Herbert Graf – jedoch nicht selbst behandelt, sondern die »anamnestische Beobachtung« und »Behandlung« von dessen Vater, Max Graf, beraten/supervidiert. Der Fall des kleinen Hans nimmt auch deshalb eine »hervorragende« (Freud, 1909/1999, S. 244) Bedeutung im freudschen Werk ein, da er, nach Hárnik, »den ausführlichen Nachweis [darstellt], daß die direkte Kinderbeobachtung [,] Freuds Aufstellungen über die Natur der infantilen Sexualität, die er in den »Drei Abhandlungen zur Sexualtheorie« auf Grund von Analysen erwachsener Neurotiker niedergelegt hat, vollinhaltlich« (Hárnik, 1926, S. 28) bestätigt. Mit Hilfe des von Hans' Vater zur Verfügung gestellten Fallmaterials wollte Freud seine bislang auf Konstruktionen beruhenden Annahmen über den konflikthaften Verlauf der infantilen Libidoentwicklung (von der autoerotischen Sexualbetätigung über die polymorph-perversen Sexualorganisation zum ödipalen Konflikt, der am Kastrationskomplex scheitert) quasi in Direktbeobachtung veranschaulichen und belegen.

Der kleine Hans entwickelte um das fünfte Lebensjahr phobische Symptome, genauer eine Pferdephobie, die ihn daran hinderte, die Straße zu betreten (Freud, 1909/1999). Ab dem dritten Lebensjahr zeigte er ein sehr reges Interesse für seinen »Wiwimacher« (Freud, 1909/1999, S. 245). Der kulturellen Sexualmoral folgend, untersagte die Mutter die Berührungen des Gliedes und sprach eine Kastrationsdrohung aus: »Wenn du das machst, lass' ich den Dr. A. kommen, der schneidet dir den Wiwimacher ab« (S. 245). Diese Kastrationsandrohung sollte im weiteren Verlauf der Krankengeschichte eine überaus wichtige Rolle spielen. Wilhelm Salber betont außerdem die pathogenetische Relevanz der Geburt von Hans' Schwester (3,5 Jahre jünger) für die psychosexuelle Entwicklung des Jungen. »Dieses Ereignis *verschärft* seine Beziehungen zu den Eltern (Eifersucht), stellt seinem Denken unlösliche *Aufgaben* (die Frage, woher die Kinder kommen; die Geschlechterdifferenz) und belebt durch das Zuschauen bei der Kinderpflege die *Erinnerungsspuren* seiner eigenen frühesten Lusterlebnisse« (Salber, 2006, S. 66).

Im Fallmaterial wird die libidinöse Besetzung der Mutter deutlich. So kommt der kleine Hans z. B. im Alter von vier Jahren eines Morgens weinend zu seinen Eltern und berichtet: »›Wie ich geschlafen hab', hab' ich gedacht, du bist fort und ich hab' keine Mammi zum Schmeicheln‹ (= liebkosen)« (Freud, 1909/1999, S. 259). Freud deutet diese und zahlreiche weitere Beschreibungen der Eltern als Manifestationen des ödipalen Konflikts. Der kleine Hans hat den Vater als störenden Dritten entdeckt, macht ihn für die Abwesenheit der Mutter verantwortlich, möchte den Vater »weg, beseitigt haben […], um mit der schönen Mutter allein zu sein, bei ihr zu schlafen« (S. 345). »Die beiden Hauptströmungen des normalen Ödipuskomplexes beherrschen ihn also, und die Bestrafung, die er dafür [vom Vater] befürchtete, war der Verlust seines Gliedes, die Kastration« (Hárnik, 1926, S. 28).

Die Ödipussituation führt den kleinen Hans unausweichlich in einen weiteren, inneren Konflikt, den Ambivalenzkonflikt zwischen seinen Beseitigungswünschen dem Vater gegenüber und der Liebe zu ihm. Der konflikthafte und Bestrafungsangst auslösende Hass auf den Vater überfordert das kindliche Ich und muss aus dem Bewusstsein entfernt, das heißt verdrängt werden. Dies ist der Auslöser der eigentlichen Symptombildung, der Tierphobie: »Wenn der kleine Hans, der in seine Mutter verliebt ist, Angst vor dem Vater zeigen würde, hätten wir kein Recht, ihm eine Neurose, eine Phobie zuzuschreiben. Wir hätten eine durchaus begreifliche affektive Reaktion vor uns. Was diese zur Neurose macht, ist einzig und allein ein anderer Zug, die Ersetzung des Vaters durch das Pferd« (Freud, 1926/1991, S. 131).

Hans erwehrt sich seiner triebhaften Gefühle gegenüber dem Vater, indem er sie verdrängt und auf ein anderes Objekt verschiebt: Sie finden entstellten Ausdruck in der Furcht vor dem Pferd. Der »Motor der Verdrängung« (Freud, 1926/1991, S. 136) ist die Angst vor einer drohenden Kastration. »Aus Kastrationsangst gibt der kleine Hans die Aggression gegen den Vater auf: Seine Angst, das Pferd werde ihn beißen […] [ist eigentlich die Angst], das Pferd werde ihm das Genitale abbeißen« (S. 136). Die eingangs beschriebene Kastrationsandrohung der Mutter und die Realisierung, dass Frauen keinen Penis haben, hatten sich beim kleinen Hans zum Zeitpunkt der Symptombildung zur ödipalen Kastrationsangst verdichtet. Die Mechanismen der Verdrängung (Hans empfindet keinen Hass auf den Vater), der Verschiebung (vom Vater auf das Ersatzobjekt Pferd) und der Externalisierung (von der inneren Triebgefahr zur äußeren Gefahr) stehen, sich einander ergänzend, hinter der Symptombildung und bewirken, dass der verdrängte Wunsch, den Vater zu beseitigen, ins Gegenteil umgewandelt ins Bewusstsein zurückkehrt, als Erwartung, vom Pferd gebissen zu werden. An »Stelle der Aggression gegen den Vater tritt die Aggression – die Rache – des Vaters gegen die eigene Person« (S. 134).

Freud versuchte, mit der Analyse des kleinen Hans seine in den »Drei Abhandlungen zur Sexualtheorie« entwickelte Theorie der infantilen Sexualität zu verifizieren. Er nutzte das ausführliche Fallmaterial dieser außergewöhnlichen »Kranken- und Heilungsgeschichte« (Freud, 1909/1999, S. 242), um gleichsam in Direktbeobachtung den intensiven Gefühlskonflikten, den universellen Konflikten (Ödipus- und Kastrationskomplex), nachzugehen, in die ein Kind im Verlauf seiner Libidoentwicklung gerät und die in jeder Entwicklungsgeschichte durchgearbeitet werden müssen. Die »Analyse der Phobie eines fünfjährigen Knaben« gilt bis heute als eine der bekanntesten Fallgeschichten Freuds und kann als klinisch-empirischer Nachweis für den Ödipuskomplex verstanden werden.

Der kleine Hans konnte durch die von Freud supervidierte Behandlung seine Bewegungsfreiheit zurückgewinnen. Die erfolgreiche therapeutische Zusammenarbeit umfasste auch neuartige pädagogische Maßnahmen. So erhielt der kleine Junge u. a. eine Art Sexualaufklärung über den anatomischen Unterschied zwischen Mann und Frau, über Schwangerschaft und Geburt (Stroeken, 2007).

Das Fort-Da-Spiel

Im Folgenden wird eine weitere Fallvignette dargestellt, das sogenannte Fort-Da-Spiel, das Freud 1920 in seiner Monografie »Jenseits des Lustprinzips« zur Diskussion stellt. Mit seiner Darstellung des »selbstgeschaffenen« (Freud, 1920/1963, S. 11) Kinderspiels, das er bei seinem Enkel Ernst beobachtet, verfolgt Freud ganz bestimmte Erkenntnisinteressen, die im Zusammenhang mit der Umgestaltung seiner Trieblehre und der Annahme des Todestriebs stehen.

An dem Garnrollenspiel des eineinhalbjährigen Jungen hebt Freud die das Spiel dominierende Reproduktion seelischer Erfahrungen hervor, die nicht lustvoll, sondern schmerzhaft sind. Dieser Wiederholungsdrang belegt in Freuds Sichtweise eine psychische Tendenz, die über das Lustprinzip hinausweise, die ursprünglicher, elementarer sein soll als das von ihr zur Seite geschobene Lustprinzip (Freud, 1920/1963).

Ernst wird in der Fallvignette als »anständiges« Kind vorgestellt, das in »gutem Rapport mit den Eltern« (S. 12) sei. Trotz seines innigen Verhältnisses zu seiner Mutter weine der kleine Ernst nicht, wenn diese ihn für einige Stunden allein ließ. Freud wohnte für einige Wochen mit seinem Enkel und dessen Familie zusammen. In dieser Zeit beobachtete er ein selbstgeschaffenes Spiel des kleinen Jungen:

»Dieses brave Kind zeigte die gelegentlich störende Gewohnheit, alle kleinen Gegenstände, deren es habhaft wurde, weit weg von sich in eine Zimmerecke, unter ein Bett usw. zu schleudern, sodass das Zusammensuchen seines Spielzeuges oft keine leichte Arbeit war. Dabei brachte es mit dem Ausdruck von Interesse und Befriedigung ein lautes, langgezogenes o-o-o-o hervor, das […] ›Fort‹ bedeutete. Ich merkte endlich, daß […] das Kind alle seine Spielsachen nur dazu benütze, mit ihnen ›fortsein‹ zu spielen. […] Das Kind hatte eine Holzspule, die mit einem Bindfaden umwickelt war. Es […] warf die am Faden gehaltene Spule mit großem Geschick über den Rand seines verhängten Bettchens, so daß sie darin verschwand, sagte dazu sein bedeutungsvolles o-o-o-o und zog dann die Spule am Faden wieder aus dem Bett heraus, begrüßte aber deren Erscheinen jetzt mit einem freudigen ›Da‹. Das war also das komplette Spiel, Verschwinden und Wiederkommen, wovon man zumeist nur den ersten Akt zu sehen bekam, und dieser wurde für sich allein unermüdlich als Spiel wiederholt, obwohl die größere Lust unzweifelhaft dem zweiten Akt anhing« (Freud, 1920/1963, S. 12 f.).

Freud erkannte, dass die Spule und die Spielsachen für die Mutter stehen, mit deren Fortgehen sich Ernst im Spiel auseinandersetzte. Er setzte das Verschwinden und Wiederkommen mit seinen Spielsachen selbst in Szene. Die Passivität, die der kleine Junge durch das Verlassenwerden erfährt, wandelt er, trotz der unlustvollen Erfahrung, durch die Wiederholung im Spiel in eine aktive Rolle.

»Dieses Bestreben könnte man einem Bemächtigungstrieb zurechnen, der sich davon unabhängig macht, ob die Erinnerung an sich lustvoll ist oder nicht. Man kann aber auch eine andere Deutung versuchen. Das Wegwerfen des Gegenstandes, so daß er fort ist, könnte die Befriedigung eines im Leben unterdrückten Racheimpulses gegen die Mutter sein, weil sie vom Kinde fortgegangen ist, und dann die trotzige Bedeutung haben: Ja, geh' nur fort, ich brauch' dich nicht, ich schick' dich selber weg. […]. Man gerät so in Zweifel, ob der Drang, etwas Eindrucksvolles psychisch zu verarbeiten, sich seiner voll zu bemächtigen, sich primär und unabhängig vom Lustprinzip äußern kann. Im hier diskutierten Falle könnte er einen unangenehmen Eindruck doch nur darum im Spiel wiederholen, weil mit dieser Wiederholung ein andersartiger, aber direkter Lustgewinn verbunden ist. [...] Wir werden so davon überzeugt, daß es auch unter der Herrschaft des Lustprinzips Mittel und Wege genug gibt, um das an sich Unlustvolle zum Gegenstand der Erinnerung und seelischen Bearbeitung zu machen (Freud, 1920/1963, S. 14 f.).

Freud sieht in dem Kinderspiel den Versuch des Kindes, die Trennungserfahrung zu bewältigen. Mit seinem Spiel, dem symbolischen Gebrauch der Spule und der Laute (»o-o-o-o« und »da«) habe der kleine Junge eine Möglichkeit gefunden, sich für das zeitweilige Fortsein der Mutter zu entschädigen, indem er ihr Verschwinden und Wiederkommen mit den ihm erreichbaren Gegenständen in eine spielerische Szene setzt. Für Freud befördert das Spiel die kulturelle Leistung des Kindes zum Verzicht auf Triebbefriedigung, seine wachsende Fähigkeit, mit Versagungen umzugehen und die äußere Realität zu erkennen bzw. zu verarbeiten (Freud, 1920/1963). Als entscheidendes Medium führt er dabei die symbolische Wiederholung ein.

Für Freud war es, wie bereits erwähnt, entscheidend, dass der im Spiel sich manifestierende Wiederholungsdrang über das Lustprinzip hinausweise. Der Reproduktion wohne ein »andersartiger, aber direkter Lustgewinn« (Freud, 1920/1963, S. 14) inne, der sich »primär und unabhängig vom Lustprinzip« (S. 14) äußern könne. Nur deshalb, so Freuds Meinung, könne das Wiederholungsstreben Eindrücke betreffen, die alles andere als lustvoll sind. Dieses Wiederholungsstreben machte für ihn die Annahme des sogenannten Todestriebes erforderlich.

Aus entwicklungspsychologischer Perspektive fällt, angelehnt an Winnicotts Terminologie, auf, dass sich der Junge mit der Holzspule einen ersten »Nicht-Ich-Besitz« (Winnicott, 1958, dt. 1976/2008, S. 257), ein »Übergangsobjekt« (S. 257), schafft. Die Holzspule stellt als Übergangsobjekt eine erste Symbolbildung dar (Winnicott, 1971, dt. 1973/2010), sie ist im objektbeziehungstheoretischen Sinne weder ein inneres Objekt noch ein äußeres Objekt (Winnicott, 1971, dt. 1973/2010), sie kann für ein fehlendes äußeres Objekt eintreten und Schutz gegen Spannungen und Ängste bieten, aber eben nur indirekt.

Für Winnicott setzt ein Übergangsobjekt eine »hinreichend gute Mutter« (Winnicott, 1958, dt. 1976/2008, S. 267) voraus – ein ausreichend gutes, lebendiges, nicht allzu verfolgendes inneres Objekt als Niederschlag einer glückenden Frühphase der Beziehung. Die Beziehung zwischen Ernst und seiner Mutter scheint »hinreichend« gut gewesen zu sein, was durch die freudschen Beschreibungen von einem »anständigen« Kind, das in »gutem Rapport mit den Eltern« (Freud, 1920/1963, S. 12) sei, deutlich wird.

Zu erwähnen ist außerdem, dass Freud das kindliche Spiel »in einem tieferen Sinne [betrachtete], als es im allgemeinen vor ihm geschah, und erkennt in ihm eine wichtige Lebensfunktion dieser Entwicklungsstufe. Unbewußte Konflikte, Interessen, Phantasien und Ängste des Kindes, seine Wünsche, Aggressionen und zärtlichen Strebungen kommen im Spiel zum Ausdruck« (Wolffheim, 1975, S. 62). In der kinderpsychoanalytischen Praxis wird dem kindlichen Spiel bis heute eine entscheidende Bedeutung beigemessen. So hat für Anna Freud die Spieltechnik in der Kinderpsychoanalyse »ohne Zweifel den größten Wert für die Beobachtung des Kindes« (Freud, 1927/1973, S. 49).

Relevanz heute

Freuds Theorien mit ihrem aufklärerischen Impetus nehmen in Gesellschaft und Kultur sowie in der psychoanalytischen Community, national und international, anhaltend einen wichtigen Platz ein. Insbesondere die Entdeckung des Unbewussten hat alle Bereiche des kulturellen Lebens nachhaltig geprägt. Freuds Entwicklungspsychologie haben die Säuglingsbeobachtung und -forschung auf Dauer beeinflusst. Psychoanalytische und tiefenpsychologisch fundierte Psychotherapien von Kindern, Jugendlichen und Erwachsenen beziehen sich anhaltend auf seine triebdynamischen Konzepte. Seine diesbezüglichen Theorien spielen eine wichtige Rolle in der psychoanalytischen Aus- und Weiterbildung. Darüber hinaus haben seine Theorien deutlichen Einfluss auf die Pädagogik und frühe Erziehung genommen. Seine Aussage, dass die frühe Kindheit eine zentrale Bedeutung für die Entwicklung des Menschen habe, hat die nachfolgende Entwicklungspsychologie maßgeblich beeinflusst.

Die »Drei Abhandlungen zur Sexualtheorie« gelten neben der »Traumdeutung« zu Freuds bedeutendstem »Beitrag zur Wissenschaft vom Menschen« (Früh u. Reichmayr, 2006, S. 146). Nelly Wolffheim betont die Relevanz seiner Beobachtungen, indem sie darauf hinweist, dass sich durch Freud das Sexualverständnis verändert habe. Es werde nun nicht mehr davon ausgegangen, dass sexuelle Gefühle plötzlich während der Pubertätszeit auftauchen, sondern dass sie bereits in der frühen kindlichen Entwicklung eine entscheidende Rolle spielen (Wolffheim, 1975). Freuds phasenspezifische Entwicklungstheorie zur infantilen Sexualität wurde von zahlreichen Psychoanalytikern rezipiert und weiterentwickelt. Sie bietet bis heute die Grundlage für diverse psychoanalytische Entwicklungsmodelle (z. B. von Erik Erikson). Weiterentwickelt wurde die Theorie u. a. von Karl Abraham (1924), der die psychosexuelle Phasenlehre mit der Entwicklung der Objektliebe in Verbindung setzte und die Subtypisierung vorantrieb.

Freuds Konzepte wurden von Mahler (Mahler, Pine u. Bergman, 1978) und Spitz (1965), die erste systematische Säuglings- und Kleinkindbeobachtungen vornahmen, aufgegriffen. Beide halten u. a. an Freuds Vorstellung fest, dass sich das Affektleben des Säuglings im ersten halben Jahr hauptsächlich durch die Erfahrung von Lust und Unlust strukturiert. So greift Mahler beispielsweise die relative Abgeschlossenheit des psychischen Systems von der Außenwelt auf und bezeichnet das Neugeborene als autistisch, ab der 4.–6. Woche als symbiotisch (Mahler, Pine u. Bergman, 1978).

Früh und Reichmayr (2006) weisen darauf hin, dass die Theorie der infantilen Sexualität in der psychoanalytischen Entwicklungslehre jedoch insgesamt an Einfluss verloren hat. Sie sind der Auffassung, dass Entwicklungen der Objektbeziehungstheorie, der Ich-Psychologie und der Selbst-Psychologie den »konflikthaften Gehalt der Sexualität [...] entschärft und verflacht [haben]. [Auch] die moderne Säuglingsforschung und die Bindungstheorie verzichtet [...] weitgehend auf die Thematisierung der Sexualität, die sich zwischen ›Bindung‹ und ›Begehren‹« gänzlich verflüchtige (Früh u. Reichmayr, 2006, S. 149).

Die moderne Säuglingsforschung kritisiert an der freudschen Konzeption vor allem die mangelnde Berücksichtigung der frühen Beziehungserfahrungen. Der Säugling sei weit weniger primärnarzisstisch, autoerotisch-objektlos und autistisch, als die Theorie lehrt, er sei durch seine »differenzierten Sinneswahrnehmungen« (Dornes, 1993, S. 51) an der Außenwelt interessiert und »schon in der frühesten Interaktion ein aktiver, initiativer und kompetenter Partner« (S. 61). Die differenzierten Beziehungserfahrungen, die von Anfang an auf der Basis eines intakt bleibenden abgegrenzten Selbstempfindens erlebt werden, seien das zentrale strukturbildende Moment der Frühentwicklung, entscheidender als »die spektakulären Spannungszustände« (S. 72), die die psychosexuelle Entwicklungslehre in den Mittelpunkt stelle. Die moderne Säuglingsforschung relativiert die Triebtheorie (Dornes, 1993). Im Einklang mit dem sogenannten intersubjektivitätstheoretischen Ansatz in der Psychoanalyse (beispielsweise Altmeyer u. Thomae, 2006) soll nicht mehr die Triebtheorie das zentrale Motivationsparadigma der Psychoanalyse bilden, sondern das »Bedürfnis nach Intersubjektivität wäre dann ein basales Motivationssystem und ein primäres psychobiologisches Bedürfnis. Eine Theorie der gewünschten Intersubjektivität, in der das Bedürfnis nach dem Objekt zum Zwecke des affektiven Austauschs [...] eine hervorragende Rolle spielt, würde an die Stelle oder zumindest an die Seite der Triebtheorie treten« (Dornes, 1993, S. 161).

Vielfach kritisiert wurde Freud für seinen phallischen Monismus (Rohde-Dachser, 2013) in der Konzeption der infantilen Sexualität. So zeigt Christa

Rohde-Dachser, dass Freud mit seinen Theorien (hier kann die psychosexuelle Entwicklung als Beispiel gesehen werden) »die Geschlechterideologie der patriarchalischen Gesellschaft reproduziert« (Rohde-Dachser, 2013, S. VII) und auf diese Weise zeitbedingten und sozial verbreiteten Abwehrstrukturen Folge leistete. Dass Freuds Phallo- und Patriarchzentrismus »den psychoanalytischen Aufklärungsprozess beeinträchtigte, ist vielfach bestätigt worden und hat zu ihrerseits psychoanalytisch gut begründeten Korrekturen an Freuds Auffassungen geführt« (Bayer u. Lohmann, 2010, S. 177). So wird in neueren psychoanalytischen Entwicklungstheorien »die Entwicklung der Psychosexualität und der männlichen und weiblichen Geschlechtsidentität getrennt voneinander konzeptualisiert« (Tyson u. Tyson, 2009, S. 68). Damit werde, so Tyson und Tyson, der Tatsache Rechnung getragen, dass das Interesse kleiner Kinder beiden Genitalien gelte, dem eigenen und dem des anderen Geschlechts. Freuds Konzeption der »Frau als Mangelwesen« (Rohde-Dachser, 2013, S. 58) ist aus heutiger Perspektive nicht mehr zu halten. So wurde dem Konzept des freudschen Penisneides u. a. das Konzept des Gebärneides oder des Brustneides zur Seite gestellt.

Während Freuds Einführung des Todestriebes, die er 1920 in seiner Schrift »Jenseits des Lustprinzips« vorgenommen hatte, größtenteils kritisch und ablehnend in der Fachwelt rezipiert wurde, wurde die ebenfalls in dieser Abhandlung veröffentlichte Beschreibung des Fort-Da-Spiels in den folgenden Jahrzehnten von unterschiedlichen Autoren aufgegriffen, ausgearbeitet und nicht selten zum Referenzpunkt neuer Theorieentwicklungen (beispielsweise bei Jacques Lacan). Insbesondere für die psychoanalytische Konzeption des Symbolbegriffs stellt das Fort-Da-Spiel einen entscheidenden Ausgangspunkt dar.

Freud wurde vielfach vorgeworfen, dass seine monadologische Triebtheorie und der Solipsismus die Beziehung zum Anderen, zum Objekt vernachlässigen. Die Beziehung sei gleichsam ein Nebenprodukt bei einer primären Suche nach Befriedigung (Fonagy u. Campbell, 2017), die intersubjektive Perspektive fehle. Allerdings kann man in dem Vorgang, dass der Trieb die Beziehung des Säuglings zur Mutter beschreibt, auf zwei unterschiedliche Lesarten zugreifen, je nachdem, ob man eine intersubjektive oder eine intrapsychische Perspektive wählt, die – so André Green – zusammen die primäre Matrix bilden, aus der sich »die späteren Differenzierungen von ›intra‹ und ›inter‹ erst ergeben – ihre Gegensätzlichkeit genauso wie ihre Komplementarität« (Green, 2006, S. 234). Green meint, dass es kein Objekt gebe, dass nicht triebbesetzt sei. »Die Erschaffung des Objekts führt rückwirkend zur Erschaffung des Triebs, der das Objekt erschafft« (S. 241).

Die Diskussion um Freud wird weitergehen.

Literatur

Abraham, K. (1924). Versuch einer Entwicklungspsychologie der Libido auf Grund der Psychoanalyse seelischer Störungen. Leipzig u. a.: Internationaler Psychoanalytischer Verlag.
Altmeyer, M., Thomae, H. (2006) (Hrsg.). Die vernetzte Seele. Die intersubjektive Wende in der Psychoanalyse. Stuttgart: Klett-Cotta.
Bayer, L., Lohmann, H.-M. (2010). Nachwort. In L. Bayer, H.-M. Lohmann (Hrsg.), Sigmund Freud: Drei Abhandlungen zur Sexualtheorie (S. 163–184). Stuttgart: Reclam.
Dornes, M. (1993). Der kompetente Säugling. Die präverbale Entwicklung des Menschen. Frankfurt a. M.: Fischer.
Fonagy, P., Campbell, C. (2017). Böses Blut – ein Rückblick: Bindung und Psychoanalyse. Psyche – Zeitschrift für Psychoanalyse und ihre Anwendungen, 71 (4), 275–305.
Freud, A. (1927/1973). Einführung in die Technik der Kinderanalyse. München: Kindler.
Freud, E. L., Freud, L. (Hrsg.) (1980). Sigmund Freud: Briefe 1873–1939. Frankfurt a. M.: Fischer.
Freud, S. (1895/1987). Entwurf einer Psychologie. GW (Nachtragsband): Texte aus den Jahren 1885–1938 (S. 374–486). Frankfurt a. M.: Fischer.
Freud, S. (1900/1961). Die Traumdeutung. GW II/III (S. 1–642). Frankfurt a. M.: Fischer.
Freud, S. (1905/1961). Drei Abhandlungen zur Sexualtheorie. GW V (S. 27–145). Frankfurt a. M.: Fischer.
Freud, S. (1906/1961). Meine Ansichten über die Rolle der Sexualität in der Ätiologie der Neurosen. GW V (S. 146–159). Frankfurt a. M.: Fischer.
Freud, S. (1908/1976). Über infantile Sexualtheorien. GW VII (S. 169–188). Frankfurt a. M.: Fischer.
Freud, S. (1909/1999). Analyse der Phobie eines fünfjährigen Knaben. GW VII (S. 240–377). Frankfurt a. M.: Fischer.
Freud, S. (1911/1964). Formulierungen über die zwei Prinzipien psychischen Geschehens. GW VIII (S. 229–238). Frankfurt a. M.: Fischer.
Freud, S. (1920/1963). Jenseits des Lustprinzips. GW XIII (S. 1–69). Frankfurt a. M.: Fischer.
Freud, S. (1923/1963). Die infantile Genitalorganisation. GW XIII (S. 291–298). Frankfurt a. M.: Fischer.
Freud, S. (1924/1963). Der Untergang des Ödipuskomplexes. GW XIII (S. 291–298). Frankfurt a. M.: Fischer.
Freud, S. (1925/1963). Selbstdarstellung. GW XIV (S. 31–96). Frankfurt a. M.: Fischer.
Freud, S. (1926/1991). Hemmung, Symptom und Angst. GW XIV (S. 240–377). Frankfurt a. M.: Fischer.
Freud, S. (1937/1961). Konstruktionen in der Analyse. GW XVI (S. 41–56). Frankfurt a. M.: Fischer.
Früh, F., Reichmayr, J. (2006). Drei Abhandlungen zur Sexualtheorie (1905). In H.-M. Lohmann, J. Pfeiffer (Hrsg.), Freud-Handbuch. Leben – Werk – Wirkung (S. 146–149). Stuttgart u. Weimar: Metzler.
Green, A. (2006). Das Intrapsychische und das Intersubjektive in der Psychoanalyse. In M. Altmeyer, H. Thomae (Hrsg.), Die vernetzte Seele. Die intersubjektive Wende in der Psychoanalyse (S. 227–258). Stuttgart: Klett-Cotta.
Hárnik, J. (1926). Die therapeutische Kinderanalyse. Zeitschrift für psychoanalytische Pädagogik, 1, 28–30.
Laplanche, J., Pontalis, J. B. (1975). Das Vokabular der Psychoanalyse. (2. Aufl.). Frankfurt a. M.: Suhrkamp.
Lohmann, H.-M. (2006). Sigmund Freud zur Einführung. Hamburg: Junius.
Mahler, M. S., Pine, F., Bergman, A. (1978). Die psychische Geburt des Menschen. Symbiose und Individuation. Frankfurt a. M.: Fischer.
Masson, J. M. (1985) (Hrsg.). Sigmund Freud: Briefe an Wilhelm Fließ, 1887–1904. Frankfurt a. M.: Fischer.

Rohde-Dachser, C. (2013). Expedition in den dunklen Kontinent. Weiblichkeit im Diskurs der Psychoanalyse. Berlin u. Heidelberg: Springer.
Salber, W. (2006). Entwicklungen der Psychologie Sigmund Freuds (Teil II). Bonn: Bouvier.
Spitz, R. A. (1965). Vom Säugling zum Kleinkind. Naturgeschichte der Mutter-Kind-Beziehungen im ersten Lebensjahr. Stuttgart: Klett.
Staufenberg, H. (2006). Psychosexualität der Frau. In H.-M. Lohmann, J. Pfeiffer (Hrsg.), Freud-Handbuch. Leben–Werk–Wirkung (S. 146–149). Stuttgart u. Weimar: Metzler.
Stroeken, H. (2007). Freud und seine Patienten. Frankfurt a. M.: Klotz.
Tyson, P., Tyson, R. L. (2009). Lehrbuch der psychoanalytischen Entwicklungspsychologie. Stuttgart: Kohlhammer.
Winnicott, D. W. (1958, dt. 1976/2008). Von der Kinderheilkunde zur Psychoanalyse. Gießen: Psychosozial-Verlag.
Winnicott, D. W. (1971, dt. 1973/2010). Vom Spiel zur Kreativität. Stuttgart: Klett-Cotta.
Wolffheim, N. (1975). Psychoanalyse und Kindergarten und andere Arbeiten zur Kinderpsychologie. München: Kindler.

Lucie Loycke-Willerding

René A. Spitz: Seine Erkenntnisse und Folgerungen aus der direkten Säuglingsbeobachtung

Leben und Werk

René Arpad Spitz wurde am 29. Januar 1887 als Kind wohlhabender ungarischer Eltern jüdischer Herkunft in Wien geboren und wuchs in Budapest auf. In Lausanne und Berlin studierte er Medizin und promovierte 1910 in Budapest. Sein Interesse an der Psychoanalyse wurde durch Sándor Ferenczi geweckt, dessen Schüler er wurde. 1910/11 absolvierte er bei Sigmund Freud in Wien seine Lehranalyse. Während des ersten Weltkriegs war er als Militärarzt in der österreichisch-ungarischen Armee eingesetzt. 1924 übersiedelte er nach Wien, wo er am kinderanalytischen Seminar Anna Freuds teilnahm. Seine erste psychoanalytische Arbeit erschien in der Zeitschrift »Imago«. 1926 wurde er als außerordentliches Mitglied in die Wiener Psychoanalytische Vereinigung aufgenommen. 1928 zog er nach Berlin und wurde 1930 ordentliches Mitglied der Deutschen Psychoanalytischen Gesellschaft. 1932 ging Spitz nach Paris, wo er an der École Normale Supérieure Psychoanalyse und Entwicklungspsychologie lehrte. 1935 wurde er in der Societé Psychoanalytique aufgenommen und war als Lehranalytiker tätig. Im selben Jahr erhielt er von Charlotte Bühler einen Forschungsauftrag in der Kinderkrippe der Kinderübernahmestelle der Stadt Wien, der den Beginn seiner späteren systematischen Säuglingsforschung markierte.

1938 emigrierte er mit seiner Frau Ella von Paris nach New York. 1940 wurde er Mitglied des New York Psychoanalytic Institute, dessen Vizepräsident er von 1950–52 war. Er arbeitete in New York als Lehr- und Kontrollanalytiker, war Ausschussmitglied der psychiatrischen Abteilung des Mount Sinai Hospital und Gastprofessor für Psychologie an der Graduate Faculty des City College of New York. 1957 wurde er zum Gastprofessor für klinische Psychiatrie an der University of Colorado Medical School gewählt und übersiedelte nach Denver. Hier war er 1962–63 Gründungsmitglied, Lehranalytiker und erster Präsident der Denver Psychoanalytic Society. Er war einer der Herausgeber der Zeitschrift »The Psychoanalytic Study of the Child«. Nach dem Tod seiner Frau im

Jahr 1960 übersiedelte er in die Schweiz zu seiner Familie, wo er Gastdozent in Genf war und 1964 ein Ehrendoktorat bekam. 1968 übersiedelte er wieder nach Denver. Dort starb René A. Spitz am 14. September 1974 (zur Vita siehe Mühlleitner, 1992, S. 311 f.; Altzinger, 2008).

René Arpad Spitz war einer der ersten Psychoanalytiker, der sich mit der systematischen Erforschung der Psychologie des Säuglings und des Kleinkindes beschäftigte. Im Zentrum seines Interesses steht die Frage, was in dem Zeitraum zwischen der Geburt und dem ersten Lebensjahr passiert. Ausgehend von Freuds grundlegenden Annahmen zur psychosexuellen Entwicklung des Kindes erweiterte Spitz diese um Erkenntnisse, die er mit den Methoden der Experimentalpsychologie und der direkten Säuglings- und Kleinkindbeobachtung gewann. Darüber hinaus bezog er theoretische Ansätze der Ich-Psychologie in seine Überlegungen mit ein. Auf diese Weise legte er dar, wie sich die Wahrnehmung des Säuglings von der des Erwachsenen unterscheidet und worin die wesentlichen physiologischen und psychologischen Unterschiede zum Erwachsenen bestehen. Er untersuchte, in welchen Schritten sich die Objektbeziehung des Kindes im ersten Lebensjahr vollzieht, und betonte die dafür so wichtige Rolle der Mutter-Kind-Dyade.

Zur Methode der Säuglingsbeobachtung

Die Population

In seinem Buch »Vom Säugling zum Kleinkind«, das 1965 unter dem Titel »The first year of life« erschien, beschreibt Spitz zunächst die Methoden, die bei der Beobachtung der Säuglinge angewandt wurden. Als Grundregel galt, dass »in jedem Fall […] die Gesamtpopulation in einem gegebenen Milieu ohne Auslese beobachtet werden [musste]« (Spitz, 1965/1969, S. 37). Um möglichst große Gruppen von Säuglingen untersuchen zu können, die unter weitgehend konstanten Umweltbedingungen aufwuchsen, wählten Spitz und seine Mitarbeiter zwei außerhalb der Stadt New York liegende Anstalten aus, aus denen der Hauptanteil der mehrere Hundert Kinder umfassenden Gesamtpopulation stammte (S. 37). Die beiden Anstalten, ein Säuglingsheim und ein Findelhaus, unterschieden sich vor allem hinsichtlich der Sorge für die Kinder (S. 48) und der Sozialisation der Mütter: »Das Säuglingsheim war eine Anstalt des Strafvollzugs, in der straffällige Mädchen, die bei der Einlieferung schwanger waren, abgesondert wurden« (S. 47). Spitz charakterisiert die zumeist minderjährigen Mädchen als »in gewissem Maß sozial fehlangepaßt, manchmal debil, manchmal psychisch geschädigt, psychopathisch oder kriminell« (S. 47), wodurch die Kinder bezüglich ihrer Erbanlage und Herkunft eine negative Auslese darstellten (S. 47). Unter der Obhut einer Oberschwester und ihren Helferinnen wurde jedoch jedes Kind »von seiner eigenen Mutter gefüttert, gepflegt und versorgt« (S. 48). Wenn eine Trennung von ihrem Kind nötig wurde, »trat die Mutter eines anderen Kindes an ihre Stelle oder aber ein schwangeres Mädchen, das auf diese Weise die für die Pflege ihres eigenen zukünftigen Kindes nötige Erfahrung erwerben konnte« (S. 48).

Die Kinder im Findelhaus »stellten einen Querschnitt der von der Fürsorge abhängigen Kinder in einer Großstadt dar« (S. 47). Der größte Teil dieser Kinder »stammte von sozial gut angepassten, normalen Müttern, die nur nicht in der Lage waren, sich und ihre Kinder zu erhalten« (S. 48). Ein Teil dieser Mütter war verheiratet, der andere ledig. Hinsichtlich der Sorge für die Kinder war die Situation im Findelhaus schlechter als im Säuglingsheim, da die Kinder zum einen weniger Kontakt zu ihren eigenen Müttern hatten und zum anderen »jede Schwester für etwas mehr als sieben Kinder zu sorgen hatte« (S. 49), was in der Praxis bedeutete, dass »jedes Kind bestenfalls ein Zehntel der Zeit einer Schwester zur Verfügung« (S. 49) hatte.

Das experimentelle Vorgehen

Die Säuglinge wurden nach der longitudinalen Methode beobachtet, das heißt »während relativ langer Zeiträume […], die maximal zwei bis zweieinhalb Jahre umfassten« (S. 36). Jedes Kind wurde im Schnitt vier Stunden pro Woche und zweihundert Stunden pro Jahr beobachtet. Dabei wurden wöchentlich abwechselnd männliche und weibliche Beobachter eingesetzt, um den möglichen Einfluss des Geschlechts auszuschließen. Die Beobachtungen wurden protokolliert (S. 36). Einmal im Monat wurde bei den Kindern der Bühler-Hetzer-Test, auch Wiener Test genannt, durchgeführt. Dabei handelt es sich um einen Entwicklungstest, der auf einem an 69 Säuglingen durch ständige Beobachtung gewonnenen »Inventar des zu erwartenden Durchschnittsverhaltens« (S. 38) im ersten Lebensjahr aufbaut. Die Fallgeschichten jedes Kindes wurden ergänzt durch schriftliche Berichte über die Gespräche mit den Eltern sowie mit dem Pflegepersonal; darüber hinaus gehörten zu den Unterlagen in vielen Fällen auch die Ergebnisse aus den Rorschach- und Szondi-Tests der Mütter (S. 43). Um »eine objektive und dauerhafte Aufzeichnung« (S. 42) zu gewährleisten, kam schließlich die von Spitz 1933 eingeführte Methode der »Film-Analyse« zum Einsatz. Mit einer Filmgeschwindigkeit von vierundzwanzig Bildern pro Sekunde und der sich daraus ergebenden Bildfolge von acht Bildern pro Sekunde für den

Beobachter hat diese Methode den Vorteil, »eine dreifache Vergrößerung des Verhaltens« (S. 42) zu erzielen, indem »der Rhythmus der Bewegungen wie auch der des Gesichtsausdrucks dreimal so langsam wird« (S. 42).

Grundannahmen

Der Unterschied zwischen Reifung und Entwicklung

Spitz betrachtet das Neugeborene »in vieler Hinsicht als eine undifferenzierte Ganzheit« (Spitz, 1965/1969, S. 25), aus der sich nach und nach verschiedene Funktionen und Strukturen herausdifferenzieren. Diese Differenzierung vollzieht sich innerhalb »zweier deutlich unterschiedener Prozesse« (S. 25), die Spitz in Anlehnung an Hartmann, Kris und Loewenstein als Reifung und Entwicklung bezeichnet (S. 25). Der Begriff Reifung steht für »die Entfaltung phylogenetisch entstandener und daher angeborener Verhaltensweisen und Funktionen der Art, die entweder im Verlauf der Embryonalentwicklung in Erscheinung treten oder bis nach der Geburt als Anlage weiterbestehen und erst in späteren Lebensjahren manifest werden« (S. 25). Der Prozess der Entwicklung bezieht sich auf »die Entstehung von Funktions- und Verhaltensformen, die das Resultat des Austauschs zwischen dem Organismus einerseits und der inneren und äußeren Umwelt andererseits sind« (S. 25).

Die affektive Kommunikation in der Mutter-Kind-Dyade

Über ein kompliziertes Seelenleben verfüge der Säugling zu Beginn noch nicht. Spitz geht davon aus, dass die seelischen Vorgänge sich schrittweise entwickeln, aufbauend auf einem Unterbau physiologischer Prozesse (Spitz, 1954, dt. 1957/1992, S. 7). Voraussetzung für diese Entwicklung ist die Mutter-Kind-Dyade, die den Rahmen bildet für den Prozess des allmählichen Fortschreitens von primitiven hin zu immer komplexer werdenden Formen. Die Außenwelt wird beim Säugling durch die Mutter vertreten: »man könnte auch sagen, die Mutter *ist* der Repräsentant der Umwelt« (Spitz, 1965/1969, S. 119). Je feinfühliger sie ist, desto günstiger verläuft die Entwicklung für den Säugling hin zum Kleinkind. Spitz nimmt an, dass »die allermeisten Frauen […] zärtliche, liebevolle, hingebungsvolle Mütter« werden (S. 116). Die Kommunikation zwischen Mutter und Kind ist gekennzeichnet durch das – meist unbewusste – Äußern und Wahrnehmen von Affekten. Spitz spricht deshalb vom »affektiven Klima« (S. 46), in dem Mutter und Kind sich befinden. Die Erfahrungen, die das Kind macht, werden durch die Affekte der Mutter bereichert und entsprechend eingefärbt; auf ihre Affekte reagiert es ebenfalls affektiv. Im Säuglingsalter spielen die Affekte eine wesentliche Rolle; sie sind »von weit größerer Bedeutung als zu irgendeiner späteren Zeit im Leben« (S. 117).

Der koinästhetische Zustand und die diakritische Wahrnehmungsweise

Spitz betont den grundlegenden Unterschied zwischen der diakritischen Wahrnehmungsweise des Erwachsenen und dem koinästhetischen Zustand, in dem der Säugling sich befindet. Der aus dem Griechischen stammende Begriff koinästhetisch bzw. coenästhetisch bedeutet »gemeinsam« und »Sensibilität« und bezeichnet ein Wahrnehmungs- und Aktionssystem, dessen Zentrum im Thalamus und Hypothalamus liegt, das heißt, es betrifft das autonome Nervensystem (Spitz, 1954, dt. 1957/1992, S. 44). Die Qualität der Wahrnehmungen werde am besten durch das Adjektiv »sensitiv« beschrieben, »denn es handelt sich um vage, diffuse Empfindungen, wie etwa gastro-intestinale, sexuelle, präcordiale [...] usw.« (S. 44). Während der ersten sechs Lebensmonate finden beim Säugling der Empfang von Reizen und die Reaktion auf diese ganzheitlich, das heißt mit dem gesamten Körper, statt (S. 45). Spitz bezeichnet deshalb auch »die kindliche Psyche auf dieser archaischen Stufe« (S. 45) als »Somato-Psyche« (S. 45).

Das diakritische Wahrnehmungssystem des Erwachsenen, dessen Zentrum im Kortex liegt, funktioniert ganz anders (S. 45). Der Begriff »diakritisch« bedeutet »durch« und »trennen«. Zu den Funktionen dieses Systems »gehören bewusstes Denken sowie intentionale, volitionale Handlungen« (S. 45). Die Wahrnehmungen erfolgen durch die Sinnesorgane und sind intensiv, das heißt auf die betreffende Sache konzentriert, lokalisiert und umschrieben (Spitz, 1965/1969, S. 63). Diese für den Erwachsenen der westlichen Welt typische Wahrnehmungsweise, durch die er dazu neigt, den kognitiven Prozessen eine übergeordnete Rolle in der Kommunikation zuzuschreiben, erschwert es ihm, eine Vorstellung vom Zustand des Säuglings zu bekommen. Er hat vergessen, wie es sich anfühlt, ein Säugling zu sein: Spitz spricht von der »Spaltung zwischen der diakritischen Wahrnehmung des westlichen Menschen und der Tiefensensibilität des Kindesalters« (Spitz, 1954, dt. 1957/1992, S. 46).

Das diakritische System entwickelt sich allmählich aus dem koinästhetischen System heraus und beginnt es zu ersetzen. Die koinästhetische Organisation bleibe aber lebenslang erhalten und äußere sich beim Erwachsenen dann meist in Form unangenehmer Erlebnisse, zu denen »bösartige[] psychosomatische[] Erkrankungen oder gewisse[] Formen psychotischer Ausbrüche« (Spitz,

1965/1969, S. 64) gehören. Das unangenehme, ganzheitliche Körperempfinden bei der Seekrankheit sei ein weiteres Beispiel für das Funktionieren des koinästhetischen Systems. Abgesehen von solchen Krankheitszuständen habe der durchschnittliche Erwachsene jedoch kaum ein Bewusstsein davon, was in ihm vorgeht, und sei meist unempfindlich gegen die Signale des koinästhetischen Systems, die das Kind in den ersten Lebensmonaten erreichen und von ihm verarbeitet werden. Dazu zählen »Gleichgewicht, Spannungen (der Muskulatur und anderer Organe), Körperhaltung, Temperatur, Vibration, Haut- und Körperkontakt, Rhythmus, Tempo, Dauer, Tonskala, Nuance der Töne, Klangfarbe und wahrscheinlich noch viele andere« (Spitz, 1954, dt. 1957/1992, S. 46). Manche Erwachsene würden die Fähigkeit bewahren, sich dieser Wahrnehmungs- und Kommunikationskategorien zu bedienen, darunter seien »Komponisten, Musiker, Tänzer, Akrobaten, Flieger« (S. 46). Neben solchen Ausnahmen gewinne auch eine Mutter diese ihr verlorengegangene Fähigkeit des koinästhetischen Empfindens »während der Schwangerschaft und in der darauffolgenden Zeit« (S. 46) wieder zurück. Spitz ist davon überzeugt, »dass eine stillende Mutter unbewusst Signale wahrnimmt, die uns entgehen« (S. 47).

Das erste Lebensjahr

Von der objektlosen Stufe zum Objekt

Das Neugeborene

Spitz geht davon aus, dass man beim Neugeborenen noch nicht von Objektbeziehungen reden kann. Diese entwickeln sich erst im Lauf des ersten Lebensjahres in drei aufeinanderfolgenden Stufen, angefangen von der objektlosen Stufe über die Vorstufe des Objekts bis zum Objekt im eigentlichen Sinne (S. 20). Bezüglich des Geburtsvorgangs distanziert sich Spitz von Otto Ranks Theorie des Geburtstraumas (Rank, 1924). Das sogenannte Trauma sei bei den Säuglingen, die normal auf die Welt kommen, und das sei die Mehrheit, »ein ungemein flüchtiger Zustand« (S. 22), in dem der Säugling eine kurze Atemnot und eine negativ getönte Erregung zeige, die innerhalb von Sekunden abklinge und einem vollkommenen Ruhezustand weiche (Spitz, 1965/1969, S. 56). Dieser Ruhezustand sei das Gegenstück zu den Unlustäußerungen des Neugeborenen, bei dem in diesem Alter noch keine Äußerungen der Lust zu beobachten seien. Spitz spricht von der Herrschaft des »Nirwana-Prinzips«, das heißt, jede Erregung, die die Erregung auf gleichbleibendem Niveau übersteigt, muss sofort abgeführt werden (S. 57).

Wie Freud geht Spitz von der sogenannten Reizschranke aus, die den Säugling während der ersten Lebenswochen und -monate vor einem Hereinströmen von Reizen schützt (S. 54). Gäbe es keine Reizschranke, ginge es dem Säugling ähnlich wie einem Blindgeborenen, der durch eine Operation plötzlich sehen kann: Die hereinströmenden optischen Reize könnten nicht verarbeitet werden, Desorientierung wäre die Folge (S. 59). Dennoch besteht »zwischen den beiden Situationen ein grundlegender Unterschied« (S. 59). Im Gegensatz zum operierten Blindgeborenen verfügt das Neugeborene noch nicht über ein kohärentes Weltbild, »es hat überhaupt kein Weltbild, keine Reize aus irgendeinem Bereich der Sinne, die es als Signale erkennen könnte« (S. 59). Es befindet sich in einem Zustand der tiefsten Nichtdifferenziertheit, in dem Affekt und Sinneseindruck noch eins sind (S. 71). Die apperzeptive Funktion, das heißt die Fähigkeit zur Wahrnehmung, ist noch nicht vorhanden; sie wird erst durch Erfahrungen im Verlauf affektiver Wechselbeziehungen mit einer anderen Person erworben (S. 77). Durch diesen apperzeptiven Prozess ist der Mensch fähig, Gedächtnisspuren niederzulegen, sogenannte mnemonische Strukturen, die dann als Vorstellungen reaktiviert werde können, das heißt als Erinnerungen und als Bilder (S. 77).

Die Wahrnehmung beginnt in der Mundhöhle

Der Säugling reagiert von Geburt an auf Empfindungen innerhalb seines eigenen Körpers, das heißt auf propriozeptive, koinästhetische Empfindungen. Daneben bilden jedoch der Mund und die Mundhöhle diejenige »Zone der Wahrnehmung, die von Geburt an sehr spezifisch funktioniert. Hier treffen sich sensorische Organe für Reize, die von außen kommen, mit sensorischen Reizen, die von innen kommen« (S. 79). Durch die Vereinigung verschiedener Sinnesebenen – wie Berührungs-, Temperatur-, Geruchs-, Schmerzsinn und die Tiefensensibilität beim Schluckakt – stellt die Mundregion die »ursprünglichste Brücke von der inneren Rezeption zur äußeren Wahrnehmung« (S. 80) dar. Bei einer Reizung des äußeren Teils der Mundregion ist regelmäßig zu beobachten, dass der Säugling den Kopf auf den Reiz zu bewegt, »gefolgt von einer schnappenden Bewegung des Mundes. Bei dem Kind, das gestillt wird, endet diese Reaktion damit, dass es die Brustwarze in den Mund nimmt« (S. 79). Spitz bezeichnet dieses Verhalten als Suchverhalten (S. 79). Die Mund- oder orale Region mit ihrer Ausrüstung: Zunge, Gaumen, Nasenrachenraum, Lippen, Wangen und Kinn ist die »erste Oberfläche im Leben […], die zur taktilen Wahrnehmung und Erforschung benützt wird« (S. 82). Eine Eigenschaft, aufgrund derer man die orale Region auch treffend als »Schnauze« bezeichnen könne (S. 63).

Von der Kontakt- zur Fernwahrnehmung

Der Übergang von der Tastwahrnehmung zur Fernwahrnehmung sei »von überragender Bedeutung für die Entwicklung des Säuglings« (S. 83). Bis zum dritten Lebensmonat und darüber hinaus ist zu beobachten, dass ein Kind an der Mutterbrust von dem Augenblick an, in dem die Mutter das Zimmer betritt, nicht die Brust ansieht, sondern bis zum Ende der Stillzeit das Gesicht der Mutter fixiert (S. 99). Die Tastwahrnehmung beim Stillen vermischt sich mit der optischen Wahrnehmung des Gesichts der Mutter; Kontaktwahrnehmung und optische Fernwahrnehmung bilden eine Wahrnehmungseinheit (S. 83).

Geht der Kontakt mit der Brustwarze zwischendurch verloren, bleibt das andere Element der Wahrnehmungseinheit, das Gesicht der Mutter, bestehen. Das Kind verlässt sich allmählich auf die optische Wahrnehmung, da sie sich als die konstantere und zuverlässigere erweist (S. 83); sie wird zur führenden Wahrnehmungsweise des Menschen (S. 84). Die Widersprüchlichkeit der beiden Wahrnehmungsweisen, der unterbrochenen oralen Berührung einerseits und der bestehen bleibenden optischen Wahrnehmung andererseits, habe aber »wahrscheinlich eine […] noch grundlegendere Bedeutung« (S. 84): Es handele sich hier vermutlich um die »frühesten Anfänge der Objektkonstanz (Hartmann, 1952) und der Objektbildung« (S. 84), aus denen sich allmählich im Lauf der Zeit »sowohl bewusste als auch unbewusste Objektbeziehungen« (S. 84) bilden.

Das sich fortwährend wiederholende Stillerlebnis im ersten Lebensjahr »muss notwendigerweise zu irgendeiner Form psychischer Aufzeichnung führen« (S. 91). »Es aktiviert das diakritische Wahrnehmungssystem, das allmählich an die Stelle der ursprünglichen und primitiven coenästhetischen Organisation tritt« (S. 93).

Die Vorstufe des Objekts

Ab dem zweiten Lebensmonat wird das menschliche Gesicht für den Säugling zu einem privilegierten optischen Eindruck, der allen anderen »Dingen« in seiner Umwelt vorgezogen wird (S. 104). Im dritten Monat reagiert er auf den Anblick des Gesichtes mit einem Lächeln. Dieses Lächeln ist das erste Anzeichen für den Übergang von vollkommener Passivität zum Beginn eines aktiven Verhaltens. Um das Lächeln hervorzurufen, müssen bestimmte Bedingungen erfüllt sein: Das Gesicht der Mutter bzw. des Gegenübers muss von vorn dargeboten werden, sodass der Säugling beide Augen sehen kann, und es muss sich bewegen, z. B. durch Kopfnicken oder Mundbewegungen (S. 104).

Spitz ging der Bedeutung des Reizes, der in diesem Zeitraum das Lächeln hervorruft, nach und kam zu der Feststellung, dass das Antwortlächeln im dritten Lebensmonat kein Anzeichen für eine echte Objektbeziehung ist, da das

Kind nicht eine bestimmte Person wahrnimmt, sondern nur ein Signal. Dieses Signal ist die »Zeichen-Gestalt« des Gesichtes, das aus Stirn, Augen und Nase besteht, die sich bewegen. Folglich sind die Personen, die das Lächeln hervorrufen, auf dieser Stufe beliebig auswechselbar (S. 107). Dreht die Person den Kopf ins Profil und bewegt weiterhin das Gesicht, hört das Lächeln des Kindes auf; »sensible Kinder scheinen mit einer Art Schock zu reagieren« (S. 108).

Es stellte sich heraus, dass auch eine Attrappe des menschlichen Gesichtes, eine Maske aus Pappmaschee, das Lächeln auslöste. Drehte man die Maske ins Profil oder veränderte die Zeichen-Gestalt, indem man z. B. ein Auge verdeckte, hörte das Lächeln des Kindes ebenfalls auf. Spitz schloss aus diesen Beobachtungen, dass es sich bei der Zeichen-Gestalt nicht um ein echtes Objekt handelt, sondern um etwas, das er als Objektvorläufer (preobject) bezeichnet (S. 109). Weil sich die Zeichen-Gestalt im Verlauf der Entfaltung von Objektbeziehungen zu einem Signal entwickelt, bekommt sie vorübergehend diese Qualität eines Objektvorläufers, die über die Qualität eines »Dinges« hinausgeht (S. 110). Es dauert noch einmal vier bis sechs Monate, bevor das Kind ein individuelles Gesicht erkennen kann bzw. »das, was nur eine Zeichen-Gestalt war, in sein einzigartiges Liebesobjekt zu verwandeln« (S. 109). Durch den wechselseitigen Austausch zwischen Mutter und Kind »wird das Objekt, oder vielmehr das, was zum Objekt werden soll, allmählich mit libidinöser Besetzung versehen« (S. 109).

Die Bildung des Objekts der Libido am Beispiel der Achtmonatsangst

Nach dem dritten Lebensmonat werden immer mehr Gedächtnisspuren in den mnemonischen Systemen des Kindes niedergelegt. Es sind meist »Gedächtnisspuren einfachster Art, verbunden mit Affekttönungen lustvoller und manchmal unlustvoller Art« (S. 171). Zwischen dem sechsten und achten Monat wandelt sich das Verhalten des Kindes gegenüber anderen Menschen: Es reagiert nun nicht mehr mit einem Lächeln auf jeden zufälligen Besucher, der lächelnd und nickend an sein Bettchen tritt (S. 167). Die diakritisch wahrnehmende Unterscheidungsfähigkeit ist inzwischen schon gut entwickelt, das Kind unterscheidet jetzt deutlich zwischen »Freund« und »fremd« (S. 167). Bei der Annäherung eines Fremden reagieren Kinder auf dieser Stufe mit Ängstlichkeit, deren Ausprägungsgrad individuell variiert und sich in unterschiedlichen Verhaltensweisen zeigt: »Es kann ›schüchtern‹ den Blick senken, die Augen mit den Händen zuhalten, das Gesicht mit dem hochgehobenen Kleid zudecken, sich im Bett auf den Bauch werfen und das Gesicht in der Bettdecke verstecken, es kann weinen oder schreien« (S. 167). Spitz nennt dieses Phänomen die »Achtmonatsangst« und hält es für die »früheste Manifestation von Angst im eigentlichen Sinn« (S. 168).

Warum zeigt ein Kind diese Ängstlichkeit, die ein Ausdruck von Kontaktverweigerung ist, gegenüber einem Fremden, mit dem es nie ein unlustvolles Erlebnis gehabt hat? (S. 171). Die Antwort ist, dass das Kind auf die Tatsache, dass es sich bei dem Fremden nicht um die Mutter handelt, mit Unlust reagiert. Das Kind reagiert auf die Abwesenheit der Mutter mit Ängstlichkeit, so, als habe die Mutter es verlassen (S. 172). Der Sinneseindruck des Gesichts des Fremden wird als Gesicht wahrgenommen, nicht als Gestaltsignal wie beim Dreimonatslächeln, und wird mit den Gedächtnisspuren des Gesichts der Mutter verglichen. »Es erweist sich als anders und wird daher abgelehnt« (S. 172). Daraus folgt die Annahme, dass das acht Monate alte Kind eine echte Objektbeziehung gebildet hat; die Mutter ist zu seinem unverwechselbaren, libidinösen Objekt geworden (S. 172). Mit dem Beginn der echten Objektbeziehung geht »eine Ich-Funktion auf einer höheren, verstandesmäßigen Ebene der seelischen Entwicklung« (S. 173) einher, die »dem Kind neue Horizonte« (S. 173) eröffnet.

Übergangsstadien in der Entwicklung

Jessy und die Pappmascheemaske

Im Verlauf des ersten Lebensjahres muss der Mensch, aufbauend auf einem Minimum an vorgeformten Verhaltensweisen, mit denen er zur Welt kommt, »unzählige Fertigkeiten der Anpassung erwerben« (S. 126). Die Entwicklung schreitet viel schneller voran als in späteren Lebensabschnitten, der Mensch lernt »nie wieder so viel in so kurzer Zeit« (S. 126). Der Säugling durchläuft in dieser Zeit mehrere Übergangsstadien oder -stufen, in der die dem jeweiligen Stadium angemessenen Anpassungsmechanismen entwickelt werden. Der Weg von einer Stufe zur nächsten besteht aus Versuch und Irrtum. Auf jeder dieser Stufen »ist das Kleinkind empfindlich gegen gewisse Traumata, aber nicht besonders empfindlich gegen andere« (S. 127).

Zu Beginn eines neuen Übergangsstadiums sind die neuen Mechanismen noch nicht fertig, der kindliche Organismus muss sich mit den Mechanismen aus dem vorherigen Stadium behelfen, obwohl diese den neuen Aufgaben nicht mehr gewachsen sind (S. 127). Das heißt, dass ein und derselbe Reiz für das Kind ganz verschiedene Bedeutungen haben kann, dieselbe Erfahrung unterschiedlich wahrgenommen werden kann, je nachdem, auf welcher Stufe der Entwicklung oder in welcher Übergangsphase zwischen zwei Stufen es dieser Erfahrung begegnet (S. 127). Dieses Phänomen illustriert Spitz mit einem Experiment:

Man wählte diejenigen »drei aufeinanderfolgenden Perioden, in denen das durchschnittliche Kind von einer Stufe der psychischen Integration zur nächsthöheren, komplexeren fortschreitet« (S. 128), und zeigte der kleinen Jessy im Alter von drei, siebeneinhalb und vierzehn Monaten immer den gleichen Standardreiz, die nickend dargebotene Pappmascheemaske mit grinsendem Gesicht (S. 128). Jessys Reaktionen waren folgende: Auf der Dreimonatsstufe löste die Maske das Lächeln aus. Im Alter von siebeneinhalb Monaten lachte Jessy die Maske an und versuchte, die Glaskugeln, die als Augen dienten, von der Maske zu lösen und dabei auf das Knie der Beobachterin zu klettern. Mit vierzehn Monaten hatte Jessy bereits einen guten Kontakt zur Beobachterin entwickelt. Als diese die Maske aufsetzte, erschrak Jessy und lief schreiend in die andere Ecke des Zimmers. Beim Abnehmen der Maske schien Jessy sich zu beruhigen, weigerte sich aber, die Maske zu berühren. Später ließ sie sich von der Beobachterin dazu überreden, die Maske doch in die Hand zu nehmen (S. 129). Sie begann, an den Augen der Maske herumzubeißen, was auf ihre noch bestehenden Gefühle »gegen die böse Hexerei der Maske« (S. 131) schließen ließ.

Wie sind diese drei unterschiedlichen Reaktionen im Hinblick auf Objektbeziehungen und Ich-Entwicklung zu interpretieren?

Im ersten Versuch findet der Übergang vom objektlosen zum präobjektalen Stadium statt, die Maske erfüllt die Bedingungen der Zeichen-Gestalt. Das rudimentäre Ich des Kindes kann noch nicht zwischen »Freund« und »fremd« unterscheiden (S. 132).

Beim zweiten Experiment »ist das Kind gerade in dem Übergangsstadium von der Reaktion auf eine Zeichen-Gestalt zu der Stufe, auf der es das eigentliche Objekt der Libido erkennt und unterscheidet. Die Zeichen-Gestalt hat ihre Wirkung noch nicht verloren, das eigentliche Objekt der Libido hat aber auch noch keine Exklusivität erreicht« (S. 130). Jessys Ich ist nicht mehr nur ein Rudiment, sondern ist zu einer komplexen psychischen Organisation geworden (S. 130). Ihr Ich beginnt, die lebenslang andauernde Rolle der Steuerung des Zugangs zur Motilität zu übernehmen (S. 132).

In der dritten Situation sind die Objektbeziehungen zur Mutter fest gegründet. Die Dyade ist nicht mehr die einzige Form der sozialen Beziehung; es bestehen untergeordnete Beziehungen zu »Freunden«, die an ihren äußerlichen Merkmalen, insbesondere dem Gesicht, erkannt werden. Das Gesicht und die Maske haben ihre Wirkung als Zeichen-Gestalt verloren, die individuellen Gesichter haben ihre Eigenbedeutung bekommen. Jessys Ich hat sich erneut verändert: Ihre Denkprozesse gehen weit über die einfache Wunscherfüllung hinaus (S. 132), was sich darin zeigt, dass in dem Moment, in dem die vertraute Beobachterin die Maske aufsetzt und sich dadurch in eine unheimliche, fremde Person verwandelt, ihr Ich ein Gefahrsignal wahrnimmt, was in der Folge zu Angst und Flucht führt (S. 133).

Diese Beobachtungsreihe zeige, dass man das Kleinkind nicht mit dem Erwachsenen vergleichen könne (S. 133). Es ist physiologisch anders, seine

Empfindungen sind anders und seine Art, die Umwelt zu erleben. In Anlehnung an Ferenczi (1913) stellt Spitz fest: »Das Stadium der Allmacht der Gedanken hat seinen Einfluss noch nicht ganz verloren. Es hat seine Herrschaft noch nicht an das Stadium des Realitätssinns abgetreten. Magie ist noch die mächtigste Kraft im Universum des Kindes. Die Kausalität und das logische Vorgehen haben noch nicht die zwingende Macht, die sie später bekommen. Stattdessen geht das Denken nach den Prinzipien der Identifikation, Introjektion, Projektion und ähnlicher Mechanismen vor sich« (S. 130 f.). Spitz führt das Beispiel eines zweijährigen Mädchens an, das sich nach einem beeindruckenden Sonnenuntergang zum Vater umdreht und ihn bittet, er solle das doch noch mal machen (S. 131). Im Stadium der Allmacht der Gedanken hält das Kind jeden Erwachsenen für einen Zauberer, weil es von sich selbst glaubt, dass es ein Zauberer ist, der nur »nicht ganz so erfolgreich wie der Erwachsene« (S. 131) ist.

Die Organisatoren der Psyche

Stellt man sich den Verlauf der Entwicklung im ersten Lebensjahr als Kurve vor, so verläuft diese nicht glatt und ebenmäßig, sondern weist in bestimmten Abständen Richtungsänderungen auf, die einer Reorganisation der psychischen Struktur entsprechen. Der Prozess dieser Reorganisation bzw. Umformung führt zu immer feiner werdenden Differenzierungen des seelischen Apparats (S. 135). Die Faktoren, die diesen Prozess beherrschen, nennt Spitz Organisatoren der Psyche. Der Begriff Organisator ist der Embryologie entlehnt und bezeichnet »das Auftreten einer Kombination von Wirkkräften und Regulierungselementen« (S. 135), das sich aus dem Zusammentreffen »mehrerer Linien der biologischen Entwicklung an einem bestimmten Punkt im Organismus des Embryos« (S. 135) ergibt. »Vor dem Auftreten eines solchen Organisators kann ein Gewebestück von einem Teil des Körpers, z. B. aus der Augengegend, an eine vollkommen andere Stelle, z. B. auf die Rückenhaut, verpflanzt werden, wo es sich dann ebenso wie die es umgebende Haut entwickelt, das heißt, es wird ebenfalls Epidermis. Transplantiert man jedoch das gleiche Gewebestück nach dem Entstehen des Organisators für die Augengegend, dann entwickelt sich das verpflanzte Gewebe als Augengewebe, selbst wenn es ringsum von Rückenhaut umgeben ist« (S. 136).

In der psychischen Entwicklung des Kleinkindes gebe es ganz ähnliche Vorgänge. Der Organisator muss auf der richtigen Stufe errichtet und gefestigt werden, damit die kindliche Entwicklung geordnet und unbehindert fortschreiten kann »in Richtung auf den nächsten Organisator« (S. 137). Während der Übergangsstadien, die Spitz auch kritische Perioden nennt (S. 136), werden unterschiedliche Entwicklungsströmungen und Funktionen, die durch den Reifungsprozess entstanden sind, miteinander in den verschiedenen Sektoren der Persönlichkeit integriert. Die Integration ist »ein heikler und verletzlicher Prozess« (S. 136). Gelingt er, entsteht ein Organisator der Psyche. Misslingt die Festigung eines Organisators, geht die Entwicklung nicht weiter, das heißt, es kommt nicht zu einer »Umstrukturierung des psychischen Systems auf einer Ebene höherer Komplexität« (S. 136). Der Grund für den Entwicklungsstillstand ist in der fehlenden bzw. mangelhaften Interaktion mit der Außenwelt zu suchen: »Die psychischen Systeme, die durch die Interaktion mit der Umwelt hätten integriert werden sollen, bleiben dann auf der unvollendeten, weniger differenzierten Entwicklungsstufe stehen, die vor der Bildung des Organisators liegt« (S. 137). Die Reifung geht jedoch unterdessen gemäß den Erbanlagen in zügigem Tempo weiter (S. 137).

Die Verneinungsgeste: Beginn der Kommunikation auf Distanz

Spitz geht von drei aufeinanderfolgenden Organisatoren aus, die jeweils durch ein »sichtbare[s] Symptom« (S. 136) den Beginn einer »neue[n] Ära im Lebensweg des Kindes« (S. 137) anzeigen. So ist das Dreimonatslächeln das Kennzeichen für die Konstituierung des ersten Organisators, die Achtmonatsangst läßt auf die Konstituierung des zweiten Organisators schließen (S. 176).

Als vielleicht »wichtigste[n] Wendepunkt in der Entwicklung des Individuums und der Art« (S. 204) betrachtet Spitz den Erwerb der semantischen Verneinungsgeste, da mit ihr der Ersatz des Handelns durch das Wort eingeleitet und somit die »Kommunikation auf Distanz« (S. 204) möglich werde. Im Gebrauch des verneinenden Kopfschüttelns sowie des Wortes »Nein« gegen Ende des ersten Lebensjahres sieht Spitz »den greifbaren Indikator der Bildung des dritten Organisators« (S. 204).

Der Vorläufer der Verneinungsgeste sei vermutlich im Appetenz- oder Suchverhalten des Säuglings an der Brust mittels Kopfdrehbewegungen zu sehen, das »ein angeborenes, biologisches Verhalten mit einer langen, in die Phylogenese hineinreichenden Geschichte« sei (Spitz, 1957, S. 90). Sowohl die Kopfdrehbewegung als auch das ontogenetisch entstandene Kopfnicken sind zu Beginn »Ausdrucksweisen eines hinstrebenden, bejahenden Appetenzverhaltens« (S. 124), was mit Freuds Aussage übereinstimme, dass es im Unbewussten kein »Nein« gebe (S. 124). Die spätere Verwendung der semantischen Verneinungsgeste entsteht durch die Identifizierung mit dem libidinösen Objekt, der Mutter, die sich angesichts der Autonomieentwicklung ihres Kindes zunehmend in Situationen befindet, in denen sie es durch Verbote begrenzen muss (S. 41). Aus psychoanalytischer Sicht liegt der Erwerbung des semantischen »Neins« eine Dynamik zugrunde, der zufolge das »Nein« der Mutter dem Kind eine Versagung bereitet, die mit Unlust verbunden ist (S. 44). Das semantische »Nein« wird »als Gedächtnisspur im Erinnerungssystem des Ichs niedergelegt« (S. 44), die sich allmählich mit der von der Unlustauflandung hervorgerufenen, aggressiven Besetzung im Es verknüpft (S. 44). Das semantische »Nein« stellt das »identifikatorische Verbindungsglied mit dem libidinösen Objekt« (S. 44) dar, das es für das Kind zum geeigneten Mittel macht, seine Aggression gegenüber dem Objekt auszudrücken und somit seiner Eigenständigkeit als Subjekt Ausdruck zu verleihen: »Es (das Kind) macht wirklich die Mutter zum Objekt, gegen das es als tätiges Subjekt auftritt« (Freud 1931/1997, zit. nach Spitz, 1957, S. 44).

Gestörte Objektbeziehungen

Spitz betont, dass es sich bei der Beziehung zwischen Mutter und Kind um ein »ständiges Wechselspiel zwischen zwei sehr ungleichen Partnern« (Spitz, 1965/1969, S. 218) handelt. Eine gelungene Objektbeziehung zeichne sich dadurch aus, dass die Kräfte dieses Wechselspiels sich gegenseitig ergänzen und zur Befriedigung beider Partner führen, was von dem Umstand begleitet werde, dass die Befriedigung des einen Partners für den anderen Partner ebenfalls eine Befriedigung bedeutet (S. 218 f.).

Von dieser Definition einer gelungenen Objektbeziehung ausgehend, analysiert Spitz die Merkmale gestörter Mutter-Kind-Beziehungen und geht dabei von zwei Kategorien aus: der ungeeigneten und der unzureichenden Mutter-Kind-Beziehung (S. 219). »Mit anderen Worten, im ersten Fall ist die Störung der Objektbeziehungen auf einen qualitativen, im zweiten Fall dagegen auf einen quantitativen Faktor zurückzuführen« (S. 220). Bei der ungeeigneten Mutter-Kind-Beziehung wirke »die Persönlichkeit der Mutter [...] als das krankheitsverursachende Agens, als ein psychisches Toxin« (S. 221) auf das Kind (S. 222). Spitz unterscheidet zwischen sechs unterschiedlichen psychotoxischen Einstellungen der Mutter, denen er die daraus jeweils resultierenden Krankheiten des Säuglings zuordnet (S. 222). So führe z. B. die »primäre ängstlich übertriebene Besorgnis« (S. 222) der Mutter zur Dreimonatskolik des Säuglings oder ihr rasches »Oszillieren zwischen Verwöhnung und Feindseligkeit« (S. 222) zu »Hypermotilität (Schaukeln)« (S. 222).

Bei den unzureichenden Mutter-Kind-Beziehungen, die zu Mangelerkrankungen führen, ist nicht die Persönlichkeit der Mutter als ätiologischer Faktor maßgeblich, sondern die physische Abwesenheit der Mutter aufgrund von »Krankheit oder Tod oder wegen der Einlieferung des Kindes in ein Krankenhaus« (S. 279). Den Entzug affektiver Zufuhr, den das Kind dadurch erleidet, unterteilt Spitz weiter in einen partiellen Entzug, aus dem das Syndrom der anaklitischen Depression resultiere, und den totalen Entzug, der zu Hospitalismus bzw. Marasmus führe (S. 222, 279). Beide Syndrome seien »nicht scharf voneinander unterschieden; es gibt Übergänge vom einen zum anderen« (S. 279). Die Trennung von der Mutter erfolgte bei allen Kindern der untersuchten Population zu einem Zeitpunkt zwischen dem sechsten und achten Lebensmonat. Die Dauer der Trennung variierte zwischen einem Zeitraum von weniger als drei Monaten und mehr als fünf Monaten (S. 284). Es stellte sich heraus, dass der Entwicklungsquotient der Kinder, in Punkten gemessen, in dieser Zeit absank und bei der Wiedervereinigung mit der Mutter nur dann wieder anstieg, wenn die Trennung weniger als fünf Monate gedauert hatte (S. 289). Eine Trennung von über fünf Monaten führte zu einem fortschreitenden Verfall des Kindes, der sich in psychischen Funktionsstörungen, verbunden mit somatischen Veränderungen, bis hin zu einer erhöhten Infektionsanfälligkeit äußerte (S. 292). Dauerte der Verlust der affektiven Zufuhr bis ins zweite Lebensjahr hinein an, kam es überdies »zu einer auffallenden Erhöhung der Sterblichkeitsquote« (S. 292).

In dem Film »Psychogenic diseases in infancy« aus dem Jahr 1952 hat Spitz sowohl die Folgen der ungeeigneten als auch der unzureichenden Mutter-Kind-Beziehungen in erschütternden Bildern festgehalten. Einen besonders nachhaltigen Eindruck hinterlässt der hier aufgezeigte Zusammenhang zwischen der Dauer der Trennung von der Mutter und der graduellen Verschlimmerung des Syndroms von der anaklitischen Depression bis zum Marasmus.

Die Bedeutung der Arbeiten von Spitz für die Psychoanalyse: Eine kritische Stellungnahme

René Spitz war der Ansicht, »dass die Ergebnisse der Kleinkindforschung auch für die klinische Arbeit mit Erwachsenen von großer Bedeutung sein können« (Cierpka, 2014, S. 83). Mit seiner Methode der direkten Säuglings- und Kleinkindbeobachtung schlug er eine wichtige Brücke zwischen der auf der Rekonstruktion von Entwicklungsprozessen beruhenden Psychoanalyse und der Neugeborenenforschung (Lichtenberg, 1991, S. 28) und eröffnete dadurch ein wissenschaftliches Betätigungsfeld, das nachfolgende psychoanalytische Säuglingsforscher zu weiteren Forschungsansätzen inspirierte. Zu ihnen zählen Robert Emde, der mit Spitz noch zusammenarbeitete (Cierpka, 2014, S. 94), Joseph D. Lichtenberg und Louis W. Sander (S. 96 f.).

Spitz kommt das Verdienst zu, empirisch nachgewiesen zu haben, dass fehlende oder falsche affektive Zufuhr zu schweren psychischen und physischen Schäden führen kann. Mit diesem Verdienst ist aber gleichzeitig die Kritik verbunden, sich dabei zu einseitig auf die Mutter als der scheinbar alleinigen Verursacherin kindlichen Leids konzentriert zu haben. Die Frage, welche Rolle der

Vater spielen könnte, kommt in Spitz' Ausführungen zu kurz. Damit bleibt er hinter der vergleichsweise fortschrittlichen Haltung Freuds zurück, mit der dieser schon 1898 gefordert hat, dass »der Hochmut der Väter […], die vor ihren Kindern nicht gerne auf das Niveau der Menschlichkeit herabsteigen wollen« (Freud, 1898/1997, S. 29), überwunden werden müsse.

Es mangelt Spitz an einer analytischen Haltung gegenüber den Müttern. Den fein differenzierenden Blick, den er gegenüber den Säuglingen einnimmt, lässt er in Bezug auf die Mütter vermissen, etwa wenn er von ihrer »von der Norm abweichenden Persönlichkeit« (Spitz, 1965, dt. 1967, S. 142), ihrer »Disharmonie« (S. 219) oder ihrer »Psychotoxizität« (S. 221 f.) spricht, ohne danach zu fragen, wie es im einzelnen Fall zu der schädlichen Einwirkung auf das Kind kommen konnte. Anna Freud merkt dazu in ihrem Geleitwort zu Spitz' Buch »Vom Säugling zum Kleinkind« an, dass die Zuordnung einer psychotoxischen Störung des Kindes zu einer bestimmten Störung der Mutter »eine fesselnde Hypothese [sei], die vielleicht weniger strittig wäre, wenn bei den komplexen Persönlichkeiten der Mütter die Beurteilung ihres Verhaltens nicht auf beobachtenden Methoden beruhte, sondern auf ihrer Analyse« (S. 8).

Literatur

Altzinger, F. (2008). René Arpad Spitz – Chronologie. www.psyalpha.net/biografien/rene-arpad-spitz/rene-arpad-spitz-chronologie (28.9.2016).

Cierpka, M. (Hrsg.) (2014). Frühe Kindheit: 0–3 Jahre. Beratung und Psychotherapie für Eltern mit Säuglingen und Kleinkindern (2. Aufl.). Berlin u. Heidelberg: Springer.

Ferenczi, S. (1913). Entwicklungsstufen des Wirklichkeitssinnes. Internationale Zeitschrift für Psychoanalyse, 1, 62 ff.

Freud, S. (1898/1997). Die Sexualität in der Ätiologie der Neurosen. Studienausgabe Bd. 5. Frankfurt a. M.: Fischer.

Freud, S. (1931/1997). Über die weibliche Sexualität. GW XIV (S. 517–537). Frankfurt a. M.: S. Fischer.

Hartmann, H. (1952). The mutual influences in the development of ego and id. The Psychoanalytic Study of the Child, 7, 9–30.

Hartmann, H., Kris, E., Loewenstein, R. M. (1946). Comments on the formation of psychic structure. The Psychoanalytic Study of the Child, 5, 24–46.

Lichtenberg, J. D. (1991). Psychoanalyse und Säuglingsforschung. Berlin u. Heidelberg: Springer.

Mühlleitner, E. (1992). Biographisches Lexikon der Psychoanalyse. Tübingen: Edition diskord.

Rank, O. (1924). Das Trauma der Geburt und seine Bedeutung für die Psychoanalyse. Leipzig: Internationaler Psychoanalytischer Verlag.

Spitz, R. A. (1954, dt. 1957/1992). Die Entstehung der ersten Objektbeziehungen. Stuttgart: Klett-Cotta.

Spitz, R. A. (1957). Nein und Ja. Die Ursprünge der menschlichen Kommunikation. Stuttgart: Klett.

Spitz, R. A. (1965, dt. 1967). Vom Säugling zum Kleinkind. Naturgeschichte der Mutter-Kind-Beziehungen im ersten Lebensjahr. Stuttgart: Klett.

Annette Streeck-Fischer
Margaret Mahler und ihr Entwicklungsmodell

Leben und Werk

Margaret Schönberger Mahler wurde 1897 in Sopron/Ungarn geboren. Nach Kunstgeschichte studierte sie Medizin in Budapest und München. 1922 promovierte sie in Jena. In Wien bildete sie sich bei Clemens von Pirquet zur Kinderärztin weiter und eröffnete eine kinderärztliche Praxis. Ihre psychoanalytische Ausbildung absolvierte sie am Lehrinstitut der Wiener Psychoanalytischen Vereinigung, wo sie 1933 außerordentliches Mitglied wurde. In Wien eröffnete sie eine psychoanalytisch orientierte Kinderklinik, das sogenannte »Ambulatorium Rauscherstraße«. 1936 heiratete sie Paul Mahler, mit dem sie 1938 nach New York emigrierte. Dort wurde sie zwei Jahre später Mitglied der New Yorker Psychoanalytischen Vereinigung. Gleichzeitig übernahm sie die Ausbildungsleitung am Psychoanalytischen Institut in Philadelphia. Am 2. Oktober 1985 starb Margaret Mahler in New York.

Margaret Mahler leistete vor allem eine Pionierarbeit auf dem Gebiet der Säuglings- und Kleinkindforschung. Auf der Grundlage empirischer Untersuchungen erarbeitete sie ein Modell zur psychischen Entwicklung im Säuglings- und Kleinkindalter. Dazu dienten ihr vor allem ihre Beobachtungen im Master Children Center und New York Children Service. Ihre Forschungen wurden finanziell unterstützt durch das National Institut of Mental Health (NIMH) und der Menil Foundation, die eine eigene Margret S. Mahler Research Fund in Philadelphia und die Margaret S. Mahler Research Foundation in New York ermöglichte. Ihre Arbeiten sind aus der Zusammenarbeit mit vielen Mitarbeitern – bekannten Psychoanalytikern wie Annie Bergman, Fred Pine, Calvin Settlage, Phyllis Greenacre und Edith Jacobson, um nur einige zu nennen – hervorgegangen.

Zu Beginn ihrer Forschungstätigkeit beschäftigte sie sich zusammen mit Manuel Furer intensiv mit den kindlichen Psychosen, von denen sie zwischen solchen mit vorwiegend autistischer und vorwiegend symbiotischer Symptomatologie unterschied. Die jeweiligen Typen sah sie in Abhängigkeit von der Abwehr bzw. der restitutiven Struktur. Beide Abwehrformen wurden als regressive Entstellungen sehr früher Stufen des Sensoriums und der Art und Weise betrachtet, wie das Ich mit Trieben und Eingriffen der Umwelt umgeht (Mahler u. Furer, 1968, dt. 1972/1986, S. 11). Obwohl gerade diese Untersuchungen wichtig sind für eine Weiterentwicklung von psychodynamischer Psychosentherapie im Kindesalter, haben sie nicht die Bedeutung erlangt wie Mahlers Entwicklungsmodell zur Symbiose und Individuation, das sie zusammen mit Bergman und Pine aus Beobachtungen an Interaktionen von durchschnittlichen Müttern mit Kindern im Alter von fünf Monaten bis drei Jahren gewonnen hat. Welche hervorgehobene Rolle die Modelle in Bezug auf psychoanalytische Konzeptbildung bekommen haben, soll im Weiteren diskutiert werden.

Das Entwicklungsmodell

Das zentrale Thema in Mahlers Entwicklungsmodell ist der Prozess der sogenannten »gesunden Individuation«. Sie erklärt das intrapsychische Wachstum vom *Zustand der Nicht-Differenzierung zwischen Ich und Nicht-Ich bis hin zur erreichten Loslösung und Individuation.*[1] Eine Voraussetzung für diesen Prozess ist die Ablösung des Kindes aus der frühen symbiotischen Beziehung zur Mutter.

Mahler betont, dass die biologische und die psychische Geburt des Menschenkindes zeitlich nicht zusammenfallen. *Die biologische Geburt sei ein »dramatisches, beobachtbares, genau umrissenes Ereignis«, wohingegen die psychische Geburt »ein langsam sich entfaltender intrapsychischer Prozess«* (Mahler u. Furer, 1968, dt. 1972/1986, S. 13) sei. Die Erfahrung des normalen Erwachsenen, in der Außenwelt befindlich und vollkommen von der Außenwelt getrennt zu sein, stellt eine selbstverständliche Gegebenheit des Lebens dar. Diese Erfahrung – so Mahler – im Gefolge einer normalen symbiotischen Entwicklungsperiode führt dazu, dass das Kind fähig wird, in Gegenwart der Mutter und mithilfe ihrer emotionalen Verfügbarkeit als getrenntes Wesen zu funktionieren.

Loslösung und Individuation (S. 15) begreift Mahler als zwei einander ergänzende Entwicklungen. *Loslösung stellt das Auftauchen des Kindes aus der symbiotischen Verschmelzung mit der Mutter dar, während die Individuation mit Fähigkeiten verbunden ist, die zeigen, dass das Kind seine individuellen Persönlichkeitsmerkmale als solche annimmt.* Es handelt sich um ineinander verschlungene, jedoch nicht identische Entwicklungsprozesse. Sie können auch in verschiedene Richtungen gehen, z. B. dann, wenn *eine vorzeitige Entwicklung der Fortbewegung dem Kind*

---
1 Die von M. Mahler verwendeten Formulierungen sind kursiv hervorgehoben.

die körperliche Trennung ermöglicht, was zu einem Gewahrwerden von Getrenntheit führt, bevor innere Regulationsmechanismen als Bestandteile der Individuation Mittel zur Verfügung stehen, um mit diesem Gewahrwerden zurechtzukommen.

Für ihre Untersuchungen besuchte Mahler Kinderkrippen mit von außen einsehbaren Wänden, durch die sie Kinder zwischen fünf Monaten und drei Jahren beobachten konnte. Ihr Untersuchungsdesign hat sie zusammen mit Pine und Furer (Pine u. Furer, 1963) ausführlich dargestellt. Ihr lag daran, ein angemessenes Gleichgewicht zwischen freischwebender psychoanalytischer Beobachtung und vorher festgelegter experimenteller Anordnung zu finden, wohl wissend, dass sie damit von beiden Seiten (Psychoanalytikern und experimentellen Forschern) Kritik ernten würde. Die Protokollierung in speziellen Fragebögen erfolgte entweder durch die Eltern oder durch dafür ausgebildete Erzieherinnen. Auf diesen Kinder-Beobachtungen fußt Margaret Mahlers Entwicklungsmodell mit ihren theoretischen Schlussfolgerungen. Es geht ihr um die Trennung von Ich und Nicht-Ich aus einer ursprünglichen Mutter-Kind-Einheit in die Separation und Individuation.

Aufgrund ihrer Beobachtungen unterteilt sie die Entwicklung des Kindes in verschiedene Phasen:
- *Normale autistische Phase (Geburt bis 4–6 Wochen).*
- *Normale symbiotische Phase (2.–4./5. Monat).*
- *Loslösungs- und Individuationsphase mit vier aufeinanderfolgenden Subphasen:*
  - *Differenzierungsphase (5.–12. Monat),*
  - *Übungsphase (11.–18. Monat),*
  - *Wiederannäherungsphase/Rapprochement (18.–24. Monat),*
  - *auf dem Weg zur emotionalen Objektkonstanz (24.–36. Monat).*

Mahler räumt ein, dass die Konzepte der autistischen und symbiotischen Phase *auf einem höheren Abstraktionsniveau* angesiedelt sind.

Die normale autistische Phase (von der Geburt bis zur 4. bis 8. Woche)

In dieser Phase überwiegen – so Mahler – *schlafähnliche Zustände. Äußere Reize sind relativ schwach besetzt, physiologische Prozesse stehen im Vordergrund.* Mahler bezieht sich auf das *Bild eines Vogeleis, ein Beispiel, das Freud (1911) als ein Modell für ein geschlossenes System verwendet hat. Es ist ein Beispiel eines von Reizen der Außenwelt abgeschlossenen Systems, welches selbst seine*

Nahrungsbedürfnisse autistisch befriedigen kann. Die Mutterpflege ist hier lediglich auf Wärmezufuhr beschränkt.

Mahler vergleicht diesen Zustand mit dem des Säuglings, der sich in einer *primitiven halluzinatorischen Desorientiertheit* befinde, die beinhalte, dass die Bedürfnisbefriedigung seinem eigenen autistischen Umkreis angehöre.

Aufgabe der autistischen Phase sei es, ein *homöostatisches Gleichgewicht des Organismus im Wachzustand zu erlangen. Dies geschehe in der neuen, nicht mehr durch den Mutterleib begrenzten Umgebung mithilfe von vorwiegend somatopsychischen physiologischen Mechanismen* (Mahler, Pine u. Bergman, 1975, dt. 1987/2008, S. 60). Sie tragen zu einer Koordination innerer Subsysteme bei wie Schlafen, Wachen, Nahrungsaufnahme, Verdauung etc. Die Wirkungen der Pflegeleistungen der Mutter zur Verminderung der durch das Bedürfnis erzeugten Qualen (Hunger) könne der Säugling nicht von eigenen spannungsverringernden Bemühungen unterscheiden. In dieser Phase ist der Körper stark libidobesetzt. Es bestehe eine *hohe Reizschranke* zur Außenwelt, die sogar bis hin zur Nichtwahrnehmung der Außenwelt reiche. Die gesamte Aufmerksamkeit wird nach innen gewendet. Die Sinne, vor allem der Sehsinn, seien noch nicht voll entwickelt.

Die normale symbiotische Phase (2. bis 4./5. Monat)

»Der Begriff Symbiose ist der Biologie entliehen. Dort wird er verwendet, um eine enge funktionale Verbindung zweier Organismen zum beiderseitigen Nutzen zu bezeichnen« (Mahler 1968, dt. 1972/1986, S. 13). Bei dem Begriff Symbiose in Bezug auf die hier so benannte Phase handelt es sich – so Mahler – um eine Metapher, um den *Zustand der Undifferenziertheit, der Fusion mit der Mutter* zu beschreiben, in dem *das Ich noch nicht vom Nicht-Ich unterschieden ist.* Da das Kind die Mutter noch nicht als getrennte Persönlichkeit wahrnimmt, ist die emotionale Einfühlung der Mutter zur optimalen Triebbefriedigung sowie zur angemessenen Entwicklung eines grundlegenden Sicherheitsgefühls (Urvertrauen) enorm wichtig.

Mithilfe der angeborenen autonomen Wahrnehmungsfähigkeit des primitiven Ichs entstehen Erinnerungsspuren von Reizen zwischen »lustvoll/gut« und »unlustvoll/schlecht« innerhalb der frühesten undifferenzierten Matrix (Mahler u. Gosliner, 1955, dt. 1985). *Die symbiotische Phase ist gekennzeichnet vom verschwommenen Gewahrwerden des bedürfnisbefriedigenden Teilobjekts.* Es ist eine Phase absoluter Abhängigkeit des Säuglings von seinem symbiotischen Partner. Dabei verhält sich der Säugling so, als ob er und seine Mutter ein allmächtiges System darstellen, eine *Zweieinheit* innerhalb einer gemeinsamen Grenze.

Jede unlustvolle Wahrnehmung, ob von außen oder von innen, wird über die gemeinsame Grenze des symbiotischen Milieus hinausprojiziert.

Zu dieser Zeit beginnt die *scheinbar solide Reizschranke, die autistische Schale,* die äußere Reize fernhielt, zu bersten. *In Verbindung mit Lust-Unlust-Sequenzen* kommt es – so Mahler (Mahler u. Gosliner, 1955, dt. 1985, S. 16) – *zur Abgrenzung des Körper-Ichs in der symbiotischen Matrix.* Diese Repräsentanzen finden als Körperschema ihren Niederschlag. Von nun an vermitteln Repräsentanzen des Körpers, die im rudimentären Ich enthalten sind, zwischen inneren und äußeren Wahrnehmungen. *Die Verschiebung von vorwiegend propriozeptiv-enterozeptiven Besetzungen zu sensoriperzeptiven Besetzungen* der Peripherie des Körpers (Spitz, 1965, dt. 1967) bedeutet einen wichtigen Entwicklungsschritt. Die inneren Empfindungen des Säuglings bilden den Kern des Selbst. Es bildet sich zunehmend ein positiv besetzter Reizschild, der die *Zweieinheit Mutter-Kind* umschließt.

Ein weiteres Hauptkennzeichen der symbiotischen Phase ist die gesteigerte Aufmerksamkeit für Reize, die von außen kommen. Auch ist das sogenannte »Spiegeln« ein Merkmal dieser Phase; das Kind inkorporiert die Mutter und ahmt sie nach.

Im Rahmen dieser Zweieinheit erfolgt auch die libidinöse Besetzung der Mutter, das heißt im Gegensatz zur autistischen Phase wird die *Libidobesetzung nun auf das symbiotische Umfeld* ausgeweitet. Daraus entsteht ein libidinöses Band zwischen Mutter und Kind, welches im spezifischen Lächeln zum Ausdruck kommt. Dieses auf der Anerkennung der Zweieinheit beruhende Lächeln ist als Haupterrungenschaft dieser Phase anzusehen.

Das wesentliche Merkmal der Symbiose ist also die *halluzinatorisch-illusorische, somatopsychische, omnipotente Fusion mit der Mutter und insbesondere die illusorische Vorstellung einer gemeinsamen Grenze der beiden* (S. 18) in Wirklichkeit physisch getrennten Individuen. Dies ist der Mechanismus, zu dem das Ich in Fällen schwerster Störung der Individuation und psychotischer Desorganisation regrediert.

In der physiologischen und sozio-biologischen Abhängigkeit von der Mutter vollzieht sich schließlich die strukturelle Differenzierung, die anschließend zur Anpassungsorganisation des Individuums führt: dem *Ich.*

Normaler Autismus und normale Symbiose sind die beiden frühsten Stadien der Undifferenziertheit. *Das erste Stadium ist objektlos. Lernen in dieser Zeit vollzieht sich durch Konditionierung, während das zweite Stadium präobjektal* ist und jetzt Lernen durch Erfahrung möglich wird.

Reize sind in dieser Zeit zunehmend perzeptuell und affektiv besetzt. Erinnerungsinseln erlauben keine Unterscheidung zwischen innen und außen, selbst und anderen. Die Welt wird zunehmend libidinös besetzt, vornehmlich in der Person der Mutter.

Mahler bezieht sich auch auf das freudsche Konzept des primären Narzissmus (Freud, 1914). Sie möchte allerdings zwei Phasen unterscheiden: *Die Phase des absoluten primären Narzissmus, den sie mit der Phase des normalen Autismus zusammenbringt, und den primären Narzissmus in der symbiotischen Phase, in der der Säugling verschwommen wahrnimmt, dass es ein seine Bedürfnisse befriedigendes Teilobjekt gibt.*

Loslösungs- und Individuationsphase

Loslösung und Individuation sind zwar zwei getrennte, aber im Idealfall parallel verlaufende Sozialisationsvorgänge. Dabei hat die Loslösungsphase die Ausbildung einer Differenzierung des Körperschemas sowie das Erlangen einer Distanzierungs- und Abgrenzungskompetenz zum Ziel. *Die Loslösung bedeutet das »Auftauchen des Kindes aus der symbiotischen Verschmelzung mit der Mutter«. Die Individuation soll zur intrapsychischen Autonomie führen, die mit kognitiven Fähigkeiten und emotionaler Objektkonstanz* einhergeht. Die folgenden Phasen werden in den Texten mit Beispielen von Mutter-Kind-Interaktionen belegt (Mahler, Pine u. Bergmann, 1975, dt. 1987/2008).

Erste Subphase: Differenzierung und Entwicklung eines Körperschemas (5. bis 12. Monat)

Mit etwa vier bis fünf Monaten treten Verhaltensphänomene auf, die auf den Beginn der ersten Subphase von Loslösung und Individuation hindeuten: die *Differenzierung*. Während die Aufmerksamkeit des Säuglings während der ersten Monate der Symbiose vorwiegend nach innen gerichtet ist oder sich in koenästhetisch unbestimmter Weise auf den symbiotischen Umkreis konzentrierte, richtet sie sich mehr und mehr nach außen. Der Blick, die Wachheit, die Ausdauer und die Zielgerichtetheit als neue Verhaltensweisen bezeichnet Mahler als »*Ausschlüpfen*« (aus dem Ei). Babys, die sicher in ihrem symbiotischen Umkreis verankert sind, zeigen jetzt ein großes Vergnügen an ihren Sinneswahrnehmungen, sie sind neugierig und voller Verwunderung. Das Baby nimmt die taktile und visuelle Erforschung seiner Umwelt in Angriff.

Es tastet die Umgebung, insbesondere das Gesicht der Mutter, ihre Halskette und ihre Haare ab. Sie werden taktil und visuell erforscht. Hier ist das Muster des »*checking back*«, ein Rückversichern (Mahler et al., 1975, dt. 1987/2008,

S. 76) bedeutsam, das der Differenzierung dient. Das Kind vergleicht dabei alle Einzelheiten mit dem Vorobjekt oder der Teilobjektrepräsentanz der Mutter als Orientierungshilfe. Die motorischen Fähigkeiten des Kindes sind dann bereits so weit entwickelt, dass es sich z. B. von der Mutter wegstemmen kann. Es kann somit mehr sehen, kann sein Blickfeld erweitern und seine Umgebung bereits mit Libido besetzen.

Der einfühlsame Körperkontakt der Mutter ist in dieser Phase besonders wichtig. Durch den Kontakt zu ihr erfährt das Kind seinen Körper als getrennt von dem der Mutter. Es erkennt also allmählich die physische, aber noch nicht die psychische Trennung.

Was die Reaktionen auf fremde Personen betrifft, so meint Mahler, dass bei Kindern, deren symbiotische Phase optimal verlaufe, eher eine vertrauensvolle Erwartung vorherrsche und Neugier und Verwunderung bei der Erforschung des Fremden aufträten. Sie stellt sich damit den Vorstellungen von Spitz (1965, dt. 1967) entgegen, der in der Achtmonatsangst einen wichtigen Reifungsschritt sieht.

Bei einem späteren »Ausschlüpfen« sei die Entwicklung einer *abschirmenden Membran der Zweieinheit* (Mahler et al., 1975, dt. 1987/2008, S. 79) verzögert, bei einem verfrühten Ausschlüpfen demgegenüber gestört. In diesem Fall war die symbiotische Beziehung offenbar intensiv, aber unbehaglich.

Zweite Subphase: Das Üben (11. bis 18. Monat)

Diese zweite Subphase beginnt etwa im neunten Monat und reicht bis zum 15.–18. Monat. Mahler unterteilt diese Phase in eine frühe und eine eigentliche Übungssubphase.

Die frühe Übungssubphase wird dadurch eingeleitet, dass das Kind in seinen motorischen Fähigkeiten sich weiterentwickelt hat und anfängt zu krabbeln, zu robben, zu klettern und sich aufzurichten. Es kann sich nun physisch von der Mutter entfernen. Diese Fähigkeit zur Fortbewegung erweitert die Welt des Kindes. Es kann jetzt die Nähe und Entfernung zur Mutter aktiv selbst herstellen. Wie die neue Welt erlebt wird, scheint in subtiler Weise mit der Mutter zusammenzuhängen. Kinder, die den besten Entfernungskontakt zur Mutter hatten, waren diejenigen, die sich am weitesten von ihr fortbewegen konnten. Die Umgebung sowie die autonomen Apparate des Selbst und die Ich-Funktionen (Fortbewegung, Wahrnehmung, Lernen) werden zunehmend libidobesetzt. Die Mutter wird zugleich als »*Fixpunkt*« bzw. als »*Heimatbasis*« weiterhin benötigt. Sie dient dem emotionalen Auftanken. In dieser Zeit machen die Kinder kurzfristig eine *gesteigerte Trennungsangst* durch.

Die eigentliche Übungsphase ist durch die freie aufrechte Fortbewegung gekennzeichnet. In dieser Zeit beginnt das »*Liebesverhältnis mit der Welt*« (S. 94). Das Kind scheint in dieser Zeit von seinen eigenen Fähigkeiten und der Größe seiner Welt wie berauscht. Das hervorstechende Merkmal dieser Übungsperiode ist die starke *narzisstische Besetzung*, die das Kind seinen Funktionen, seinem Körper, den Objekten und Zielen seiner expandierenden Realität zukommen lässt. Gleichzeitig ist eine relative Unempfindlichkeit gegenüber Verlust und Schmerz, etwa Frustrationen, wenn ein anderes Kind sein Spielzeug wegschnappt, zu beobachten. Bekannte erwachsene Personen werden ohne Weiteres akzeptiert.

Es ist weiterhin wichtig, dass die *Mutter als Fixpunkt und zum Auftanken von Emotionen (»emotional fueling«)* zur Verfügung steht, da das Sicherheitsgefühl des Kindes noch nicht ausgeprägt ist. Wenn den Kindern bewusst wird, dass die Mutter nicht anwesend ist, zeigen sie das, was Mahler als *Stimmungsabfall* (S. 98) kennzeichnet. Bei solchen Gelegenheiten verlangsamt sich ihre gestische und Leistungsmotilität. Ihr Interesse an der Umgebung verringert sich, sie scheinen von inneren Vorgängen in Anspruch genommen. Zwei wiederkehrende Phänomene konnte Mahler feststellen:
1. Wenn ein anderer Mensch als die Mutter das Kind zu trösten versuchte, dann verlor es sein emotionales Gleichgewicht und brach in Tränen aus.
2. Der herabgestimmte Zustand endete sichtbar bei der Wiedervereinigung mit der Mutter, die kurze Zeit abwesend war.

Beide Phänomene weisen darauf hin, dass sich das Kind bis zu diesem Zeitpunkt in einem besonderen Selbstzustand befunden hat – in einer Art *anaklitischen Depression im Kleinformat*.

Demgegenüber stellte Mahler fest, dass das Verlangen nach Wohlbefinden und Einheit mit der Mutter oder nach einer engen Verbindung mit ihr in eigentümlicher Weise bei jenen Kindern fehlt, bei denen die symbiotischen Beziehung allzu lange gedauert hat oder fehlte.

Der Erwerb der aktiven Fortbewegung bewirkt große Fortschritte hinsichtlich der Sicherung der Individualität und erste wichtige Schritte zur Identitätsbildung. Wichtig ist dabei die Einstellung der Mutter, ihre Hoffnung und ihr Vertrauen, wenn sie zuversichtlich ist und ihrem Kind nun zutraut, eigene Schritte zu schaffen als wichtige Anreize für das Sicherheits- und Selbstwertgefühl.

Die Übungsphase überschneidet sich mit der Differenzierung des Körperschemas, und die Ich-Funktionen des Kindes entwickeln sich rapide.

In der Übungsphase wendet sich das Interesse des Kindes zunehmend der unbelebten Welt zu. Häufig wird nun auch ein Übergangsobjekt konstituiert

(Winnicott, 1965, dt. 1974/1984), das einen Ersatz für die vorherige Symbiose mit der Mutter darstellt, z. B. eine weiche Decke oder ein Kuscheltier, das das Kind ständig mit sich herumträgt. Gegenüber fremden Personen herrscht Neugierde, aber auch Fremdenangst.

In dieser Phase spielt der Vater ebenfalls eine wichtige Rolle, nämlich die des Spielkameraden. Das Kind kann sich im Spiel mit dem Vater im Gegensatz zu seiner sonstigen Schwäche und Abhängigkeit groß und stark vorkommen, was seine Omnipotenzgefühle nährt und aufrechterhält.

Dritte Subphase: Wiederannäherung – Rapprochement (18. bis 24. Monat)

In dieser Subphase wird sich das Kleinkind zunehmend bewusst, dass es von der Mutter getrennt ist. Bedingt durch seine gereiften Fähigkeiten, sich physisch von der Mutter zu entfernen, und stimuliert durch die wachsenden Kognitionen wünscht sich das Kind nun in gesteigertem Maße, dass die Mutter an jeder neu erworbenen Geschicklichkeit und Erfahrung Anteil nimmt. Während das Auftankmodell die körperliche Annäherung des übenden Kleinkindes charakterisiert, wird in dieser Phase der enge Körperkontakt gesucht. Das Kind möchte seine Welt und Erkenntnisse mit der Mutter teilen. Alle möglichen Funde werden ihr präsentiert, um Interesse, Beachtung und Anerkennung zu finden. Das Bewusstsein der Getrenntheit führt zu deutlichen Trennungsreaktionen und Ängsten. Bei der Konfrontation mit den Anforderungen der Eltern, z. B. bezüglich der Reinlichkeitserziehung, weicht das Omnipotenzgefühl der vorausgehenden Phase der Frustration und das Kind gerät oft in Enttäuschungswut. Dies wiederum verstärkt die Trennungsangst. Das kindliche Selbstwertgefühl kann in dieser Phase also einen abrupten Niedergang erleiden. Das Kind befindet sich in einem Zwiespalt zwischen seiner beginnenden Autonomie und der anhaltenden Abhängigkeit von der Mutter bzw. den Eltern. In dieser Phase ist es laut Mahler wichtig, dass die Mutter stets als »Heimatbasis« zur Verfügung steht und viel Geduld mit dem Kind hat.

Zwei charakteristische Verhaltensmuster wie das *»Beschatten« der Mutter und das »Weglaufen«* (Mahler et al., 1975, dt. 1987/2008, S. 105) in der Erwartung, gefangen und in die Arme genommen zu werden, lassen sowohl den Wunsch nach Wiedervereinigung mit dem Liebesobjekt erkennen als auch die Angst, von ihm erneut verschlungen zu werden. Die gehobene Stimmung der Übungsphase beginnt zu schwinden – verbunden mit dem Bewusstsein, dass die Mutter ein Wesen draußen in der Welt ist, mit dem das Kind seine Freuden zu teilen wünscht. Die Abwesenheit der Mutter kann jetzt eine gesteigerte Aktivität und

Unruhe auslösen, als früher Abwehrmechanismus gegen das Gewahrwerden des schmerzlichen Empfindens der Traurigkeit. Indem das Kind die Vorstellung von seiner Größe aufgeben muss, gerät es in die Wiederannäherungskrise, etwa in der Zeit vom 18. bis 24. Monat. Die vorherrschende Stimmung ist gekennzeichnet von Unzufriedenheit, Unersättlichkeit und der Neigung zu raschen Stimmungsschwankungen und Wutausbrüchen. Der Zustand des »*idealen Selbst muss seiner illusorischen Beimengungen entkleidet werden*« (S. 108). Das Kind kehrt in dieser Phase buchstäblich auf den Boden der Tatsachen zurück. Charakteristisch ist in dieser Zeit auch das *Vorherrschen von Ambitendenz*, was bedeutet, zwischen zwei verschiedenen Bestrebungen oder Gefühlen hin und her zu pendeln. Das Kind kann jetzt erneut sehr stark auf Fremde reagieren.

Mit dem zunehmenden Bewusstsein von Getrenntheit und Verletzbarkeit scheint die Fähigkeit zur Empathie sich zu entwickeln. Es gibt Hinweise für echte Ich-Identifizierungen. *Die Aufspaltung der Objektwelt in Gut und Böse hat begonnen* (S. 140). Die Mutter wird als zwei Personen erfahren: eine gute und eine böse. Dies ist in diesem Entwicklungsabschnitt normal – so Mahlers Vorstellung –, sollte aber überwunden werden und ein ganzheitliches positives Mutterbild sollte sich durchsetzen.

Generell herrschen in dieser Phase aber idealisierte Elternbilder vor.

Der Vater spielt ebenfalls eine wichtige Rolle: Durch die Identifikation mit dem Vater erlebt das Kind die Beziehung der Eltern mit und fühlt sich nicht ausgeschlossen. Mahler geht davon aus, dass der Vater als eine von der Mutter getrennte Person dem Kind zeigt, dass die Trennung nichts Schlimmes ist. Diese Erkenntnis bewahrt das Kind vor einer Regression in die Symbiose.

Darüber hinaus zeigen Kinder eine Vielzahl von Übergangsphänomenen. Entscheidend für die weitere Entwicklung ist dabei die Herstellung einer optimalen Distanz zur Mutter, in der das Kind am besten zu funktionieren vermag. Individuationsmerkmale, die es dem Kind ermöglichen, in größerer Distanz und ohne körperliche Anwesenheit der Mutter zu funktionieren, sind folgende:
- *die Sprachentwicklung im Sinne der Nennung von Objekten und des Äußerns von Wünschen;*
- *der Verinnerlichungsprozess, der sich sowohl aus Akten der Identifizierung mit der guten fürsorglichen Mutter und dem Vater als auch aus der Verinnerlichung von Regeln und Vorschriften ableiten lässt;*
- *die gesteigerte Fähigkeit, Wünsche und Phantasien durch symbolisches Spiel sowie durch Nutzung des Spiels um Meisterschaft zu erlangen.*

Etwa im 21. Monat zeigt sich, dass die Umstände des jeweiligen Individuationsprozesses nicht mehr vorwiegend phasenspezifisch sind, sondern individuell äußerst verschieden. Für die Errichtung eines köhärenten Selbst und der Geschlechtsidentität ist diese Phase von entscheidender Bedeutung. Zu diesem Zeitpunkt muss die Mutter ständig emotional verfügbar und gleichzeitig bereit sein, die Zügel locker zu lassen und dem Kind einen sanften Schubs zur Unabhängigkeit zu verabfolgen. Wegen eigener Schwierigkeiten werden manche Mütter eher zu Beschattern als zu Beschatteten. Bei Kindern, deren Entwicklung nicht optimal verlief, zeigt sich ein *ambitendenter Konflikt zwischen Anklammern und negativistischem Verhalten*. Diese Verhaltensweisen sind Phänomene, die darauf hinweisen, dass sie die widerstreitenden Tendenzen noch nicht verinnerlicht haben. Dieses Phänomen kann sich auch darin widerspiegeln, dass das Kind die Objektwelt in Gut und Böse aufgespalten hat. Solche Bedingungen finden sich bei Borderline-Störungen wieder.

Grundsätzlich ist es sehr wichtig, Verständnis für das wachsende Autonomiebedürfnis des Kindes zu haben und eine optimale Distanz herzustellen sowie die Fähigkeit zum symbolischen Spiel zu unterstützen.

Folgende Aufgaben stehen nach Settlage (1977) zur Bewältigung an:
1. das Meistern sich verstärkender Trennungsangst, 2. Bekräftigung von Urvertrauen, 3. allmähliche Abnahme der Omnipotenzgefühle der symbiotischen Einheit, 4. Ausgleich für den Verlust der Omnipotenz durch ein gesteigertes Autonomiegefühl, 5. Festigung des Kernselbstgefühls, 6. Begründung der Affekt- und Triebregulierung, 7. Beilegung der Tendenz, die Beziehung zum Liebesobjekt durch die normale Spaltung in Gut und Böse aufrechtzuerhalten, 8. Ersatz der Spaltungsabwehr durch Verdrängung.

Vierte Subphase: Konsolidierung der Individualität und Anfänge einer emotionalen Objektkonstanz (24. bis 36. Monat)

Hauptaufgabe der vierten Subphase ist die Ausbildung einer intrapsychischen Autonomie und emotionaler Objektkonstanz (Hartmann, 1939/1960). Jetzt entwickelt sich ein stabiles Gefühl von Einheitlichkeit. Die Geschlechtsidentität wird zunehmend konsolidiert. Eine Voraussetzung dafür ist die erfolgreiche Loslösung von der Mutter in der Wiederannäherungsphase. Es kommt zu einer weitreichenden Strukturierung des Ichs mit sicheren Anzeichen der Verinnerlichung elterlicher Gebote, die auf die Bildung von Über-Ich-Vorläufern hinweisen. Die Entwicklung der Fähigkeit der emotionalen Objektkonstanz (S. 142) hängt von der allmählichen Verinnerlichung einer beständigen positiv besetzten Mutterimago ab. *Objektkonstanz beinhaltet die Vereinigung von gutem und bösem Objekt zu einer Gesamtrepräsentanz*. Das ermöglicht ein stabiles Gefühl von Einheitlichkeit.

Die Spaltung »gute/böse Mutter« wird zugunsten eines positiven Mutterbildes aufgegeben. Damit ist ein verlässliches inneres Bild vorhanden, auch wenn die Mutter physisch nicht anwesend ist, unabhängig von Triebbedürfnissen oder inneren Missempfindungen. Die Trennungsangst kann jetzt besser gehandhabt werden. Das Stadium der Objektkonstanz ist die Voraussetzung für eine reife Objektbeziehung: *Das Liebesobjekt wird nicht zurückgewiesen oder gegen ein anderes ausgetauscht, wenn das Kind keine Befriedigung mehr erfährt.*

Die Entwicklung der Fähigkeit zur Realitätsprüfung bringt Mahler mit der Individualitätsbildung zusammen. Das Kind lernt zu akzeptieren, dass andere Objekte nicht narzisstische Selbstobjekte, sondern eigenständige, getrennte Realobjekte sind. Das Ziel ist hierbei die Entwicklung eines realistischen Selbst- und Elternbildes sowie die Ausbildung von konstanten Selbst- und Objektrepräsentanzen.

Diese beiden Entwicklungsschritte sind sichere Anzeichen der Verinnerlichung und der beginnenden Bildung von Über-Ich-Vorläufern. Diese Phase ist zeitlich je nach Kind verschieden lang.

Mahlers Werk aus der heutigen Perspektive

Mahler ist mit ihren Konzepten zur frühen Entwicklung heftig kritisiert worden und zugleich sind ihre Arbeiten – insbesondere für Kliniker – anhaltend aktuell. Sie geben in wichtigen Teilen den Stand des damaligen und auch noch aktuellen psychoanalytischen Denkens wieder, das sich in den Objektbeziehungstheorien niedergeschlagen und zur Zwei-Personen-Psychologie beigetragen hat. Bezogen auf die Beschreibungen der frühkindlichen Entwicklung muss sie sich jedoch der Kritik des Patho- und Adultomorphismus aussetzen. Trotz der Forschungsansätze mit ihren Verhaltensbeobachtungen geben Mahlers Darstellungen eher einen (re)konstruierten als einen beobachteten Säugling wieder.

In ihren Ausführungen integriert sie klassische psychoanalytische Theorien wie die Theorie der Reizschutzschranke, die Theorie der halluzinatorischen Wunscherfüllung, die Theorie des Lust-Unlust-Prinzips, die Theorie der Triebe und Psychosexualität und die Entwicklung des kindlichen Narzissmus mit Omnipotenz und Grandiositätserleben (Freud, 1911, 1914, 1920, 1923 u. a.). Abgesehen von diesen monadischen Ansätzen liefert sie aber auch ein interpersonelles Entwicklungsmodell von einer ursprünglichen Mutter-Kind Einheit – mit Schritten der Trennung von Ich und Nicht-Ich – zur Separation und Individuation des Kindes. In der Therapie von Kindern und Erwachsenen ist dieses Modell sehr hilfreich.

Mahlers Beschreibung der autistischen Phase ist mit ihrem Bild eines »teilnahmslosen, vor sich hindämmernden und undifferenzierten Säuglings« (Dornes, 1993, S. 21, 1999, 2000) vor dem Hintergrund der Säuglingsforschung revidiert worden. Mahler hatte sich ebenso wie Spitz an Freud orientiert, der den Neugeborenen als geschlossenes System, geschützt vor äußerer Stimulation durch die Reizschutzschranke, beschrieben hat. Diese Annahmen über das Kleinkind sind überholt. Dornes, ein heftiger Kritiker des mahlerschen Ansatzes (er spricht von Spekulationen und einem pathomorphen Mythos), verweist auf die Ergebnisse der Säuglingsforschung, die mit ihren verfeinerten Methoden verdeutlichen, dass das Kleinkind von Geburt an bzw. wenige Tage später ein kompetenter Säugling ist und zur aktiven und initiativen Beziehungs- und Entwicklungsgestaltung mit Äußerungen differenzierter Gefühlsregungen befähigt ist. Nachfolger von Mahler wie etwa Pine (1981) haben darauf reagiert und eingeräumt, dass bereits in der autistischen Phase eine Responsivität auf äußere Reize bestehe. Ebenso wird die frühe Existenz von Wahrnehmungsmechanismen der Selbst- und Objektdifferenzierung nicht bestritten. Im Versuch der Anhänger Mahlers, das Konzept des relativen Autismus einzuführen, sieht Dornes (1993, 1999) eine Immunisierungslogik wirksam: Nach der Feststellung, dass ein Kind nicht autistisch ist, es als relativ autistisch zu bezeichnen, sei ein unangemessener Versuch, um etwas nicht aufzugeben. Da festgestellt werden konnte, dass Kleinkinder durchaus ein (eigenes) Interesse haben und differenziert sind, stelle dies eine Verkehrung des Autismusbegriffes in sein Gegenteil dar und schaffe nur Verwirrung (Dornes, 1993, 1999).

Andererseits vernachlässigen solche Verwerfungen von Mahlers Ansätzen die Existenz einer qualitativ speziellen initialen Phase in der Entwicklung, die Mahler versucht hat zu beschreiben (Gergely, 2002). Der Säugling ist in dieser Phase vornehmlich damit beschäftigt, eine perfekte Kontingenz sensorischer Folgen eigener motorischer Aktivität herzustellen, und ist relativ uninteressiert an der Umgebung. In dieser frühen Zeit geht es um die Konstruktion einer primären Repräsentation des Körperschemas, das heißt zunächst primär um die Repräsentation des Körperselbst als spezielles Objekt (Watson, 1994). Dies ändere sich mit drei Monaten, wenn die Aufmerksamkeit sich mehr auf starke, jedoch nicht vollkommen kontingente Reize richtet. Ergebnisse der jüngeren neurobiologischen Forschung belegen etwa die Beobachtung von Spitz (1965, dt. 1967) – auf die sich auch Mahler bezieht –, wonach Säuglinge einen qualitativen Sprung bei ihrer Entwicklung vollziehen: Erstmals im Alter von zwei Monaten wird von einem »biobehavioral shift« (Emde, 1991) gesprochen. Gemeint ist Verhalten, das unter endogener Kontrolle stand und darauf folgend exogen kontrolliert werden kann. So können Reflexe, die bisher spontan abgelaufen sind, vom sich entwickelnden Kleinkind im Verlauf seiner neurologischen Reifung willkürlich gehemmt werden. Beispielsweise transformiert Greifen von einer reflexhaften zu einer willkürlich einsetzbaren Bewegung.

Mahler betont, dass der Mensch nach seiner biologischen Geburt noch psychisch geboren werden muss. Das wesentliche Merkmal der symbiotischen Phase des Säuglings ist nach ihr die halluzinatorisch-illusorische, somatopsychisch omnipotente Fusion mit der Mutter und insbesondere die illusorische Vorstellung einer gemeinsamen Grenze der beiden, in Wirklichkeit physisch getrennten Individuen. Diese symbiotischen Erfahrungen sind nach Mahler die Grundlage des Menschseins und der »nie gänzlich zu überwindende Sehnsucht des Menschen nach dem Paradies der Zweieinheit« (Mahler et al., 1975, dt. 1987/2006). Allerdings sei die symbiotische Phase kein beobachtbarer Verhaltenszustand, sondern ein rückgeschlossener intrapsychischer Zustand. Auch hier verweist Dornes (1993, 1999) auf die fehlende Übereinstimmung mit Erkenntnissen aus der Säuglingsforschung. Der Symbiosebegriff sei doppeldeutig und somit zu unspezifisch: Die Beschreibungen der Mutter-Kind-Beziehung, die Mahler im ersten Lebensjahr als von besonderer Harmonie kennzeichnet sieht, können das Symbiosekonzept – so Dornes (1993, 2000) – nicht stützen. In den Studien zur frühen Interaktion zwischen Mutter und Kind sei zwar ein großes Ausmaß an Abgestimmtheit und Zusammenpassen bei ihnen beobachtbar, jedoch sei die Qualität der Säuglingsinteraktionen bereits zu dieser frühen Zeit aktiv, initiativ und kompetent. Die Studien zeigten eben kein symbiotisches Ineinander, sondern den Säugling als »aktiven«, »kompetenten Partner«. Der »frühe Dialog« des Säuglings mit seiner Mutter sei geprägt von Wechselseitigkeit und Austausch über Blicke, Vokalisierung, Berührung und Imitation mit beidseitiger Aktivität. Als »primäre Intersubjektivität«, auch »biologische Wurzel der Sozialibität« benannt (Dornes, 1993,1999), findet das Phänomen heute in die Säuglingsforschung Eingang, dass Neugeborene bereits kurz nach ihrer Geburt zwischen belebten und unbelebten Objekten unterscheiden können. Auch die Vorstellung einer »Symbiose als Phantasie« könne man nach Dornes vor dem Hintergrund der Theorie Piagets (Piaget u. Inhelder, 1966) zur sensomotorischen Entwicklung nicht gelten lassen. Phantasie entstehe erst mit frühestens einseinhalb Lebensjahren. Der Säugling könne demnach keine Repräsentanzen, v. a. nicht von Ununterscheidbarem im Sinne von Verschmelzung, bilden (Dornes, 1993, 1999).

Demgegenüber versteht Pine, ein Schüler und Mitarbeiter von Mahler, »symbiotische Verschmelzungserfahrungen« des Kleinkindes als »prägende Augenblicke« und nicht als einen anhaltenden Zustand (ongoing state) (Pine, 1992, S. 116; eigene Übers.), die kurz, aber intensiv und deshalb wichtig seien. Das Lernen in hohen Spannungszuständen, dem »high-tension-learning«, gebe der Psychoanalyse den Prototyp vom Säugling, der gierig an der mütterlichen Brust trinkt und danach mit einem seligen Lächeln glücklich in den Schlaf sinkt. Dagegen identifiziert Dornes (1993, 1999) »low-tension-learning«, also in alltäglichen, relativ spannungsfreien Interaktionen, als Momente von größerer Bedeutung, weil die meisten Aktivitäten des Kindes in Zuständen niedriger Spannung stattfinden. Im »Spielraum«, der erst nach der Triebbefriedigung möglich und nicht maßgebend für die Kleinstkindentwicklung verantwortlich sei, sieht Dornes (1993) Wahlmöglichkeiten ohne Determinierung von außen oder innen. Kernberg demgegenüber weist darauf hin, dass »low-tension-learning« wohl eher mit der kognitiven und »high-tension-learning« mit der affektiven Entwicklung zu tun habe.

Eine alternative Theorie bietet Daniel Stern (1985, dt. 1992). In dessen Studien wird deutlich, dass »Gemeinsamkeitserlebnisse von Mutter und Kind« auf der Basis eines intakt bleibenden, abgegrenzten Selbstempfindens wichtige Erlebnisse darstellen. Stern nennt das so Erlebte »experience of self-with-other« und zeigt darin, dass anders als bei der symbiotischen Zweieinheit die Grenzen zwischen Säugling und Mutter, zwischen Selbst und Objekt, nicht verschwimmen.

Gergely (2002) verweist auf Befunde, die wiederum die symbiotische Phase belegen. Die Mutter habe in dieser Zeit die Aufgabe, dem Kind ein auxiliäres Ich anzubieten. Es gehe dabei um die Übernahme affektregulativer Funktionen der mütterlichen Umgebung. In Tiermodellen habe Hofer (1996) gezeigt, dass physiologische Regulierungen des Verhaltens der Mutter bedeutsam sind. Solche äußeren »State-Regulationen« zeigen, dass das kindliche homöostatische System offener ist als bisher angenommen und dass die Kontrolle über das Milieuinterieur des Säuglings unter direktem Einfluss der Mutter steht.

So umstritten die mahlerschen Konzepte aus der Sicht der heutigen Säuglingsforschung sind, so bedeutsam sind sie in Bezug auf die aktuellen Objektbeziehungstheorien – insbesondere die strukturellen Störungen. Auch scheint es zum Teil Übereinstimmungen zwischen den Beobachtungen Mahlers und der Bindungstheorie zu geben (Lyons-Ruth, 1991). Mahler räumt selbst ein, dass die ersten zwei Phasen (Autismus und Symbiose) weniger empirisch gestützt seien, vielmehr seien die Erkenntnisse aus Therapien Erwachsener mit einer Rekonstruktion ihrer frühkindlichen Erfahrungen gewonnen worden. Ihre Annahmen zur frühen Zeit beziehen sich auf Erfahrungen mit schwer gestörten (autistischen und psychotischen) Kindern.

Mahler gibt Klinikern die Möglichkeit, die präverbalen Phasen besser zu rekonstruieren (Fonagy u. Target, 2002, dt. 2006/2011). So hat die (fehlende) Reizschutzschranke eine wichtige Bedeutung zum Verständnis von Psychosen und frühen Störungen gewonnen. Auch Winnicott (1965, dt. 1974/1984) etwa spricht von der Bedeutung der Grenzschicht zwischen innen und außen, einer Grenzschicht, die vergleichbar ist mit der Reizschutzschranke.

Begriffe wie primitives undifferenziertes Selbst-Objekt-Imago, Selbst-Objekt-Wiederverschmelzung oder Selbst-Objekt-Differenzierung finden sich in den Beschreibungen der mahlerschen Phase der Undifferenziertheit und symbiotischen Fusion und dienen als Erklärungen für Störungen im Übergang zwischen Psychose und Neurose. Die Suche nach regressiver Wiederverschmelzung (Kernberg, 1975, dt. 1978) als Wunsch und Bedrohung der eigenen Existenz bzw. des Selbstverlustes kennzeichnet die Problematik der Borderline-Persönlichkeitsstörung. Mahlers Beobachtungen zu den Phasen der Ablösung, Individuation und Entwicklung einer emotionalen Objektkonstanz dienen heute als Entwicklungsmodell für strukturelle Störungen, auf das sich Kernberg (1975, dt. 1978) und viele andere (auch das Operationalisierte Psychodynamische Klassifikationssystem: Arbeitskreis OPD, 1996) beziehen. Beginnend mit der mangelnden Selbst-Objekt-Differenzierung in der symbiotischen Phase, tauchen in der Übungs- und Wiederannäherungssubphase mit ihrer Ambitendenz und ihren Spaltungsprozessen gute und böse Teilobjekte auf, die dann in der Konsolidierungsphase mit der Fähigkeit zur Objektkonstanz zu einem integrierten Selbstkonzept führen. Dabei haben die Beschreibungen der Prozesse der Wiederannäherungsphase der Arbeit mit Borderline-Patienten extrem genutzt (Fonagy u. Target, 2002, dt. 2006/2011). Die Annahme, dass die Borderline-Störung in der Wiederannäherungsphase entstehe, wurde jedoch ebenso wie die Vorstellung, dass Spaltungsprozesse die normale Entwicklung bestimmen, im Zusammenhang mit Erkenntnissen aus der Säuglingsforschung infrage gestellt. Lyons-Ruth (1991) hat in Verbindung mit der Bindungstheorie deutlich gemacht, dass eine Minorität von Kleinkindern so reagiert, wie Mahler beschreibt. Die typische Ambitendenz im Verhalten sei mit spezifischen Mustern von inkonsistenten, unsensiblen Müttern korreliert – und damit eher ein Verweis auf einen unsicheren Bindungstyp. Der Spaltungsbegriff wird von Klein (1946/2000) und Mahler unterschiedlich gebraucht. Während Klein die Spaltung in den ersten fünf Monaten lokalisiert und mit Beginn der depressiven Phase als überwunden ansieht, beschreibt Mahler die Auflösung der Spaltung erst mit Beginn des dritten Lebensjahres. Gemessen an der »Theory of Mind« hat die Forschung bestätigt, dass das Kleinkind Aktivitäten des Anderen als Intentionen bereits in den ersten Monaten erkennen kann. Andererseits werden Mahlers Vorschläge bestätigt, dass erst in der Wiederannäherungsphase (zwischen dem 18. und 24. Monat) das Verstehen von intentionalen Zuständen auftaucht.

Dann kann ein Kind realisieren, dass seine eigenen Wünsche nicht immer mit denen der Mutter übereinstimmen.

Mahlers Individuations- und Ablösungsphasen haben in verschiedenen Bereichen an Bedeutung gewonnen. Unter anderem dienen sie als wichtiges Erklärungsmodell der sogenannten zweiten Individuations- und Ablösungsphase in der frühen eigentlichen Adoleszenz und Spätadoleszenz (Blos, 1962, dt. 1973; Streeck-Fischer, 2006/2014).

Darüber hinaus hat Akthar (1999) den Migrationsprozess als »dritte Individuationsphase« beschrieben, die mit Entwicklungsschritten einhergeht, die Mahler beschrieben hat.

Prozesse der Identitätsfindung sowohl des Jugendlichen wie auch des Migranten können damit verständlich gemacht werden. Dabei spielen Aspekte der Idealisierung und Entwertung eine zentrale Rolle.

Insofern ist das Werk von Mahler auch heute in vielerlei Hinsicht relevant.

Literatur

Akhtar, S. (1999). The third individuation. Immigration, identity, and the psychoanalytic process. Journal of the American Psychoanalytical Association, 49, 1051–1084.

Arbeitskreis OPD (Hrsg.) (1996). Operationalisierte Psychodynamische Diagnostik. Grundlagen und Manual. Bern: Huber.

Blos, P. (1962, dt. 1973). Adoleszenz. Eine psychoanalytische Interpretation. Stuttgart: Klett-Cotta.

Dornes, M. (1993). Der kompetente Säugling. Die präverbale Entwicklung des Menschen Frankfurt a. M.: Fischer.

Dornes, M. (1999). Von Freud zu Stern. Klinische und anthropologische Interpretationen der psychoanalytischen Entwicklungstheorie. Psychotherapeut, 44, 74–82.

Dornes, M. (2000). Die emotionale Welt des Kindes. Frankfurt a. M.: Fischer.

Emde, R. (1991). Die endliche und unendliche Entwicklung I. Angeborene und motivationale Faktoren in der frühen Kindheit. Psyche – Zeitschrift für Psychoanalyse und ihre Anwendungen, 45, 690–913.

Fonagy, P., Target, M. (2002, dt. 2006/2011). Psychoanalyse und die Psychopathologie der Entwicklung. Stuttgart: Klett-Cotta.

Freud, S. (1911). Formulierungen über die zwei Prinzipien psychischen Geschehens. GW VIII (S. 229–238). Frankfurt a. M.: Fischer.

Freud, S. (1914). Zur Einführung des Narzißmus. GW X (S. 454–475). Frankfurt a. M.: Fischer.

Freud, S. (1920). Jenseits des Lustprinzips. GW XIII (S. 1–69). Frankfurt a. M.: Fischer.

Freud, S. (1923). Das Ich und das Es. GW XIII (S. 237–289). Frankfurt a. M.: Fischer.

Gergely, G. (2002). Ein neuer Zugang zu Margaret Mahler: Symbiose, Spaltung und libidinöse Objektkonstanz aus der Perspektive der kognitiven Entwicklungstheorie. Psyche – Zeitschrift für Psychoanalyse und ihre Anwendungen, 56, 809–838.

Hartmann, F. (1939/1960). Ich-Psychologie und Anpassungsproblem. Stuttgart: Klett.

Hofer, M. A. (1996). Hidden Regulators. Implications for a new understanding of attachment and separation and loss. In S. Goldberg, R. Muir, J. Kerr (Eds.), Attachment theory. Social, developmental and clinical perspectives (pp. 203–230). Hillsdale, NJ: Analytic Press.

Kernberg, O. (1975, dt. 1978). Borderline-Störungen und pathologischer Narzissmus. Frankfurt a. M.: Suhrkamp.
Klein, M. (1946/2000). Bemerkungen über einige schizoide Mechanismen. Gesammelte Schriften, Bd. III, Stuttgart-Bad Cannstatt: Frommann-Holzboog.
Lyons-Ruth, K. (1991). Rapprochement or approchement: Mahler's theory reconsidered from the vantage point of recent research in early attachment relationships. Psychoanalytic Psychology, 8, 1–23.
Mahler, M. S., Furer, M. (1968, dt. 1972/1986). Symbiose und Individuation. Psychosen im frühen Kindesalter. Stuttgart: Klett Cotta.
Mahler, M. S., Gosliner B. J. (1955, dt. 1985). Zur kindlichen Symbiose: Genetische, dynamische und Wiederherstellungsaspekte. In M. S. Mahler, Studien über die ersten drei Lebensjahre. Stuttgart: Klett-Cotta.
Mahler, M. S., Pine, F., Bergman, A. (1975, dt. 1987/2008). Die psychische Geburt des Menschen: Symbiose und Individuation. Frankfurt a. M.: Fischer.
Piaget, J., Inhelder, B. (1966). Die Entwicklung des inneren Bildes beim Kind. Frankfurt a. M.: Suhrkamp.
Pine, F. (1981). In the beginnings: Contributions to psychoanalytic deveopmental psychology. International Review of Psychoanalysis, 8, 815–832.
Pine, F. (1990). Die vier Psychologien und ihre Bedeutung für die Praxis. Forum der Psychoanalyse, 6, 232–249.
Pine, F. (1992). Some refinements of the Separation-Individuation Concept in the light of research on infants. Psychoanalytic Study of the Child, 47, 103–118.
Pine, F., Furer, M. (1963). Studies of the separation-individuation phase: a methodological overview. The Psychoanalytic Study of the Child, 18, 325–342.
Settlage, C. F. (1977). Psychoanalytic developmental thinking in current and historical perspective. Psychoanalysis and Contemporary Thought, 3, 139–170.
Spitz, R. A. (1965, dt. 1967). Vom Säugling zum Kleinkind. Naturgeschichte der Mutter-Kind-Beziehungen im 1. Lebensjahr. Stuttgart: Klett.
Stern, D. (1985, dt. 1992). Die Lebenserfahrung des Säuglings. Stuttgart: Klett-Cotta.
Streeck-Fischer, A. (2006/2014). Trauma und Entwicklung. Frühe Traumatisierungen und ihre Folgen in der Adoleszenz. Stuttgart u. New York: Schattauer.
Watson, J. S. (1994). Detection of the self: The perfect algorithm. In S. Parker, R. Mitchell, M. Boccia (Eds.), Self awareness in animals and humans. Developemntal perspectives (pp. 131–149). New York: Cambridge University Press.
Winnicott, D. W. (1965, dt. 1974/1984). Reifungsprozesse und fördernde Umwelt. Frankfurt a. M.: Fischer.
Winnicott, D. W. (1971, dt. 1973/1987). Vom Spiel zur Kreativität. Stuttgart: Klett-Cotta.

Samuel Bayer und Charline Logé

Anna Freud: Ich-Psychologie, Abwehr und Kinderanalyse

Leben und Werk

Als das sechste und jüngste Kind von Sigmund Freud und seiner Ehefrau Martha wurde Anna Freud am 3. Dezember 1895 in Wien geboren. In ihrer Kindheit als »freches, unordentliches, schlimmes Kind, als ein ›Teufelsmädchen‹« (Salber, 2006, S. 106) beschrieben, wandelte sie sich während ihrer Schulzeit zu einer braven, sozial angepassten und erfolgreichen Schülerin. Anders als ihre Schwestern wollte sie nach ihrem Schulabschluss nicht sofort heiraten und das Leben einer Hausfrau führen. Dies erkannte auch ihr Vater, so schrieb er ihr 1914 in einem Brief: »Du bist etwas anders ausgefallen als Math und Soph [ihre Schwestern], hast mehr geistige Interessen und wirst Dich wahrscheinlich mit einer rein weiblichen Tätigkeit nicht sobald zufrieden geben« (Meyer-Palmedo, 2006, S. 128). A. Freud entschied sich letztlich, die – sozial angesehene – Ausbildung zur Lehrerin zu beginnen, und obwohl sie als Lehrerin sehr beliebt war, erfüllte sie der Beruf nicht gänzlich. Die pädagogische Grundausbildung sollte ihr psychoanalytisches Denken später jedoch erheblich mitbeeinflussen.

Während ihrer Tätigkeit als Lehrerin wuchs ihr Interesse an der Psychoanalyse. Von 1918 bis 1921 absolvierte sie die Lehranalyse bei ihrem Vater, nahm an Sitzungen der Wiener Psychoanalytischen Vereinigung teil und besuchte psychoanalytische Kongresse (Denker, 1995). Am 31. Mai 1922 hielt A. Freud ihren Aufnahmevortrag an der Wiener Psychoanalytischen Vereinigung zum Thema »Schlagephantasie und Tagtraum« und wurde am 13. Juni 1922 zum Mitglied ernannt. Der Freud Biograf Salber (2006) betont das Revolutionäre, das Neue an ihrem Weg, Psychoanalytikerin zu werden. Sie wählte nicht den für höhere Töchter üblichen Weg und heiratete früh oder blieb Lehrerin, sondern entschied sich für einen Berufsweg, der nicht den Konventionen entsprach, »die die Kultur ihrer Zeit und auch nicht die Männer der [psychoanalytischen] ›Bewegung‹ Frauen gegenüber hegen« (Salber, 2006, S. 112) – sie wurde Psychoanalytikerin, und zwar, wie sich später herausstellen sollte, eine der bekanntesten und angesehensten weltweit.

1923 eröffnete A. Freud in Wien eine psychoanalytische Praxis und begann ihre Arbeit zunächst mit Erwachsenen, später primär mit Kindern. Wenige Jahre später, 1927, veröffentlichte sie ihr erstes Buch »Einführung in die Technik der Kinderanalyse«. Ihre Einsichten in die Kinderanalyse und ihr entwicklungspsychologisches Interesse sollten für ihre späteren Arbeiten auf dem Gebiet der Ich-Psychologie einen wichtigen Ausgangspunkt darstellen (Besser, 1982).

Zu ihrem Vater pflegte A. Freud ein enges Verhältnis, das sich durch dessen Krebserkrankung weiter intensivierte. Neben seiner Pflege übernahm sie für ihn diverse Aufgaben und wurde zu seiner Stellvertreterin: »Anna hatte in ihrer für sie charakteristischen undemonstrativen Art viele Rollen zu spielen: die Pflegerin, die wirklich ›persönliche‹ Ärztin, die Gesellschafterin, Sekretärin, Mitarbeiterin und, alles in allem, den Schild gegen das Eindringen der Außenwelt« (Jones, 1962, S. 176). In Anspielung auf Antigone, die Tochter des Ödipus, die ihren blinden Vater selbstlos ins Exil begleitet, bezeichnete Freud seine Tochter 1935 in einem Brief an Arnold Zweig als seine »treue Anna-Antigone« (Freud u. Freud, 1980). Neben diesen vielfältigen, auch innerfamiliären Aufgaben entwickelte A. Freud wegweisende Ideen und Vorstellungen auf dem Gebiet der Kinderpsychoanalyse und der Ich-Psychologie, wodurch sie in der Wiener Vereinigung mehr und mehr an Einfluss gewann (Besser, 1982).

Aufgrund des zunehmenden Drucks durch das NS-Regime emigrierte A. Freud 1938 mit ihrer Familie nach London. Kurz darauf, am 23. September 1939, starb Sigmund Freud an den Folgen seiner Krebserkrankung. Dorothy Burlingham, A. Freuds langjährige Arbeitskollegin und Freundin, beschrieb deren Gefühlslage nach dem Tod des Vaters wie folgt: »Sie baut ihr Leben ohne ihren Vater auf, und dennoch spürt man nach wie vor seine Persönlichkeit und sein Leben in all ihrem Tun« (zit. nach Denker, 1995, S. 32).

Nach 1939 kam es zwischen A. Freud und der Kinderpsychoanalytikerin Melanie Klein zu einer viel beachteten wissenschaftlichen Auseinandersetzung. In den Diskussionen, die unter dem Namen Freud/Klein-Kontroversen bekannt wurden, ging es u. a. um Fragen zur Konzeptualisierung der kindlichen Entwicklung und der Technik der kinderanalytischen Behandlung, aber auch um allgemeine psychoanalytische Konzepte (Bayer, 2014a).

Gemeinsam mit Burlingham eröffnete A. Freud in London 1941 die Hampstead War Nurseries, ein Kinderheim, in dem sie durch den Zweiten Weltkrieg traumatisierte Kinder pflegte und betreute. Einige Jahre später gründete sie das heutige »Anna Freud Centre« für Kinder- und Jugendlichenpsychotherapie, dem sie bis zu ihrem Tod 1982 als Direktorin vorstand.

A. Freud beschrieb sich als Zwilling der Psychoanalyse, mit der sie anfangs noch um die Aufmerksamkeit und Gunst ihres Vaters wetteiferte. Sigmund

Freuds Brief zu ihrem 25. Geburtstag im Jahr 1920 verdeutlicht die zwillingsgleiche Beziehung der Psychoanalyse und seiner Tochter: »[…] denn Du bist so alt wie die Psychoanalyse. Beide haben mir Sorgen gemacht, aber im Grunde erwarte ich doch mehr Freude von Dir als von ihr« (Meyer-Palmedo, 2006, S. 313). Spätestens mit dem Erscheinen ihres Werks »Das Ich und die Abwehrmechanismen« (1936/1978) änderte sich dieses Verhältnis: So wurde A. Freud nun »zur Erbin ihres Zwillings […], zur Mutter der Psychoanalyse« (Young-Bruehl, 1988, S. 19). Ihre größten wissenschaftlichen Verdienste erlangte sie in den Bereichen der Kinderanalyse und der Ich-Psychologie, zu deren Begründerin sie zählt.

Ich-Psychologie und Abwehr

Bei der Entwicklung des Instanzenmodells der Psyche (Ich, Es, Über-Ich) beschäftigte sich Sigmund Freud mit den regulativen Funktionen des Ichs. A. Freud griff diesen Ansatz auf und machte das Ich zum zentralen Gegenstand ihrer Überlegungen. In »Das Ich und die Abwehrmechanismen« (1936/1978) befasste sie sich dabei insbesondere mit den Abwehrleistungen als zentrale Ich-Funktionen. Mit diesem Ansatz blieb sie auf dem Fundament der Konfliktlehre ihres Vaters, baute diese jedoch aus (Ermann, 2012) und arbeitete die Bedeutung des Ichs weiter heraus, wodurch sie »das Verständnis für die Arbeitsweise des psychischen Apparats […] in entscheidender Weise« (Besser, 1982, S. 160) bereicherte. Während Freud Abwehrmechanismen primär unter dem Aspekt der Triebverdrängung untersuchte, betonte seine Tochter auch die entwicklungsfördernde Anpassungsfunktion des Ichs und seiner Abwehrmechanismen (Bayer, 2014a).

Ab 1926 beschrieb Sigmund Freud Abwehr »als allgemeine Bezeichnung für alle die Techniken […] deren sich das Ich in seinen eventuell zur Neurose führenden Konflikten bedient, während Verdrängung der Name einer bestimmten solchen Abwehrmethode bleibt« (Freud, 1926/1963, S. 196). Ehlers (2008) definiert den Abwehrbegriff als dynamischen Vorgang, »der das Bewusstsein vor den gefährdenden, konflikthaften, inneren Reizen (Triebe, Wünsche etc.) wie äußeren, überfordernden Reizen (Trauma) schützen soll« (S. 13). Abwehr ist demnach eine weitgehend unbewusst ablaufende Ich-Funktion, die eingesetzt wird, um bestimmte konflikthafte innere wie äußere Reize nicht ins Bewusstsein treten zu lassen oder psychisch in Schach zu halten. Die Abwehrvorgänge übernehmen Schutz- und Konfliktbewältigungsaufgaben und sind in diesem Sinne unentbehrlich für die Entwicklung und Anpassung des Individuums (Ehlers, 2008). Sie können jedoch im Verlauf einer neurotischen Entwicklung dysfunktional werden, wenn sie von der psychischen Gesamtentwicklung abgekoppelt werden, ihre Anpassungsfunktion verlieren und es zu Fixierungen kommt, durch welche die Abwehrmechanismen zu starr, zu oft und zu rigide ablaufen (A. Freud, 1936/1978).

Bereits im frühen Kindesalter spielen Abwehrvorgänge eine wichtige Rolle. A. Freud (1936/1978) beschrieb die Realitätsverleugnung als Vorstufe der Abwehr, um Realunlust und Realgefahr, also unangenehmen, überfordernden Einflüssen der Realität aus dem Weg zu gehen und sie vom Erleben fernzuhalten. Hierfür können verschiedene Strategien angewendet werden: die Verleugnung in der Phantasie, die Verleugnung in Wort und Handlung und die Ich-Einschränkungen.

Die Verleugnung in der Phantasie ist nach A. Freud (1936/1978) höchst relevant für die Entwicklung des Kindes. Sie verhilft ihm, sich mit der Wirklichkeit und den eigenen Begrenzungen auseinanderzusetzen. Beispielhaft führte sie einen Tagtraum des kleinen Hans an, einem fünfjährigen Jungen, dessen Phobie Freud (1909/1976) analysierte. Der Tagtraum handelt von einem Installateur, der dem kleinen Hans »Gesäß und Glied abschraubt«, um ihm dafür »größere und bessere zu bringen« (A. Freud, 1936/1978, S. 58). Sie erkannte hierin die Erfüllung des real unerfüllt gebliebenen Wunsches, »ein Genitale wie der Vater« (S. 58) zu besitzen. Der kleine Hans flüchtet also in die Phantasie (den Tagtraum), um die Realität (seine physische Unterlegenheit) zu verleugnen.

Kinder können unangenehme Teile der Wirklichkeit nicht nur durch reine Vorstellungen und Phantasietätigkeit verleugnen, sondern auch durch kindliches Spielen, insbesondere durch Rollenspiele. A. Freud exemplifizierte dies u. a. an dem Verhalten des »kleinen Gernegroß« (S. 69), der mit dem Hut und Stock des Vaters Vater spielt.

Eine weitere kindliche Form der Vermeidung von Realunlust und Realgefahr sah A. Freud (1936/1978) in der Ich-Einschränkung, einem Mechanismus, bei dem das Kind einer Situation entflieht, um die Entstehung von Unlust zu vermeiden. Sie beschrieb diese anhand eines jungen Patienten, der in der Analyse in spielerischen Situationen, in denen er sich der Therapeutin unterlegen fühlte, stets aufhörte, zu spielen, zu zeichnen etc. Ich-Einschränkungen erfolgen allerdings nicht nur, um die schmerzliche Erkenntnis eigener Unterlegenheit zu vermeiden, sondern beispielsweise auch aus Angst vor der Aggression anderer. Die Ich-Einschränkungen verfolgen stets das Ziel, unlustvolle Außenwelteindrücke abzuwehren.

Abwehrfunktionen des Ichs werden dann aktiv, wenn bestimmte Triebregungen/-impulse des Es verhindert werden sollen. Das Ich steht dabei nicht nur im Konflikt mit den verdrängten Vorstellungsrepräsentanzen der Triebimpulse, die mithilfe ihrer Abkömmlinge Befriedigung und Zutritt zum Bewusstsein erlangen möchten, sondern auch mit den Affekten, die an diese Impulse gebunden sind (Laplanche u. Pontalis, 1975). Bei einer Zurückweisung der Triebansprüche besteht die Aufgabe des Ichs auch darin, sich mit den zum Trieb gehörenden Affekten auseinanderzusetzen. So können Liebe, Kränkung oder Schmerz Begleitaffekte für sexuelle Wünsche sein, Hass und Wut für aggressive. Wenn Triebansprüche abgewehrt werden, werden auch die ihnen zugehörigen Affekte abgewehrt, das heißt unterdrückt oder zumindest verändert (A. Freud, 1936/1978).

Triebe können aus Angst vor dem Über-Ich abgewehrt werden (A. Freud, 1936/1978). Hierbei handelt es sich um Triebwünsche, die bewusst werden und mithilfe des Ichs befriedigt werden möchten. »Das Ich wäre auch nicht abgeneigt, aber das Über-Ich erhebt Einspruch« (S. 43). Die Durchsetzung dieses Triebes würde zu einem Ich/Über-Ich-Konflikt führen. »Das Ich [...] fürchtet also den Trieb, weil [... es] das Über-Ich fürchtet. Seine Triebabwehr erfolgt unter dem Druck der Über-Ich Angst« (S. 44). Diese Abwehr- und Konfliktkonstellation ist nach A. Freud ursächlich für Neurosen im Erwachsenenalter. Im Gegensatz zum erwachsenen Neurotiker, der sich beispielsweise gegen seine sexuellen und aggressiven Wünsche wehrt, um nicht in Konflikt mit dem Über-Ich zu geraten, wehrt das Kind seine Triebregungen ab, um »nicht in Widerspruch mit den Verboten der Eltern zu kommen« (S. 45). A. Freud nennt dies die Triebabwehr aus Realangst in der infantilen Neurose. Die Triebregungen bekommen einen gefährlichen Charakter, da sie von den Bezugspersonen verboten sind und ein Triebdurchbruch Strafen zur Folge hätte. Das Kleinkind fürchtet also den Trieb, weil es die Sanktionen der Außenwelt fürchtet. Die Abwehr des Triebes erfolgt demnach aus Angst vor der Außenwelt, aus Realangst.

Weiter führte A. Freud die Triebabwehr aus Angst vor der Triebstärke an. In seiner normalen Entwicklung wird das Ich, nachdem es sich vom Es differenziert hat, zu einem »triebfremden Gebiet« (1936/1978, S. 47). Das Ich hegt großes Misstrauen gegen die Triebansprüche und ist demnach »kein geeigneter Boden für ungestörte Triebbefriedigung« (S. 46). Unter normalen Umständen wird diese »stille Feindseligkeit« (S. 47) allerdings nicht sichtbar, da auf dem Boden des Ichs die Kämpfe zwischen Außenwelt, Über-Ich und Es ausgetragen werden und das Ich zunächst als vermittelnde Instanz dient. Wenn sich das Ich allerdings von »dem Schutz dieser höheren Mächte« (S. 47), also von Über-Ich und Außenwelt, im Stich gelassen fühlt oder sich die Triebansprüche des Es übermäßig erhöhen, wandelt sich die Abneigung des Ichs gegenüber den Es-Regungen in tiefe Angst. Das Ich fürchtet, dass durch die Triebregungen seine Organisation zerstört oder überflutet wird. Dieser Angst folgt die Triebabwehr.

Neben diesen drei möglichen Triebabwehrgründen nannte A. Freud (1936/1978) noch weitere Motive: Da das Ich aus inneren Gründen nach Synthese und Konsistenz strebt, müssen innere Konflikte, die aus gegensätzlichen inneren Bestrebungen – wie Aktivität und Passivität oder Homosexualität und Heterosexualität etc. – entstehen, beigelegt werden. Auch hierfür setzt das Ich bestimmte Abwehrstrategien ein. So wird beispielsweise die höher besetzte der beiden gegensätzlichen Bestrebungen zugelassen, die niedriger besetzte wird abgewehrt.

Abwehrprozesse äußern sich anhand verschiedener Operationstypen, den sogenannten Abwehrmechanismen. Das Vorherrschen bestimmter Abwehrmechanismen ist eng verbunden mit dem Entwicklungsstand der Ich-Funktionen und variiert je nach »dem Erkrankungstyp, der genetischen Stufe, nach dem Entwicklungsgrad des Abwehrkonflikts etc.« (Laplanche u. Pontalis, 1975, S. 30). Abwehrvorgänge bestehen aus einem oder mehreren in das Ich integrierten Abwehrmechanismen. Sie dienen sowohl der »gesunden Anpassung an die Umwelt als auch der Bewältigung von traumatischen Umweltbedingungen, bei deren Wegfall sie jedoch als psychopathologische Phänomene imponieren oder als Persönlichkeitsstruktur überdauern« (Ehlers, 2008, S. 13). A. Freud verwies in ihrem Werk auf die in der Psychoanalyse bereits beschriebenen Abwehrmechanismen: Verdrängung, Regression, Reaktionsbildung, Isolierung, Ungeschehenmachen, Projektion, Introjektion, Wendung gegen die eigene Person, Verkehrung ins Gegenteil und Sublimierung. Letztere drei galten für ihren Vater nicht als Abwehrmechanismen, er verstand sie vielmehr als sogenannte Triebschicksale (vgl. Freud, 1915/1981; A. Freud, 1936/1978; Hirschmüller, 2008). Sie arbeitete zudem noch zwei weitere Abwehrmechanismen aus: die Identifizierung mit dem Angreifer und die altruistische Abtretung.

Die Identifizierung mit dem Angreifer ist ein Abwehrmechanismus, bei dem sich »das Subjekt, das sich einer äußeren Gefahr gegenüber sieht (die sich typischerweise als Kritik durch eine Autorität darstellt)« (Laplanche u. Pontalis, 1975, S. 224) mit denjenigen Anteilen oder Einstellungen des Angreifers identifiziert, die ihm Angst machen. Nach A. Freud (1936/1978) ist dieser Mechanismus eine Vorstufe der Über-Ich-Bildung: Die Aggressionen bleiben gegen die Außenwelt gerichtet und richten sich noch nicht als Selbstkritik nach innen. Durch die Übernahme der Attribute des Angreifers oder dessen Aggressionen verwandelt sich die Person vom »Bedrohten in den Bedroher« (S. 88), vom Passiven zum Aktiven. Als Vorstufe des Über-Ichs spielt dieser Abwehrmechanismus eine wichtige Rolle in der psychischen Entwicklung des Kindes.

Unter dem Abwehrmechanismus der altruistischen Abtretung versteht man den Verzicht auf die eigene Triebbefriedigung, einhergehend mit starken Bemühungen, dass andere genau diese Triebbefriedigung erlangen. Denker (1995) definiert die altruistische Abtretung als einen Abwehrmechanismus, bei dem jemand »problematische Triebregungen und Triebwünsche, die er für sich selbst zurückweist, auf einen anderen oder andere projiziert und sich dann mit dessen Lebensgeschichte identifiziert« (S. 139).

In den Folgejahren wurde die Auflistung und Kategorisierung der Abwehrmechanismen weitergeführt. Mit der Entdeckung, »dass nahezu jede Ich-Funktion auch Abwehrzwecken dienen kann, erwies sich [jedoch] die Hoffnung, eine wirklich erschöpfende Liste der Abwehrmechanismen zusammenstellen zu können, als Illusion« (Fonagy u. Target, 2002, dt. 2006/2011, S. 107).

Interessant ist, dass sich A. Freud mit der Frage auseinandersetzte, inwiefern Abwehrmechanismen entwicklungsgeschichtlich zu ordnen und in eine zeitlich genetische Reihenfolge zu bringen sind. Die entwicklungspsychologische Einteilung der Abwehrmechanismen war für sie jedoch mit vielen Fragezeichen verbunden, weshalb sie vorsichtig formulierte: »Vielleicht ist jedes erste Auftreten einer bestimmten Abwehrmethode auch an eine bestimmte Aufgabe der Triebbewältigung, also an eine bestimmte Phase der infantilen Entwicklung gebunden« (1936/1978, S. 41). Allerdings müsse »eine zeitliche Einteilung der Abwehrmechanismen [...] alle Zweifel und Unsicherheiten teilen, die den Zeitbestimmungen der Analyse heute noch anhaften« (S. 43). Dennoch erkannte sie, dass bestimmte Abwehrmechanismen eine entsprechende Ich-Organisation voraussetzen: So ist Verdrängung erst möglich, wenn die Differenzierung zwischen Ich und Es vollzogen ist. »Projektion und Introjektion setzen die Unterscheidung von Selbst und Objekt voraus. Regression, Verkehrung ins Gegenteil und Wendung gegen die eigene Person setzen die Wahrnehmung des Konfliktes zwischen Triebimpulsen und der Notwendigkeit seiner Hemmung voraus« (Ehlers, 2008, S. 13). Auch heute wird der Zusammenhang zwischen der Möglichkeit, auf bestimmte Abwehrmechanismen zurückzugreifen, und der strukturellen Fähigkeit der Person betont (u. a. Arbeitskreis OPD, 1996).

Entwicklungspsychologie und Kinderanalyse

Neben ihren Überlegungen zur Ich-Psychologie und Abwehr hat sich A. Freud insbesondere auf dem Gebiet der Kinderanalyse verdient gemacht. Sigmund Freud beschrieb bereits in »Analyse der Phobie eines fünfjährigen Knaben« (1909/1976) erstmals den psychoanalytischen Zugang zum kindlichen Seelenleben, doch war es seine Tochter, die die Kinderanalyse systematisierte und sich intensiv mit der kindlichen Entwicklung und ihren Störungen auseinandersetzte. Sie gehörte »zu den ersten Theoretikern, die die Psychopathologie unter einem kohärenten entwicklungspsychologischen Blickwinkel untersucht und dargestellt haben« (Fonagy u. Target, 2002, dt. 2006/2011, S. 106). Als ihre

Hauptwerke im Bereich der Kinderpsychoanalyse gelten »Einführung in die Technik der Kinderanalyse« (1927/1973) und »Wege und Irrwege der Kinderentwicklung« (1965, dt. 1968).

A. Freud betonte stets, wie diffizil die psychoanalytische Arbeit mit Kindern sei (Streeck-Fischer, 2002), und vertrat die Auffassung, dass die Erwachsenentherapie in entscheidenden Aspekten einer Modifikation bedürfe, damit sie für Kinder angewandt werden könne. Dies sah sie darin begründet, dass »der Erwachsene – wenigstens weitgehend – ein reifes und unabhängiges Wesen ist, das Kind ein unreifes und unselbstständiges« (A. Freud, 1927/1973, S. 14). Für eine klassische Analyse sei ein Kind noch zu jung und zerbrechlich, weshalb die reale Beziehung zum Analytiker entscheidend sei und die analytische Arbeit stets in eine pädagogische Tätigkeit integriert werden müsse. Da sie für die Behandlung die Sprachfähigkeit des Kindes voraussetzte, behandelte A. Freud in der Regel Kinder im Alter zwischen fünf und zehn Jahren (Ermann, 2012).

A. Freud (1927/1973) betonte, dass Kindern häufig »die Krankheitseinsicht, der freiwillige Entschluß und der Wille zur Heilung« (S. 16) fehle, denn anders als der krankheitseinsichtige und den Kontakt zum Therapeuten suchende Erwachsene werde das Kind in der Regel geschickt. Häufig sei es sich der eigenen Störung, des eigenen Leidens gar nicht bewusst. A. Freud war der Auffassung, dass es in der Kinderanalyse – anders als in der Erwachsenenanalyse – eine Zeit der Einleitung geben müsse, in der die kindlichen Patienten auf die Analyse vorbereitet werden. Eine solche Einleitungsphase war für sie entscheidend, um »den kindlichen Patienten ›analysierbar‹ im Sinne des Erwachsenen zu machen, das heißt, eine Krankheitseinsicht in ihm herzustellen, ihm Zutrauen zur Analyse und zum Analytiker beizubringen und den Entschluß zur Analyse aus einem äußeren in einen inneren zu verwandeln« (S. 16). Um in dieser ersten Phase das Kind für sich und die Analyse zu gewinnen, empfahl A. Freud sich u. a. als Bundesgenosse gegen die Eltern (gegen die Umwelt) oder griff zu »etwas hinterhältigen und nicht sehr ehrlichen Mittel[n]« (S. 24), um das Vertrauen der Kinder zu gewinnen. Sie fasste ihre Vorarbeiten, mithilfe derer das Kind Vertrauen zum Analytiker und der Therapie gewinnen kann, wie folgt zusammen: »Ich gebe dem kleinen Mädchen ein sicheres Heilungsversprechen, aus der Überlegung heraus, daß man einem Kind nicht zumuten könne, mit einem ihm bisher Unbekannten einen fremden Weg zu einem unsicheren Ziel zu gehen; ich erfülle so sein offenbares Verlangen, durch Autorität gedrängt und in Sicherheit gewiegt zu werden. Ich biete mich offen zum Bundesgenossen an und kritisiere gemeinsam mit dem Kinde seine Eltern. – Ich eröffne in einem anderen Fall einen heimlichen Kampf gegen die häusliche Umgebung und werbe mit allen Mitteln um die Liebe des Kindes. – Ich übertreibe die Bedenklichkeit eines Symptoms, mache dem Patienten Angst, um meinen Zweck zu erreichen. – Und schließlich schleiche ich mich in das Vertrauen der Kinder ein und dränge mich Menschen auf, die der Überzeugung sind, ausgezeichnet ohne mich fertig werden zu können« (A. Freud, 1927/1973, S. 31).

Auch in Bezug auf die klassischen therapeutischen Behandlungsmittel sah A. Freud Unterschiede zwischen der Kinder- und der Erwachsenenbehandlung. So werden in der Erwachsenenanalyse die bewussten Erinnerungen des Patienten genutzt, um einen Einblick in die (Kranken-)Geschichte zu erhalten. Dabei wird sich aus verschiedenen Gründen ganz auf den einzelnen Patienten konzentriert, während weitere Bezugspersonen aus der realen Patient-Therapeut-Dyade gezielt ausgeschlossen werden. Beim Kind sei der Analytiker jedoch auf Berichte und Mitteilungen der Eltern oder anderer enger Bezugspersonen angewiesen, um so viel wie möglich von der Vor- bzw. Krankheitsgeschichte des Kindes zu erfahren (A. Freud, 1927/1973).

Während die Methode des freien Assoziierens in der Erwachsenenanalyse einen entscheidenden Platz einnimmt, auf der das analytische Arbeiten aufbaut, spielte es für A. Freud (1927/1973) in der Kinderanalyse eine sekundäre Rolle. Zwar seien spontane Assoziationen möglich, als therapeutische Grundmittel könnten sie aber nicht gezielt zur Anwendung gelangen. Es widerspreche dem »Wesen« des Kindes, »die dem Erwachsenen vorgeschriebene bequeme Ruhelage einzunehmen, mit seinem bewußten Willen alle Kritik der auftauchenden Einfälle auszuschalten, nichts von der Mitteilung auszuschließen und auf diese Weise die Oberfläche seines Bewußtseins abzutasten« (S. 43). Durch die in der Kinderanalyse untergeordnete Rolle, die das freie Assoziieren und damit auch die Übertragungsdeutung einnehmen, steht sie »in der Gewinnung des unbewußten Materials hinter ihr [der Erwachsenenanalyse] zurück« (S. 67). Etwas drastisch vergleicht A. Freud die Arbeit des Kindertherapeuten mit der eines Ethnologen, »der auch vergeblich versuchen würde, bei einem primitiven Volk auf kürzerem Wege Aufschlüsse über die Prähistorie zu bekommen, als sie durch das Studium des Kulturvolkes zu haben sind. Im Gegenteil: Er wird bei den Primitiven alle jene Hilfen der Mythen- und Sagenbildung vermissen, die ihm bei einem Kulturvolk den Rückschluß auf die geschichtliche Vorzeit erlauben« (S. 67).

A. Freud macht stattdessen auf andere Hilfsmittel aufmerksam, anhand derer unbewusstes Material sichtbar werden kann. So betont sie u. a. die Bedeutung von Kinderzeichnungen oder auch die Relevanz der Spieltechnik als Ersatz zum freien Assoziieren. Bei dieser von Melanie Klein ausgearbeiteten Technik werden dem Kind Spielzeuge zur Verfügung gestellt. Klein beobachtete dabei das kindliche Spiel und behandelte und deutete dieses gleichsam wie das freie Assoziieren erwachsener Patienten. Zwar kritisierte A. Freud diese Gleichstellung der Spieltechnik mit dem freien Assoziieren und den aus ihrer Sicht zu frühen und scharfen Deutungen des Spiels, die große Relevanz der Technik erkannte sie dennoch an. Für sie hatte die Spieltechnik »ohne Zweifel den größten Wert für die Beobachtung des Kindes« (1927/1973, S. 49).

Ihre bisherigen Überlegungen zur Kinderanalyse in Abgrenzung zu den Techniken der Erwachsenenanalyse fasste A. Freud (1927/1973) wie folgt zusammen: »Wir haben unsere Aufmerksamkeit auf die Mittel der Kinderanalyse gerichtet, haben erfahren, daß wir genötigt sind, die Krankengeschichte aus den Angaben der Familie zusammenzustellen, anstatt uns ausschließlich auf die Auskünfte des Patienten zu verlassen, haben das Kind als guten Traumdeuter kennengelernt und die Bedeutung von Tagesphantasien und freien Zeichnungen als technische Mittel gewürdigt. Dagegen mußte ich zeigen, daß das Kind nicht geneigt ist, sich auf freies Assoziieren einzulassen, und uns durch diese Weigerung nötigt, einen Ersatz für dieses wichtigste Hilfsmittel der Erwachsenenanalyse zu suchen« (S. 49).

Wie sich bereits an ihren großen Anstrengungen zu Beginn der Therapie erahnen lässt, war es für A. Freud entscheidend, dass das Kind eine positive Bindung zum Therapeuten aufbaut. Das Herstellen einer auf Vertrauen fußenden Übertragung sah sie als entscheidend für den kinderanalytischen Prozess. In der Kinderanalyse schloss sie eine Übertragungsneurose aus zweierlei Gründen zunächst aus: Beim Kind sei die Liebesbeziehung zu den ursprünglichen Objekten, zu den Eltern, noch nicht »vergriffen« (1927/1973, S. 57). Die Eltern seien in der Regel als reale Liebesobjekte vorhanden und alle Freuden und Enttäuschungen können realiter an und mit ihnen erlebt werden. Anders sei dies beim Erwachsenen. Bei ihm zentriere sich das pathologische Erleben und Verhalten auf die Beziehung zum Analytiker. Er projiziere seine verinnerlichten konflikthaften Primärobjekte, seine verdrängte infantile Vergangenheit auf den Therapeuten, der »schattenhaft, ein leeres Blatt« (S. 58) bleibend, als Projektionsfläche diene. Der Kinderanalytiker hingegen, und dies ist der zweite Grund, könne kein leeres Blatt bleiben, da sich in seine analytische Tätigkeit auch erzieherische/pädagogische Aufgaben mischen. Durch erzieherische Beiträge wisse das Kind, was der Therapeut billigt und was nicht. »Eine solche klar umrissene und in vielen Hinsichten neuartige Persönlichkeit ist aber leider ein schlechtes Übertragungsobjekt, das heißt wenig brauchbar, wo es auf die Deutung der Übertragung ankommt« (S. 59). Später revidierte A. Freud (1965, dt. 1968) ihre Auffassung davon, dass es in der Kinderanalyse keine Übertragungsneurosen geben könne. Da sie die Abwehranalyse auch in der Kinderbehandlung einführte und die einleitende Phase durch sie ersetzte, erkannte sie die Relevanz von Deutungen in der Behandlung von Kindern. Als deutbares Material bezeichnete sie u. a. Zeichnungen, Träume oder Phantasien (Ermann, 2012).

A. Freud (1927/1973) sieht den Kinderanalytiker in einer schwierigen Position, denn er »vereinigt […] zwei schwierige und eigentlich einander widersprechende Aufgaben in seiner Position: er muß analysieren und erziehen« (S. 80), da sich das Über-Ich des Kindes noch in der Entwicklung befinde. Zu Beginn der Entwicklung sei das Über-Ich dabei noch sehr stark mit den durch Belohnung und Strafe regulierenden Erziehungspersonen verbunden, das heißt, dass das Über-Ich »noch nicht der unpersönlich gewordene Vertreter der von der Außenwelt übernommenen Anforderungen geworden ist« (S. 72), sondern mit der Außenwelt organisch zusammenhänge. Die Erziehungspersonen bleiben so lange das konkret verkörperte Über-Ich, bis Regeln und Normen verinnerlicht sind und eine Ablösung erfolgen kann (Denker, 1995). Indem der Therapeut Grenzen setze, Verhalten aber auch geschehen lasse und sich als Vorbild für Identifikationen zur Verfügung stelle, rückt er nach A. Freud an die Stelle des Ich-Ideals, von dem aus das Über-Ich beeinflusst wird (Ermann, 2012). Sie zeigte auf, dass sich der Analytiker dadurch in einer schwierigen und heiklen Situation befindet. Idealerweise arbeiten Eltern und Analytiker zusammen und ziehen an einem Strang. Arbeiten die Eltern der Therapie jedoch entgegen, so müsse der Therapeut die Über-Ich-Korrektur allein übernehmen und werde »zum Erzieher, der sich wenigstens zeitweilig um die richtige Entwicklung des Über-Ichs der ihm anvertrauten und ihm vertrauenden Kinder sorgt« (A. Freud, 1927/1973, S. 74). Es wird deutlich, wieso A. Freud ihr Hauptaugenmerk auf eine positive Übertragung in der Kinderanalyse legte: Nur wenn das Kind dem Analytiker ganz vertraut, ist es bereit, sich entgegen der Meinung der Eltern vom Therapeuten erziehen zu lassen.

In »Wege und Irrwege in der Kinderentwicklung« (1965, dt. 1968), das für die psychoanalytische Entwicklungswissenschaft wegweisend war (Poscheschnik, 2016), beschrieb A. Freud typische Entwicklungslinien von Heranwachsenden: von der infantilen Abhängigkeit zum erwachsenen Liebesleben, vom Egoismus zur Freundschaft und Teilnahme an einer menschlichen Gemeinschaft und von der Autoerotik zum Spielzeug und vom Spiel zur Arbeit. Das Konzept der Entwicklungslinien bzw. Entwicklungsreihen »besagt, dass es mehrere zeitlich synchron verlaufende Themen der Entwicklung gibt«, und es »erlaubt eine integrative Sicht auf die Entwicklung, da unterschiedliche und auf den ersten Blick widersprüchliche Entwicklungsphasenmodelle einander gegenübergestellt und auf ihre Interdependenzen untersucht werden können« (Poscheschnik, 2016, S. 43). A. Freud wies darauf hin, dass die Entwicklung des Kindes stets Ergebnisse der Wechselwirkung zwischen Wachstumsvorgängen des Ichs und

Einflüssen durch die Außenwelt seien. Auf diese Weise nahm sie eine »unverwechselbare Position zwischen der ich-psychologischen Sicht der Entwicklung einerseits und objektbeziehungstheoretischen Entwicklungskonzepten andererseits ein: Beziehungen wirken formativ, aber lediglich als Moderatoren des durch die Entfaltung der Triebe prädeterminierten Reifungsprozesses« (Fonagy u. Target, 2002, dt. 2006/2011, S. 108). Ihre Beschreibungen des Entwicklungsverlaufs beruhten primär auf dokumentierten Beobachtungen, die sie und ihre Mitarbeiter u. a. in dem von ihr gegründeten Kinderheim machten (Fonagy u. Target, 2002, dt. 2006/2011). Auf ihre zentrale Rolle in der Integration direkter Beobachtungen in psychoanalytisches Wissen macht u. a. Nick Midgley (2007) aufmerksam. Neben der normalen Kinderentwicklung beschäftigte sich A. Freud auch mit möglichen pathologischen Entwicklungen, wobei sie davon ausging, dass »das Profil der verschiedenen Entwicklungslinien das pathologische Risiko des individuellen Kindes determiniere« (Fonagy u. Target, 2002, dt. 2006/2011, S. 106).

Neben A. Freud arbeitete auch Melanie Klein mit Kindern und begründete mit dem Band »Die Psychoanalyse des Kindes« (1932/1973) ihren Ruf als innovative Kinderanalytikerin (Bayer, 2014b). Im Hinblick auf die (kinder-)psychoanalytische Theorie und Praxis kam es zwischen A. Freud und Klein zu erheblichen Divergenzen.

Exkurs: Freud/Klein-Kontroversen

Mit ihrer Ankunft in London traf A. Freud 1938 auf die österreichisch-ungarische Psychoanalytikerin Melanie Klein. Beide Frauen, die noch heute als Grandes Dames der (Kinder-)Psychoanalyse gelten, hatten unvereinbar erscheinende Auffassungen hinsichtlich der psychoanalytischen Theorie und Praxis. Die Kontroverse mit Klein verdeutlicht, wie intensiv sich A. Freud für das aus ihrer Sicht richtige Fortbestehen der Psychoanalyse, des Lebenswerks ihres Vaters einsetzte, und ist zugleich Bildnis ihres Strebens nach Macht und Einfluss.

Der Aufstieg des Nationalsozialismus und der antisemitischen Gewalt in Kontinentaleuropa führte dazu, dass Großbritannien zum Mittelpunkt der europäischen Psychoanalyse wurde. So flohen neben der Freud-Familie noch viele weitere Analytiker nach Großbritannien, aber auch in die USA oder nach Südamerika. Mit der Verschiebung des geografischen Zentrums der Psychoanalyse und dem Tod Sigmund Freuds 1939 gab es in den neuen psychoanalytischen Dependancen zunehmend eigene Entwicklungen. So entstand eine Diversifizierung der psychoanalytischen Theorie und Praxis: »Die Psychoanalyse entwickelte sich von einer Einheitswissenschaft unter der Führung der Libidotheorie zu einem Pluralismus, in dem verschiedene Strömungen mehr oder weniger unverbunden nebeneinander bestanden« (Ermann, 2012, S. 11f.).

Mit dem Kriegsbeitritt Großbritanniens 1939 verließen einige führende Analytiker London, unter ihnen auch Melanie Klein, Susan Isaacs und Joan Riviere, kehrten jedoch 1941 zurück. Mit ihrer Rückkehr wurden die unterschiedlichen Auffassungen immer deutlicher, und es bildeten sich in der Britischen Psychoanalytischen Gesellschaft – ausgehend von ihren theoretischen Überzeugungen – zwei lose Fraktionen. Um Klein formierten sich die sogenannten Kleinianer, um A. Freud die Freudianer, und es entwickelte sich noch eine unabhängige dritte Gruppe, die »Middle Group«.

Aufgrund der Meinungsverschiedenheiten und der deutlich spürbar werdenden »Beklemmung über die Diskrepanz zwischen Melanie Kleins psychoanalytischem Ansatz und dem, was als ›Freud'sche Psychoanalyse‹« (King, 2000, S. 75) galt, wurde eine monatliche Sitzung eingeführt, die der Diskussion wissenschaftlicher Meinungsverschiedenheiten vorbehalten sein sollte. Diese Sitzungen bildeten den Kern dessen, was später als »Controversial Discussions« in die psychoanalytische Geschichte einging. In ihnen waren die Dimensionen Wissen, Wahrheit und Macht stets unentwirrbar miteinander verbunden. Es wurden zahlreiche wissenschaftliche Fragen behandelt, etwa die richtige Konzeptualisierung der frühkindlichen Entwicklung, die Bedeutung der frühen Beziehungserfahrungen oder deren Auswirkung auf die kinderanalytischen Behandlungstechniken.

Sowohl die Kleinianer als auch die Freudianer beriefen sich in ihren Beiträgen auf Arbeiten Sigmund Freuds und warfen der jeweils anderen Gruppe vor, seine Ansichten zu verdrehen und misszuverstehen. Die Kontroversen behandeln demnach auch die Frage, wie das Werk Freuds »richtig« zu deuten sei (Steiner, 2000). Das übergreifende wissenschaftliche Hauptthema der Controversial Discussions ist nach Steiner der Begriff der unbewussten Phantasie und die Klärung seiner metapsychologischen, theoretischen, entwicklungspsychologischen und behandlungstechnischen Implikation. Ausgehend von der Debatte des Begriffs wurden u. a. Fragen nach der Rolle des Todestriebs und der zeitlichen Festlegung des Ödipuskomplexes diskutiert. Die Kleinianer hielten den Freudianern stets vor, die innerpsychische Realität der Phantasmen zugunsten der äußeren Realität zu vernachlässigen. Die Vielzahl der behandelten wissenschaftlichen Themen und die damit verbundenen Implikationen machen deutlich, dass es in den Diskussionen um nicht weniger ging als um die Frage der »richtigen« Psychoanalyse.

Während in den 1950er Jahren die unterschiedlichen Positionen noch stark polarisierten, lockerten sich die Ausbildungsregelungen spätestens nach dem

Tod Kleins 1960. Auch der Diskurs zwischen den Gruppen wurde kollegialer, Gemeinsamkeiten wurden mehr in den Vordergrund gerückt. Fuchs (2008) betont vor allem auch den konstruktiven Boden, den die Auseinandersetzung zwischen Klein und A. Freud für die Theorieentfaltung und Differenzierung der Kinderanalyse bereitete.

Relevanz heute

A. Freud, die zunächst als rivalisierende Zwillingsschwester mit der Psychoanalyse um die Gunst des Vaters wetteiferte, wurde zu einer ihrer größten Persönlichkeiten (Young-Bruehl, 1988). Sie gilt heute sowohl als Grande Dame der Psychoanalyse als auch als Begründerin und Wegbereiterin der Kinderpsychoanalyse und der Ich-Psychologie. Ihr Biograf Rolf Denker beschreibt sie als »eine [...] der großen Frauengestalten dieses Jahrhunderts, die sich um den Bestand und die Fortschreibung der Psychoanalyse ebenso verdient gemacht hat wie um das Kindeswohl in aller Welt« (1995, S. 8 f.). Ihre Werke gelten bis heute als Standardwerke der Psychoanalyse. Insbesondere in den USA, wo die Ich-Psychologie unter Psychoanalytikern großen Anklang fand, gilt sie auch heute als eine der bedeutendsten und einflussreichsten Psychoanalytikerinnen. Noch zu ihren Lebzeiten erhielt A. Freud zahlreiche Ehrendoktorate von Universitäten in Europa und den USA sowie verschiedene Ehrentitel (u. a. Großes Goldenes Ehrenzeichen für Verdienste um die Republik Österreich).

Eine ihrer größten Verdienste bleibt die Fokussierung auf die Funktionen des Ichs, im Speziellen auf die Abwehrfunktion. Die Konzeptualisierung und Systematisierung der Abwehrvorgänge, mit der sie in ihrem Werk »Das Ich und die Abwehrmechanismen« (1936/1978) begonnen hatte, hat von ihrer Aktualität und Relevanz nichts eingebüßt und beeinflusst die psychoanalytische Behandlungstechnik und Forschung bis heute. Die Erforschung, Systematisierung und Einteilung der Abwehrmechanismen wurde in den letzten Jahrzehnten zunehmend weiterentwickelt und findet u. a. in der Operationalisierten Psychodynamischen Diagnostik (Arbeitskreis OPD, 1996) Eingang.

Auch A. Freuds Überlegungen zur Entwicklungspsychologie und zur Kinderanalyse wurden vielfach rezipiert und sind bis heute von enormer Relevanz. So betont beispielsweise Annette Streeck-Fischer (2002), dass A. Freud, gemeinsam mit Melanie Klein, die psychoanalytische Therapie bis heute maßgeblich beeinflusst. Für die psychoanalytische Entwicklungspsychologie gelten A. Freuds Beobachtungen und Überlegungen heute als zentrale Grundbausteine (siehe u. a. Fonagy u. Target, 2002, dt. 2006/2011), und auch für Pädagogen und Erzieher ist ihr Werk von großer Wichtigkeit. So ist sie beispielsweise Namensgeberin von zahlreichen Schulen und Kindergärten. Ihr wissenschaftliches Erbe wird in dem äußerst renommierten, von ihr gegründeten[1] und seit ihrem Tod ihren Namen tragenden »Anna Freud Centre« für Kinder- und Jugendlichenpsychotherapie in London geehrt und weitergeführt.

Obwohl A. Freuds Relevanz für die Ich- und Entwicklungspsychologie heute unbestritten ist, sehen sich ihre Theorien immer wieder Kritik ausgesetzt. Neben den bereits beschriebenen Vorwürfen durch Klein und ihre Kollegen wurde ihre Fokussierung auf das Ich u. a. von dem französischen Psychoanalytiker Jacques Lacan kritisiert (Mühlleitner, 2011). Ermann (2012) betont, dass A. Freuds Bedeutung für die weitere Theorieentwicklung der Psychoanalyse, insbesondere im Vergleich zur Bedeutung Kleins, geringer ausfällt: »Hingegen blieb die Bedeutung von A. Freud nach 1950 auf den Bereich der Kinderanalyse und der Entwicklungspsychologie freudianischer Prägung begrenzt« (S. 64). Trotz ihrer psychoanalytischen Errungenschaften wird Anna Freud bis heute bisweilen unterschätzt und ihr Einfluss auf die heutige Psychoanalyse nicht immer ausreichend gewürdigt.

In hohem Alter soll A. Freud in aller Bescheidenheit gesagt haben: »Ich glaube nicht, dass ich ein guter Gegenstand für die Biographen bin. Nicht aufregend genug. Alles, was man über mich einmal sagen kann, lässt sich in einem Satz zusammenfassen: ›Sie verbrachte ihr Leben mit Kindern‹« (Sigmund Freud Museum Wien, 2016).

Literatur

Arbeitskreis OPD (Hrsg.) (1996). Operationalisierte Psychodynamische Diagnostik. Grundlagen und Manual. Bern: Huber.
Bayer, S. (2014a). Freud, Anna. In M. A. Wirtz (Hrsg.), Dorsch – Lexikon der Psychologie (17. Aufl., S. 584). Bern: Huber.
Bayer, S. (2014b). Klein, Melanie. In M. A. Wirtz (Hrsg.), Dorsch – Lexikon der Psychologie (17. Aufl., S. 832). Bern: Huber.
Besser, R. (1982). Leben und Werk von Anna Freud. In D. Eicke (Hrsg.), Kindlers Psychologie des 20. Jahrhunderts – Tiefenpsychologie. Band 3: Die Nachfolger Freuds (S. 1–52). Weinheim: Beltz.
Denker, R. (1995). Anna Freud zur Einführung. Hamburg: Junius.
Ehlers W. (2008). Abwehrmechanismen. In W. Mertens, B. Waldvogel (Hrsg.), Handbuch psychoanalytischer Grundbegriffe (3. Aufl., S. 13–25). Stuttgart: Kohlhammer.
Ermann, M. (2012). Psychoanalyse in den Jahren nach Freud: Entwicklungen 1940–1975 (2. Aufl.). Stuttgart: Kohlhammer.

---

[1] 1947 als »The Hampstead Child Therapy Course«, 1952 als »The Hampstead Child Therapy Course and Clinic«.

Fonagy, P., Target, M. (2002, dt. 2006/2011). Psychoanalyse und Psychopathologie der Entwicklung. Stuttgart: Klett-Cotta.
Freud, A. (1965, dt. 1968). Wege und Irrwege in der Kinderentwicklung. Bern: Huber; Stuttgart: Klett.
Freud, A. (1927/1973). Einführung in die Technik der Kinderanalyse. München: Kindler.
Freud, A. (1936/1978). Das Ich und die Abwehrmechanismen. München: Kindler.
Freud, E. L., Freud, L. (Hrsg.) (1980). Sigmund Freud: Briefe 1873–1939. Frankfurt a. M.: Fischer.
Freud, S. (1909/1976). Analyse der Phobie eines fünfjährigen Knaben. GW VII (S. 241–377). Frankfurt a. M.: Fischer.
Freud, S. (1915/1981). Triebe und Triebschicksale. GW X (S. 209–232). Frankfurt a. M.: Fischer.
Freud, S. (1926/1963). Hemmung, Symptom und Angst. GW XIV (S. 111–205). Frankfurt a. M.: Fischer.
Fuchs, G. (2008). Kinderanalyse. In W. Mertens, B. Waldvogel (Hrsg.), Handbuch psychoanalytischer Grundbegriffe (3. Aufl., S. 384–396). Stuttgart: Kohlhammer.
Hirschmüller, A. (2008). Sublimierung. In W. Mertens, B. Waldvogel (Hrsg.), Handbuch psychoanalytischer Grundbegriffe (3. Aufl., S. 721–725). Stuttgart: Kohlhammer.
Jones, E. (1962). Das Leben und Werk von Sigmund Freud. Band III. 1919–1939. Bern: Huber.
King, P. (2000). Vorgeschichte und Entwicklung der Freud-Klein-Kontroversen in der Britischen Psychoanalytischen Gesellschaft. In P. King, R. Steiner (Hrsg.), Die Freud-Klein-Kontroversen, 1945–1945. Bd. 1 (S. 41–77). Stuttgart: Klett-Cotta.
Klein, M. (1932/1973). Die Psychoanalyse des Kindes. Wien: Internationaler Psychoanalytischer Verlag/München: Kindler.
Laplanche, J., Pontalis, J. B. (1975). Das Vokabular der Psychoanalyse. Erster Band (2. Aufl.). Frankfurt a. M.: Suhrkamp.
Meyer-Palmedo, I. (Hrsg.) (2006). Sigmund Freud – Anna Freud: Briefwechsel 1904–1938. Frankfurt a. M.: Fischer.
Midgley, N. (2007). Anna Freud: The Hampstead War Nurseries and the role of the direct observation of children for psychoanalysis. The International Journal of Psychoanalysis, 88 (4), 939–959.
Mühlleitner, E. (2011). Anna Freud. Gel(i)ebte Psychoanalyse. In S. Volkmann-Raue, H. Lück (Hrsg.), Bedeutende Psychologinnen des 20. Jahrhunderts (2. Aufl., S. 71–84). Wiesbaden: Springer.
Poscheschnik, G. (2016). Psychoanalytische Entwicklungswissenschaft – Geschichte, Paradigmen, Grundprinzipien. In G. Poscheschnik, B. Traxl (Hrsg.), Handbuch Psychoanalytische Entwicklungswissenschaft. Theoretische Grundlagen und praktische Anwendungen (S. 27–81). Gießen: Psychosozial-Verlag.
Salber, W. (2006). Sigmund und Anna Freud: eine Doppelbiografie. Bonn: Bouvier.
Sigmund Freud Museum Wien (2016). Anna Freud 1895–1982. www.freud-museum.at/online/freud/themen/anna2-d.htm (29.11.2016)
Steiner, R. (2000). Der Hintergrund der wissenschaftlichen Kontroversen. In P. King, R. Steiner (Hrsg.), Die Freud-Klein-Kontroversen, 1941–45. Bd. 1 (S. 321–363). Stuttgart: Klett-Cotta.
Streeck-Fischer, A. (2002). Tiefenpsychologisch fundierte Psychotherapie von Kindern und Jugendlichen – Einführung in die Thematik. Praxis der Kinderpsychologie und Kinderpsychiatrie, 51 (1), 3–11.
Young-Bruehl, E. (1988). Anna Freud. Eine Biographie. Teil 1: Die Wiener Jahre. Wien: Wiener Frauenverlag.

Nikolas Heim

Melanie Klein: Von der Analyse des Kindes zur Begründung der Objektbeziehungstheorie

Leben und Werk

Melanie Klein, geborene Reizes, kam im Jahre 1882 in Wien als viertes und letztes Kind jüdischer Eltern in ärmlichen Verhältnissen zur Welt[1]. Ihr Vater arbeitete als Arzt und ihre Mutter Libussa, welche als kultiviert und intelligent galt, führte einen Laden, in dem sie Reptilien und Pflanzen verkaufte. Mit 17 Jahren lernte Melanie den Chemieingenieur Arthur Klein kennen, den sie vier Jahre später heiratete und für den sie ihre Ambitionen, Medizin zu studieren, um Psychiaterin zu werden, fallen ließ – eine Entscheidung, welche sie ihr Leben lang bereute. Insgesamt bekamen Klein und ihr Mann drei Kinder, von denen Melitta, ihr ältestes Kind, selber Psychoanalytikerin wurde. Von jüngsten Jahren an war Melanie Kleins Leben geprägt vom Verlust wichtiger Menschen. Als sie vier Jahre alt war, starb ihre ältere Schwester Sidonie, infolgedessen sich ihre Mutter umso mehr auf ihre jüngste Tochter Melanie konzentrierte. Kurz vor ihrer Hochzeit verstarb zudem ihr Vater, woraufhin Kleins Mutter den Rest ihres Lebens überwiegend bei der Familie Klein verbrachte und dort eine dominante Rolle einnahm. 1902 verstarb Melanie Kleins älterer Bruder, dessen Verlust sie zeitlebens schmerzlich beschäftigte.

Im Jahre 1910 übersiedelte die Familie Klein aus geschäftlichen Gründen Arthurs nach Budapest, wo Melanie Klein vermutlich zwei Jahre später aufgrund anhaltender depressiver Phasen eine Analyse bei Sándor Ferenczi begann, über deren exakte Dauer nichts bekannt ist. Eine weitere schmerzliche Erfahrung stellte der Tod Kleins Mutter 1914 dar. In ihrer Ehe unglücklich und intellektuell frustriert, entfachte die Analyse bei Ferenczi, welche sie auf die Texte Freuds aufmerksam machte, ihre Leidenschaft für die Psychoanalyse – eine Passion, welche sie bis zu ihrem Lebensende begleitete. Aufgrund politischer Unruhen folgte Klein 1921

---

1 Die Darstellung der Lebensgeschichte Melanie Kleins bezieht sich auf die von Grosskurth (1993) verfasssste Biographie.

Karl Abrahams Einladung nach Berlin an das dortige psychoanalytische Institut, wofür aufgrund des Scheiterns ihrer Ehe, welche 1923 geschieden wurde, persönlicher Freiraum entstand. Ein Jahr später wurde sie ohne jegliches Studium im Alter von 40 Jahren Psychoanalytikerin. Sie begann 1924 eine zweite Analyse bei Abraham, die durch seinen plötzlichen Tod eineinhalb Jahre später ein abruptes Ende fand – einen Verlust, den Klein als äußerst schmerzlich beschrieb. In Berlin analysierte Klein insgesamt 22 Kinder und Jugendliche im Alter von knapp drei bis 17 Jahren über einen Zeitraum von fünfeinhalb Jahren (Frank, 1999). Als Pionierin der Kinderanalyse erkannte Klein (1923, 1926) durch möglichstes Beibehalten der analytischen Technik von Abstinenz und Deutungen der Übertragungssituation, dass sich im Spiel psychische Inhalte symbolisch ausdrücken, worin sie das Gegenstück zur freien Assoziation sah. Ihre Behandlungen mit teils sehr jungen Kindern offenbarten ihr eine archaisch ausgestaltete Phantasiewelt.

Auf Anregung Ernest Jones ging Klein 1926 nach London, wo sie bis zu ihrem Tod im Jahre 1960 lebte und arbeitete. Ihre Analysen mit Kindern und Erwachsenen führte sie dort fort und hielt theoretische Vorlesungen, in denen sie rasch über die Konzeption der kindlichen Psyche hinausging. Ihre Gedanken wurden begeistert aufgenommen und führten bald zu einer treuen Gruppe von Anhängern, welche ihre Theorien verteidigten und weiterentwickelten. Während Klein zu Beginn die konkreten körperlichen Partialobjekte und ihre Funktionen deutete, veränderte sich die Technik ihrer Schüler hin zu Deutungen der psychischen Funktionen der Partialobjekte und der mit ihnen verknüpften unbewussten Phantasien (Spillius, 1994). Zu den bekanntesten Kleinianern dieser Zeit zählen Paula Heimann, Susan Isaacs, Joan Reviere, Roger Money-Kyrle, Hanna Segal, Herbert Rosenfeld, Betty Joseph, Donald Meltzer und Wilfred Bion.

1934 ereignete sich ein weiterer tiefgreifender Schicksalsschlag durch den Tod ihres Sohnes Hans bei einem Unfall, der Klein so schwer traf, dass sie nicht fähig war, zur Beerdigung nach Budapest zu reisen – eine Erfahrung, welche sich in ihren Publikationen zur Trauer und depressiven Position in den darauffolgenden Jahren widerspiegelte. Zudem regte sich neben großer Begeisterung immer stärkerer Widerstand gegen die Gedanken Kleins, welche von einigen als unvereinbar mit dem Erbe Freuds angesehen wurden, was sich durch die Emigration der Freuds 1938 nach London zusätzlich verschärfte. Anna Freud, welche ungefähr zur selben Zeit wie Klein begann, mit Kindern zu arbeiten, war grundlegend unterschiedlicher Ansicht hinsichtlich der therapeutischen Technik, indem sie die Position vertrat, Kinder seien nicht analysierbar und müssten pädagogisch behandelt werden. Schon bald ging der Dissens über die Technik der Kinderanalyse hinaus und führte zu enormen Spannungen in der Britischen Psychoanalytischen Gesellschaft, die mitten im Zweiten Weltkrieg

1941 zu den *Controversial Discussions* (King u. Steiner, 1991), einer wissenschaftlichen Auseinandersetzung beider Parteien führte, die eine fruchtbare Weiterentwicklung beider psychoanalytischer Schulen hervorbrachte – jedoch nicht deren Annäherung. Besonders schmerzlich für Klein war die Rolle ihrer Tochter Melitta, die zunächst als Analytikerin den Theorien ihrer Mutter gefolgt war, um dann eine ihrer vehementesten und erbittertsten Gegnerinnen zu werden, deren Attacken mehr persönlich als theoretisch fundiert waren.

Melanie Klein bewegte sich bis 1935 im Rahmen der Theorie Freuds, obgleich sich ihre Revision der freudschen Theorie schon in ihrem Frühwerk 1920 bis 1935 anbahnte. Mit ihren Arbeiten zur depressiven (Klein, 1935/2011, 1940/2011) sowie zur paranoid-schizoiden Position (Klein, 1946/2011) und ihrer Arbeit »Neid und Dankbarkeit« (Klein, 1957/2000) gelangte Klein zu einer grundlegenden Neuformulierung der psychischen Welt als von unbewussten Phantasien determiniert und von inneren Objekten bevölkert. Ihre Analysen mit sehr kleinen Kindern führte sie zu der Erkenntnis, dass »es Triebstrebungen, Angstsituationen oder psychische Prozesse, an denen *keine äußeren oder inneren Objekte beteiligt sind, nicht gibt. Anders formuliert: Objektbeziehungen stehen im Zentrum des emotionalen Lebens*« (Klein, 1952/2000a, S. 89, Hervorhebungen N. H.). Wenn also Freud das Kind im Erwachsenen fand, so entdeckte Klein den Säugling im Kinde (Britton, 1995/2013). Während die Freudianer Melanie Kleins Gedanken als unvereinbar zu ihren eigenen sahen, insistierten die Kleinianer, sich im Rahmen der Theorie Freuds zu bewegen – insbesondere aufgrund ihrer Gewichtung der Triebe für die Konstitution der Welt innerer Objekte, wodurch sich die kleinianische Theorie als Verbindung der klassischen Triebtheorie und einer relationalen Objektbeziehungstheorie verorten lässt (Greenberg u. Mitchell, 1983/2000; Spillius, 1988, dt. 1990/2012).

Die kleinianische Entwicklungstheorie

Für die Kleinianer stehen ebenso wie für Freud die Triebe am Anfang der psychischen Entwicklung, welche jedoch für Klein durch unbewusste Phantasien immer auf Objekte bezogen sind, wodurch dem Anderen von Geburt an eine konstitutive Rolle für die Entwicklung des Subjekts innewohnt. Dabei beschreibt Klein die Entwicklung, welche sie durch Aggressionen und Ängste geprägt sieht, als Bewegung von der Desintegration hin zur Integration durch zirkuläre Prozesse der Projektion und Introjektion anhand spezifischer psychischer Konstellationen, die sie *Positionen* nennt. Die kleinianische Entwicklungstheorie basiert auf komplexen Wechselbeziehungen zahlreicher Konzepte, die aufeinander und auf das Ganze bezogen sind, wodurch der Theoriekorpus als Ganzes mehr ist als die Summe seiner Einzelteile. Aufgrund dessen beschränkt sich die folgende Darstellung nicht nur auf einzelne prominente Konzepte, vielmehr wird versucht, die kleinianische Konzeptualisierung der Entwicklung für ein vollständiges und umfassendes Verständnis in ihrer Komplexität und Gesamtheit darzustellen.

Subjektgenese: Todestrieb, unbewusste Phantasien und die Welt innerer Objekte

Ausgehend von ihren Beobachtungen der kindlichen Psyche postulierte Klein (1952/2000b), dass der Säugling mit einem rudimentären Ich[2] geboren wird, welches sehr begrenzt fähig ist, zwischen innen und außen zu unterscheiden, Ängste zu empfinden, primitive Abwehrmechanismen einzusetzen, Phantasien zu erleben sowie prototypische Objektbeziehungen zu führen. Damit konzeptualisiert Klein die psychische Entwicklung des Kindes ausgehend von axiomatischen Setzungen. Diese stellen einen Bruch zu Freuds (1914) Auffassung des primären Narzissmus dar, welcher für ihn die Sphäre der Konstitution des Ichs darstellt (Gast, 1992). Freud (1920) folgend geht Klein (1932) von einer Dualität des Lebens- und Todestriebes aus, die jedoch ihren Niederschlag in *unbewussten Phantasien* finden. Dabei werden alle Triebregungen – also früheste präverbale, somatisch-sensomotorische Erfahrungen (Spillius, 2001) – in unbewussten Phantasien *psychisch repräsentiert* (Isaacs, 1948). Die unbewussten Phantasien sind *immer auf Objekte bezogen* und stellen als *Bausteine und Organisatoren der psychischen Entwicklung die Matrix aller intrapsychischen wie intersubjektiven Prozesse* dar (Weiß, 2013).

Das primäre Wirken des Todestriebes findet in der unbewussten Phantasie des Subjekts, durch seine eigene Destruktivität vernichtet werden zu können, ihren Ausdruck, welche zur Urquelle der Angst wird (Klein, 1948/2011). Diesen Ängsten begegnet das fragile Ich mit Spaltung und Projektion (Klein, 1946/2011), wobei ein Teil der inneren Aggressionen im Ich verbleibt und oral-sadistisch gegen ein äußeres Objekt gerichtet wird, während ein anderer Teil nach außen auf ebenjenes äußere Objekt projiziert wird (Segal, 1993), welches als *böses Objekt* zum Träger der eigenen Destruktivität avanciert (Klein, 1932). Dieses wird nun als aggressives und verfolgendes Objekt wahrgenommen, was Klein in der Metapher der *bösen Brust* im Sinne eines *Partialobjekts* fasst, da die Mutter noch nicht als Ganzes, sondern nur als mit Teilaspekten ausgestattetes (Partial-)Objekt wahrgenommen werden kann. Der Säugling kann in der frü-

---

2 Klein verwendet die Begriffe »Ich« und »Selbst« synonym (Segal, 1964, dt. 2013).

hesten Zeit das gute versorgende Objekt noch nicht als abwesend repräsentieren, sodass seine Abwesenheit als Anwesenheit eines aktiv zurückhaltenden bösen Objekts empfunden wird (Klein, 1957/2000). Ferner spaltet und projiziert das Ich ebenso Anteile des Lebenstriebes und schreibt sie dem befriedigenden guten Objekt zu, welches als Idealobjekt von Klein als *gute Brust* bezeichnet wird. Das gute und böse Objekt werden so zu Vertretern des Lebens- und Todestriebes in der Außenwelt. Diese Verlagerung nach außen vermindert die Angst und ebnet den Weg hin zur Integration (Klein, 1948/2011).

Neben der *Projektion* stellt die *Introjektion* den zweiten wichtigen Mechanismus zur Errichtung einer inneren Objektwelt dar. Die durch Spaltung und Projektion unbewusster Phantasien polarisierten äußeren guten und bösen Objekte werden simultan reintrojiziert, sodass im Ich ebenso gespaltene gute und böse innere Partialobjekte errichtet werden. In der frühesten Zeit sind so nicht nur die äußeren Objekte, sondern ebenfalls das Ich und seine inneren Objekte fragmentiert (Klein, 1946/2011). Das verinnerlichte idealisierte Partialobjekt wird zum Prototyp des sicherheitsspendenden inneren guten Objekts, das verinnerlichte böse Partialobjekt hingegen zum Prototyp aller inneren verfolgenden bösen Objekte (Klein, 1952/2000b). Die reintrojizierten bösen Objekte verstärken jedoch erneut die Angst vor Vernichtung im Inneren und werden daraufhin wieder ausgestoßen, woraus »ein dauernder Wechsel zwischen der Furcht vor inneren und äußeren (bösen) Objekten und zwischen dem Todestrieb, der im Inneren wirkt und nach außen abgelenkt ist«, entsteht (Klein, 1948/2011, S. 172). Die Errichtung eines Idealobjekts im Ich durch reale gute Erfahrungen mit den primären Bezugspersonen, welche die destruktiven Projektionen modifizieren, ermöglicht dem Kind, allmählich seine eigenen Aggressionen besser zu ertragen und bei sich zu behalten (Segal, 1964, dt. 2013).

Durch projektive wie introjektive Zyklen ist die äußere Realität sowie die innere Objektwelt ständigen Modifizierungen unterworfen, da die innere Welt die Wahrnehmung der äußeren phantasmatisch beeinflusst und vice versa die realen Erfahrungen mit der Außenwelt zugleich die innere Objektwelt (Segal, 1964, dt. 2013; Spillius, 1994). Damit siedelt Klein die *Subjektgenese zugleich im Grenzbereich des Somatischen und Psychischen sowie des Intra- und Interpsychischen in einem zirkulären Konstitutionsprozess* an (Gast, 2000): Somatische Sensationen konstituieren die antagonistischen Triebkonflikte, welche wiederum ihren Niederschlag in unbewussten Phantasien finden und somit projektiv als in Beziehungen zu Objekten hervorgerufen erlebt werden; durch Reintrojektion entsteht eine phantasmatisch ausgestaltete *Innenwelt guter und böser Objekte, welche als Strukturanten der Subjektwerdung das Psychische* hervorbringen. Damit konzeptualisiert Melanie Klein den Ursprung des Psychischen in »autopoietischer Selbstreferentialität« (Gast, 2000, S. 72), indem in einem intersubjektiven phantasmatischen Raum das Subjekt selbst seine innere Welt der Objekte erschafft, wodurch Klein Freuds radikale Subjektzentriertheit – der absoluten Anerkennung der psychischen Realität – konsequent weiterentwickelte (Gast, 1996).

Die Positionen der kleinianischen Entwicklungstheorie

Im Gegensatz zu zahlreichen entwicklungstheoretischen Stadien- oder Phasenmodellen beschreibt der kleinianische Terminus *Position* verschiedene Funktionsniveaus, die zwar genetisch aufeinanderfolgen – die paranoid-schizoide geht der depressiven voraus –, jedoch im Verständnis von *Mental States* (Bion, 1957) vor allem unbewusste Konstellationen charakteristischer Objektbeziehungen, Phantasien, Ängste und Abwehrmechanismen beschreiben (Klein, 1946/2011). Aus der prototypischen Beschreibung beider Positionen – der paranoid-schizoiden und der depressiven – für ein besseres Verständnis wird oft fälschlicherweise auf ein dichotomes Verhältnis geschlossen, welches eigentlich einem Kontinuum entspricht (Steiner, 1992), in dem »eine Vielzahl von Prozessen fließend ineinander übergehen oder sich sogar gleichzeitig vollziehen« (Klein, 1952/2000b, S. 116). Die beiden Positionen stellen keine Entwicklungsstufen dar, die, wenn sie erreicht wurden, nicht wieder verloren werden können, sondern unterliegen der Fluktuation – abhängig von den Abwehrformen, die das Ich für seine innere Homöostase aufwenden muss (Klein, 1952/2000b). Dieses Oszillieren verbildlicht Bion (1963, dt. 1992) mit dem Zeichen (P/S ↔ D), das die beiden Pole Zersplitterung bzw. Desintegration (P/S) einerseits und Integration (D) andererseits darstellt.

Paranoid-schizoide Position: Partialobjekte, Vernichtungsangst, Spaltung und projektive Identifizierung

Die zuvor für den Beginn des Lebens beschriebenen Annahmen zu Ängsten, der Bedeutung unbewusster Phantasien sowie der Entstehung einer inneren Welt der Objekte durch Projektion und Introjektion veranlassten Klein (1946/2011) zum Postulat der paranoid-schizoiden Position, welche sie auf die ersten sechs Lebensmonate datierte. Die Außenwelt des Ichs sowie das rudimentäre Ich selbst sind zu dieser Zeit in *Partialobjekte* fragmentiert. Unerträgliche destruktive Selbstanteile werden gewaltsam gespalten und projiziert, woraufhin das Subjekt seine eigenen Aggressionen als äußere Bedrohung erlebt – beispielsweise in Anwesenheit einer bösen Brust, die eigentlich die Abwesenheit einer guten ist, welche als solche noch nicht repräsentiert werden kann. Klein (1957/2000) beschreibt diese Erfahrung als prototypische Phantasie: Das frustrierende Objekt halte seine Versorgung absichtlich zurück, worauf der Säugling mit *Neid* und aggressiven Angriffen reagiere. Das Konzept des Neides, in dem sie eine Manifestation des Todestriebes sieht, dient Klein insbesondere als Erklärung gestörter Entwicklungsverläufe hin zur Integration, für die sie eine angeborene maligne Form des Neides – Gutes nicht annehmen zu können – als ursächlich betrachtet. Entgegen der Annahme Freuds (1923), das Über-Ich resultiere aus dem Untergang des Ödipuskomplexes, konzeptualisiert Klein (1928, 1932, 1945) dessen Genese vor der Entstehung des Ödipuskomplexes und somit unabhängig von ihm. Die Revision resultierte aus ihren Behandlungen junger Kinder, bei denen sie ein archaisches, sadistisches, *frühes Über-Ich* beobachtete, dessen Ursprung sie in der Reintrojektion böser Partialobjekte, die im Inneren als grausam und verurteilend wahrgenommen werden, sieht. Somit setzt Klein die ersten Konstituierungsprozesse des Über-Ichs an den Beginn des Lebens (Hinshelwood, 1993).

Die zentrale Angst der paranoid-schizoiden Position ist die des *Überlebens*, da das fragile Ich sich ständig von gespaltenen und projizierten Objekten bedroht sieht, von denen es Verfolgung und Vernichtung befürchtet (Klein, 1946/2011). Im Überlebenskampf gegen diese existenziellen Ängste verwendet das Ich charakteristische Abwehrmechanismen: Spaltung, Projektion, Introjektion, Idealisierung, Verleugnung und projektive Identifizierung. Die Beobachtung dieser spezifischen Konstellation von Ängsten und Abwehrmechanismen bewegte Klein dazu, von der paranoid-schizoiden Position[3] zu sprechen, da die zentrale Angst paranoid und die Verfasstheit des Subjekts durch Spaltung schizoid geprägt sei (Segal, 1964, dt. 2013). Die Fragmentierung des Ichs sowie der Objekte ist Resultat der Spaltung, in der sich der Versuch ausdrückt, das innere gute Objekt, welches als idealisiertes Partialobjekt den Kern des sich entwickelnden Ichs darstellt, zu schützen. Im Zusammenhang mit der Spaltung führt Klein (1946/2011) den Mechanismus der *projektiven Identifizierung* ein, welcher den Prozess beschreibt, projektiv unerträgliche Selbstanteile nach außen *in* ein äußeres Objekt zu verlagern und dieses mit ihnen *zu identifizieren*. Das heißt, das Objekt wird nicht nur aus der Wahrnehmung des Projizierenden zum Träger der Projektionen, sondern es identifiziert sich zudem mit diesen und wird infolgedessen entsprechend empfinden und möglicherweise handeln. Zusätzlich wird Trennung negiert, da Subjekt und Objekt, Innen und Außen nicht klar voneinander getrennt sind. Klein

---

3 Zum Begriff der paranoid-schizoiden Position erklärt Klein: Er »hat manche zu der Annahme geführt, daß ich alle Kleinkinder für psychotisch erachte; das ist ein Mißverständnis« (1946/2011, S. 132). Die Terminologie der paranoid-schizoiden und depressiven Position bedeutet nicht, dass das Kind psychotisch oder depressiv ist, sondern dass die vorherrschenden Ängste paranoider – existenzieller – bzw. depressiver – verlustbezogener – Natur sind.

(1946/2011) beschreibt dies wie folgt: »Abgespaltene Teile des Ichs [werden] auf die Mutter oder, wie ich besser sagen sollte, *in* die Mutter *hineinprojiziert.* Diese [...] bösen Teile des Selbst sollen nicht nur das Objekt verletzen, sondern es auch kontrollieren und in Besitz nehmen. Insoweit die Mutter die bösen Teile des Selbst zu enthalten scheint, wird sie nicht als ein separates Individuum, sondern als *das* böse Selbst empfunden« (S. 141).

Die projektive Identifizierung stellt das wohl meist bekannte und meist anerkannte Konzept der kleinianischen Theorie dar und erfuhr enorm produktive Weiterentwicklungen, insbesondere hinsichtlich seiner interaktionellen Dimension. Es wird zwischen pathologischer und nichtpathologischer (Bion, 1959) sowie zwischen der das Objekt affizierenden und der rein phantasierten (Joseph, 1989) projektiven Identifizierung unterschieden. Wilfred Bion (1962, dt. 1992)[4], Melanie Kleins originellster Schüler, entwickelte ausgehend von der projektiven Identifizierung den intersubjektiven Prozess des *Containments* mit dem *Container-Contained-Modell.* Es beschreibt die Verlagerung unerträglicher, unverarbeiteter Selbstanteile *(β-Elemente)* beispielsweise durch Weinen des Kindes in die primäre Bezugsperson *(Container),* welche diesen Inhalt *(Contained)* für das Kind aufnimmt und transformiert *(Alpha-Funktion),* um die modifizierten Anteile *(α-Elemente)* zu reprojizieren. So stehen der kindlichen Psyche nicht nur die modifizierten, besser ertragbaren α-Elemente zur Verfügung, zusätzlich wird über zahlreiche Erfahrungen des Containments die Alpha-Funktion der primären Bezugsperson internalisiert. Während Klein also vor allem die projektive Identifizierung intrapsychisch aus der Sicht des Kleinkindes beschreibt, hebt Bion den Aspekt der interpersonellen Kommunikation hervor.

Der Prozess der projektiven Identifizierung lässt sich in sechs verschiedene Phasen einteilen. Er besteht aus (Weiß, 2007)
1. der Anheftung der Projektion an das Objekt,
2. dem Eindringen der Projektion in das Innere des identifizierten Objekts,
3. der Verbindung von inneren Objekten und der Projektion,
4. der Transformation der Projektion durch Abgleich mit inneren Objekten,
5. der Reprojektion der modifizierten Projektion,
6. der Reintrojektion durch das Kind.

---

4   Bions theoretische Weiterentwicklungen beeinflussten zahlreiche Psychoanalytiker/-innen in ihrem Denken, wodurch die Frage aufgeworfen wurde, inwieweit Bions Überlegungen eine eigene Metatheorie darstellen oder als Teil der kleinianischen Theorie anzusehen sind (Hinshelwood, 1993). Durch seine bahnbrechenden Innovationen und die wechselseitige Beeinflussung anderer Kleinianer wird heutzutage oft vom *Klein-Bion-Modell* gesprochen (Fonagy u. Target, 2003, dt. 2006/2011; Kennel u. Reerink, 1997/2013; Segal, 1985), in dem Kleins und Bions Gedanken als sich gegenseitig bedingend und gleichgewichtig hervorgehoben werden.

Wenn Klein (1946/2011) »die Befriedigung durch äußere gute Objekte«, was sie als »mütterliche Liebe und Verständnis« beschreibt und in der englischen Version bereits als »to contain« formuliert, als notwendig ansieht, um »die Zustände von Desintegration und psychischer Angst zu überwinden« (S. 143), so bietet Bions (1962, dt. 1992) Container-Contained-Modell die exakte Beschreibung, *wie* dieser interpersonelle Prozess verläuft. Es bedarf also eines äußeren guten Objektes, welches das Leid und die Destruktivität modifiziert, und durch Introjektion zum *Kristallisationspunkt* im Ich für Kohäsion und Integration wird (Klein, 1946/2011).

Das Überwiegen guter über schlechte Erfahrungen mit den äußeren Objekten leitet die sukzessive Bewegung hin zur Integration ein (Segal, 1964, dt. 2013), indem das Ich an die Stärke und Dominanz des inneren Idealobjekts über die inneren verfolgenden Objekte glaubt – dem Triumphieren des Lebenstriebs über den Todestrieb. Durch repetitive Identifizierung mit dem guten – also containenden – Objekt gelangt das Ich allmählich zu einer Stärke, bei der es immer weniger auf gewaltsame Abwehrmechanismen zur Angstreduktion angewiesen ist (Klein, 1952/2000b). Die Furcht vor Vernichtung und die mit ihr einhergehende Spaltung zwischen verfolgendem und idealisiertem Objekt lassen nach. Durch die Beziehung zum Idealobjekt erscheinen die eigenen Aggressionen weniger bedrohlich und können als zum Ich gehörend integriert werden (Klein, 1948/2011). Neid wird durch Dankbarkeit, welche in den befriedigen Erfahrungen mit dem versorgenden Objekt wurzelt, abgeschwächt und modifiziert (Klein, 1957/2000). Gute und böse Partialobjekte müssen nicht länger gespalten und auseinandergehalten werden und dürfen näher zusammenrücken, sodass der Zwang zur Projektion gemindert wird. Durch die Abnahme dissoziierender und projektiver Mechanismen wird die Subjekt-Objekt-Grenze errichtet – also die Unterscheidung zwischen dem, was Subjekt, und dem, was Objekt ist (Segal, 1964, dt. 2013): Die Entwicklung zur depressiven Position ist geebnet.

Depressive Position: Ganzes Objekt, Angst vor Objektverlust, manische Abwehr und symbolische Wiederherstellung

Die Fähigkeit, die primäre Bezugsperson als Ganzes und somit ambivalentes Objekt mit *sowohl guten als auch schlechten Anteilen* wahrzunehmen, stellt die zentrale Grundlage der depressiven Position dar, wodurch sich die innere Realität des Kindes mit Beginn des sechsten Lebensmonats drastisch verändert (Klein, 1935/2011, 1940/2011). Während bei der paranoid-schizoiden Position böse Aspekte eines Objekts dazu führten, dass es als verfolgend erlebt wurde, wird in der depressiven Position das Objekt trotz seiner bösen Anteile geliebt – Ambivalenzen werden aushaltbar. Jedoch beginnt das Ich durch diese *Beziehung zum ganzen Objekt* anstatt zu Partialobjekten zu realisieren, dass seine aggressiven Angriffe, die dem bösen Objekt galten, zugleich das gute Objekt trafen, welches in der Phantasie nun als zerstört und verloren empfunden wird. Durch projektive wie introjektive Prozesse besteht von »Beginn der psychischen Entwicklung an [...] eine ständige Wechselbeziehung zwischen den realen und den ins Ich aufgenommenen Objekten« (Klein, 1935/2011, S. 63), wodurch ebenfalls das innere gute Objekt als beschädigt und verloren empfunden wird. Während Klein die Bedeutung von Ängsten hervorhebt, betonen moderne Kleinianer vor allem die Errungenschaft des Subjekts, sich als separiert und autonom wahrzunehmen und diese Getrenntheit aushalten zu können (Steiner, 1992).

Dieser phantasierte Objektverlust ruft wiederum starke Schuldgefühle hervor (Klein, 1937/1996) und resultiert aus der zentralen Angst der depressiven Position[5], das *gute Objekt verlieren zu können,* von dem das Subjekt existenziell abhängig ist (Klein, 1935/2011). Dieser *Sorge um das Objekt* begegnet das Ich zum einen mit *manischer Abwehr,* die sich in der omnipotenten Phantasie, unabhängig vom guten Objekt zu sein, ausdrückt. Manische Abwehr resultiert aus dem Konflikt, einerseits unfähig zu sein, auf innere wie äußere gute Objekte verzichten zu können, und andererseits aus der Bemühung, der Gefahr durch Abhängigkeit von ihnen entkommen zu wollen (Klein, 1952/2000b). Durch Verleugnung, Triumphieren, Beherrschen sowie Entwertung versucht das Ich manisch die Abhängigkeit vom Objekt zu negieren, indem sich diese Abwehr gegen Gefühle von Furcht, Verlust, Trauer, Sehnsucht und Schuld richtet und infolgedessen abmildert (Klein, 1935/2011). Im Gegensatz zu den für die paranoid-schizoide Position charakteristischen Abwehrmechanismen wird dabei die Beziehung zur äußeren Welt und den Objekten nicht angegriffen, jedoch die Bedeutung der guten sowie die Gefahr der bösen Objekte verleugnet. Zugleich ermöglichen manische Abwehrmechanismen die *Errichtung und Erhaltung guter innerer Objekte* durch die Bearbeitung der abgemilderten Gefühle von Trauer, Sehnsucht, Verzweiflung und Schuld (Klein, 1940/2011).

Während der Beginn der depressiven Position vor allem durch die Angst vor dem Objektverlust und die mit ihr einhergehende manische Abwehr cha-

---

5   Die für die paranoid-schizoide wie depressive Position beschriebenen charakteristischen Ängste finden sich in modernen psychoanalytischen Ansätzen, wie der Operationalisierten Psychodynamischen Diagnostik (OPD), wieder. Dort werden entsprechend dem Strukturniveau prototypische Ängste beschrieben (Arbeitskreis OPD, 2009). Zum Beispiel gilt bei gutem Strukturniveau die zentrale Angst »dem Verlust der Liebe des Objekts« (S. 256), während die Angst vor »Vernichtung des Selbst durch das böse Objekt oder durch den Verlust des guten Objekts« (S. 258) charakterisierend bei desintegrierten Strukturniveaus ist.

rakterisiert ist, leitet die Milderung jener schmerzlichen Gefühle durch ebenjene Abwehr das Erleben des Verlustes und die damit einhergehende Trauerarbeit ein (Steiner, 1992). Anknüpfend an Freuds (1916–1917) Überlegungen zur Trauer, das äußere verlorene Objekt werde nach Realitätsprüfung im Inneren wiedererrichtet, postuliert Klein (1940/2011), der Säugling müsse aufgrund der schmerzhaften psychischen Realität der depressiven Position nicht nur seine äußeren, sondern ebenfalls seine *inneren verlorenen Objekte wiederherstellen*. Diese Wiedererrichtung innerer und äußerer Objekte geschieht in der Phantasie des Kindes, wodurch Schuldgefühle bezüglich des Verlusts und der Verlust selbst toleriert werden können und zugleich Vertrauen entsteht, Unheil wiedergutmachen zu können. *Wiedergutmachung* verstärkt zudem die Realitätsprüfung, indem das Kind interessiert und besorgt beobachtet, wie sich seine Phantasien auf äußere Objekte auswirken. Ein wichtiger Bestandteil der Wiedergutmachung besteht darin, den Versuch aufzugeben, das Objekt kontrollieren zu wollen, und es so anzunehmen, wie es wirklich ist (Segal, 1964, dt. 2013).

Mit der für die depressive Position charakteristischen Wahrnehmung der Mutter als eigenständiges und getrenntes Objekt beginnt für Klein (1928, 1932, 1945) zudem die Entstehung der *Frühstadien des Ödipuskomplexes*, dessen weiteren Verlauf sie in der genitalen Phase weitgehend übereinstimmend mit Freud betrachtet. Den deutlich früheren Ursprung als Freud sieht sie in der Einführung *des Dritten* – dem Vater, welcher nun in seiner Beziehung zur Mutter wahrgenommen wird. Die Mutter kann als zum Kind und gleichzeitig zu etwas anderem zugewandt erlebt werden, was Gefühle des Verlusts und der Trauer hervorruft. Dieser trianguläre Raum (Britton, 1989, dt. 1998) stellt ferner das Fundament reifer *Symbolisierung* (Segal, 1999, dt. 2013) dar, welche Segal (1957, dt. 1990/2012) als triadisches Verhältnis definiert, bestehend aus Subjekt, Symbol und Objekt, das symbolisiert wird. Um das gute innere Objekt vor seinen eigenen Aggressionen zu schützen, verschiebt das Ich teilweise sein Interesse auf die Außenwelt und errichtet es dort symbolisch – im Sinne einer Ersatzbildung (Hinshelwood, 1993) – wieder (Klein, 1930/2011). Das Symbol verkörpert per se Differenz, die ihm aufgrund seiner triadischen Struktur immanent ist und durch die Anerkennung von Getrenntheit ermöglicht wird. Da das Symbolisierte nur ein Stellvertreter des ursprünglichen Objekts ist, sind die ihm gegenüber empfundenen Ängste und Schuldgefühle weit weniger unaushaltbar als gegenüber dem ursprünglichen Objekt. Die Internalisierung dieser Symbole ist ein bedeutsamer Gewinn in der depressiven Position, weil sie die *symbolische Wiederherstellung des verlorenen Objekts in der inneren Objektwelt* darstellt. Das Symbol, welches die Anerkennung von Abwesenheit und Verlust verkörpert, wird so zum »Niederschlag der Trauer um das Objekt« (Segal, 1991, dt. 1996, S. 60).

In anderen Worten: Das Kleinkind erreicht im Zuge des Containments zunehmend mehr Integration und die Subjekt-Objekt-Grenze wird eingerichtet, wodurch die Mutter als getrenntes Objekt wahrgenommen wird. Sowohl in der inneren als auch in der äußeren Welt werden symbolische Ersatzobjekte erschaffen, die auf das Eigentliche bzw. Ursprüngliche verweisen (z. B. Mutter) und zugleich etwas anderes sind. In der äußeren Welt treten erste symbolische Ersatzobjekte als Übertragungsphänomene auf (Winnicott, 1953), beispielsweise dem Lutschen am Daumen bei gleichzeitigem Halten des Zipfels einer Decke. Im Verlauf der Zeit avancieren feste Gegenstände wie Kuscheltiere, Decken oder Spielzeuge zu hochbedeutungsvollen Übergangsobjekten, die kontrolliert und zugleich in ihrer Eigenständigkeit erfahren werden können sowie Sicherheit spenden. Die Abwesenheit eines guten Objektes, welche zuvor als Anwesenheit eines bösen empfunden wurde, kann nun im Sinne der Objektkonstanz als abwesendes gutes Objekt (*no-breast:* Bion 1962, dt. 1992) symbolisiert werden und ist so innerlich weiterhin psychisch präsent.

Den Beginn des Prozesses der Symbolisierung stellt der die paranoid-schizoide Position charakterisierende Abwehrmechanismus der projektiven Identifizierung dar. Ebenso wie das Ich große Teile seines Selbst in das Objekt verlagert, das als deren Behältnis empfunden und mit diesen identifiziert wird, werden »innere Objekte nach außen projiziert und mit Teilen der äußeren Welt identifiziert, die sie dann repräsentieren« (Segal, 1957, dt. 1990/2012, S. 207). Es werden erste, höchst primitive Symbole gebildet (Segal, 1964, dt. 2013). Diese früheste Verwendung von Protosymbolen während der paranoid-schizoiden Position ist eine äußerst konkretistische, da durch projektive Identifizierung Innen und Außen, Subjekt und Objekt diffundieren. Infolgedessen kann das Ich das Symbol von dem Objekt, welches symbolisiert werden soll, nicht differenzieren – es herrscht *symbolische Gleichsetzung* (Segal, 1957, dt. 1990/2012). Durch den skizzierten Prozess der Bewegung hin zum Integrationsniveau der depressiven Position kann das Ich einerseits sich als Subjekt vom Objekt – und somit auch das Symbol vom Objekt – unterscheiden und andererseits reifere Symbole bilden, die die aufkeimenden Ängste der depressiven Position verringern und integrieren. So entwickelt sich eine innere Welt der Symbole, die eine notwendige Differenz gewährleisten und zugleich den Verlust der Objekte wiederherstellen. Symbolisierung setzt das Erleben von Getrenntheit voraus und stellt zugleich den Prozess der Integration des Verlusts durch Trauer dar, indem die inneren verlorenen Objekte symbolisch wiedererschaffen werden. Als psychischer Transformationsprozess zeichnet sich Symbolisierung zugleich durch eine Differenz wie eine Entsprechung zum Ursprünglichen aus, wodurch sich das Denken konstituiert, indem das Symbolisierte ohne zwangsläufige Realisierung von Konsequenzen mental funktionalisiert werden kann (Heim, 2015): Beispielsweise bedeutet der Affekt Wut nicht gleich Zerstörung, der Gedanke an Mord nicht gleich Tod und das Spiel, ein Tier zu sein, nicht gleich die Verwandlung. Infolgedessen ermöglichen Symbole der depressiven Position die Kommunikation nach außen wie nach innen zum eigenen Unbewussten sowie abstraktes und verbales Denken als höchstentwickelte Form der Symbolbildung (Segal, 1991, dt. 1996). Symbolisierung ist als kontinuierlicher Prozess zu verstehen, »das Innere mit dem Äußeren, das Subjekt mit dem Objekt und die frühen Erfahrungen mit den späteren zusammenzubringen und zu integrieren« (Segal, 1957, dt. 1990/2012, S. 217).

Die Integration depressiver Ängste – des Objektverlusts – durch Wiedergutmachung und symbolische Wiederherstellung ist ein langwieriger Prozess, der insbesondere zu Beginn durch die Linderung von Ängsten, Schuldgefühlen und Trauer durch manische Abwehr ermöglicht wird (Segal, 1964, dt. 2013). Wiederholende Erfahrungen von Verlust und symbolischer Rekonstruktion äußerer wie innerer Objekte führen allmählich zur Gewissheit, Verlust wiedergutmachen zu können, und der Erfahrung, dass das abwesende Objekt im Inneren weiterhin anwesend und bedeutungsvoll ist. Frustration und Versagung können so zunehmend ertragen werden, ohne dass auf aggressive Abwehrmechanismen der paranoid-schizoiden Position zurückgegriffen werden muss. Die depressive Position wird durchgearbeitet durch das Vertrauen des Kindes in seine reparativen Fähigkeiten und zu den Menschen selbst, wodurch äußere und innere Objekte realistischer wahrgenommen werden können und Hass durch Liebe (Klein, 1940/2011) sowie Neid durch Dankbarkeit (Klein, 1957/2000) modifiziert werden. Diese Entwicklung resultiert aus sich wiederholenden, mannigfaltigen Erfahrungen mit den äußeren Objekten im Sinne von Realitätsprüfungen. In der idealen psychischen Entwicklung führt dies zur Anerkennung elementarer Lebenstatsachen: der Abhängigkeit von guten Objekten, in Folge von Generativität Kind seiner Eltern zu sein sowie die Unvermeidlichkeit des Alterns und des Todes (Money-Kyrle, 1971).

Jedoch wird die depressive Position, aufgrund erneuter depressiver Erfahrungen von Ambivalenzen, Schuldgefühlen, Ängsten und Verlustsituationen, niemals vollständig durchgearbeitet (Segal, 1964, dt. 2013). Im Sinne eines Oszillierens besteht eine kontinuierliche Bewegung zwischen den beiden Positionen aus Integration und Kohärenz einerseits sowie Desintegration und Fragmentierung andererseits (Bion, 1963, dt. 1992). Diese »Schwankungen zwischen der paranoidschizoiden und depressiven Position finden *immer* statt und sind Teil der *nor-*

malen Entwicklung. Es kann deshalb keine klare Grenze zwischen den beiden Entwicklungsstadien gezogen werden; außerdem ist die Modifikation ein *allmählicher Vorgang*, und die Phänomene der beiden Positionen bleiben eine Zeitlang bis zu einem gewissen Grad *vermischt und beeinflussen sich gegenseitig*« (Klein, 1946/2011, S. 152, Hervorhebungen N. H.). Für eine gesunde Entwicklung ist vielmehr die Fähigkeit, flexibel entsprechend bestimmter Situationen und Anforderungen mit spezifischen Abwehrmechanismen reagieren zu können, ausschlaggebend (Segal, 1964, dt. 2013).

Abschließend sei darauf hingewiesen, dass die prototypischen Beschreibungen früher Ängste und Abwehrmechanismen beider Positionen nicht dahingehend missverstanden werden dürfen, das Kleinkind sei ständig diesen negativen Zuständen ausgesetzt. Die überwiegende Zeit befindet es sich in einem angstfreien Zustand der Homöostase und wird unter günstigen Umständen vor allem schlafen, trinken und essen sowie gute Erfahrungen mit äußeren Objekten erleben, die zur Internalisierung eines guten inneren Objekts und infolgedessen zur Integration führen.

Kritik und Bedeutung der kleinianischen Theorie

Melanie Klein entwickelte eine Theorie der inneren Objektwelt, welche durch projektive und introjektive Mechanismen in einem zirkulären Konstitutionsprozess durch die Vereinigung realer Beziehungserfahrungen und triebhaft geprägter, unbewusster Phantasien generiert wird. Von Geburt an sieht sich das Ich, welches mit rudimentären Fähigkeiten ausgestattet ist, mit destruktiven Affekten der Aggression und Angst konfrontiert, gegen die es entsprechende Abwehrmechanismen mobilisiert. Diese psychische Entwicklung von Desintegration hin zu Integration konzeptualisiert Klein anhand der paranoid-schizoiden und depressiven Position, das heißt spezifischen Konstellationen von Objektbeziehungen, Ängsten und Abwehrmechanismen. In der paranoid-schizoiden Position ist die innere und äußere Welt in Partialobjekte fragmentiert, vorherrschend ist eine existenzielle Angst vor Vernichtung, welche mit Spaltung und projektiver Identifizierung abgewehrt wird. Das Überwiegen guter über schlechte Erfahrungen durch Containment führt zur Internalisierung eines guten inneren Objektes und somit zur Integration des Ichs. Infolgedessen entsteht in der depressiven Position durch Reduktion der Spaltung die Beziehung zu ganzen Objekten und die daraus resultierende zentrale Angst des Objektverlusts, welche durch manische Abwehr, Wiedergutmachung sowie symbolische Wiederherstellung der verlorenen Objekte durchgearbeitet wird.

Sowohl zur Zeit ihres Lebens erfuhr Melanie Klein in Teilen der psychoanalytischen Gesellschaft eine enorme Ablehnung ihrer theoretischen Überlegungen (King u. Steiner, 1991) als auch später moderatere Kritik vonseiten moderner psychoanalytischer Entwicklungstheorien und Säuglingsforschung (Fonagy u. Target, 2003, dt. 2006/2011), während ihr größter Verdienst in der Begründung der Objektbeziehungstheorie liegt (Kernberg, 1980, dt. 1988). Zu ihren umstrittensten Annahmen zählen (1) der Todestrieb und die damit einhergehende Fokussierung auf Aggressionen, (2) das rudimentäre Ich mit seinen von Geburt an vorhandenen Fähigkeiten, (3) die unbewussten Phantasien sowie (4) die Vernachlässigung der Bedeutung realer Beziehungserfahrungen. Weitere Kritik betrifft die Missachtung alternativer Perspektiven auf klinisches Material sowie alternativer Theorieansätze, die Mehrdeutigkeit ihrer Terminologie und die Rückschlüsse von Analysen, bei denen das jüngste Kind knapp drei Jahre alt war, auf früheste, präverbale Entwicklungszeitpunkte (Kernberg, 1969; 1980, dt. 1988; Yorke, 1971).

(1) Die Übernahme des von Freud postulierten Todestriebes wurde dahingehend kritisiert, dass er spekulativ sei und die Entstehung von Aggressionen nicht der Projektionen von Todestriebanteilen als Erklärung bedürfe, da die Frustration des Lebenstriebes dieses Phänomen ausreichend zu erklären vermöge (Greenberg u. Mitchell, 1983/2000). Dieser Kritik schließen sich Fonagy and Target (2003, dt. 2006/2011) an – und konzedieren zugleich, dass »am klinischen Nutzen des Konzepts […] kaum zu zweifeln« (S. 190) sei. Ferner gebe es für eine eigenständige innere Destruktivität keinerlei Beweise und durch die Betonung des Todestriebes werde die Entwicklung der Libido sowie die Bedeutung anderer Konflikte vernachlässigt. Durch die Hervorhebung angeborener Aggressionen, insbesondere des primären Neids, so der Vorwurf, würden im Sinne projizierter Todestriebanteile alle negativen Aspekte aus dem Kind selbst entspringen (Hinshelwood, 1993).

(2) Für ihre Theorie benötigt Klein die axiomatische Annahme eines Ichs, welches mit hoch elaborierten Fähigkeiten auf die Welt kommt (Gast, 1996). Unter dem Begriff des »Adultmorphismus« wird ihr vorgeworfen, dem Säugling zu unterstellen, er verfüge über eine allzu erwachsene und reife phantasmatische Innenwelt mit einem Ich, welches zu Phantasien, Spaltung und Projektion fähig ist, was eine basale Wahrnehmung zwischen Innen und Außen voraussetze (Kernberg, 1969). Es ist also die Kritik, Klein setze ein zu komplexen Ich-Funktionen fähiges Subjekt als gegeben voraus. Diese zahlreichen axiomatischen Setzungen sind aus subjekttheoretischer Perspektive kritisch zu betrachten, obwohl Gast (1996) resümiert, dass »Melanie Kleins Erkenntnisinteresse tatsächlich nicht dem Konstitutionsprozeß des Psychischen an und

für sich gilt, sondern der inneren Ausgelegtheit der phantasmatischen Welt der inneren Objekte, deren Beschaffenheit und deren Bedeutung für die kindliche Entwicklung« (S. 183). Andererseits sehen Klein wie Freud das Subjekt in seiner Fragilität als ähnlich dezentriert und in sich zerrissen an, womit Klein nicht zuletzt in dieser Hinsicht »seine – noch immer illegitime – Erbin« (Gast, 1996, S. 186) ist.

(3) Zu diesen Setzungen zählt ebenfalls die Annahme, die frühesten und prägendsten Elemente der Psyche seien unbewusste Phantasien. Klein unterstellt dem Kleinkind phantasmatische Prozesse, bei denen sich die Fragen aufwerfen, »um welche phantasiengenerierende Struktur es sich hier handeln mag – um eine uranfängliche, und wie ist diese beschaffen? Und ›wer‹ ist dann, der phantasiert, wenn nicht das Subjekt, dessen Konstitution, nicht zuletzt über eben diese Phantasmen, doch erst bevorsteht?« (Gast, 1996, S. 183). Aus diesem subjekttheoretischen Widerspruch entsteht somit eine Unschärfe zwischen dem Verhältnis von unbewussten Phantasien und der Errichtung psychischer Strukturen (Kernberg, 1980, dt. 1988).

(4) Die Gewichtung realer Beziehungserfahrungen stellt wohl den bedeutendsten Kritikpunkt dar; auch deshalb, weil dieser angeführt wird, um der kleinianischen Theorie ihre Zugehörigkeit zu den Objektbeziehungstheorien abzusprechen. So beispielsweise von Mertens (2008), der Kleins Konzeptualisierung des Säuglings dahingehend interpretiert, dass dieser »relativ immun gegenüber den Beziehungseinflüssen seiner äußeren Realität« (S. 25) sei. Die Individualität der elterlichen Persönlichkeit, die Rolle des Vaters sowie potenzielles Fehlverhalten primärer Bezugspersonen, beispielsweise bei Depression, seien vernachlässigt, so Kleins Kritiker (Greenberg u. Mitchell, 1983/2000). Erst bei den sogenannten Neo- bzw. Post-Kleinianern *(Contemporary Kleinians)* sei die Bedingung des Einflusses der Eltern auf das Kind ausreichend erfüllt, um von einer Objektbeziehungstheorie zu sprechen, so Mertens (2008), während Kleins Gedanken als eine Vorform bzw. als Brücke zwischen der Triebtheorie und den eigentlichen Objektbeziehungstheorien anzusehen sei. Dagegen weisen Kleinianer diese Kritik dezidiert zurück und beziehen sich auf Kleins zahlreiche Hervorhebungen der Bedeutung der Beziehungserfahrungen mit dem realen Anderen (Segal, 1964, dt. 2013; Spillius, 1988, dt. 1990/2012). Nach Greenberg und Mitchell (1983/2000) sei diese Kontroverse ein Missverständnis, welches vor allem auf eine fehlerhafte und unpräzise Lesart des kleinschen Werks von ihren Kritikern sowie auf unterschiedliche Beschreibungen Kleins bezüglich des Ursprungs der Objekte zurückzuführen sei, die sie in ihren Ausführungen nicht ausreichend integriert habe. Letztlich resümieren Greenberg und Mitchell (1983/2000): »Real other people are extremely important in Klein's later formulations« (S. 127).

Diese Hauptkritikpunkte – Beibehaltung des Todestriebes, Setzung von angeborenem Wissen und einer rudimentären Objektwelt sowie die Annahme von hoch elaborierten kognitiven Fähigkeiten von Geburt an – lassen sich auf Kleins Versuch zurückführen, die Triebtheorie mit ihrer Annahme einer bedeutungsvollen inneren Welt der Objekte zu vereinen (Greenberg u. Mitchell, 1983/2000). Vor dem historischen Kontext der Exklusion Adlers und Jungs aufgrund abweichender Gedanken aus dem Kreis der »eigentlichen« Psychoanalyse versuchte Klein, welche ihre Überlegungen immer als Ergänzung und nicht als Gegensatz zu Freuds Theorie ansah, ihre Vorstellung der Objektbeziehungen mit der Auffassung Freuds, alle wesentliche Bestandteile der psychischen Entwicklung seien innerlich gegeben, zu vereinen. Aufgrund dieses dualen Fokus war es für Klein notwendig, in der frühesten Entwicklungszeit von komplexen Beziehungskonstellationen innerer Objekte auszugehen.

Eine empirische Falsifizierung oder Verifizierung der kleinianischen Entwicklungstheorie durch die Säuglingsforschung erweist sich als nur eingeschränkt möglich, da viele Annahmen bis dato nicht operationalisierbar sind und sich so einer Überprüfung entziehen. Jedoch lassen sich die kognitiven und perzeptuellen Aspekte der Entwicklung wie Intentionalität, Objektkonstanz sowie Selbst- und Objektwahrnehmung tendenziell eher untersuchen: So können sehr kleine Kinder beispielsweise bereits rudimentär zwischen Selbst und Objekt unterscheiden (Stern, 1985, dt. 1992/2007). Vor dem Kontext der Säuglingsforschung wirken »Melanie Kleins Spekulationen und Vermutungen mittlerweile weit weniger weit hergeholt [...] als vor Jahrzehnten. All dies ist kein Beweis für ihre Theorien, doch die Richtungen, die die Entwicklungspsychologie eingeschlagen hat, lassen es auch nicht zu, daß man sie ohne weiteres ad acta legt« (Fonagy u. Target, 2003, dt. 2006/2011, S. 188). Klein konzipiert, wie beispielsweise auch Freud, Mahler und Winnicott, die psychische Entwicklung ausgehend von einem *hypothetischen Säugling* (Spillius, 1994), das heißt, sie nimmt Hypothesen an, die sich einer empirischen Überprüfung durch die Säuglingsforschung entziehen. Melanie Klein ging es weniger darum, Konzepte zu formulieren, die sich durch Säuglingsforschung belegen lassen – ebenso wie ihr Erkenntnisinteresse nicht so sehr der Subjektkonstitution galt –, als eine pragmatische und heuristische Theorie zu entwickeln, welche sich in der klinischen Arbeit als nützlich erweist.

Infolgedessen beeinflusste die kleinianische Theorie die psychoanalytische Behandlungstechnik maßgeblich, worauf hier nur schlagwortartig hingewiesen werden kann. Aufgrund der Ausführungen zur paranoid-schizoiden Position gelangten zahlreiche Psychoanalytiker zu der Annahme, psychotische Störungen verstehen und behandeln zu können, welche vor Klein als nicht psychoanalytisch therapierbar galten. Insbesondere die Entdeckung des Mechanismus der projektiven Identifizierung (Klein, 1946/2011) führte zu einem revolutionären neuen Verständnis der Gegenübertragung als eine »Form der projektiven Identifizierung« (Ermann, 2014, S. 298), welche Heimann (1950) erstmals als Informationsquelle für die Übertragungssituation beschrieb. Betty Joseph (1975, dt. 1990/2002) entwickelte das Konzept des *acting in*, das als Wegbereiter des modernen *Enactment-Konzepts* verstanden werden kann. Die Erkenntnis, dass der Patient via projektiver Identifizierung phantasierte, komplexe Objektbeziehungen inszeniert und dass jede Erfahrung unbewusste Phantasien enthält, so wie jede Phantasie auch Elemente der aktuellen Beziehung, resultierte im Verständnis der Übertragung als ubiquitär, das heißt als allgegenwärtig (Joseph, 1985). Zudem eröffneten die beiden Positionen einen Zugang zu Persönlichkeitsstörungen im Sinne spezifischer Abwehrkonstellationen. Insbesondere Otto F. Kernberg entwickelte in einer Synthese der kleinianischen und ich-psychologischen Theorie eine moderne Objektbeziehungstheorie der Persönlichkeitsstörungen (Kernberg, 1967; 1976, dt. 1981/1992; 1980, dt. 1988) und eine daraus abgeleitete übertragungsfokussierte Behandlungstechnik (Clarkin, Yeomans u. Kernberg, 1999). Konzepte wie die projektive Identifizierung, das frühe Über-Ich, die Bedeutung der Aggressionen sowie Bions Container-Contained-Modell fanden weit über die Grenzen der Kleinianer große Akzeptanz (Kernberg, 1980, dt. 1988). Insbesondere das Containment kann als Brücke zu modernen psychoanalytischen Theorien, wie beispielsweise zur Mentalisierungstheorie (Fonagy, Gergely, Jurist u. Target, 2002, dt. 2004/2015), angesehen werden (Heim, 2015).

Der größte Verdienst Melanie Kleins liegt in der Begründung der Objektbeziehungstheorie, also der Anerkennung der Bedeutung frühester Objektbeziehungen als ein allgemein akzeptiertes Konzept in der Psychoanalyse (Kernberg, 1980, dt. 1988). Objektbeziehungstheorien basieren auf den Grundannahmen, dass (1) schwere Pathologien in der frühesten, präödipalen Zeit entstehen, (2) im Laufe der Entwicklung die Muster der Objektbeziehungen immer komplexer werden, (3) diese Entwicklung einen Prozess der Reifung darstellt, der durch pathologische Erfahrungen beeinträchtigt werden kann, (4) die Muster früher Objektbeziehungen reinszeniert werden, (5) im Verlauf der Entwicklung aus Störungen dieser Beziehungen charakteristische Pathologien entstehen und (6) in der Beziehung des Patienten zum Therapeuten gesunde wie auch pathologische Aspekte früherer Beziehungsmuster untersucht werden können (Fonagy u. Target, 2003, dt. 2006/2011). Die Kontroverse hinsichtlich der Verortung der kleinianischen Theorie als Vorform oder eigentliche Objektbeziehungstheorie lässt sich zum einen darauf zurückführen, dass unter dem Begriff Objektbeziehungstheorie sehr heterogene psychoanalytische Theorien subsumiert werden, zum anderen auf ihren Versuch, Triebe mit einer inneren Welt der Objekte zu vereinen (Greenberg u. Mitchell, 1983/2000). Es wurde versucht aufzuzeigen, wie wichtig für Klein die realen Beziehungserfahrungen für die Entwicklung sind, welche intrapsychisch modifiziert ihren Niederschlag finden. Insofern ist der Vorwurf, Klein würde die Entwicklung als gänzlich unabhängig von realen Beziehungserfahrungen ansehen, auf der Grundlage ihrer Ausführungen als unzutreffend zu bewerten. Nicht mehr Triebschicksale, sondern Schicksale innerer Objektbeziehungen, welche zugleich durch reale und phantasierte Objektbeziehungen geformt werden, stellen demnach das Fundament aller psychischen Entwicklung und Struktur dar. Es entsteht eine innere Welt, die sowohl durch reale andere als auch durch Triebe in Form von – immer auf Objekte bezogenen – unbewussten Phantasien determiniert ist. Kurz: »*Drives, for Klein, are relationships*« (Greenberg u. Mitchell, 1983/2000, S. 146). Die kleinianische Theorie nimmt als erste Objektbeziehungstheorie eine Schlüsselrolle ein: zum einen als Begründung der Objektbeziehungstheorien im Allgemeinen und zum anderen als Verbindung von Trieb- und Objektbeziehungstheorie.

Literatur

Arbeitskreis OPD (Hrsg.). (2009). Operationalisierte Psychodynamische Diagnostik: OPD-2. Bern: Huber/Hogrefe.
Bion, W. R. (1957). Differentiation of the psychotic from the non-psychotic personalities. International Journal of Psycho-Analysis, 38, 266–275.
Bion, W. R. (1959). Attacks on linking. International Journal of Psycho-Analysis, 40, 308–315.
Bion, W. R. (1962, dt. 1992). Lernen durch Erfahrung. Frankfurt am Main: Suhrkamp.
Bion, W. R. (1963, dt. 1992). Elemente der Psychoanalyse. Frankfurt am Main: Suhrkamp.
Britton, R. (1989, dt. 1998). Die fehlende Verbindung: die Sexualität der Eltern im Ödipuskomplex. In R. Britton, M. Feldman, E. O'Shaughnessy (Hrsg.), Der Ödipuskomplex in der Schule Melanie Kleins. Klinische Beiträge (S. 95–116). Stuttgart: Klett-Cotta.
Britton, R. (1995/2013). Reality and unreality in phantasy and fiction. In E. T. Person, P. Fonagy, S. A. Figueira (Eds.), On Freud's »Creative Writers Day-Dreaming« (pp. 82–106). London: Karnac Books.
Clarkin, J. F., Yeomans, F. E., Kernberg, O. F. (1999). Psychotherapy for Borderline Personality. New York: Wiley.
Ermann, M. (2014). Gegenübertragung. In W. Mertens (Hrsg.), Handbuch psychoanalytischer Grundbegriffe (4. Aufl., S. 294–300). Stuttgart: Kohlhammer.
Fonagy, P., Gergely, G., Jurist, E., Target, M. (2002, dt. 2004/2015). Affektregulierung, Mentalisierung und die Entwicklung des Selbst. Stuttgart: Klett-Cotta.
Fonagy, P., Target, M. (2003, dt. 2006/2011). Psychoanalyse und die Psychopathologie der Entwicklung. Stuttgart: Klett-Cotta.

Frank, C. (1999). Melanie Kleins erste Kinderanalysen – die Entdeckung des Kindes als Objekt sui generis von Heilen und Forschen. Stuttgart: Frommann-Holzboog.
Freud, S. (1914). Zur Einführung des Narzißmus. GW X (S. 137–170). Frankfurt a. M.: Fischer.
Freud, S. (1916–1917). Trauer und Melancholie. GW X (S. 428–446). Frankfurt a. M.: Fischer.
Freud, S. (1920). Jenseits des Lustprinzips. GW XIII (S. 1–69). Frankfurt a. M.: Fischer.
Freud, S. (1923). Das Ich und das Es. GW XIII (S. 237–289). Frankfurt a. M.: Fischer.
Gast, L. (1992). Libido und Narzißmus. Vom Verlust des Sexuellen im psychoanalytischen Diskurs. Eine Spurensicherung. Tübingen: Edition Diskord.
Gast, L. (1996). Himmel und Hölle, Paradies und Schreckenskammer. Die Idee der Subjektgenese im phantasmatischen Raum bei Freud und Klein. Luzifer-Amor, 9 (17), 167–187.
Gast, L. (2000). Metamorphosen des Todestriebs bei Melanie Klein. Überlegungen zum Verhältnis von Phantasie, Geschlecht und Leiblichkeit. In E. Löchel (Hrsg.), Aggression, Symbolisierung, Geschlecht. Psychoanalytische Blätter, Bd. 17 (S. 62–85). Göttingen: Vandenhoeck & Ruprecht.
Greenberg, J. R., Mitchell, S. A. (1983/2000). Object relations in psychoanalytic theory. Cambridge MA: Harvard University Press.
Grosskurth, P. (1993). Melanie Klein: Ihre Welt und ihr Werk. Stuttgart: Internationale Psychoanalyse.
Heim, N. (2015). Konvergenzen und Divergenzen der kleinianischen Konzeptualisierung der Symbolisierung und des Repräsentanzenmodells der Mentalisierungstheorie – Eine Annäherung an Transformationsprozesse der Psyche. Berlin: Bachelorarbeit, unveröffentl. Manuskript.
Heimann, P. (1950). On countertransference. International Journal of Psycho-Analysis, 31, 81–84.
Hinshelwood, R. D. (1993). Wörterbuch der kleinianischen Psychoanalyse. Stuttgart: Internationale Psychoanalyse.
Isaacs, S. (1948). The nature and function of phantasy. International Journal of Psycho-Analysis, 29, 73–97.
Joseph, B. (1975, dt. 1990/2002). Der unzugängliche Patient. In E. B. Spillius (Hrsg.), Melanie Klein Heute. Entwicklungen in Theorie und Praxis. Bd. 1: Beiträge zur Theorie (S. 65–84). Stuttgart: Klett-Cotta.
Joseph, B. (1985). Transference: The total situation. International Journal of Psycho-Analysis, 66, 447–454.
Joseph, B. (1989). Psychic equlibrium and psychic change. London: Routledge.
Kennel, R., Reerink, G. (Hrsg.). (1997/2013). Klein – Bion. Eine Einführung. Frankfurt a. M.: Brandes & Apsel.
Kernberg, O. F. (1967). Borderline personality organization. Journal of the American Psychoanalytic Association, 15 (3), 641–685.
Kernberg, O. F. (1969). A contribution to the ego-psychological critique of the Kleinian school. International Journal of Psycho-Analysis, 50, 317–333.
Kernberg, O. F. (1976, dt. 1981/1992). Objektbeziehungen und Praxis der Psychoanalyse. Stuttgart: Klett-Cotta.
Kernberg, O. F. (1980, dt. 1988). Innere Welt und äußere Realität. Anwendungen der Objektbeziehungstheorie. München-Wien: Verlag Internationale Psychoanalyse.
King, P., Steiner, R. (1991). The Freud-Klein controversies 1941–45. London: Tavistock/Routledge.
Klein, M. (1923). Zur Frühanalyse. Imago, 9 (2), 222–259.
Klein, M. (1926). Die psychologischen Grundlagen der Frühanalyse. Imago, 12 (2–3), 365–376.
Klein, M. (1928). Frühstadien des Ödipuskonfliktes. Internationale Zeitschrift für Psychoanalyse, 14 (1), 65–77.
Klein, M. (1930/2011). Die Bedeutung der Symbolbildung für die Ichentwicklung. In H. A. Thorner (Hrsg.), Melanie Klein: Das Seelenbleben des Kleinkindes und andere Beiträge zur Psychoanalyse (S. 36–54). Stuttgart: Klett-Cotta.

Klein, M. (1932). Die Psychoanalyse des Kindes. Wien: Internationaler Psychoanalytischer Verlag.
Klein, M. (1935/2011). Zur Psychogenese der manisch-depressiven Zustände. In H. A. Thorner (Hrsg.), Melanie Klein: Das Seelenleben des Kleinkindes und andere Beiträge zur Psychoanalyse (S. 55–95). Stuttgart: Klett-Cotta.
Klein, M. (1937/1996). Liebe, Schuldgefühl und Wiedergutmachung. Gesammelte Schriften, Bd. I, Teil 2 (S. 105–157). Stuttgart-Bad Cannstatt: Frommann-Holzboog.
Klein, M. (1940/2011). Die Trauer und ihre Beziehung zu manisch-depressiven Zuständen. In H. A. Thorner (Hrsg.), Melanie Klein: Das Seelenleben des Kleinkindes und andere Beiträge zur Psychoanalyse (S. 361–431). Stuttgart: Klett-Cotta.
Klein, M. (1945). The Oedipus Complex in the light of early anxieties. International Journal of Psycho-Analysis, 26, 11–33.
Klein, M. (1946/2011). Bemerkungen über einige schizoide Mechanismen. In H. A. Thorner (Hrsg.), Melanie Klein: Das Seelenleben des Kleinkindes und andere Beiträge zur Psychoanalyse (S. 131–161). Stuttgart: Klett-Cotta.
Klein, M. (1948/2011). Zur Theorie von Angst und Schuldgefühlen. In H. A. Thorner (Hrsg.), Melanie Klein: Das Seelenleben des Kleinkindes und andere Beiträge zur Psychoanalyse (S. 164–187). Stuttgart: Klett-Cotta.
Klein, M. (1952/2000a). Die Ursprünge der Übertragung. Gesammelte Schriften, Bd. III (S. 81–96). Stuttgart-Bad Cannstatt: Frommann-Holzboog.
Klein, M. (1952/2000b). Theoretische Betrachtungen über das Gefühlsleben des Säuglings. Gesammelte Schriften, Bd. III (S. 105–155). Stuttgart-Bad Cannstatt: Frommann-Holzboog.
Klein, M. (1957/2000). Neid und Dankbarkeit. Eine Untersuchung unbewußter Quellen. Gesammelte Schriften, Bd. III (S. 279–367). Stuttgart-Bad Cannstatt: Frommann-Holzboog (Psyche – Zeitschrift für Psychoanalyse und ihre Anwendungen, 1957, 11 (5), 241–255).
Mertens, W. (2008). Psychoanalyse – Geschichte und Methoden (4., aktualisierte Aufl.). München: Beck.
Money-Kyrle, R. (1971). The aim of psychoanalysis. International Journal of Psycho-Analysis, 52 (1), 103–106.
Segal, H. (1957, dt. 1990/2012). Bemerkungen zur Symbolbildung. In E. B. Spillius (Hrsg.), Melanie Klein Heute. Entwicklungen in Theorie und Praxis. Bd. 1: Beiträge zur Theorie (S. 202–217). Stuttgart: Klett-Cotta.
Segal, H. (1964, dt. 2013). Melanie Klein. Eine Einführung in ihr Werk. Frankfurt a. M.: Brandes & Apsel.
Segal, H. (1985). The Klein-Bion model. In A. Rothstein (Ed.), Models of the mind: their relationships to clinical work (pp. 35–47). New York: International Universities Press.
Segal, H. (1991, dt. 1996). Traum, Phantasie und Kunst. Stuttgart: Klett-Cotta.
Segal, H. (1993). On the clinical usefulness of the concept of the death instinct. International Journal of Psycho-Analysis, 74, 55–61.
Segal, H. (1999, dt. 2013). Ödipuskomplex und Symbolisierung. In H. Weiß (Hrsg.), Ödipuskomplex und Symbolbildung. Ihre Bedeutung bei Borderline-Zuständen und frühen Störungen (S. 48–62). Frankfurt a. M.: Brandes & Apsel.
Spillius, E. B. (Hrsg.) (1988, dt. 1990/2012). Melanie Klein Heute. Entwicklungen in Theorie und Praxis, Bd. 1 u. 2. Stuttgart: Klett-Cotta.
Spillius, E. B. (1994). Developments in Kleinian thoughts: overview and personal view. Psychoanalytic Inquiry, 14 (3), 324–264.
Spillius, E. B. (2001). Freud and Klein on the concept of phantasy. International Journal of Psycho-Analysis, 82, 361–373.
Steiner, J. (1992). The equilibrium between the paranoid-schizoid and the depressive position. New Library of Psychoanalysis, 14, 46–58.
Stern, D. N. (1985, dt. 1992/2007). Die Lebenserfahrung des Säuglings. Stuttgart: Klett-Cotta.

Weiß, H. (2007). Ein mehrphasiges Modell der projektiven Identifizierung. Psyche – Zeitschrift für Psychoanalyse und ihre Anwendungen, 61, 151–173.

Weiß, H. (2013). Unbewusste Phantasien als strukturierende Prinzipien und Organisatoren des psychischen Lebens. Zur Evolution eines Konzepts – eine kleinianische Perspektive. Psyche – Zeitschrift für Psychoanalyse und ihre Anwendungen, 67, 903–930.

Winnicott, D. W. (1953). Transitional objects and transitional phenomena. International Journal of Psycho-Analysis, 34, 1–9.

Yorke, C. (1971). Some suggestions for a critique of Kleinian psychology. The Psychoanalytic Study of the Child, 26, 129–155.

Lydia Kruska

Donald W. Winnicott – Good enough is good enough!

Leben und Werk

Winnicott (1896–1971) strebte nach »Selbstwerdung« als Mensch und Analytiker. Sowohl in seinem Lebensstil als auch in seiner psychoanalytischen Theoriebildung findet sich dieses Streben als Thema (Kaminski, 2014). Er blieb bei seiner selbst gefundenen Position, auch wenn viele analytische Zeitgenossen andere Standpunkte entwickelten oder seine Beiträge nicht beachteten (Davis u. Wallbridge, 1981, dt. 1983/2015).

In der Literatur wird Winnicott als ein Mann beschrieben, der sein Leben lang lieber ein Einzelgänger war, als sich einer bestimmten psychoanalytischen Schule anzuschließen. Kollegen bezeichneten ihn als »entfant terrible« – wohl weil er gern provozierte und den psychoanalytischen Strömungen seiner Zeit wenig folgte (Davis u. Wallbridge, 1981, dt. 1983/2015, S. 21). Masud Khan, ein Schüler, Analysand und späterer Freund Winnicotts, beschreibt ihn als jemanden, der immer bereit gewesen sei, sich unangepasst zu äußern. Er habe ein »Leben als Grenzgänger zwischen Innenwelt und Außenwelt, als lebendes Paradoxon« geführt und deshalb ein »vielgeplagtes Gemüt« gehabt (Ermann, 2014, S. 88). Winnicott galt als engagiert im Patientenkontakt, stets bereit, Neues von seinen Patienten zu lernen. Auch war er ein guter Beobachter und nutzte kleine Alltagssituationen, um Erkenntnisse über seine Patienten zu gewinnen.

Einige seiner Zeitgenossen und insbesondere heutige Leser seiner Schriften nehmen ihn als Analytiker wahr, der wegweisende Erkenntnisse gewann. In neuerer Zeit wird er als »Pionier der interaktiven Wende« gesehen, da er als Erster intrapsychische Prozesse einer interpersonellen Perspektive unterordnete. So maß er der Rolle der Umwelt in der Entwicklung des Kindes eine entsprechend große Bedeutung zu, statt sich ausschließlich auf die Lösung dessen innerer Konflikte zu konzentrieren (Kögler u. Busch, 2014, S. 9).

Dieser Pioniergeist zeichnete Winnicott schon zu Lebzeiten aus. Als einer der Ersten nach Melanie Klein und Anna Freud widmete er sich der psychoanalytischen Behandlung von Kindern. Bei den von ihm behandelten Kindern – in über vierzig Jahren als Kinderarzt und Psychoanalytiker soll er über 60.000 Patienten gesehen haben – war er beliebt.

Sein Umgang mit Kindern fiel auch anderen auf; Beobachter beschrieben, nicht er habe die Kinder verstanden, sondern sie ihn. In Kinderanalysen arbeitete er auch mit schwer gestörten Kindern auf seine eigene Art. So führte er das »Squiggle Game« (Kritzel- oder Kordelspiel, z. B. in Winnicott, 1965, dt. 1974/2006, S. 200–206) als Möglichkeit der Kommunikation ein, bei dem er gemeinsam mit dem Kind etwas zeichnete, darüber sprach und dann zu einer Deutung gelangte. Davis und Wallbridge (1981, dt. 1983/2015, S. 21) schreiben über Winnicott, dass er »sich mit den Kindern verbündete und dass er sich in Gegenwart derer, von denen die Gesellschaft keine allzu großen Kompromisse fordert, ganz dem Vergnügen am Unerwarteten und Spontanen hingeben konnte. Auf alle Fälle zog es ihn zu Kindern hin und zur Ausübung der Kinderheilkunde und später der Kinderpsychiatrie, und Kinder wurden ihrerseits von diesem Mann angezogen, dem es soviel Freude bereitete, in ihrer Gegenwart ganz er selbst zu sein.«

Doch wer war D. W. Winnicott eigentlich? Was ist sein Verständnis des sich entwickelnden Selbst und die Rolle der fördernden Umwelt? Und wie aktuell ist sein Werk heute noch?

Donald Woods Winnicott wurde 1896 im Südwesten Englands, in Plymouth, geboren. Seine Familie war sehr wohlhabend. Sein Vater, John Frederick Winnicott, führte ein Geschäft für Damenmieder und war einige Zeit lang Bürgermeister. Seine Mutter, Elizabeth Martha Woods Winnicott, galt als depressiv. Als Erwachsener schrieb er in einem Gedicht, sein Leben sei gewesen, seine Mutter zu beleben (Phillips, 1988, dt. 2009). Das Verhältnis zu ihr prägte offenbar auch Winnicotts spätere Theorieentwicklung. Er wusste, was es für ein Kind bedeutet, wenn die Mutter emotional oder real abwesend ist und das Kind unter Aufgabe seiner eigenen Bedürfnisse versucht, sie zu halten (Kaminski, 2014).

Winnicotts Kindheit wird dennoch als überwiegend glücklich beschrieben. Er hatte zwei ältere Schwestern (Busch, 1992). Die Familie war methodistisch und galt als sehr gläubig. Der Vater setzte sich offenbar wenig mit dem Jungen auseinander; sein Rat an seinen Sohn Donald war, er solle die Bibel lesen und würde dort die Antworten auf seine Fragen finden (Davis u. Wallbridge, 1981, dt. 1983/2015). Wie wichtig dem Sohn Unabhängigkeit in seinem Leben war, wird schon in jungen Jahren vor seiner Berufswahl deutlich. Als »Nesthäkchen« und einziger Sohn der Familie sollte Winnicott das Geschäft des Vaters übernehmen, entschied sich aber für das Medizinstudium, nachdem er sich als Jugendlicher das Schlüsselbein gebrochen hatte: »Ich erkannte, daß ich für den Rest meines Lebens von Ärzten abhängig wäre, wenn ich mich verletzte oder krank wurde, und der einzige Ausweg aus dieser Lage bestand darin, selber Arzt zu werden – von da an wurde dieser Gedanke zu einem festen Vorsatz« (Winnicott, zit. nach Davis u. Wallbridge, 1981, dt. 1983/2015, S. 28).

Winnicott studierte ab 1914 in Cambridge Medizin, bis er im Ersten Weltkrieg Hilfsarzt auf einem britischen Zerstörer wurde. Zum ersten Mal begegnete ihm die Psychoanalyse im Jahr 1919 in Gestalt von Freuds »Traumdeutung« – und begeisterte ihn. Ein Jahr später schloss er das Medizinstudium erfolgreich ab und begann die Facharztausbildung in Kinderheilkunde. 1923 heiratete er die vier Jahre ältere Keramikerin Alice Taylor, Stieftochter eines Mediziners. Die Ehe schient anfangs noch glücklich gewesen zu sein, wurde dann aber nach 25 Jahren auf Winnicotts Wunsch hin geschieden. Seine Frau Alice litt lange Zeit an psychotischen Schüben; Winnicott selbst sorgte dafür, dass sie eine analytische Behandlung bekam, und kümmerte sich aufopferungsvoll um sie. Hier kann natürlich spekuliert werden, unbewusst habe Winnicott in der Ehe mit Alice die »Rettungsphantasien«, die er offenbar schon seiner psychisch kranken Mutter gegenüber hatte, ausleben können, so zumindest Kahr (1996, S. 44) in seiner Biografie.

Ebenfalls im Jahr 1923 wurde Winnicott Kinderarzt im Paddington Green Children's Hospital in London. Im gleichen Jahr begann Winnicott seine Analyse bei James Strachey, Freuds englischem Übersetzer, wegen unbestimmter »personal difficulties« (Kahr, 1996, S. 44). Sie dauerte insgesamt zehn Jahre. Von 1927 bis 1935 absolvierte Winnicott die Ausbildung zum Psychoanalytiker für Kinder und Jugendliche sowie für Erwachsene bei der British Psychoanalytical Society. Da es eher ungewöhnlich war, beide Ausbildungen zu absolvieren, sagte Winnicott diesbezüglich lakonisch über sich selbst: »I was an isolated phenomenon« (Winnicott, 1965, S. 172; Winnicott, 1965, dt. 1974/2006, S. 227). Die klinische Arbeit machte ihm große Freude. Wie er selbst sagte, liebte er es, »zahllose Krankengeschichten aufzunehmen und von unaufgeklärten Dritter-Klasse-Patienten alle Bestätigung für die psychoanalytischen Theorien […] zu bekommen« (Winnicott, 1965, dt. 1974/2006, S. 224).

1925 starb Winnicotts Mutter. Im gleichen Jahr referierte Melanie Klein vor der British Psychoanalytical Society und zog im folgenden Jahr nach London. Sein Lehranalytiker Strachey schickte Winnicott zu ihr, damit er sich selbst ein Bild von ihren Theorien machen konnte. In den 1930er Jahren wollte Winnicott bei Klein eine zweite Analyse beginnen. Klein lehnte ab und kränkte Winnicott damit sehr. Seine zweite Analyse machte Winnicott schließlich bei Joan Rivière von 1933 bis 1938, was sich teilweise als schwierig gestaltet haben soll (Berman, 2006). Trotz dieser zweiten Lehranalyse bei einer Klein-Schülerin versuchte

Winnicott, während der Auseinandersetzungen zwischen Anna Freud, die 1938 nach London kam, und Melanie Klein neutral zu bleiben. Oft gelang es ihm, den Gegensatz zwischen Melanie Klein und Anna Freud mit einem Paradox aufzulösen und damit eine dritte Position zu finden, die die zwei vorher inkompatibel scheinenden Ansichten vereinte (Phillips, 1988, dt. 2009).

Ebenfalls in den 1930er Jahren bat Klein Winnicott, ihren kleinen Sohn Erich unter ihrer Supervision in Analyse zu nehmen. Das wiederum lehnte Winnicott ab, da er in der Verstrickung und der interpersonellen Dynamik eine Gefahr für Erich als Sohn und für sich als autonomen Analytiker sah (Berman, 2006). Er nahm den Jungen später schließlich doch in Analyse, lehnte die Supervision durch die Mutter jedoch ab (Phillips, 1988, dt. 2009). Er profitierte sehr von Kleins Wissen über psychoanalytische Prozesse und schätzte sie als Supervisorin und Lehrerin. Im Laufe der Jahre grenzte sich Winnicott dennoch immer deutlicher von ihr ab. Nach ihrem Tod sagte er, sie sei »auf Grund ihres Temperaments« nicht fähig gewesen, »dem Umweltfaktor volle Aufmerksamkeit« zu schenken, und resümiert, »sie wollte nie ganz anerkennen, daß es zugleich mit der Abhängigkeit des frühen Säuglingsalters wirklich eine Periode gibt, in der es unmöglich ist, einen Säugling zu beschreiben, ohne die Mutter zu beschreiben, die der Säugling noch nicht von seinem Selbst zu trennen vermag« (Winnicott, 1965, dt. 1974/2006, S. 232).

Während des Zweiten Weltkrieges sollten die bei den evakuierten Kindern in England aufgetretenen Probleme die psychoanalytischen Vorstellungen von der Kindheit wesentlich verändern. Die klinische Arbeit mit diesen Kindern gab nicht nur Winnicott, sondern beispielsweise auch John Bowlby Anlass, die Auswirkungen von Trennungen und die Bedeutung der jeweiligen Umgebung für die Entwicklung des Kindes zu überdenken (Phillips, 1988, dt. 2009).

Die fachlichen Differenzen innerhalb der Kinderanalyse wurden in den Jahren 1942 bis 1946 bei den »Controversial Discussions« wissenschaftlich ausgetragen. Daraufhin kam es zu einer Aufteilung der in England praktizierenden Psychoanalytiker innerhalb der British Psychoanalytical Society in drei Fraktionen: in Anna-Freud-Anhänger, »Kleinians« und die »Middle Group«, später »British Independents«. Winnicott schloss sich der Middle Group an, so wie etwa Fairbairn und Balint. Er hatte aber dennoch eher eine Einzelgängerrolle – und das schien ihm recht zu sein. Er sagte dazu: »Auf jeden Fall stellte ich fest, daß sie [Klein] mich nicht zu den Kleinianern rechnete. Das machte mir nichts aus, denn ich bin nie fähig gewesen, irgendjemandem nachzufolgen, nicht einmal Freud« (Winnicott, 1965, dt. 1974/2006, S. 231).

Ende 1948 starb Winnicotts Vater, und sein Sohn erlitt einen ersten Herzinfarkt. 1951 heiratete er zum zweiten Mal. Diese Ehe ging er mit Clare Britton ein, einer Sozialarbeiterin, mit der er lange Zeit zusammengearbeitet hatte und arbeiten würde. Sie wurde später von Melanie Klein analysiert (Berman, 2006). 25 Jahre lang leitete Winnicott das Child Department of the British Psychoanalytical Institute als Arzt. Für zwei Amtsperioden war er Präsident der British Psychoanalytical Society.

Als Winnicott 1971 im Alter von 74 Jahren nach mehreren Herzinfarkten starb, hinterließ er zwar kein systematisches Werk, dafür aber viele Aufsätze bzw. Aufsatzsammlungen und Vorträge, in denen er seine Gedanken zu psychoanalytischen Themen dargestellt hat. Sein Wunsch war zeitlebens, psychoanalytisches Denken einem breiten Publikum in einfacher Sprache zugänglich zu machen. So sendete der BBC lange Zeit eine Radioserie von ihm, und er hielt zahlreiche Verträge vor unterschiedlichen Berufsgruppen wie z. B. Sozialarbeitern. Er wandte sich entschlossen auch an Politiker, Verleger, Zeitungen etc., weil er die Hoffnung hatte, durch Kommunikation etwas zu bewirken. Mit diesem Ansinnen berührte er viele Menschen (Busch, 1992). Die Lektüre seines Werkes fällt dennoch oft nicht leicht, da man seine Ansichten fast wie ein Puzzle aus unterschiedlichen Quellen zusammensetzen muss, um ein vollständiges Bild zu erhalten.

Zentrale Aspekte in Winnicotts Werk

Winnicotts eigener Ansatz der Persönlichkeitsentwicklung

Winnicott arbeitete etwa vierzig Jahre lang an seiner Theorie der menschlichen Entwicklung, in der er zu erklären versucht, wie sich das Baby aus der Abhängigkeit heraus zu einem Individuum mit eigener Persönlichkeit entwickelt und welche Rolle die kontinuierliche Förderung der Umwelt dabei spielt.

Freuds Triebtheorie mit ihrer Betonung der infantilen Sexualität reichte ihm nicht aus: »Auf den ersten Blick scheint es, als beschäftige sich ein Großteil der psychoanalytischen Theorie mit der frühen Kindheit und dem Säuglingsalter, aber in gewissem Sinn kann man sagen, Freud habe das Säuglingsalter als Zustand vernachlässigt« (Winnicott, 1965, dt. 1974/2006, S. 49).

In seiner Arbeit als Kinderarzt, beginnend mit den evakuierten Kindern im Zweiten Weltkrieg, war Winnicott immer wieder die Bedeutung der mütterlichen Umgebung als wesentlich für die Entwicklung eines Säuglings aufgefallen. Für ihn war in Bezug auf die psychische Entwicklung nicht das Gegensätzliche – wie Lust- und Realitätsprinzip – entscheidend, sondern der Einfluss von Beziehungen. Er postulierte, der Säugling sei in erster Linie objektsuchend und nicht auf der Suche nach Spannungsreduktion (Becker, 2014).

Winnicott gehört damit zu den Objektbeziehungstheoretikern, mit deren Kreis er sich locker verbunden sah. Zu vielen Fragen entwickelte er jedoch eine eigene Haltung. Dabei war es nicht sein Ziel, eine eigenständige psychoanalytische Schule zu schaffen oder eine in sich geschlossene Theorie der psychischen Entwicklung zu entwerfen (Ludwig-Körner, 2012). Er strebte dagegen nach einem persönlichen Verständnis für psychisches Funktionieren: »Ich werde nicht damit beginnen, einen historischen Überblick zu geben und zu zeigen, wie sich meine Ideen aus den Theorien anderer entwickelt haben, denn auf diese Weise gehe ich nicht vor. Ich nehme dies hier und jenes dort auf, widme mich der klinischen Erfahrung, bilde meine eigenen Theorien und dann, zuallerletzt, schaue ich interessiert nach, um herauszubekommen, wo ich was gestohlen habe« (zit. nach Davis u. Wallbridge, 1981, dt. 1983/2015, S. 21).

Dabei kümmerte es ihn wenig, ob und wie seine Auffassungen von der psychoanalytischen Kollegenschaft aufgenommen wurden. Phillips (1988, dt. 2009, S. 161) subsumiert Winnicotts Intention mit dem Satz: »Ein Minimum an Definitionen ermöglicht ein Maximum an Mutmaßungen.« Es wundert daher nicht, dass präzise Begriffsdefinitionen in Winnicotts Schriften fehlen. Vagheiten in den Definitionen und Überschneidungen in den Bedeutungen waren ihm lieber als eine zu starre Verwendung von Begriffen (Feurer, 2011).

Das sich entwickelnde Selbst

Das Konzept des sich entwickelnden Selbst bildet den wichtigsten Ausgangspunkt für Winnicotts Theorie der emotionalen Entwicklung. In einem rudimentären Verständnis entspricht dieses Freuds »Es« als Quelle von Energie und Spontanität (Davis u. Wallbridge, 1981, dt. 1983/2015). Winnicott jedoch sieht die Triebe eher im Dienste von Reifungsprozessen, mithilfe derer der Säugling lernt, sich an die Realität anzupassen, ein erlebendes Wesen zu werden und eine Selbstbewusstheit zu entwickeln (Schacht, 2001). Auf die Nachfrage seiner französischen Übersetzerin definierte er das Selbst wie folgt: »For me the self, which is not the ego, is the person who is me, who is only me, which has a totality based on the operation of the maturational process. At the same time the self has parts, and in fact is constituted of these parts. [...] The self finds itself naturally placed in the body, but it may in certain circumstances become dissociated from the body or the body from it« (Winnicott, zit. nach Schacht, 2001, S. 13).

Winnicott betont hier Wachstum als grundlegenden Aspekt. Primär gibt es seiner Vorstellung nach das »zentrale Selbst [als] das ererbte Potential, das eine Kontinuität des Seins erlebt und auf seine eigene Weise und in seiner eigenen Geschwindigkeit eine personale psychische Realität und ein personales Körperschema erwirbt« (Winnicott, zit. nach Davis u. Wallbridge, 1981, dt. 1983/2015, S. 52). Das Wachstum ermöglicht dem Individuum, auf Grundlage dieses ererbten Potenzials eine persönliche Identität zu entwickeln. Dies geschieht mit fortschreitender Personalisierung, also der Erlangung und Integration eines personalen Körperschemas über die Verknüpfung von motorischen, sensorischen und funktionalen Erfahrungen, die ein Säugling macht. Ziel ist, dass der gesamte Körper vom Selbst bewohnt wird (Winnicott, 1965, dt. 1974/2006; Kaminsky, 2014). Durch die Erfahrungen von z. B. Spannung, Befriedigung oder Frustration wird der Säugling zur erlebenden Person. Sein Ich[1] entwickelt sich aus der Selbstbewusstheit heraus. Es ist eng verknüpft mit der Herausbildung von Intellekt, Gedächtnis und Wahrnehmungsfähigkeit. Auf diese Funktionen kann der Säugling zurückgreifen, wenn er beginnt, sich auf eine Welt hin zu orientieren, die außerhalb seines Selbst liegt (Feurer, 2011).

Fördernde Umwelt, primäre Mütterlichkeit und hinreichend gute Mutter

Durch seine sich erweiternden Erfahrungen erwirbt der Säugling nach und nach eine innere und äußere Realität. Doch dafür braucht er Unterstützung. Winnicott formuliert das bekannte Zitat: »›There is no such thing as a baby‹ – meaning that if you set out to describe a baby, you will find you are describing a *baby and someone*. A baby cannot exist alone, but is essentially part of a relationship« (Winnicott, 1957/2001, Kap. 13). Damit dieser Entwicklungsprozess angestoßen und der Säugling psychisch wachsen kann, muss es also eine fördernde Umwelt geben, die dem Säugling im richtigen Augenblick jeweils die Fürsorge zukommen lässt, die dieser braucht. Insbesondere ist dies in den ersten Lebensmonaten der Fall, wenn die Abhängigkeit des Säuglings am größten ist. Diese Funktion erfüllt im besten Fall die leibliche Mutter, bei der der Säugling aufwächst. Winnicott beschreibt diese mit dem Begriff »primäre Mütterlichkeit« (Winnicott, 1958, dt. 1976/2008, S. 137). Damit ist ein »Zustand erhöhter Sensibilität [gemeint], in dem die Mutter so sehr mit dem absolut abhängigen Baby identifiziert ist, dass sie die Bedürfnisse, die das Baby ihr durch projektive Identifizierung vermittelt, erfühlen kann« (Feurer, 2011, S. 32).

Die primäre Mütterlichkeit entwickelt sich während der Schwangerschaft, erreicht während des Wochenbetts ihren Höhepunkt und nimmt dann in den

---

1 Winnicott meint mit Ich »jenen Teil der wachsenden menschlichen Persönlichkeit«, der danach strebt, »sich unter geeigneten Bedingungen zu einer Einheit zu integrieren« (Winnicott, 1965, dt. 1974/2006, S. 72).

kommenden Wochen und Monaten allmählich wieder ab. Die Mutter gibt sich und ihre Bedürfnisse für eine Zeit lang auf, um sich voll und ganz den (Körper-) Bedürfnissen des Kindes hinzugeben.[2] In dieser Zeit ist sie eins mit dem Säugling, spürt, was dieser braucht, und erfüllt die Bedürfnisse. Die Erinnerung an diesen Zustand wird später normalerweise verdrängt, wenn der Säugling weniger auf die Mutter angewiesen ist und diese wieder mehr eigene Bedürfnisse entwickelt (Winnicott, 1958, dt. 1976/2008).

Eine normale, hingebungsvolle Mutter – Winnicott nennt diese auch »good enough«/»hinreichend gut« (Winnicott, 1958, dt. 1976/2008, S. 267) – schafft es, diesen Zustand zu erreichen und später auch wieder aufzugeben. Sie stellt mit ihrer aktiven Anpassung an den Säugling eine vollkommene Umwelt zur Verfügung, das heißt, sie ermöglicht dem Kind, sich »wie angelegt« zu entwickeln. Versagt eine Mutter in der Anpassung, erlebt der Säugling diese schlechte Umwelt als Übergriff, auf den er reagieren muss – was seine Seinskontinuität stört. Nur durch die hinreichend gute Umgebung also wird dem Kind »die Möglichkeit gegeben, überhaupt zu sein, zu erleben, ein persönliches Ich aufzubauen, Triebe zu beherrschen und den zum Leben gehörenden Schwierigkeiten zu begegnen« (Winnicott, 1958, dt. 1976/2008, S. 140). Nach und nach kann es eine Vorstellung von der Mutter als einer eigenen Person bilden und sich von ihr getrennt erleben.

Drei Entwicklungsschritte: absolute Abhängigkeit, relative Abhängigkeit, relative Unabhängigkeit

Während des dreischrittigen Entwicklungsprozesses des Kindes von einer absoluten über eine relative Abhängigkeit hin zur relativen Unabhängigkeit übernimmt die Mutter unterschiedliche Funktionen. Zunächst besteht ihre Funktion im »Halten«. Rein körperlich hält sie den Säugling im Arm und bewahrt ihn vor dem Gefühl des Fallens. Sie stellt dem Säugling aber ebenso die noch fehlenden Ich-Funktionen zur Verfügung. Der Säugling kann sich so die primärnarzisstische Illusion erhalten, dass er sich erschafft, was er braucht. Er hat ein »Erlebnis der Omnipotenz« (Winnicott, 1965, dt. 1974/2006, S. 72). Ein gutes Beispiel für diesen Prozess ist die Stillsituation: »Der Säugling [ist] zu irgendeinem theoretischen Punkt in seiner frühen Entwicklung in einer bestimmten, von der Mutter geschaffenen Situation fähig […], sich eine Vorstellung von einem Objekt zu

---

2 Die Körperbedürfnisse werden allmählich zu Ich-Bedürfnissen, »wenn aus der phantasievoll-schöpferischen Bearbeitung körperlicher Erlebnisse Seelisches hervorgeht« (Winnicott, 1958, dt. 1976/2008, S. 139).

machen, welches das wachsende Bedürfnis zu stillen vermag, das sich aus seiner Triebspannung ergibt. Wir können nicht davon ausgehen, dass das Kleinkind von Anfang an weiß, was aus solch schöpferischer Tätigkeit hervorgehen wird. Zu diesem Zeitpunkt tritt die Mutter in den Erlebnisbereich des Kindes. Sie bietet ihm wie üblich die Brust und ihre potenzielle Bereitschaft, es zu füttern. Ist ihre Anpassung an die Bedürfnisse des Kindes hinreichend gut, dann wird sie dem Kind damit die *Illusion* geben, dass es eine äußere Realität gibt, die mit seiner eigenen schöpferischen Fähigkeit korrespondiert. Mit anderen Worten: Das Angebot der Mutter deckt sich mit der Vorstellung des Kindes. Aus der Sicht des Beobachters nimmt das Kind wahr, was die Mutter ihm wirklich anbietet, doch das ist nicht die ganze Wahrheit. Das Kind nimmt die Brust nur insofern wahr, als es sie jetzt und hier für sich erschaffen kann. Es gibt keinen Austausch zwischen Mutter und Kind. Psychologisch gesehen trinkt das Kind von einer Brust, die zu seinem Selbst gehört, und die Mutter nährt einen zu ihrem Selbst gehörenden Säugling. Psychologisch betrachtet beruht die Vorstellung vom Austausch auf einer Illusion« (Winnicott, 1958, dt. 1976/2008, S. 269).

Der Säugling macht also in der Stufe der absoluten Abhängigkeit die wiederkehrende Erfahrung, dass die Mutter da ist, seine Bedürfnisse erkennt und darauf eingeht. Dabei muss sie zuverlässig und authentisch sein, damit das Kind ein zunehmendes Gefühl für Handlungsabfolgen entwickeln kann. Eine wichtige Rolle spielt dabei der Blickkontakt zwischen Mutter und Kind. Das Gesicht der Mutter fungiert als Vorläufer des Spiegels. Das Kind, das seine Mutter anblickt, sieht sich selbst. »Die Mutter schaut das Kind an, und *wie sie schaut, hängt davon ab, was sie selbst erblickt*« (Winnicott, 1971, dt. 1973/2015, S. 129). Über diesen interfazialen Austausch erhält das Kind eine erste Ahnung von sich selbst, von dem, was bzw. wer es ist (Altmeyer, 2005).

Immer wieder kommt es jedoch zu Brüchen bzw. kleinen »Fehlern«; die »fast völlige Anpassung« der Mutter in den ersten Lebenswochen und -monaten des Kindes nimmt ab (Winnicott, 1958, dt. 1976/2008, S. 267). Der Übergang vom Stadium der absoluten Abhängigkeit zum Stadium der relativen Abhängigkeit entspricht Freuds Beschreibung des Übergangs vom Lustprinzip zum Realitätsprinzip. Das Kind muss die »Kluft zwischen Phantasie und Realität« überbrücken lernen (Davis u. Wallbridge, 1981, dt. 1983/2015, S. 92). Die Funktion der Mutter besteht hier darin, genau das richtige Maß an Versagung herzustellen, das heißt, sie mutet dem Kind gerade soviel zu, wie es verstehen und ertragen kann. Das Kind erlebt Angst, kann aber die Erinnerung an vorangehende Bedürfnisbefriedigungen nutzen und damit die Zeit bis zur nächsten Bedürfnisbefriedigung überbrücken, also Vergleiche mit früheren Situationen anstellen und Vorhersagen über das Ende der Versagenssituation machen. »Die geistig-seelische-Aktivität des Säugling verwandelt eine *hinreichend gute* Umwelt in eine vollkommene Umwelt, d. h., sie macht aus dem relativen Versagen bei der Anpassung einen Anpassungserfolg« (Winnicott, 1958, dt. 1976/2008, S. 146).

Hier treffen Phantasie und Realität in *einem* Raum aufeinander, sie sind eins. Winnicott nennt das den »intermediären Bereich von *Erfahrungen*«, in dem sich das Kind noch die Illusion der Omnipotenz eine gewisse Zeit lang erhalten kann, um mit der Kränkung durch die Realität fertigzuwerden (Winnicott, 1971, dt. 1973/2015, S. 11). Mit der wachsenden Fähigkeit, sich besser auf Versagung einstellen zu können, differenziert sich nach und nach die innere psychische Realität aus; ein innerer Raum in Abgrenzung zu einer gemeinsamen äußeren Realität entsteht. Während der Versagenssituation, z. B. einer Abwesenheit der Mutter, »beginnt der Säugling, in seinem Geist zu wissen, daß die Mutter notwendig ist« (Winnicott, 1965, dt. 1974/2006, S. 113). Er beginnt dadurch, seine relative Abhängigkeit anzuerkennen und die Mutter als getrennt von sich zu begreifen.

Eine zu lange oder zu vollkommene Anpassung an die Bedürfnisse des Kindes hätte einen magischen Charakter, und das Kind würde nicht lernen, inwiefern sich das vollkommene Objekt von einem halluzinierten unterscheidet. Wo es zuerst die Aufgabe der Mutter ist, dem Kind ausreichend Gelegenheit zur Illusion zu geben, folgt dann die Aufgabe, das Kind allmählich zu desillusionieren. Ein abgestuftes Versagen der mütterlichen Anpassung ist also unabdingbar. Eine Mutter, die zu gut, also besser wäre als »good enough«, würde ihr Kind in Abhängigkeit halten, ergo seine Entwicklung verzögern bzw. aufhalten und ihm Raum für Eigenes nehmen.

In die Phase der relativen Abhängigkeit, etwa zwischen dem vierten und zwölften Lebensmonat, fällt auch das Auftreten von Übergangsphänomenen und die Beschäftigung des Säuglings mit Übergangsobjekten. Wenn ein Kind beispielsweise nach einem äußeren Objekt greift oder sich den Zipfel einer Decke zusammen mit dem Daumen in den Mund steckt, ein Stück Stoff festhält und daran saugt oder Fäden aus der Decke zieht und sie zum Streicheln benutzt, dann beobachten wir ein Übergangsphänomen. Meist werden diese Handlungen von Mundbewegungen, von Lallen, Summen, Murmeln begleitet, wobei man schnell merkt, wie sich das Kind damit selbst beruhigt. Winnicott schreibt: »All dies bezeichne ich als *Übergangsphänomene*. Und es läßt sich auch (durch die Beobachtung jedes beliebigen Kleinkindes) feststellen, daß daraus Dinge oder Phänomene hervorgehen können, die für das Kind in der Zeit des Schlafengehens lebensnotwendige Bedeutung erlangen und als Abwehr gegen Ängste – vor allem gegen depressive – verwendet werden, mag es sich dabei nun um eine Handvoll Wolle, den Zipfel der Decke oder des Kissens, um ein Wort, eine Melodie oder eine stereotype Geste handeln. Häufig gerät das Kind dabei an irgendeinen weichen oder andersartigen Gegenstand, den es dann benutzt; dieser wird dann ein sogenanntes *Übergangsobjekt* und bleibt für das Kind von Bedeutung. Die Eltern entdecken, wie wertvoll es für das Kind geworden ist, und nehmen es auf Reisen mit. Die Mutter läßt zu, daß es schmutzig wird und sogar zu stinken beginnt, denn sie weiß, daß sie mit der Reinigung die Kontinuität der Erfahrung des Kindes unterbrechen und damit die Bedeutung und den Wert des Objektes für das Kind zerstören würde« (Winnicott, 1971, dt. 1973/2015, S. 13).

Im Gegensatz zum theoretischen Konzept des Übergangsraums, sieht Winnicott das Übergangsobjekt als konkretes Objekt. Ein Übergangsobjekt wird vom Kind selbst als solches erschaffen und gefunden und als »Nicht-Ich« wahrgenommen. Das Übergangsobjekt kann eine Schmusedecke sein, ein Bettzipfel, eine Stoffwindel, ein Kuscheltier oder Ähnliches – wichtig ist, dass es weich und kuschelig ist, denn es markiert den Beginn einer zärtlichen Objektbeziehung und repräsentiert die frühe Mutter-Kind-Beziehung. Auch spielt es eine wichtige Rolle für die Abgrenzung des Säuglings und steht gewissermaßen an der Grenze zwischen Innen und Außen. Es stellt eine erste Verbindung zwischen der inneren und der äußeren Welt des Kindes dar und wird nach den Bedürfnissen der inneren Struktur des Säuglings geschaffen. Sein Auftauchen markiert, dass das kindliche Selbst eine Beziehung zur Außenwelt aufgenommen hat (Davis u. Wallbridge, 1981, dt. 1983/2015).

Das Kind gibt dem Übergangsobjekt diejenigen Eigenschaften der Mutter, die es gerade braucht – als ob das Kuscheltier lebendig bzw. als ob es die Mutter wäre. Wichtig dabei ist, dass das Übergangsobjekt ein realer Gegenstand ist. Es wird als Symbol besetzt und gefunden als vorübergehender Ersatz für die abwesende Mutter und um sie zu vertreten. Für das Kind ist es gleichzeitig ein inneres wie äußeres Objekt und unterliegt der omnipotenten Kontrolle. Mit dem Übergangsobjekt entsteht also die Symbolisierungsfähigkeit.

Das Übergangsobjekt muss stellvertretend für die Mutter alle Gefühle aushalten, die das Kind hat. Es wird also sowohl zärtlich behandelt und leidenschaftlich geliebt als auch gehasst und schlecht behandelt, z. B. geschlagen oder geworfen. Dabei ist wichtig, dass das Übergangsobjekt diese Behandlung aushält, denn da es in der Phase der beginnenden Symbolisierungsfähigkeit für die Mutter steht, könnte aus Sicht des Säuglings die Mutter mit »kaputt«gehen, wenn der Säugling es schafft, das Übergangsobjekt zu zerstören. Für das Kind wird das Objekt wertvoll, gerade weil es überlebt, obwohl das Kind es zerstören will. So gewinnt das Objekt für den Säugling eine eigene Autonomie und kränkt insofern seine Omnipotenzphantasie, indem es unzerstörbar ist. Es ist beständig, verlässlich und immer anwesend, wenn der Säugling es braucht. Über das Übergangsobjekt kann er sich eine konstante Repräsentation von Objekten und schließlich von sich selbst bilden.

Mit der Zeit wird das Selbst des Kindes immer unabhängiger. Es befindet sich dann in der Phase der relativen Unabhängigkeit. Schließlich beginnt der Säugling, die Illusion des omnipotenten Erschaffens und Lenkens zu begreifen und kann das illusorische Element daran als Spiel und Phantasie genießen (Winnicott, 1965, dt. 1974/2006). »*Wenn alles gut geht,* dann kann das Erlebnis der Versagung für das Kind schließlich zum Gewinn werden, denn unvollständige Anpassung an Bedürfnisse macht Objekte erst zu etwas Realem, das heißt geliebten und zugleich gehassten Objekten« (Winnicott, 1958, dt. 1976/2008, S. 268). Nach und nach bildet sich in Auseinandersetzung mit der Objektwelt die Identität des Kindes heraus. Die Funktion der Mutter an dieser Stelle ist, das Kind als Subjekt mit eigener Identität anzuerkennen.

Das wahre und das falsche Selbst

Winnicott beschreibt die normale Entwicklung des Selbst mithilfe der fördernden Umwelt – das wahre Selbst entwickelt sich, »wenn alles gut geht«, wie Winnicott sagen würde, sodass »das Kind anfängt zu existieren und nicht zu reagieren« (Winnicott, 1965, dt. 1974/2006, S. 193). Gesundheit betrachtet er als das Ergebnis einer hinreichend guten Umwelt am Beginn des Lebens (Davis u. Wallbridge, 1981, dt. 1983/2015). »Im frühesten Stadium ist das wahre Selbst die theoretische Position, von der die spontane Geste und die persönliche Idee ausgehen. Die spontane Geste ist das wahre Selbst in Aktion. Nur das wahre Selbst kann kreativ sein, und nur das wahre Selbst kann sich real fühlen« (Winnicott, 1974/2006, S. 193).

Sich innerlich lebendig zu fühlen, spontan und kreativ zu sein – dies sieht Winnicott als Hinweise auf ein wahres Selbst. In zwischenmenschlichen Beziehungen ist es kooperativ und kompromissbereit, jedoch auch authentisch (Winnicott, 1965, dt. 1974/2006). Menschen mit wahrem Selbst können in entscheidenden Situationen bei sich bleiben, anstatt die Position eines anderen übernehmen und sich fügen zu müssen (Kaminski, 2014).

Winnicott unterscheidet das falsche Selbst als eine Form der Verzerrung des wahren Selbst[3]. Die »Existenz eines falschen Selbst [führt] zu einem Gefühl des Unwirklichen oder einem Gefühl der Nichtigkeit« (Winnicott, 1965, dt. 1974/2006, S. 193). Das falsche Selbst entsteht wie das wahre Selbst im Stadium der ersten Objektbeziehungen in der Phase der absoluten Abhängigkeit: Der Säugling hat verschiedene sensomotorische Erlebnisse, die noch nicht zu

---

3 Auf die anderen Formen der Verzerrung, nämlich verschiedene Formen von Schizophrenie, Autismus und die schizoide Persönlichkeit, wird an dieser Stelle nicht weiter eingegangen. Es sei auf die Originalausführungen verwiesen (Winnicott, 1965, dt. 1974/2006).

einem Körperschema integriert sind. Der Säugling gestikuliert spontan, doch die Mutter passt sich dem Säugling nicht an und begegnet seiner Geste nicht. Stattdessen setzt sie wiederholt eine eigene Geste dagegen. Damit wird sie zu einer nicht hinreichend guten Mutter und ihr Verhalten zu einem Übergriff, auf den der Säugling reagiert (Winnicott, dt. 1958, 1976/2008). Die Gefügigkeit des Säuglings als Reaktion auf das Verhalten der Mutter kann als das erste Stadium des falschen Selbst gesehen werden. Es ist das Resultat der mangelhaften Fähigkeit der Mutter, die Bedürfnisse des Säuglings zu spüren und darauf einzugehen. Auch der Prozess, der zur Fähigkeit des Symbolgebrauchs führt, kann nicht in Gang gesetzt werden oder wird unterbrochen.

Die Organisation des falschen Selbst lässt sich abstufen von extrem bis gesund. Winnicott fand die Diagnose »falsche Persönlichkeit« wichtiger als die Diagnose des Patienten nach üblichen psychiatrischen Klassifikationen. Das klinische Bild bei Säuglingen, bei denen sich ein falsches Selbst ausbildet, ist eine allgemeine Reizbarkeit und Ernährungs- bzw. Funktionsstörungen. Diese Symptome verschwinden meist wieder, können sich aber später in psychischen Störungen oder Störungen in Liebes- und Arbeitsbeziehungen sowie Freundschaften bemerkbar machen. Das Kind scheint mitunter normal, aber es zeichnet sich durch besondere Fügsamkeit und Nachahmung anderer aus. Man kann sagen, es lebt nicht selbst, sondern kopiert das Leben von anderen. Innerlich ist es isoliert.

Wenn das Kind intelligent ist, kann es sein Denken als Ersatz für mütterliche Pflege und Anpassung verwenden und sich damit selbst bemuttern. In diesem Fall bildet sich eine »Dissoziation zwischen intellektueller Aktivität und psychosomatischer Existenz« heraus (Winnicott, 1965, dt. 1974/2006, S. 187). Bei Erwachsenen handelt es sich dabei z. B. oft um Menschen mit hohen intellektuellen Fähigkeiten oder außergewöhnlichen akademischen Erfolgen, was es schwer macht, an das reale Leid des Betreffenden zu glauben. Betroffene fühlen sich umso leerer, umso mehr Erfolg sie haben.

Das falsche Selbst hat eine Abwehrfunktion, das heißt, sein Zweck besteht darin, das wahre Selbst zu verbergen und zu beschützen. Darin liegt der Symptomgewinn des Kranken. Betreffende wirken, als würden sie ständig eine Rolle spielen, und verbergen, wer sie wirklich sind. Sie fallen durch »Ruhelosigkeit, Konzentrationsunfähigkeit und ein Bedürfnis [auf], aus der äußeren Realität störende Einflüsse auf sich zu beziehen, so daß die Lebenszeit des Individuums mit Reaktionen auf diese Störungen ausgefüllt werden kann« (Winnicott, 1965, dt. 1974/2006). Spontanität und Kreativität fallen ihnen schwer, stattdessen brauchen sie den anderen, auf den sie reagieren können. Statt selbst lebendig zu sein, versuchen sie andere zu beleben.

In diesem Kontext lässt sich ADHS verstehen als Ausdruck der Entwicklung eines falschen Selbst. Dem Kind fehlen ausreichend innere Spielräume bzw. die innere Realität ist verborgen (Gerspach, 2014). Stattdessen zeigt sich hyperaktives Verhalten mit großer Abhängigkeit von äußeren Reizen. In der Kindertherapie wäre es ein Ziel, einem solchen Kind zu helfen, eine größere »Fähigkeit zum Alleinsein« als Fähigkeit zur Selbstregulation zu entwickeln, also in Anwesenheit des Therapeuten versunken zu spielen, ohne sich dessen Anwesenheit dauernd durch Fragen, Blickkontakt oder andere Kontrollversuche vergewissern zu müssen (Winnicott, 1965, dt. 1974/2006).

Winnicotts Werk im Gegenwartsdiskurs der Psychoanalyse

Als Winnicott anfing, sich mit der Psychoanalyse zu beschäftigen, besaß Freuds Theorie mit ihrer Konzentration auf innerseelische Prozesse und die Dynamik zwischen den Trieben und Instanzen die maßgebliche Autorität in psychoanalytischen Kreisen. Während Anna Freud nach dem Tod ihres Vater seine Theorie in eine ich-psychologische Richtung mit Analyse des Widerstands und der Abwehrmechanismen weiterentwickelte, verschob sich für Melanie Klein und ihre Anhänger der Fokus immer weiter von den innerseelischen Strukturen hin zu Beziehungen innerhalb einer Zwei-Personen-Psychologie (Balint, 1970). Nun wurden zwischenmenschliche Erfahrungen relevanter, die das Erleben prägen und sich als innere Objekte niederschlagen (Ermann, 2012).

Auf diesem doppelten Nährboden entwickelte Winnicott eine Theorie der menschlichen Entwicklung, die über die einfache Darstellung der inneren und äußeren Realität hinausgeht. Mit dem Konzept des intermediären Raumes leistete Winnicott »seinen originellsten Beitrag zur Untersuchung der menschlichen Natur« (Davis u. Wallbridge, 1981, dt. 1983/2015, S. 95) und sorgte dafür, dass die Vermittlungsprozesse zwischen dem Innen und Außen mehr in den psychoanalytischen Blick gerieten (Altmeyer, 2015).

Inzwischen ist Winnicott schulenübergreifend zu einem der wichtigsten Theoretiker der aktuellen Psychoanalyse geworden; gerade die intersubjektivistischen Strömungen beziehen sich gern auf ihn als Vorreiter (Ermann, 2014; Altmeyer, 2015). Die fördernde Umwelt hält den Säugling, sodass dieser emotional wachsen und von emotionaler und körperlicher Abhängigkeit zur relativen Unabhängigkeit gelangen kann. Das Subjekt konstituiert sich also erst durch das Objekt. Das Selbst bildet sich durch den Anderen. Der Säugling erwirbt eine eigene Identität erst in der Resonanzbeziehung zur Mutter.

Literatur

Altmeyer, M. (2005). Innen, Außen, Zwischen. Paradoxien des Selbst bei Donald Winnicott. Forum der Psychoanalyse, 21, 42–57.

Balint, M. (1970). Trauma und Objektbeziehung. Psyche – Zeitschrift für Psychoanalyse und ihre Anwendungen, 25 (5), 346–358.

Becker, N. (2014). Vom Ganzwerden, Ich-selber-Werden und In-der-Realität-Ankommen. Donald W. Winnicott und Masud Khan. In M. Kögler, E. Busch (Hrsg.), Übergangsobjekte und Übergangsräume. Winnicotts Konzepte in der Anwendung (S. 187–206). Wetzlar: Psychosozial-Verlag.

Bermann, E. (2006). Die Beziehung zwischen Klein und Winnicott. Und die Debatte über Innere und Äußere Realität. Forum der Psychoanalyse, 22, 374–385.

Busch, E. (1992). Einführung in das Werk von D. W. Winnicott. Frankfurt a. M.: Peter Lang.

Davis, M., Wallbridge, D. (1981, dt. 1983/2015). Eine Einführung in das Werk von D. W. Winnicott. Frankfurt a. M.: Klotz.

Ermann, M. (2012). Psychoanalyse in den Jahren nach Freud. Entwicklungen 1940 bis 1975 (2. Aufl.). Stuttgart: Kohlhammer.

Ermann, M. (2014). Intersubjektivität im Übergangsraum. In M. Kögler, E. Busch (Hrsg.), Übergangsobjekte und Übergangsräume. Winnicotts Konzepte in der Anwendung (S. 9–24). Wetzlar: Psychosozial-Verlag.

Feurer, M. (2011). Psychoanalytische Theorien des Denkens. S. Freud – D. W. Winnicott – P. Aulagnier – W. R. Bion – A. Green. Würzburg: Königshausen & Neumann.

Gerspach, M. (2014). Generation ADHS – den »Zappelphilipp« verstehen. Stuttgart: Kohlhammer.

Kahr, B. (1996). D. W. Winnicott. A biographical portrait. London: Karnac.

Kaminski, K. (2014). Selbstwertstreben und Selbstwertgefühl. Traditionen und Perspektiven. Göttingen: Vandenhoeck & Ruprecht.

Kögler, M., Busch, E. (Hrsg.) (2014). Übergangsobjekte und Übergangsräume. Winnicotts Konzepte in der Anwendung. Wetzlar: Psychosozial-Verlag.

Ludwig-Körner, C. (2012). Psychoanalytische Entwicklungstheorien. In M. Cierpka (Hrsg.), Frühe Kindheit 0–3. Beratung und Psychotherapie für Eltern mit Säuglingen und Kleinkindern (S. 81–102). Berlin u. Heidelberg: Springer.

Phillips, A. (1988, dt. 2009). Winnicott. Göttingen: Vandenhoeck & Ruprecht.

Schacht, L. (2001). Baustelle des Selbst. Psychisches Wachstum und Kreativität in der analytischen Kinderpsychotherapie. Stuttgart: Pfeiffer bei Klett-Cotta.

Winnicott, D. W. (1957/2001). The child and the outside world. Oxon: Routledge.

Winnicott, D. W. (1958, dt. 1976/2008). Von der Kinderheilkunde zur Psychoanalyse. Gießen: Psychosozial-Verlag.

Winnicott, D. W. (1965). The maturational processes and the facilitating environment: studies in the theory of emotional development. London: Hogarth Press.

Winnicott, D. W. (1965, dt. 1974/2006). Reifungsprozesse und fördernde Umwelt. Gießen: Psychosozial-Verlag (Original: The maturational processes and the facilitating environment. Studies in the theory of emotional development).

Winnicott, D. W. (1971, dt. 1973/2015). Vom Spiel zur Kreativität. Stuttgart: Klett-Cotta.

Teil 2
Säuglingsbeobachtung und daraus folgende Entwicklungstheorien

Anna da Coll und Lucia Röder

Daniel N. Stern: Die Entwicklungstheorie des Selbst

Leben und Werk

Daniel Norman Stern wurde am 16. August 1934 in Manhattan, New York, als Sohn eines Juristen und einer Schriftstellerin geboren und wuchs mit seinen drei Geschwistern in einem intellektuell-künstlerischen Elternhaus auf. Als Zweijähriger verbrachte er etwa fünf Monate im Krankenhaus, wo er – wie er betont – lernte, zu beobachten und nonverbale Zeichen zu entschlüsseln (Stern, 1985, dt. 1992/2010, S. 10). Stern beschreibt den Moment, als ihm im Alter von sieben Jahren seine »Zweisprachigkeit« bewusst wurde: Damals beobachtete er die aneinander vorbeilaufende Kommunikation eines Zweijährigen mit einer Erwachsenen, die die Sprache des Kindes nicht verstand. Stern fühlte sich noch jung genug, um die Bedürfnisse des Kindes nachvollziehen zu können, und schon alt genug, um die der Erwachsenen zu erfassen. Es scheint, als habe diese Fähigkeit Stern dazu gebracht, sich Zeit seines Lebens mit Säuglingen und Kleinkindern zu befassen und ihre Kommunikation zum Gegenstand seiner Forschung zu machen. »Man muss zweisprachig sein, um die Auflösung des Widerspruchs überhaupt in Angriff nehmen zu können« (S. 11). Damit beschreibt er den Widerspruch zwischen der bis dahin bestehenden psychoanalytischen Theoriebildung der 1960er und 1970er Jahre, basierend auf der Analyse von Erwachsenen über ihre frühe Entwicklung, und den tatsächlichen präverbal frühkindlichen Erlebens- und Verhaltensweisen von Säuglingen. Dieser Widerspruch, den Stern von Anfang an, insbesondere in seiner praktischen Tätigkeit als Therapeut, als störend empfand, weckte seine Neugierde. So war es ihm ein großes Anliegen, in seinem Hauptwerk, »Die Lebenserfahrung des Säuglings«, »einen Dialog zwischen dem experimentell erforschten und dem klinisch rekonstruierten Säugling zu stiften« (S. 10).

Sein Studium der Medizin absolvierte Stern an der Harvard Universität in Boston und dem Einstein College in New York. Als Assistent an der Columbia University in New York kam er mit der Psychoanalyse in Berührung. Er begann

1972 seine psychoanalytische Ausbildung am Center for Psychoanalytic Training and Research von Columbia. In den Jahren 1970–76 war er Leiter der Forschungsabteilung für Entwicklungsprozesse am New York State Psychiatric Institute sowie 1977–87 Professor für Psychiatrie am Weill Cornell Medical College, außerdem Dozent an der Columbia University. Seit 1987 war er Honorarprofessor an der Fakultät für Psychologie der Universität Genf. 1999 wurde ihm der Sigmund-Freud-Preis für Psychotherapie verliehen. Als Vater von fünf Kindern war er in zweiter Ehe mit der Kinderpsychiaterin Nadja Stern-Bruschweiler verheiratet.

Anregungen zu seinen Forschungsaktivitäten bezog er aus diversen Forschungsgruppen, denen er sich in seinem unermüdlichen Interesse am Dialog zwischen Theorie und Praxis anschloss. Zunächst wohnte er dem Mitarbeiterstab um Margret Mahler bei, später Forschergruppen, die sich mit Sprachentwicklung und der Psychopathologie der Entwicklung beschäftigten. Sein Interesse ging weit über die klassische Lehre der Psychoanalyse hinaus. »Stern's enormous command of interdisciplinary fields (psychiatry, dance, neuroscience, music, psychoanalysis and developmental theory) made him a source of inspiration« (Trondalen, 2013, S 6). So begeisterte er sich u. a. auch für Ethologie, die ihm eine wissenschaftliche Methode zum Studium der nonverbalen Sprache im Säuglingsalter offenbarte. Weiterhin ließ er sich auch von seinen Freunden, die kreativ in der Kunst-, Film- und Theaterwelt tätig waren, inspirieren. Seine Veröffentlichungen, Vorträge und Vorlesungen sind vielzählig. Sterns Hauptinteresse bezieht sich auf die komplexen Interaktionen zwischen Mutter und Kind sowie auf das subjektive Selbsterleben des Säuglings und der daraus resultierenden Entwicklung seines Selbstgefühls. Stern war Anhänger der modernen Säuglingsforschung und machte in technisch hoch verfeinerten Laborsettings direkte Beobachtungen an Säuglingen, die ihm ermöglichten, frühe Interaktionen zu erfassen und daraus Rückschlüsse auf das Innenleben des Säuglings zu ziehen.

Stern verstand sich selbst als Brückenbauer zwischen Kindern und Erwachsenen, zwischen Lebensnähe und Wissenschaft, zwischen Psychoanalyse und Säuglingsforschung und auch als Vermittler zwischen verschiedenen wissenschaftstheoretischen Positionen: Die Bezogenheit auf den Anderen (Stern, 1985, dt. 1992/2010) steht somit nicht nur im Zentrum seines wissenschaftlichen Interesses, sondern spiegelt auch Sterns persönliche interdisziplinär offene, beziehungsstiftende Lebensart wider, die zur Realisierung seines Werkes beigetragen hat. Seit 1995 war Daniel Stern Mitglied der Boston Change Process Study Group, einer Gruppe von praktizierenden Analytikern, Entwicklungsforschern und Ärzten, deren Anliegen es war und ist, Veränderungsprozesse in und durch Therapie genauer zu beleuchten. Zu den Mitgliedern zähl(t)en neben

Daniel Stern, Nadia Bruschweiler-Stern, Alexander Morgan, Jeremy Nahum, Karlen Lyons-Ruth, Edward Tronick und Luis Sander.

Daniel Norman Stern starb am 12. November 2012 in Genf an einer Herzerkrankung.

Was bleibt und die Entwicklungspsychologie sowie die Psychoanalyse weiterhin erhellt, ist seine Lehre der Lebendigkeit, Bezogenheit und Kreativität, die die analytische Praxis bereichert und hinsichtlich ihrer Relevanz bezüglich der intersubjektiven Wende derzeit in besonderer Weise zu leuchten vermag.

»Die Lebenserfahrung des Säuglings«

Daniel Stern zählt wohl zu den kreativsten Säuglingsforschern und innovativsten Denkern in der Psychoanalyse. In beiden Gebieten beheimatet, war es ihm ein Anliegen, seine klinischen Erfahrungen als Psychoanalytiker mit Direktbeobachtungen im Rahmen der empirischen Säuglingsforschung zu verbinden. Das Buch »The Interpersonal World of the Infant« (1985), das 1992 unter dem Titel »Die Lebenserfahrung des Säuglings« ins Deutsche übersetzt wurde, stellt so eine Verbindung dar, wobei der empirischen Säuglingsforschung und der Untersuchung der Interaktionen wohl die gewichtigere Rolle bei der Entwicklung seiner Theorie zukommt.

Sein Buch wurde begeistert aufgenommen, in viele Sprachen übersetzt, und seine Entwicklungstheorie des Selbst findet mittlerweile im interdisziplinären Diskurs breite Anerkennung. Mit diesem Werk trug Stern wesentlich zur Erweiterung des klinischen Verständnisses und zur Veränderung psychoanalytischer Interventionen bei: »Der Gegensatz zwischen unserem damaligen und unserem heutigen Verständnis der Fallgeschichte [der Fall Burton] veranschaulicht die Revolution, die unser Fachgebiet seit Daniel Sterns ›Lebenserfahrung des Säuglings‹ erfahren hat« (Beebe u. Lachmann, 2002, dt. 2004, S. 47).

Freilich gab die Publikation auch Anlass zu lebhaften bis heftigen Diskussionen über die Relevanz und Bedeutung der Säuglingsforschung für die Psychoanalyse – bis hin zur Frage, ob Nachbarwissenschaften überhaupt einen Beitrag zur Psychoanalyse leisten können. Auf diese Frage soll in der abschließenden Diskussion eingegangen werden.

Stern interessierte sich für die Bedeutung des subjektiven Erlebens, für das Empfinden einer ersten Organisation, die für ihn mit dem Empfinden eines Selbst gleichzusetzen ist. Für Stern sind es die subjektiven Erfahrungen, die das Selbst konstituieren. Er untersucht den sich entwickelnden Organisationsprozess und nimmt an, dass Säuglinge sowohl den Prozess als auch das Ergebnis dieser Organisation registrieren. Stern definiert das Selbstempfinden als ein »einfaches (nicht-selbst-reflexives Gewahrsein)« (Stern, 1985, dt. 1992/2010, S. 20).

Jeder Bereich des Selbstempfindens baut nach ihm auf den vorherigen auf, setzt sich weiter fort und beeinflusst dabei die Entwicklung der nächsten Selbstempfindung. Im Vorwort der zuletzt erschienenen Ausgabe (2010) seines Buches betont er diese wachstumsorientierte Sichtweise und stellt sie den klassischen psychoanalytischen Stufenmodellen gegenüber, die implizieren, dass frühere Entwicklungsphasen nur durch Regression zugänglich wären.

Sterns Annahme, dass die Differenzierung zwischen dem Selbst und dem Anderen mit der Geburt bzw. bereits im Mutterleib beginnt, beinhaltet den Verzicht auf Phasen eines »normalen Autismus«, wie sie Mahler proklamierte. Sterns Überlegungen werden durch bindungstheoretische und entwicklungspsychologische Konzepte sowie durch Ergebnisse der Neurowissenschaften gestützt, die die klassische Monadentheorie vom abgegrenzten Selbst zugunsten einer intersubjektiven, dyadischen Sichtweise der menschlichen Psyche verabschieden. Für Stern besteht die Entwicklungsaufgabe des Säuglings nicht wie für Mahler in der Separation, sondern in der wachsenden Bezogenheit. Insofern wird die Verbundenheit nach einem langen Entwicklungsprozess, nicht wie in Mahlers Symbiosekonzept als mangelnde Differenzierung, sondern als erfolgreiche psychische Entwicklungsarbeit betrachtet. Im Folgenden werden die fünf Selbstempfindungen dargestellt:
1. das *auftauchende Selbst* (1.–2. Lebensmonat),
2. das *Kernselbst* (2.–9. Lebensmonat),
3. das *intersubjektive Selbst* (7.–9. Lebensmonat),
4. das *verbale Selbst* (ab dem 18. Lebensmonat),
5. das *narrative Selbst* (ab 3 Jahren).

Da Sterns Hauptinteresse der vorsprachlichen Zeit galt und seine diesbezüglichen Überlegungen den revolutionären Gehalt seiner Theorien maßgeblich wiedergeben, soll in diesem Beitrag die Betonung ebenfalls auf der Entwicklung der ersten drei, also der präverbalen, Selbstempfindungen liegen.

Das auftauchende Selbst (1. bis 2. Lebensmonat)

Sterns Ausgangspunkt der Selbstentwicklung stellen angeborene Fähigkeiten des Säuglings dar, die die frühen Erfahrungen und die Gestaltung von Beziehungen strukturieren. Er definiert diese drei Fähigkeiten als *amodale Wahrnehmung*, *Wahrnehmung der Vitalitätsaffekte* und *physiognomische Wahrnehmung*. Indem diese Wahrnehmungsformen zu einem Gefühl der Regelmäßigkeit und

Geordnetheit beitragen, verhindern sie, dass sich der Säugling einem Reizchaos gegenübersieht, und ermöglichen ein zusammenhängendes, auftauchendes Selbstempfinden.

Amodale Wahrnehmung ist die »angeborene Fähigkeit, einen Informationstransfer von einem Modus in einen anderen vorzunehmen, der es erlaubt, eine Entsprechung zwischen haptischem und visuellem Eindruck [oder auch anderen Modi] zu erkennen« (Stern, 1985, dt. 1992/2010, S. 75).

Stern verweist auf A. Meltzoff und W. Borton, die diese Fähigkeit zum Informationstransfer in folgendem Experiment nachgewiesen haben: Säuglinge nuckelten mit verbundenen Augen an Schnullern mit verschieden Oberflächenstrukturen (glatt bzw. mit Noppen). Nachdem ihnen die Augenbinde entfernt wurde, fixierten sie den Schnuller länger, der ihnen unmittelbar zuvor gegeben worden war. Diese Fähigkeit zum haptisch-visuellen Transfer ist schon in den ersten Wochen vorhanden.

Stern vermutet, dass »das Erlebnis amodaler Übereinstimmung [...] das Gefühl weckt, als entspräche die gegenwärtige Erfahrung einem Erleben aus früherer Zeit oder als sei sie von etwas Vertrautem durchdrungen« (S. 82).

»Wiederkehrende« Erinnerungen werden als selbstbestätigend erlebt und vermitteln ein basales Sicherheitsgefühl. Laut Stern erlebt der Säugling keinen Zustand der Undifferenziertheit. »Der Säugling kann nicht wissen, was er nicht weiß, und auch nicht, daß, er es nicht weiß« (S. 73). Er integriert »viele einzelne Erfahrungen, die für ihn vielleicht von herrlicher Klarheit und Lebendigkeit sind« (S. 73) in eine zusammenfassende Perspektive. Stern nimmt an, dass Säuglinge sowohl den Prozess als auch das Ergebnis dieser Organisation erleben, und bezeichnet »das Wahrnehmen einer auftauchenden Organisation als das *auftauchende Selbstempfinden*« (S. 72).

Die klassische Psychoanalyse interessierte sich fast ausschließlich für die physiologische Regulation des Säuglings, wodurch das Bild eines wenig komplexen, wenig aktiven, triebhaften Säuglings entstand. Das Interesse galt lange Zeit den Triebspannungen und deren Regulation, verbunden mit den Empfindungen von Lust und Unlust. Dabei wurde nach Stern übersehen, dass Regulation immer über den Austausch von sozialem Verhalten (S. 69) erfolgt.

Die Wahrnehmung von *fremden und eigenen korrespondierenden Vitalitätsaffekten* und die damit einhergehende Möglichkeit zur Affektabstimmung verhilft dem Säugling zur Regulation eigener Stimmungen.

In seinem neuesten Vorwort bezeichnet Stern die Vitalitätsaffekte als »nie verstummende Musik des Lebendigseins« (Stern, 1985, dt. 1992/2010, S. X) und vergleicht sie mit dem von Damasio stammenden Konzept der »Hintergrundgefühle«: »Diese Empfindungsart ist kein Verdi der großen Gefühle, auch kein

Strawinski des intellektualisierten Gefühls, sondern ein Minimalist in Melodie und Rhythmus, das Empfinden des Lebens selbst, das Empfinden des Seins« (Damasio, 1994, dt. 1995/2006, S. 207).

Vitalitätsaffekte beschreiben, wie Menschen ihre Handlungen ausführen, und weisen einen dynamischen Charakter auf, wie beispielsweise »aufwallend«, »verblassend«, »flüchtig«, »explosionsartig« (Stern 1985, dt. 1992/2010, S. 83). Stern vermutet, dass Säuglinge deshalb weniger wahrnehmen, *was* eigentlich passiert, sondern *wie* Ereignisse geschehen, welche emotionalen Affekte die Handlungen der Mutter begleiten.

Bei der Schilderung einer weiteren Art amodaler Wahrnehmung nimmt Stern Bezug auf Heinz Werners (1948) Beobachtung der *physiognomischen Anschauungsweise*. Nach dem Psychologen Werner kann beispielsweise eine Linie, eine Farbe oder ein Ton mit Gefühlen wie Freude, Traurigkeit oder Wut in Verbindung gebracht und dementsprechend erlebt werden. Auch wenn Sterns Definition der amodalen Wahrnehmung hier nicht gänzlich greift – Werner beschreibt schließlich einen Informationstransfer von einem Modus in einen Affekt und nicht in einen anderen Wahrnehmungsmodus –, ordnet er dieses Phänomen der amodalen Wahrnehmung unter: »Der Affekt fungiert als eine Art supramodaler ›Währung‹, in welche die in jeder beliebigen Modalität erfolgende Stimulierung übersetzt werden kann. Auch dies stellt eine Art *amodaler* Wahrnehmung dar, weil ein Affekterlebnis nicht an eine bestimmte Wahrnehmungsmodalität gebunden ist« (Stern 1985, dt. 1992/2010 S. 82). Demzufolge wären Säuglinge in der Lage, einen Sinnesreiz in ein Gefühl zu transformieren.

Das Kernselbst (2. bis 9. Lebensmonat)

Mit zwei bis drei Monaten beginnt laut Stern eine qualitativ neue Phase der Entwicklung des Säuglings. Seinen Bezugspersonen erscheint der Säugling nun als »richtige Persönlichkeit« (S. 104), er wird geselliger und er erfährt sich als körperliches Wesen, »das vom Anderen getrennt ist, über Kohärenz verfügt, seine eigenen Handlungen und Affekte kontrolliert, ein Kontinuitätsempfinden besitzt und andere Personen als von ihm getrennte eigenständige Interaktionspartner wahrnimmt« (S. 104). Es beginnt eine Phase intensiver Sozialität. Stern widerspricht mit dieser Auffassung den klassischen psychoanalytischen Entwicklungstheorien, die in diesem Zeitraum Undifferenziertheit – einen Zustand der Verschmelzung – postulieren, die sich erst am Ende des ersten Lebensjahres zu einem differenzierten Selbstempfinden entwickelt. Für Stern ist das rudimentäre Selbstempfinden zwischen dem zweiten und siebten Monat das Primäre.

Er beschreibt, wie es dem Säugling gelingt, Affekte und psychische Vorgänge als *eigene* zu erkennen. Erst wenn der Säugling ein Empfinden eines Kernselbst herausgebildet hat, ist es Sterns Ansicht nach möglich, Verschmelzungs- und Fusionserfahrungen zu machen.

Voraussetzung für die Entstehung des Kernselbst sind bestimmte unveränderliche, sich wiederholende Aspekte im Leben des Säuglings, die sogenannten *Selbstinvarianten:*
(1) Gefühl der Urheberschaft,
(2) Gefühl der Selbstkohärenz,
(3) Gefühl der Selbstkontinuität (Selbstgeschichtlichkeit).

Ursprünglich zählte Stern noch als vierte Selbstinvariante die *Selbstaffektivität* auf. Im Vorwort zur neuesten Ausgabe zweifelt Stern jedoch an der Notwendigkeit dieser Invariante, da sie in seinem Konstrukt der Wahrnehmung der Vitalitätsaffekte des *auftauchenden Selbst* bereits impliziert sei. Durch das Verbinden dieser Invarianten entsteht das Empfinden eines *Kernselbst*. Damit ist das Selbst kein kognitives Konstrukt, sondern eine »Integration von Erleben« (S. 107), was wiederum die Voraussetzung für psychische Gesundheit ist.

Um ein *Kernselbstempfinden* auszubilden, muss der Säugling die drei Selbstinvarianten zunächst erkennen. Die Eltern unterstützen das Bestreben des Säuglings, die Welt durch Invarianten zu ordnen, nach einer Struktur zu suchen, die sich in einer neuen Variation wiederholt. Indem sie gleichzeitig übertrieben kategorisieren (etwa durch stereotype, übertriebene Babysprache), ihm die Welt andererseits immer wieder als Thema mit Variationen darbieten (z. B. Kitzelspiele, Gesichter-Schneiden), wird nicht nur das Interesse des Säuglings aufrechterhalten, sondern ihm gleichzeitig die Möglichkeit eröffnet, zwischen Struktur und Variation unterscheiden zu lernen.

(1) Stern definiert die erste Invariante als »das Empfinden, der Urheber eigener Handlungen und Nicht-Urheber der Handlungen anderer Menschen zu sein« (S. 106). In Bezug auf ein *Gefühl der Urheberschaft* gibt es drei mögliche Invarianten des Erlebens: *die Empfindung des Wollens, das propriozeptive Feedback* und *die Voraussagbarkeit der Konsequenzen.*

Das *Empfinden des Wollens* bezieht sich auf ein bewusstes Gefühl vor der Ausführung der Handlung. Stern belegt die Existenz dieser Invarianten mit einem Experiment, das er an siamesischen Zwillingen durchführte (S. 117). Die Zwillinge lutschten von Zeit zu Zeit am Daumen des jeweils anderen Zwillings. Zog man die Hand aus dem Mund, wenn das Kind am eigenen Daumen lutschte, leistete die Hand Widerstand, zog man die fremde Hand aus dem Mund des Babys, versuchte es, den Daumen durch Vorrecken des Mundes wieder zu erreichen. Den Babys war offenbar bewusst (durch *propriozeptives Feedback*), dass der eigene Mund und der fremde Finger keine physische Einheit bildeten. Der Unterschied in der Erfahrung bei der Variation des Experiments war das Fehlen der willentlichen Beherrschung des Arms und damit die *Voraussagbarkeit der Konsequenzen*.

(2) Die zweite Invariante, das *Erleben von Selbstkohärenz* ist mit fünf verschiedenen Dimensionen verbunden: der Kohärenz des Ortes, der Bewegung, der zeitlichen Struktur, der Intensitätsstruktur und der Form.

Die Kohärenz des Ortes erfährt der Säugling immer dann, wenn er seinen Kopf in Richtung der Geräuschquelle wendet, sobald er einen Klang hört. Er macht die Erfahrung, dass ein Geräusch und seine Quelle am gleichen Ort zu finden sind, und erwartet diese Kohärenz des Ortes ab drei Monaten.

Der Säugling erlebt eine *Kohärenz der Bewegung und der zeitlichen Struktur* etwa dann, wenn die Mutter durch das Zimmer geht und sich alle ihre Teile vor dem Hintergrund der Zimmerwand bewegen. Auch wenn die Bewegungen nicht exakt synchron ausgeführt werden, finden sie jedoch innerhalb einer zeitlichen Struktur statt.

Stern, dessen Studien sich u. a. durch seine feine Beobachtungsgabe der wechselseitigen Dynamik zwischen Mutter und Kind und deren tanzender Bewegungen auszeichnen, veranschaulicht nicht nur dieses Beispiel mit einer Metapher aus der Musik: »Die zeitliche Struktur selbst-synchronen Verhaltens gleicht einem Orchester – der Körper dirigiert, und die Stimme lässt die Musik ertönen« (S. 124).

Verschiedene Modalitäten stimmen in ihren *Intensitäten* meistens überein, so geht ein Wutausbruch oft mit lauter Stimme, einer aufgeregten Gestik und erhöhter Sprechgeschwindigkeit einher.

Die *Form* des anderen ist ein Merkmal, das offensichtlich einer Person angehört und dazu dienen kann, sie als kontinuierliche und kohärente Identität wahrzunehmen. Zwei bis drei Monate alte Säuglinge erkennen auf Fotos mühelos die charakteristische Gesichtskonfiguration der Mutter (S. 129). Auch wenn das Gesicht den Ausdruck wechselt, der Säugling in ihm Freude, Furcht oder Überraschung lesen kann, weiß er, dass es sich dabei um dasselbe Gesicht handelt. Dies gelingt ihm auch dann, wenn sich die Perspektive eines Gesichtes verändert (Halbprofil, Profil) oder sich durch eine Hin- oder Wegbewegung die Distanz zum Objekt verändert und dadurch auch seine Größe variiert. Das Wahrnehmungssystem eines Säuglings scheint imstande zu sein, die konstante Identität eines Objektes trotz Veränderung seiner Größe oder Entfernung, seiner Ausrichtung, seiner Darbietungsposition oder seines Schattierungsgrades usw. wahrzunehmen (S. 130).

(3) Als dritte Invariante beschreibt Stern die *Selbstkontinuität*. Seine ursprünglichen Überlegungen zur Invariante *Selbstgeschichtlichkeit* verändert

Stern angesichts der neueren Entwicklungen im Bereich der Säuglingsforschung in seinem Vorwort aus dem Jahr 2010. Er ersetzt den Begriff Selbstgeschichtlichkeit durch Selbstkontinuität, da ihm die erste Bezeichnung zu allumfassend erscheint. Quintessenz seiner Gedanken ist, »daß der Säugling jedes Mal, wenn er [...] mit sich selbst konfrontiert ist, ›dasselbe‹ empfindet, und zwar infolge der Invarianten, die durch seine vitalen Hintergrundgefühle, seine *Vitalitätsaffekte* und deren Äußerungen erzeugt werden« (S. XII).

Sterns Konzept der Selbstkontinuität steht dem von Winnicott (1960) postulierten Empfinden des *fortwährenden Seins* (going on being) nahe. Der Säugling ist laut Stern imstande, die Geschichte seines *Kernselbst, die Urheberschaft* und *Kohärenz* zu erinnern. In einem Experiment von Rovee-Collier, Sullivan, Enright, Lucas und Fagan (1980) konnte diese Fähigkeit demonstriert werden. An den Füßen der Säuglinge wurde mit einer Schnur ein Mobile befestigt, welches sie durch Strampeln zum Schaukeln bringen konnten. Einige Tage später wurde der Versuch in der identischen Umgebung und mit denselben Versuchsleitern wiederholt, ohne die Kinderfüße mit dem Mobile zu verbinden. Das motorische Gedächtnis der Säuglinge veranlasste sie, zu strampeln. Schon bei einer minimalen Veränderung des Mobiles oder des Bettchens ließ das Strampeln deutlich nach.

Diese sich wiederholenden Erfahrungen der Selbstinvarianten Urheberschaft, Kohärenz und Kontinuität werden im episodischen Gedächtnis zu einer »einzigen, organisierenden subjektiven Perspektive« (Stern, 1985, dt. 1992/2010, S. 138), dem *Kernselbst,* integriert. Eine Episode beinhaltet verschiedene Attribute: Wahrnehmungen, Affekte und Handlungen. So bilden Bestandteile des täglichen Fütterungsvorganges eine Episode – wie Hunger haben, an die Brust gelegt werden, Suchen, Öffnen des Mundes, Saugen, Milch bekommen – mit den entsprechenden taktilen, olfaktorischen und visuellen Empfindungen und Wahrnehmungen. Auch wenn eine solche Episode nie genau gleich stattfindet und es zu Abweichungen kommt, entwickelt der Säugling schon nach wenigen Wiederholungen eine *generalisierte Brust-Milch-Episode,* die bestimmte Erwartungen erzeugt. Diese generalisierte Episode ist »eine Abstraktion, die aus zahlreichen spezifischen, allesamt ein wenig unterschiedlichen Erinnerungen eine einzige allgemeine Erinnerungsstruktur bildet – sozusagen die zum Prototyp erhobene, durchschnittliche Erfahrung« (S. 140).

Stern erweitert das von äußeren Vorgängen abgeleitete Konzept der GERs (Generalized Event Representations = Generalisierte Ereignis-Repräsentationen nach Nelson u. Greundel, 1981) um eine interaktive Perspektive und spricht von den *Generalisierten Interaktionsrepräsentationen,* kurz *RIGs* (S. 143).

»RIGs resultieren aus dem unmittelbaren Eindruck mannigfaltiger, realer Erfahrungen, und sie integrieren die unterschiedlichen Handlungs-, Wahrnehmungs- und Affekt-Attribute des Kern-Selbst zu einem Ganzen« (S. 144). Das Episodengedächtnis ist ständiger Veränderung, Reorganisation und Neukatalogisierung unterworfen. Die Abspeicherung der *RIGs* kann nach gemeinsamen Attributen erfolgen, ebenso wie Attribute bestimmten, schon vorhandenen *RIGs* zugeordnet werden können: »Jedes bestimmte Attribut, etwa der hedonische Tonus [optimales Erregungsniveau], grenzt die Art der RIGs, die bei Vorhandensein dieses Attributs wahrscheinlich auftreten werden, ein« (S. 144).

Das intersubjektive Selbst (7. bis 9. Lebensmonat)

»Wenn Säuglinge wahrnehmen können, daß andere Personen sich in einem inneren Zustand befinden oder ihn in sich aufrechterhalten können, der demjenigen ähnlich ist, den sie gerade in sich selbst wahrnehmen, wird ein gemeinsames subjektives Erleben, wird Intersubjektivität möglich« (S. 179). Um das beschriebene Erleben und Empfinden zu ermöglichen, ist ein gemeinsames Repertoire an Bedeutung und Kommunikationsmitteln wie Mimik, Gestik und Haltung nötig. Ereignen sich derartige Bezogenheitsmomente, erlebt der Säugling zunehmend eine neue, organisierende subjektive Perspektive in Bezug auf sein soziales Leben und auf sein Selbst.

In diesem Entwicklungsstadium wird neben der physischen Intimität erstmals auch psychische Intimität möglich. Stern beschreibt beim Säugling ein wachsendes Verlangen nach wechselseitigem Sich-Anvertrauen und subjektivem Erleben sowie danach, den Anderen zu erkennen und selbst erkannt zu werden. Dementsprechend kann eine Versagung dieses Verlangens durch Verweigerung von psychischer Intimität als ungemein schmerzlich erlebt werden. »Letztlich geht es um nichts Geringeres als um die Erkenntnis, welcher Teil der privaten Welt inneren Erlebens mit dem Anderen geteilt werden kann und welcher Teil außerhalb des Bereichs gemeinsamer menschlicher Erfahrung liegt. Auf der einen Seite steht die psychische Einbindung in die menschliche Gemeinschaft, auf der anderen Seite die psychische Isolation« (S. 181 f.).

In seinem überarbeiteten Vorwort von 2010 korrigiert Daniel Stern seine Annahmen dahingehend, dass neuesten Erkenntnissen zufolge alle drei präverbalen Selbstempfindungen – das *auftauchende Selbst*, das *Kernselbst* und das *intersubjektive Selbst* – zeitgleich entstehen, sich in ständiger dynamischer Interaktion miteinander befinden und somit als Unterkategorien eines *nonverbalen Selbstempfindens* betrachtet werden können.

Außerdem wird das *subjektive Selbst* durch die Bezeichnung *intersubjektives Selbst* abgelöst. Studien in Bezug auf frühe Adaptionsprozesse des Säuglings, die Entdeckung von Spiegelneuronen sowie adaptiver Oszillatoren lassen vermuten, dass primäre Formen der Intersubjektivität schon zu Beginn des Lebens vorhanden sind und nicht erst ab dem neunten Lebensmonat entwickelt werden, wie im Ursprungswerk angenommen (vgl. Vorwort S. IV f.).

Eine Art sekundäres intersubjektives Selbst sei ab dem siebten bis neunten Lebensmonat nachweisbar, das mit dem Auftauchen von drei inneren Zuständen einhergeht. Diese sollen im Folgenden anhand spezifischer präverbaler Verhaltensweisen von Säuglingen in Bezug auf ein Gegenüber beschrieben werden.

- *Die gemeinsam geteilte Aufmerksamkeit:* Säuglinge folgen dem Fingerzeig oder der Blickrichtung der Mutter auf ein drittes Objekt. Dies erfordert eine Überwindung des Egozentrismus des Säuglings, um den Aufmerksamkeitsfokus eines anderen anpeilen zu können. Im Sinne eines Entdeckungsverfahrens bereichert dieser neue Fokus die bislang auf bestimmte Objekte beschränkte Welt des Säuglings ungemein. Durch den Blick zurück zur Mutter versichert sich der Säugling des Gelingens der gemeinsam gerichteten Aufmerksamkeit. »Im Alter von neun Monaten haben Säuglinge ein gewisses Bewusstsein dafür entwickelt, daß sie selbst ihre Aufmerksamkeit auf einen spezifischen Fokus konzentrieren können, daß die Mutter dies ebenfalls kann, daß die beiden psychischen Zustände einander ähneln oder auch voneinander abweichen können und daß es möglich ist, divergierende Aufmerksamkeitsrichtungen in Übereinstimmung zu bringen und eine gemeinsame Aufmerksamkeit zu entwickeln. Die Inter-Attentionalität ist Realität geworden« (S. 187).
- *Die gemeinsam geteilte Intentionalität:* Präverbale Formen des Bittens um einen begehrten Gegenstand können als Indiz für die intentionale Kommunikation betrachtet werden. Durch Greifen und gebieterische Laute in Richtung des Gegenübers stellt der Säugling unmissverständlich klar, dass er diesem einen inneren Zustand zuschreibt, nämlich, dass der Andere seine Motive zu lesen vermag. Er suggeriert Verständnis für seine Absicht sowie die Fähigkeit des Gegenübers, die Erfüllung seines Wunsches zu seiner eigenen Absicht zu machen. »Absichten sind nun gemeinsam erlebbare Erfahrungen. Die Inter-Intentionalität ist Realität geworden« (S. 188).
- *Die gemeinsam geteilte Affektivität.* In einer unsicheren Situation orientiert sich der Säugling an der affektiven Reaktion eines Gegenübers und versucht dadurch, seine eigene Empfindung zu überprüfen. Im Sinne einer sozialen Rückversicherung beschreibt Stern beispielsweise eine Situation, in der ein aufregend blinkendes, unbekanntes Spielzeug wie der Roboter »R2D2« aus dem Film »Star Wars« auf das Baby zufährt. Sein Blick wandert zur Mutter, um in ihrem Verhalten zu lesen, was sie empfindet. Dies setzt voraus, dass der Säugling dem Anderen einen Affektzustand zuschreibt,

der für seine eigenen Gefühle von Bedeutung ist. Darüber hinaus gelingt es ihm, eine Entsprechung zwischen eigenem Erleben und dem beobachteten Gefühlszustand des Gegenübers herzustellen. »Inter-Affektivität ist vielleicht die erste, einflussreichste und in ihrer Unmittelbarkeit wichtigste Form gemeinsamen subjektiven Erlebens« (S. 190).

Gelungene intersubjektive Bezogenheitsmomente rufen ein hohes Maß an Sicherheit hervor und gehen mit dem Erreichen von Bindungszielen einher. In Therapien von Kindern, Jugendlichen und Erwachsenen lässt sich häufig beobachten, dass kleinste intersubjektive Misserfolge als totale Brüche in der Beziehung erlebt werden können. Das gemeinsame Erleben affektiver Zustände bildet die Grundlage intersubjektiver Bezogenheit und macht eine gegenseitige Abstimmung auf innere Empfindungen möglich, die über reine Affektimitation hinausgeht.

Es war Stern in diesem Zusammenhang ein Anliegen, die *Affektabstimmung* von den Begrifflichkeiten des *Spiegelns* und von *empathischen Prozessen* abzugrenzen. Das affektive Abstimmen bezeichnet das Aufgreifen der *Vitalitätsaffekte* des Säuglings durch eine Bezugsperson, die diese in eine andere Modalitätsebene transformiert. Stern verdeutlicht dies am Beispiel eines neun Monate alten Kindes, das interessiert und vergnügt eine Rassel hin- und her bewegt. Die Mutter schaut ihm dabei zu und beginnt zum Takt der Armbewegungen des Säuglings mit ihrem Kopf zu nicken (S. 201). Indem die Bezugsperson das Wahrgenommene in einer anderen Form ausführt, vermittelt sie dem Kind, dass sie sein inneres Erleben verstanden hat. Würde das Verhalten gespiegelt, wäre es reine Nachahmung und hätte damit lediglich affektverstärkende Qualität.

Das verbale Selbst (ab dem 18. Monat)

Stern versteht die Entwicklung der Selbstempfindung des verbalen Selbst als ein zweischneidiges Schwert: Einerseits bietet das Medium Sprache eine neue Form der (verbalen) Bezogenheit, durch die subjektive Eindrücke geteilt werden können, andererseits sieht Stern durch die Sprachentwicklung die Integration der Selbsterfahrung gefährdet.

Drei neu erworbene Fähigkeiten tragen zu der gravierenden Veränderung des Selbstempfindens bei:
(1) *die Fähigkeit, das Selbst zum Objekt der Reflexion zu machen*,
(2) *die Fähigkeit, symbolisch zu handeln (etwa im Spiel)*,
(3) *der Spracherwerb*.

Die Verbindung dieser Fähigkeiten ermöglicht es dem Kind, gemeinsam mit anderen Menschen Bedeutungen hervorzubringen, die das persönliche Wissen betreffen.

(1) *Die objektive Selbstsicht:* Die Verwendung von Personalpronomina (*ich, mich, meines*) und Eigennamen für sich selbst stellt einen Meilenstein der Entwicklung dar. Kinder können sich nun als vom anderen wahrnehmbare Objekte denken. Stern verweist auf einige Untersuchungen, die das Vorhandensein reflexiver Fähigkeiten beweisen (S. 235). Malt man z. B. einem 18 Monate alten Kind einen roten Fleck ins Gesicht und lässt es sich dann im Spiegel betrachten, tastet es nach dem Fleck im eigenen Gesicht und berührt nicht etwa die entsprechende Stelle im Spiegel. »Sie wissen nun, dass sie objektiviert, d. h., in einer Form repräsentiert werden können, die außerhalb des subjektiv empfundenen Selbst existiert« (S. 235).

(2) *Die Fähigkeit zum symbolischen Spiel:* Bezugnehmend auf eine Fallvignette von Herzog zeigt Stern, wie Kinder im Spiel mit verschiedenen Realitäten jonglieren: Ein achtzehn Monate alter Junge bildete die Trennung seiner Eltern und den Auszug des Vaters ab, indem er die Puppe, die offensichtlich ihn selbst symbolisierte, neben die Mutter-Puppe ins Bett legte, was ihn in einen wütenden und traurigen Zustand versetzte. Erst als die Vaterpuppe ins Spiel kam, die Kinderpuppe ins eigene Bett brachte und sich selbst zur Mutter legte, konnte der Junge sich beruhigen und beendete das Spiel mit den Worten: »Alles besser jetzt!« (Herzog, 1980, S. 224).

Kinder können nun im Spiel die gegenwärtige Situation abbilden, Erinnerungen symbolisieren oder einen Wunsch ausdrücken. Stern betont die psychodynamische Relevanz dieses Entwicklungsschrittes: »Erstmals ist das Kind in der Lage, der Realität, wie sie sich darstellt, einen klar umrissenen Wunsch entgegenzusetzen und diesen Wunsch auch zu behaupten [...]. Die bereits vorhandene Kenntnis interpersonaler Transaktionen (realer, erwünschter und erinnerter), an denen ein objektivierbares Selbst und eine objektivierbare andere Person beteiligt sind, kann in Worte übertragen werden« (Stern, 1985, dt. 1992/2010, S. 238).

(3) *Der Gebrauch der Sprache:* Mit dem Spracherwerb wird das Zusammensein von Mutter und Kind umfassender; das Kind kann Erinnerungen, aktuelle Begebenheiten und Zukunftserwartungen äußern, die nun geteilt und gemeinsam mit Bedeutung versehen, also versprachlicht werden können.

Kinder sind nun in der Lage, sich nicht anwesende Objekte vorzustellen, sie als Repräsentationen zu integrieren und mit Zeichen und Symbolen, mit Worten zu verknüpfen. Um zu beantworten, wie Sprache das Selbsterleben verändern kann, nähert sich Stern diesem kritischen Punkt, an dem ein Teil des angesammelten Erfahrungswissens mit einem verbalen Code verknüpft wird. Stern stützt sich auf das von Holquist (1982) entworfene Konzept des Dialogismus, nach dem weder die *Kultur* noch das eigene *Ich* die Bedeutung von Worten festlegt, sondern ein interpersonales *Wir*, also Mutter und Kind sich über die Bedeutung abstimmen. Das *Wort* ähnelt dabei seiner Funktion nach einem Übergangsobjekt, das, von außen kommend, dem Kind angeboten wird, aber erst durch die Repräsentation des Kindes angenommen werden kann: »In diesem Sinne gehört das Wort als Übergangsphänomen weder dem Selbst noch dem Anderen wirklich an. Es nimmt eine Mittelstellung zwischen der Subjektivität des Kindes und der Objektivität der Mutter ein« (Stern, 1985, dt. 1992/2010, S. 245).

Wie wirkt sich der Spracherwerb auf die früheren Selbstempfindungen, das *auftauchende Selbst*, das *Kernselbst* und das *intersubjektive Selbst* aus? Stern nähert sich der ihn schon in Studienzeiten begleitenden Irritation, nämlich der Divergenz zwischen den tatsächlichen präverbalen, frühkindlichen Erlebens- und Verhaltensweisen und der Biografie, wie sie vom erwachsenen Patienten erzählt wird. Die intensive Auseinandersetzung mit den durch den Spracherwerb angestoßenen Veränderungen im Selbsterleben ist wohl Sterns herausragenden Fähigkeit zu verdanken, vorsprachliches Erleben in Worte zu fassen.

Er formuliert drastisch, dass die Sprache eine Spaltung im Selbsterleben bewirkt (S. 232). Damit meint er, dass die früheren Selbstempfindungen zwar erhalten bleiben und sich weiter fortsetzen, sie aber in vielen Bereichen der Sprache nicht zugänglich sind, was eine Entfremdung von einigen Bereichen der Selbstempfindungen zur Folge hat. Unter diesem Blickwinkel werden Trauerreaktionen des Kleinkindes verständlich, weil es die amodale, ganzheitliche Verständigung mit seinem Primärobjekt verliert und sich zunehmend getrennt von ihm erlebt. Durch die Verständigung mit Worten kann das ganzheitlich empfundene Erleben »zerrissen oder einfach unzulänglich dargestellt werden, so daß es sich entzieht und eine kaum verstandene Existenz unter falschem Namen führt« (S. 248).

Folgt man Sterns Vorstellung der *amodalen Wahrnehmung*, wird ein Baby einen Sonnenstrahl auf verschiedenen Sinneskanälen wahrnehmen, das heißt, es registriert die Intensität, Helligkeit, Form, Wärme und schließlich auch die Annehmlichkeit des Lichtes. Während es sich für das Kind um ein psychophysisches Erleben handelt, bei dem alle amodalen Eigenschaften erlebt werden, kann ein ins Zimmer tretender Erwachsener die Situation als rein visuelles Erlebnis erfahren und etwa so kommentieren: »Oh, *sieh* mal, das *gelbe* Sonnenlicht!« Stern kommentiert das folgendermaßen: »Die Worte sondern in diesem

Falle genau diejenigen Eigenschaften aus, die das Erleben in einem einzigen Sinnesmodus verankern. Indem sie es an Worte binden, wird das Erleben von dem amodalen Wahrnehmungsstrom isoliert, dem es ursprünglich angehörte. Auf diese Weise vermag die Sprache das amodal-globale Erleben aufzubrechen, so daß seine Kontinuität beeinträchtigt wird« (S. 250).

Das narrative Selbst (ab drei Jahren)

In der 1988 erschienenen englischen Originalfassung von »Die Lebenserfahrung des Säuglings« (Stern, 1985, dt. 1992/2010) beschreibt Stern das *narrative Selbst* lediglich als ›Anhängsel‹ des *verbalen Selbst*, was er im überarbeiteten Vorwort der jüngsten Ausgabe (2010) revidiert: »Die Fähigkeit, das eigene Erleben in eine Narration zu fassen, ist eine eigenständige, grundlegende Fähigkeit, die über die Bildung von Wörtern als Symbolen, mit denen man das eigene Selbst und seine Welt benennen kann, hinausgeht und von ihr unabhängig ist« (S. XVII f.). Im Alter von etwa drei Jahren entwickelt das Kleinkind – nach dem Erwerb des Sprachvermögens mit ca. 18 Monaten – die Fähigkeit, von sich selbst und dem Erlebten zu erzählen.

Stern ist der Überzeugung, dass sich durch die Entwicklung der Narrationsfähigkeit neue Ebenen des Selbst eröffnen. Narrationen werden zur autobiografischen subjektiven Wahrheit, zur »offiziellen Geschichte Ihres Lebens« (S. XVIII) und damit zum grundlegenden Bestandteil von Gesprächstherapien. In der Kindheit unterliegen diese Narrationen einer Ko-Konstruktion des Selbst mit Anderen, meist der Familie, die sich – abhängig von Fixierungen durch bestimmte Fragestellungen und emotionale Markierungen – zu einer kohärenten Geschichte verbindet. »Das Produkt wird zur offiziellen Geschichte [history], die von der gesamten Familie geteilt wird, und zu einem Bestandteil des Familienwissens« (S. XVIII). Der Konstruktionsprozess ist anfällig für Fehler, kann diese aber auch regulieren und korrigieren. Es bleibt den Beteiligten überlassen, sich auf ein Resultat zu einigen, »dessen Beziehung zur historischen Wahrheit immer ungewiss bleibt« (S. XIX). Stern gelangt vor diesem Hintergrund zu dem Schluss, das narrative Selbst als eigenständiges Selbstempfinden zu betrachten.

Fazit

Das bisher Aufgeführte zusammenfassend, zeigt Abbildung 1 die verschiedenen Selbstempfindungen nach Daniel Stern in chronologischer Abfolge.

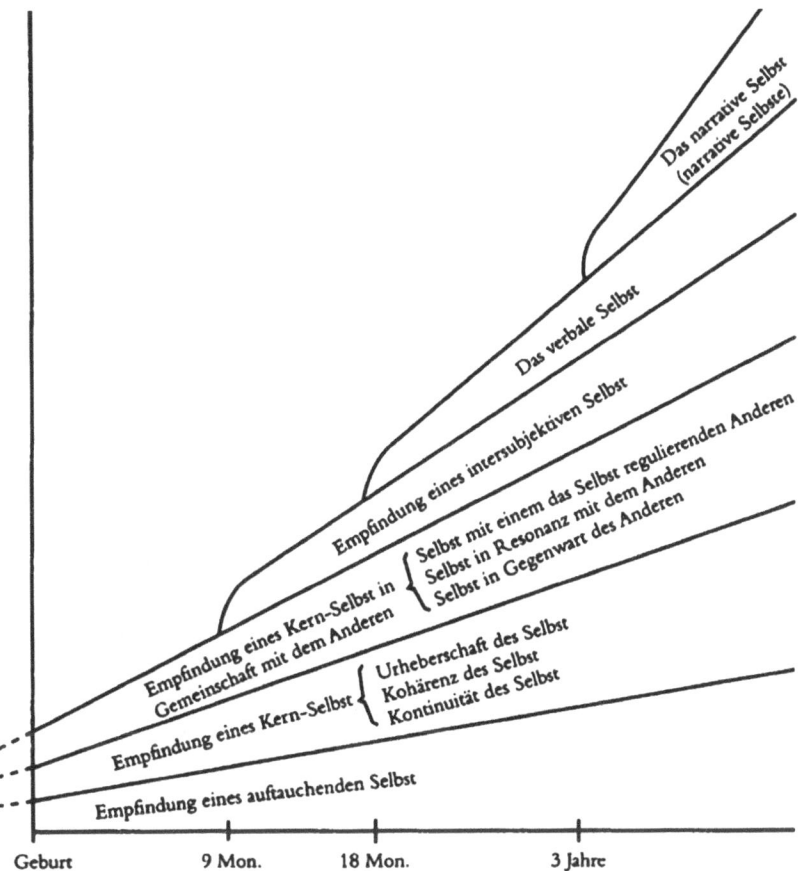

Abbildung 1: Die Selbstempfindungen in chronologischer Abfolge (Stern, 1985, dt. 1992/2010, S. XX)

Sterns Werk aus heutiger Sicht

Sterns Beobachtungen an Säuglingen und seine daraus entwickelten Konzepte der Selbstentwicklung haben die bis dahin existierenden psychoanalytischen Entwicklungskonzepte grundlegend infrage gestellt. Der Säugling – ursprünglich in einem autistischen Zustand wahrgenommen – entpuppte sich als »kompetent« (Dornes, 1993) und zu komplexen Wahrnehmungen fähig. Mit seinem grundlegenden Buch »Die Lebenserfahrung des Säuglings« macht Stern deutlich, wie sich das Selbsterleben sukzessive in der Beziehung mit dem Anderen konstituiert, und entwirft eine intersubjektive Theorie der Selbstentwicklung.

Diese Theorie hat neuere psychoanalytische Verstehensmodelle und Behandlungskonzepte in weiten Teilen beeinflusst.

Anders als die traditionellen psychoanalytischen Theorien, in denen Entwicklungsthemen wie Oralität, Analität, Abhängigkeit, Autonomie und Vertrauen jeweils einer bestimmten Entwicklungsphase zugeordnet werden, verweist Stern auf *Entwicklungslinien* als lebenslange Themen, die keine sensible Periode durchlaufen und somit keinen relativ irreversiblen Fixierungen unterliegen.»Weil alle Selbstempfindungen, sobald sie sich gebildet haben, das ganze Leben lang als aktive, sich weiterentwickelnde subjektive Prozesse bestehen bleiben, sind sie alle jederzeit für Deformationen anfällig« (Stern, 1985, dt. 1992/2010, S. 361). Dadurch bestehe die Chance – so Stern –, sich in Beziehungen lebenslang weiterzuentwickeln. Er versteht Entwicklung als aktives Bedürfnis nach Selbsterleben, anstelle einer Erfüllung von Aufgaben.

Im Gegensatz zu den traditionellen psychoanalytischen Entwicklungstheorien, die in erster Linie auf die inneren, konflikthaften Kräfte in »high-tension-states« fokussierten, beobachtet Stern den Säugling in einem Zustand der »wachen Inaktivität, in dem er körperlich ruhig und wach ist« (S. 63).

Die Säuglingsforschung hat dazu beigetragen, dass nicht nur den spannungsgeladenen Affektzuständen eine pathogenetische und strukturbildende Funktion zugeschrieben wird, sondern sie betont, dass Strukturbildung auch aus alltäglichen Abläufen mit sich immer wiederholenden Interaktionen zwischen Mutter und Kind entsteht.

Die Relevanz der Säuglingsforschung und der daraus entwickelten Konzepte Sterns für die Psychoanalyse wurde insbesondere von André Green (2000) heftig kritisiert und infrage gestellt. »Die Säuglingsforschung hat für die Psychoanalyse deshalb keine Bedeutung, weil der spezifische Gegenstand der Psychoanalyse nicht der Säugling ist, sondern das Unbewußte, […] und zwar das Unbewußte, wie es in der Analytischen Situation erscheint […]. Was sie interessiert, ist nicht das Infantile, sondern das Infantile im Erwachsenen […] und dazu hat die Säuglingsforschung per definitionem nichts beizutragen« (Green, 2000, S. 447 ff.). Ziel der Säuglingsforschung sei es, »die psychoanalytische Theorie zu zerstören […] und sie durch eine sogenannte wissenschaftliche Psychologie zu ersetzen« (S. 453). Für die Psychoanalyse ist aus Greens Perspektive allein der rekonstruierte Säugling von Bedeutung.

Sterns Fokus ist jedoch ein anderer. Er setzt den Schwerpunkt auf den *Umgang der Bezugspersonen* mit unterschiedlichen emotionalen Zuständen des Säuglings. »Damit werden vor allem fördernde Interaktionen betrachtet, die helfen, die Dramen der Kindheit zu bewältigen und mit ihnen umzugehen« (Ermann, 2014, S. 76). Die »Schutzpatronin der Säuglingsforschung« (Lichtenberg, 2009, S. 16),

Lotte Köhler, sieht den experimentell erforschten Säugling als »ein auf Gegenseitigkeit angelegtes lern- und anpassungsbereites Wesen, das Ausdrucksweisen ungebändigter Triebe erst dann zeigt, wenn seine Signale nicht aufgefangen werden und ihm Gegenseitigkeit nicht zuteil wird« (Köhler, 2009, S. 78).

Sterns Annahmen, die sich aus den Säuglingsbeobachtungen ergeben, erweisen sich deshalb auch für die therapeutische Praxis im Bereich der affektiven Abstimmung und der Beziehungsregulation als sehr fruchtbar. »Indem wir uns mit Hilfe der Vitalitätsaffekte aneinander orientieren und aufeinander abstimmen, können wir mit einem anderen Menschen ›zusammensein‹, das heißt eine Basis entwickeln, auf der wir innerliche Erfahrungen nahezu kontinuierlich miteinander teilen. Auf diese Weise entsteht das Gefühl der Verbundenheit« (Stern, 1985, dt. 1992/2010, S. 224). Therapieabbrüche sind häufig der fehlenden Bezogenheit, also der Vernachlässigung gemeinsamer affektiver Zustände geschuldet. Stern zeigt eindrücklich, wie Spannungszustände, die in der Mutter-Kind-Beziehung nicht reguliert werden können, zur Symptombildung und Beeinträchtigung der Selbstentwicklung führen können.

Die Annahmen zum rekonstruierten Säugling sind damit zwar nicht widerlegt. Sterns Konzepte erlauben jedoch eine realitätsnähere Sicht, als es mit dem Modell des rekonstruierten Säuglings möglich ist. Aufbauend auf Sterns Entwicklungsstadien des »Zusammen-Seins-mit-Anderen« erforschte die Boston Change Process Study Group, wie Säuglinge Erwartungen darüber bilden, wie die Interaktionen mit den Eltern ablaufen, etwa »Wissen, wie man herumalbert, Zuneigung ausdrückt, Freundschaft schließt und so weiter. Wir haben die Kenntnisse über das Zusammensein mit Anderen als ›implizites Beziehungswissen‹ bezeichnet« (Stern/The Boston Change Process Study Group, 2010, dt. 2012, S. 206). Gerade die Bedeutung dieses impliziten Beziehungswissens hat zur Weiterentwicklung psychotherapeutischer Ansätze beigetragen, da damit Patienten verstanden werden können, denen das verbale Erfassen ihrer Zustände noch nicht möglich ist.

Stern gelingt es, ein Bild des bezogenen Säuglings zu entwerfen, der als aktiver Mitgestalter der ersten Beziehungen fungiert. Von Geburt an ist er in der Lage, Wahrnehmungen aus verschiedenen Sinneskanälen zu koordinieren und seinen differenzierten Affekten, die weit mehr als nur Lust und Unlust beinhalten, durch Mimik Ausdruck zu verleihen und sie mitzuteilen. In einer wechselseitigen Beziehungsregulation nimmt er als Initiator der alltäglichen Interaktionen Einfluss auf seine Bezugspersonen, wie auch er von ihnen beeinflusst wird. »Das dynamische Zusammenspiel von Handlungen […] zwischen Säugling und Pflegeperson erschafft im Zuge ihrer gegenseitigen Beeinflussung vielfältige mutuelle Regulierungsmuster« (Beebe u. Lachmann, 2002, dt. 2004, S. 172).

Die Vorstellung eines paradiesischen, primär narzisstischen Zustandes wird zugunsten eines aktiven, bezogenen Säuglings aufgegeben: »dieses Paradies ist kein Ort mehr, an dem Milch und Honig in den Säugling fließen, sondern einer, an dem zwei Subjekte Milch und Honig austauschen und sich über die Art des Austausches kontinuierlich verständigen« (Dornes, 2000, S. 22).

Stern distanziert sich von der Ignoranz einer »streng definierten psychoanalytischen Situation und [...] Technik« (Stern, 1985, dt. 1992/2010, S. XXVI), wie Green sie voraussetzt, und plädiert für Offenheit gegenüber Nachbardisziplinen und für das Aufgeben überkommener Konstrukte. Dornes pflichtet ihm darin bei, »dass wir die Befunde der Nachbardisziplinen und eine dadurch eventuell gegebene indirekte Widerlegung *nicht* ignorieren sollten, denn wenn wir unplausible bzw. indirekt widerlegte Konzepte nicht aufgeben, verlieren wir den Anschluß an das übrige Weltwissen und werden irrelevant« (Dornes 2002, S. 905). Daniel N. Stern möchte mit seinem Werk einen Beitrag leisten, interdisziplinäre Gemeinsamkeit zu schaffen, »Abgründe zwischen Disziplinen und Fachrichtungen zu überbrücken und einen wechselseitig bereichernden Austausch zu fördern« (Stern, 1985, dt. 1992/2010, S. XXXVI). So formuliert er treffend am Ende seines Werkes seine Überzeugung: »Wie die Säuglinge sich entwickeln müssen, so auch unsere Theorien darüber, was sie erleben und wer sie sind« (S. 384).

Literatur

Beebe, B., Lachmann, F. (2002, dt. 2004). Säuglingsforschung und die Psychotherapie Erwachsener. Wie interaktive Prozesse entstehen und zu Veränderungen führen. Stuttgart: Klett-Cotta.

Damasio, A. (1994, dt. 1995/2006). Descartes' Irrtum. Fühlen, Denken und das menschliche Gehirn. München: List.

Dornes, M. (1993). Der kompetente Säugling. Die präverbale Entwicklung des Menschen. Frankfurt a. M.: Fischer.

Dornes, M. (2000). Die emotionale Welt des Kindes. Frankfurt a. M.: Fischer.

Dornes, M. (2002). Ist die Kleinkindforschung irrelevant für die Psychoanalyse? Anmerkungen zu einer Kontroverse und zur psychoanalytischen Epistemologie. Psyche – Zeitschrift für Psychoanalyse und ihre Anwendungen, 56, 888–921.

Ermann, M. (2014). Der Andere in der Psychoanalyse. Die intersubjektive Wende. Stuttgart: Kohlhammer.

Green, A. (2000). Science und science fiction in der Säuglingsforschung. Zeitschrift für psychoanalytische Theorie und Praxis, 15, 438–466.

Herzog, J. (1980). Sleep disturbances and father hunger in 18- to 20-month-old boys: The Erlkoenig Syndrome. The Psychoanalytic Study of the Child, 35, 219–233.

Holquist, M. (1982). The politics of representation. In S. J. Greenblatt (Ed.), Allegory and representation. Baltimore: John Hopkins University Press.

Köhler, L. (2009). Die Bedeutung der Bindungsforschung für die Psychoanalyse. In G. Spangler, P. Zimmermann (Hrsg.), Bindungstheorie. Grundlagen, Forschung und Anwendung. Stuttgart: Klett-Cotta.

Lichtenberg, J. D. (2009). Vorwort zu: Sander, L. W. (2008, dt. 2009). Die Entwicklung des Säuglings, das Werden der Person und die Entstehung des Bewusstseins. Stuttgart: Klett-Cotta.

Nelson, K., Greundel, J. M. (1981). Generalized event representations: Basic building blocks of cognitive development. In M. E. Lamb, A. L. Brown (Eds.), Advances in developmental psychology (Vol. 1). Hillsdale NJ: Erlbaum.

Rovee-Collier, C. K., Sullivan, M. W., Enright, M., Lucas, D., Fagan, J. W. (1980). Reactivism of infant memory. Science, 208, 1159–1161.

Stern, D. N. (1985, dt. 1992/2010). Die Lebenserfahrung des Säuglings. Stuttgart: Klett-Cotta (Original: The interpersonal world oft the infant: a view from psychoanalysis and developmental psychology).

Stern, D. N./The Boston Change Process Study Group (2010, dt. 2012). Veränderungsprozesse: Ein integratives Paradigma. Frankfurt a. M.: Brandes & Apsel.

Trondalen, G. (2013). Obituary present moments. Nordic Journal of Music Therapy, 22 (1), 3–6.

Werner, H. (1948). Comparative psychology of mental development. New York: Follett.

Winnicott, D. W. (1960). The theory of the parent-infant relationship. International Journal of Psycho-Analysis, 41, 585–595.

Anikó Zeisler

Robert N. Emde – von den Grundmotiven zur Selbstentwicklung

Leben und Werk

Robert N. Emde wurde am 29. April 1935 in Orange, New Jersey, geboren. Er ist seit 2005 bis heute – mittlerweile emeritiert – Professor für Psychiatrie an der University of Colorado School of Medicine und aktuell beratend in den Centers for American Indian and Alaska Native Health der Colorado School of Public Health tätig (Hoffman, 2015; zur Details der Vita siehe Emde, 2016). Emde erhielt 1965 die Medical License des Staates Colorado und in den Jahren 1969 bis 1974 absolvierte er erfolgreich eine psychoanalytische Ausbildung. Seit 1976 ist er zertifiziertes Mitglied der American Psychoanalytic Association. Er war jahrelang in verschiedenen Positionen für das National Center for Clinical Infant Programs tätig. Dieses Institut begründete er später neu unter dem Namen »Zero to Three. National Center for Infants, Toddlers and Families«. Darüber hinaus hatte er mehrere Lehrstühle und Positionen im Zusammenhang mit verschiedenen Forschungsprojekten inne, hier ist vor allem seine Arbeit als National Coordinator für das Projekt Early Head Starts zu erwähnen. Außerdem war er Direktor des MacArthur Research Network für Kinder im Übergang zur frühen Kindheit und für Kinder in der frühen Kindheit. Hervorzuheben ist sein herausragendes Engagement im Bereich der Entwicklungspsychologie, Pädiatrie und Psychoanalyse.

Zentrale Konzepte des Autors

Zu den grundlegenden Konzepten Emdes gehört die *Theorie angeborener, in der Fürsorge-Umwelt aktivierter vorprogrammierter sensomotorischer Systeme*, die der ganzen Spezies gemein sind und das ganze Leben über eine Anpassung an die sich stetig verändernde Umwelt ermöglichen. Ein zweites basales Konzept führt von diesen *Grundmotiven* zu einem *affektiven frühen Kernselbst* und zur *Selbstentwicklung*, die eng verknüpft ist mit dem Konzept des prozeduralen Wissens in der Betreuungsbeziehung. Weiterhin beschreibt er das Auftauchen eines *exekutiven Wir-Gefühls* in der Entwicklung, welches die Grundlage für frühe Moralmotive bildet. In einem fortschreitenden Prozess entsteht darüber hinaus ein *gemeinsamer Sinn über geteilte Bedeutungen*.

All diese Konzepte werden zunächst in einem ersten Schritt dargestellt und im nächsten Schritt im Kontext psychoanalytischer Anwendungsbereiche beleuchtet.

Die Grundmotive

Folgende Grundmotive bestimmen nach Emde das frühe Selbst (Emde, 1991a):

Aktivität

In der Beschreibung des ersten Grundmotives stützt Emde seine Annahme auf Forschungsergebnisse von Haith (1980, 1985). Haith beschreibt, dass Säuglinge, wenn sie völliger Dunkelheit ausgesetzt werden, ihre Augen weit geöffnet koordiniert bewegen. Mit etwa zwei bis drei Augenbewegungen pro Sekunde zeigen sie ein visuelles Suchverhalten nach einem Ziel. Weiter beschreibt Haith, dass Säuglinge die Ränder von Mustern mit Augenbewegungen abtasten. Aus diesen Augenbewegungen und den Ergebnissen von Tierstudien folgert er, dass Säuglinge auf diese Weise die Dichte der Netzhautrezeptoren erhöhen. Da Neugeborene über mehr Gehirnzellen verfügen als ältere Kinder, kommt er außerdem zu der Überlegung, dass Säuglinge biologisch darauf vorbereitet sind, visuell aktiv zu werden und ihr Gehirn zu stimulieren.

Das erste Grundmotiv, welches Emde aus diesen Ergebnissen ableitet, ist daher eine angeborene Motivation zur Aktivität. Da dem visuellen System hier eine intrinsische Motivation zugrunde zu liegen scheint, welches weder von Lernen noch von Verstärkung abhängig ist, versteht er diese Aktivität als ein Bedürfnis (Emde, 1991a).

Selbststeuerung

Als zweites Grundmotiv bezeichnet Emde die Selbststeuerung, welche den Erhalt der Integrität bei gefährlichen Situationen oder Veränderungen der Umwelt gewährleistet. Diesem Motiv schreibt Emde die kurzfristige Regulation von Aufmerksamkeit und von Schlaf-wach-Zyklen sowie langfristig die Sicherung lebenswichtiger Entwicklungsfunktionen und des Wachstums zu. Demnach besitzen Kinder Anlagen zur ausgleichenden Selbstkorrektur. Hier stützt sich Emde auf die Befunde von Sameroff und Chandler (1975), wonach Kinder mit unterschiedlichen sensomotorischen Erfahrungen als Kleinkinder dennoch üblicherweise *Objektkonstanz, Vorstellungsintelligenz und Ich-Bewusstsein* (Emde, 1991a, S. 759) entwickeln. Diese Befunde setzt er in Bezug zu dem von Bertalanffy (1968) beschriebenen Konzept der *Äquifinalität*. Darunter wird die Fähigkeit des sich entwickelnden Individuums gefasst, seine Integrität bei größeren Gefahren und Bedrohungen aus der Umwelt zu bewahren.

Emde postuliert weiter eine *Spannkraft* der Entwicklung, welche sich bei Kindern nach einem Milieuwechsel zeige, indem sie die Retardierung infolge einer Deprivation in der frühen Kindheit überwinden.

Darüber hinaus beschreibt er einen angeborenen Antrieb zur Aufnahme von Augenkontakt zur Betreuungsperson, welche eine gewisse Empfänglichkeit zum Gehalten- oder Berührtwerden aktiviert. Auch dieses Motiv beinhaltet eine regulierende Funktion und wird von Emde als soziale Einpassung (Emde, 1991a) oder soziale Adaption (Emde, 2011) bezeichnet.

Soziale Einpassung

Zu diesem Grundmotiv gehören Emdes Meinung nach nicht nur die Unternehmungen des Säuglings, mit denen er Interaktionen initiiert, aufrechterhält und beendet, sondern auch das intuitive elterliche Verhalten in Sprachgesten und Gesichtsausdrücken gegenüber dem Säugling, die in einem langsamen, repetitiven Muster auf ihn gerichtet werden.

Unter dem motivationalen Aspekt fasst er auch die biologisch begründete Bindungstendenz des Säuglings. Er führt hierunter Untersuchungen zur Synchronizität im Verhalten an, welche auf der Grundlage biologischer Prädispositionen das Ineinandergreifen von wechselseitigen, zeitlich aufeinander abgestimmter Aktionen während einer Interaktion zwischen Eltern und Säugling beschreiben.

Es besteht ein angeborener Sinn für soziale Imitation, Reziprozität und dem Halten und Wechseln von Blickkontakten. Auf diese Weise entsteht ein gemeinsamer Raum geteilter Erfahrungen, die hinsichtlich einer affektiven Überwachung durch den Säugling interpunktiert werden.

Affektive Überwachung

Die affektive Überwachung oder das affektive Mentoring als viertes Grundmotiv organisiert Erfahrungen hinsichtlich dessen, ob diese lustvoll oder unlustvoll erlebt wurden. »Die Mutter hört ein Weinen und handelt, um die Ursache des Unbehagens zu beheben; sie sieht ein Lächeln und hört ein Gurren und kann nicht widerstehen, eine spielerische Interaktion fortzusetzen« (Emde, 1991a, S. 761).

Diese hier genannten vier Motive versteht Emde als angeborene Grundlage des Säuglings, die sich im Laufe der Evolution ausgebildet haben und es ihm ermöglichen, mit seiner Umwelt in Interaktion zu treten. Sie bleiben ein Leben lang erhalten. In dieser Interaktion mit seiner Umwelt, oder spezieller in der alltäglichen Interaktion mit seiner Bezugsperson, bildet sich ein frühes Selbst mit einem affektiven Kern.

Kognitive Assimilation

Das fünfte Grundmotiv knüpft direkt an der Aktivität an. Unter kognitiver Assimilation versteht Emde die Tendenz des Säuglings, neue Erfahrungen und Informationen entsprechend dem Vertrautem einzuordnen, zu verarbeiten und zu strukturieren. In ihm findet sich eine vorwärts orientierte Ausrichtung, in dem Sinne, Neues zu explorieren und vertraut zu machen. Und diese Tendenz zeigt die dem Säugling von Beginn an innewohnende angeborene Lernbereitschaft. Dieses Streben nach dem Neuen und die Offenheit dafür stellen für Emde auch einen wesentlichen Bestandteil der analytischen Therapie dar.

Der affektive Kern

Emde beschreibt die Grundmotive als populationsübergreifend und das Überleben sichernd. Individuelle Unterschiede in der Ausprägung entstünden insofern nur im Rahmen der Beziehung zur Bezugsperson. Zwei Komponenten bilden zusammen das frühe Selbst aus: »The early self has dual origins in (1) a set of motives that are strongly biological prepared and (2) everyday interactions with caregivers who are emotionally available« (Emde, Biringen, Clyman u. Oppenheim, 1991, S. 251). Auf diese Weise würden allgemeine Kontinuitäten zu spezifischen, die wiederum verinnerlicht werden. Durch die Affektivität erhält unsere Erfahrung Kontinuität, da diese eine Bewertung des Erlebten erlaubt.

Das Affektleben ermöglicht uns das Verstehen des Anderen. Nach dem dritten Lebensmonat ist das Gefühlsleben nach dem Lust- und Unlustcharakter organisiert. Über die Affektivität wird ein Austausch emotionaler Signale, wie Mitteilungen über Bedürfnisse, Intentionen und Befriedigung, zwischen dem Säugling und der Bezugsperson ermöglicht. Affektive Signale liefern einerseits inneres Feedback und andererseits ein soziales Feedback, wodurch sie die Konsolidierung einer angepassten Funktionsweise auf eine höhere Organisationsebene bringen (Emde, 1991b). Laut Emde bietet die Affektivität mehr noch als die alleinige Befriedigung von Bedürfnissen: Sie ermöglicht das, was Klinnert, Emde, Butterfield und Campos (1986) unter *social referencing (soziale Rückversicherung)* verstehen. Durch die Rückversicherung auf die Signale der Mutter kann das Kleinkind in mehrdeutigen Situationen mit ungewissem Ausgang eine Bewertung vornehmen – insbesondere dort, wo es selbst keine Erfahrungen besitzt. Der Austausch emotionaler Signale geschieht hier vor allem außerhalb des Bewusstseins.

Auf diese Weise ist der affektive Kern Bestandteil des prozeduralen Wissens (Emde, 1991b). Das Teilen von Gefühlen, vor allem von positiven, sieht Emde als Anreiz zur sozialen Interaktion, in dem ein Raum zur Erkundung und zum Lernen entsteht. Negative Gefühle seien isoliert von den positiven organisiert und würden seltener geteilt. Mit Bezug auf Stern (1985) sieht Emde in positiven Gefühlen wie Freude und Interesse Hauptindikatoren für eine Affektabstimmung (Emde, 1991a). Darüber hinaus ist der sensitivste klinische Indikator für emotionale Zugänglichkeit das Vorhandensein oder Fehlen von positiven Gefühlen.

Durch die Verinnerlichung von Regeln bei diesen Interaktionen entwickelt sich Emdes Verständnis nach ein frühes moralisches Selbst. Die verinnerlichten Gebote – in Abgrenzung zu den späteren Verboten – seien ein Grund dafür, dass einige Kinder bereits früh ein kooperatives, prosoziales Verhalten zeigen. Er stellt hier eine Verbindung zu Hartmanns (1939/1960) »konfliktfreier Sphäre« her, in der die Ich-Entwicklung anstelle von Konfliktsituationen in frühen Entwicklungsphasen stattfindet. Die verinnerlichten Regeln seien hier als frühe Moralmotive zu verstehen, die aus dem eigenen angeborenen Antrieb und dem Erleben der Betreuungsbeziehung resultieren. Daher sind diese in gewisser Weise auf das Grundmotiv der sozialen Einpassung zurück zu führen.

Das wechselseitige Sich-ins-Gesicht-Schauen illustriert Regeln einer Gegenseitigkeit, welche sich im frühen Interaktionsverhalten zeigen. Diese Wechsel im Blickkontakt führt Emde (1991b) außerdem als Beispiel von prozeduralem Wissen an. Der Bereitschaft zum Wechsel und zur Kooperation schreibt er einen prosozialen Motivationsfaktor zur empathischen Aktivierung zu. Als Beispiel führt er hier Beschreibungen von Radke-Yarrow, Zahn-Waxler und Chapman (1983) sowie Zahn-Waxler und Radke-Yarrow (1982) an, in denen in der Mitte des zweiten Lebensjahres Tröstungsversuche, Reaktionen von Bekümmerungen, Bemühungen des Helfens und Teilens gezeigt werden, mit denen auf das Unbehagen des Anderen reagiert wird (Emde, 1991a). Empathie erscheint hier als natürliche Reifungsgrundlage und Ausgangspunkt für die Einschränkung kleinkindlicher Aggressionen. Es scheint hier ein gemeinsamer Erlebensraum zu entstehen, in dem Intentionen geteilt werden. Die Intersubjektivität bietet für Emde das Rüstzeug für eine spätere Kommunikationsfähigkeit.

Die frühen Moralgefühle entstehen seiner Meinung nach durch das Teilen positiver Affekte wie beim frühen Stolz, aber auch durch Gefühle der Scham

und verletzte Gefühle, als mögliche Vorläufer für Gefühle der Schuld. Sie lassen sich durch folgende Merkmale beschreiben (Emde, 1991a, S. 769):
1. Sie überwiegen intern, sind komplexer als einzelne Emotionen und besitzen daher keine einfache Entsprechung zum emotionalen Ausdruck im Gesicht.
2. Sie basieren auf den gemeinsamen vergangenen Erfahrungen und einer gemeinsamen Geschichte des Kindes und der bestimmten anderen Person, daher basieren sie auf Beziehungen.
3. Sie basieren auf Empfindungen von Kampf, Dilemma und Konflikt.
4. Sie sind antizipatorisch, indem sie Konsequenzen eines intendierten Ereignisses verkünden oder repräsentieren.

Das Teilen einer frühen Form von *Stolz* signalisiert im zweiten Lebensjahr, das einer Norm oder einer Regel in einer gegebenen Situation erfolgreich entsprochen wurde. Das Ausführen einer verbotenen Handlung ist im Gegensatz dazu, laut Emde, für ein Kleinkind – sofern sie internalisiert wurde – mit der Aversion von Blickkontakt, einem Ausdruck von Unlust und einer Kraftlosigkeit gegenüber der Ausführung verbunden.

Alle vorangegangenen Motive bilden zusammengenommen das, was Emde als *frühe Beziehungsmotive* bezeichnet. Es existiert hier ein expliziter Bereich geteilter Emotionen und geteilter Bedeutung, die in den ersten drei Jahren verinnerlicht werden. Das Kind erlebt eine Sicherheit in der Verfügbarkeit seiner Eltern, welche sich in einem Gleichgewicht von Interesse, Neugier und Erkundung in Anwesenheit der Bezugspersonen zeigt (Emde, Gaensbauer u. Harmon, 1982). Das Kind erlernt aus der wechselseitigen Bezugnahme und dem Teilen positiver Affekte das Beherrschen der eigenen Ziele wie auch der von den Eltern geförderten. Dieser Aspekt der geteilten Bedeutung besitzt eine Tendenz zur Wiederholung, der dann im Rahmen einer psychoanalytischen Behandlung an neuer Bedeutung gewinnt und im folgenden Abschnitt näher beschrieben wird.

Die wechselseitige Bezugnahme erleichtert den Prozess der Imitation der Eltern und der Identifikation. Kinder im Alter von 36 Monaten zeigen eine Verinnerlichung von Verboten, indem sie diese auch befolgen, wenn die Eltern abwesend sind. Diese Einhaltung eines vorangegangenen Verbotes beinhaltet ein Gefühl für die Präsenz des Anderen in dessen Abwesenheit, welches Emde als *exekutives Wir-Gefühl* bezeichnet.

Auf diese Weise beschreibt er drei interagierende Wege des Selbst: das Ich-Gefühl; das Gefühl für den Anderen und ein Wir-Gefühl. Das Kind sei jetzt in der Lage, sich in einem gemeinsamen Fühlen und einer gemeinsamen Aufmerksamkeit abzustimmen. Der Ausdruck einfacher Motivationszustände durch emotionale Signale ändert sich zu einem Prozess des Aushandelns mit dem Anderen. Es werden eine geringe Intensität und gemischte Signale verwendet, um einen Diskurs emotionaler Signale zu beginnen. Die Reaktionen sind zielgerichtet und erfahren solange Modifikationen, bis ein Kompromiss in einem gemeinsamen Endpunkt gefunden wird.

Das frühe Selbst beinhaltet mit all diesen Motiven eine regulatorische Funktion des Erhalts einer Integrität. »We think of self as an organizing mental process and as a regulator of experience (where this includes an individual's sense of continuity, confidence, competence, mastery, and, later in age, esteem)« (Emde et al., 1991, S. 252).

Die Bedeutung des entwicklungsorientierten Ansatzes für die Psychoanalyse

Folgerungen aus Forschungsbefunden für den Entwicklungsverlauf

Anhand von Emdes Arbeiten 1991a und 1991b sollen die für die Psychoanalyse wesentlichen Punkte mithilfe von aktuellen Forschungsergebnissen dargestellt werden. Dabei werden auch jüngere Arbeiten Emdes herangezogen.

Emde beschreibt, dass Längsschnittstudien zur Entwicklung (McCall, 1979; Kagan, 1984) ergaben, dass die Vorhersagbarkeit für Verhalten in der frühen Kindheit auf spätere Jahre gering ist. Ausgehend von der Annahme einer unauslöschbaren Wirkung von frühen Erfahrungen musste sich die Entwicklungspsychologie dieser überraschenden Erkenntnis gegenübersehen. Durch belegbare Fälle konnte hier aufgezeigt werden, dass ein größeres Defizit oder ein Trauma in der frühen Kindheit ohne nachhaltige Wirkung blieb (Clarke u. Clarke, 1976; Emde, 1981; Kagan, Kearsley u. Zelaso, 1978). Daher ist für Emde die frühkindliche Entwicklung gleichermaßen von Veränderungen gekennzeichnet wie durch Stabilität.

Auf diese Weise stehen sich die von Freud in seiner Arbeit »Die endliche und die unendliche Analyse« (1937) beschriebene Kontinuität im Sinne eines frühkindlichen Determinismus der Feststellung einer geringen Vorhersagbarkeit des Verhaltens im Erwachsenenalter durch das frühe Kindesalter gegenüber. Auf der einen Seite beklagt Freud laut Emde die voraussagbare rigide Natur neurotischen fehlangepassten Verhaltens, und auf der anderen Seite beklagen die Entwicklungsforscher die mangelnde Vorhersagbarkeit über die Zeit hinweg. Diese zunächst scheinbar unvereinbare Differenz bezeichnet Emde als das *Entwicklungsparadoxon*.

Diesen Zwiespalt will er (1991a) durch neuere Erkenntnisse der Säuglingsforschung wie auch seines Konzepts der Grundmotive und epigenetischer Erkenntnisse auflösen. Zunächst beschreibt er eine gewisse Plastizität bei Säuglingen, mit denen es ihnen möglich ist, sich an verschiedene Umgebungen zu adaptieren. Es ist ihnen also durch eine Verhaltensvariabilität möglich, sich ganz unterschiedlichen Umgebungen zuzuordnen. »Auf Grund neuerer Untersuchungen wissen wir, dass der Säugling ein aktives komplex organisiertes Wesen ist, dessen Entwicklung sich in größeren Transformationen vollzieht« (Emde, 1991a, S. 748 f.). Diese Komplexität, so Emde, nimmt im Verlauf des Lebens weiter zu und ist der Grund dafür, dass es immer ein gewisses Maß an Nicht-Determiniertheit geben wird und dass wir uns in einem gewissen Umfang immer voreinander verborgen sein werden. Er führt an dieser Stelle Befunde der Molekular- und Zellbiologie aus, welche aufzeigen, dass gewisse Gene sich im Entwicklungsverlauf ein- und ausschalten und sich Erbeinflüsse im Verlauf des Lebens wandeln. Auf diese Weise können genetische Erbfaktoren auch im späteren Leben durch Umwelteinflüsse aktiviert werden und in späteren Entwicklungsphasen zum Tragen kommen. Diese Wirkungsweise genetischer Faktoren stützt er auf die Befunde von Plomin (1986). Als klinische Beispiele führt er hier Schizophrenie und Alkoholismus an.

Die Betrachtung der Entwicklungspsychologie aus dem Blickwinkel der *Populationsgenetik des Verhaltens* (Emde, 1991a, S. 750) ist für das Verständnis von Psychopathologien in gewisser Weise innovativ. Hier gelingt es Emde, die Trennung von Natur auf der einen Seite und Umwelt auf der anderen aufzuweichen. Als ein Beispiel für Kontinuität führt er die extreme Schüchternheit als eine Form des Temperamentes in der frühen Kindheit an. Dabei bestehe eine Kontinuität für eine gewisse Untergruppe im Verhalten und in physiologischen Reaktionsmustern. Er führt diese aber auch in Bezug auf die Verhaltensentwicklung an, die wechselseitige Beziehungen voraussetzt. Bei der Kontinuität im Temperament beschreibt er eine Abhängigkeit von der Güte des Zusammenpassens mit der betreuenden Umwelt.

Grundlegend ist hierbei, dass nicht das allgemeine Milieu von Bedeutung ist, sondern wie ein spezifisches Milieu in spezifischer Weise erlebt wird. Kontinuität ist daher abhängig von dem spezifischen Erleben der Betreuungsbeziehung. Insofern hat diese mit internalisierten Beziehungsstilen und damit einhergehenden Verhaltensmustern zu tun, die sich in ähnlichen Beziehungen reaktivieren (Shaver u. Hazan, 1985). Die späteren Liebesbeziehungen von Erwachsenen und Gefühle der Einsamkeit stehen in einem signifikanten Zusammenhang zu den frühen Bindungsbeziehungen zu den Eltern.

Emde verweist an anderer Stelle auch auf Winnicott (1965, dt. 1974), der multiple innere Muster des Selbst und der Bindungsfiguren postuliert (Emde, 1991b,

S. 897), die sich zur Zeit des Sprachbeginns entwickeln. Wenn die Betreuungsfigur nicht verfügbar, abweisend oder frustrierend ist, besteht die Gefahr, dass das Kind beginnt, Informationen defensiv auszuschließen und zu vermeiden. Als Beispiel führt Emde hier die verbale Negation von schmerzlichen Erfahrungen des Kindes durch die Bindungsfigur an. Diese multiplen Muster würden auf diese Weise in ihrer affektiven Bewertung eingeengt: Entweder können sie durch das Aberkennen der Gefühle des Kindes immer negativ gefärbt sein oder es können neue, andere Erfahrungen nicht mehr so einfach internalisiert werden.

Die Konzepte abgewehrter schmerzlicher Affekte und einer sicheren Ausgangsbasis bekommen in der analytischen Behandlung insofern eine grundlegende Bedeutung, als sich diese frühen Erfahrungen durch Wiederholungen und den Versuch des Auflösens des Konfliktes in der therapeutischen Gegenwart reinszenieren. Emde (2011) beschreibt die Bedeutung der Gegenwart, Vergangenheit und Zukunft in der Therapie.

Merkmale des entwicklungsorientierten Ansatzes in der therapeutischen Arbeit

Emde betont den entwicklungsorientierten Ansatz der Psychoanalyse, den die Psychoanalyse in ihren Anfängen seiner Meinung nach schon immer besaß. Der entwicklungsorientierte Ansatz würde bei der therapeutischen Arbeit nicht nur die Reduktion von Leiden und Symptomen und das Auflösen repetitiver fehlangepasster Verhaltensmuster umfassen, sondern darüber hinaus auch zu Neuanfängen anregen. In einer Atmosphäre von Sicherheit, Vertrauen und Empathie soll es dem Patienten in der Therapie möglich werden, neue Zusammenhänge herzustellen und fehlangepasste Verhaltensmuster wahrzunehmen, bewusst zu hemmen und darüber hinaus neue adaptive Möglichkeiten der Lebensgestaltung zu erkennen und zu erproben (Emde 2011).

Emde führt sechs Kennzeichen des entwicklungsorientierten Ansatzes an. Sie sind unterteilt in drei zeitliche Aspekte und drei Aspekte der Verfügbarkeit des Therapeuten.

Unter dem *zeitlichen Aspekt* beschreibt er:

(1) Die *Nutzbarmachung der Vergangenheit für die Entwicklungsgegenwart*. Die unbewussten Konflikte und Phantasien sollen innerhalb der langfristigen, intensiven therapeutischen Beziehung reaktiviert und über das Verstehen zugänglich gemacht werden. In der aktuellen Gegenübertragung der therapeutischen Begegnung soll die Vergangenheit durch das Wiederbeleben zentraler Konfliktthemen nutzbar gemacht werden. Ziel ist es, dass der Patient ihre Einflüsse auf die Gegenwart versteht, Handlungsalternativen wahrneh-

men kann und neue Erkenntnisse in der Entwicklungsgegenwart findet. Emde verweist hier auf Fleming und Benedek (1966) und zeigt auf, dass der Patient das, »was *einst* wahr gewesen ist, von dem zu unterscheiden lernen muss, was *jetzt* essenziell ist« (Emde, 2011, S. 782). Auch betont er mit Verweis auf Settlage et al. (1988), dass mit dem Voranschreiten der Entwicklung und der Entwicklungsthemen (z. B. die eigene Vergänglichkeit) das Adaptionsniveau eine höhere Ebene erreichen muss.

(2) Als zweiten Punkt gibt Emde an, dass die analytische Arbeit den *nach vorne gerichteten Prozess* einschließen muss. Bereits weit vor dem Ende der analytischen Therapie muss der imaginierte künftige Zustand mit berücksichtigt werden. Der Wunsch, der in dem repräsentierten Szenario im Sinne der Erwartungen künftiger Handlungen und Ziele enthalten ist, ist daher in der Therapie von großer Bedeutung. Die Vergangenheit muss in die Vorstellung des zukünftigen Selbst mit einbezogen werden. Die frühkindlichen Beziehungserfahrungen ließen sich dadurch über die Befriedigungen und Frustrationen der gegenwärtigen und künftigen Situationen antizipieren. Die affektiven Repräsentanzen des Selbst kommen hier zum Tragen.

(3) Der dritte zeitliche Aspekt umschließt die *motivationalen Aspekte* des Entwicklungsprozesses, unter denen Emde die Grundmotive fasst, da diese auch in späteren Entwicklungsphasen wirksam bleiben und damit in der therapeutischen Situation präsent sind.

Unter den *Aspekten der Verfügbarkeit des Therapeuten* fasst Emde allem voran die Empathie, die Bereitschaft, Affekte zu regulieren durch die Herstellung geteilter Bedeutungen und die Bereitschaft, den Patienten beim Betreten von Neuland zu unterstützen – insbesondere auch am Ende der Therapie. Die Verfügbarkeit des Analytikers ermöglicht erst einen Raum zum therapeutischen Handeln, indem in diesem Raum eine vertrauensvolle Atmosphäre und ein Gefühl der Vertrautheit entstehen.

(4) Für die *Empathie* sind nach Emde drei Facetten bedeutsam, die dem Patienten eine Grundlage des Verstehens der eigenen gegenwärtigen Handlungen bieten:

1. Die erste Facette ist die *korrigierende Erfahrung* von Empathie, die auf das Fehlen der Empathie der Betreuungsfigur in der frühen Kindheit abzielt, da die Erfahrung eines solchen Mangels die Entstehung psychopathologischer Störungen massiv begünstigt.
2. Die zweite Facette ist die *empathische Haltung* des Analytikers, welche er mit der diatrophischen Haltung nach Gitelson (1962) und Spitz (1956) vergleicht. Diese soll es dem Patienten ermöglichen, die schmerzlichen Affekte, die ihn bedrängen, genauer zu betrachten und eine Wertschätzung für das

Unerwartete zum Ausdruck bringen. Diese Haltung soll darüber hinaus auch ein Interesse an »Fehlern« vermitteln, welche in der inszenierten Konfliktkonstellation entstehen. Und es soll vermittelt werden, dass der kreative Umgang mit diesen »Fehlern« in der Vergangenheit Anerkennung verdient.
3. Die dritte Facette ist die Idee einer *affirmativen* Empathie. In diesem Sinne sollen nicht nur die Zusammenhänge von Vergangenheit und Gegenwart hergestellt werden, es soll darüber hinaus ein Empfinden von Kontinuität auftauchen. Der Patient soll sich auf diese Weise mit seiner Vergangenheit verbunden fühlen. Er soll in gewisser Weise dazu befähigt werden, eine empathische Haltung gegenüber seinem eigenen vergangenen Selbst einzunehmen. In dieser Verfügbarkeit manifestiert sich die Regulierung der Affekte. Sie fördert ein psychisches Gleichgewicht und soll die Integrität des Ichs herstellen und bewahren. Über diese Regulierung sollen sich optimale Bedingungen und ein sicherer äußerer Rahmen für Erkundungsverhalten bilden. Emde betont hier die Balance zwischen affektivem Erleben und Deutungsaktivität. Der Analytiker übt eine Containerfunktion aus, wodurch sich nach und nach eine Zone des gemeinsamen Verstehens eröffnet.

(5) *Affektregulierende Funktion durch geteilte Bedeutungen.* Mit dem Verständnis von Affekten als adaptive, organisierende und antizipatorische Vorgänge, welche grundlegende Bewertungs- und Anpassungsfunktionen übernehmen, wird die Verfügbarkeit des Therapeuten begründet. Ein Signalaffekt wie Angst kann somit in niedriger Dosierung eine regulierende Funktion beinhalten. Über diese Affekte wird das Erfordernis nach der Verfügbarkeit des Therapeuten erfahrbar. Diesen Aspekt behandelt Emde unter dem Punkt der von Patient und Therapeut geteilten Bedeutungen.

Die Empathie soll – so Emde – auch den Bereich der Kognitionen umfassen und eine Perspektivenübernahme beinhalten. Er vergleicht diese mit der *stellvertretenden Introspektion* von Kohut (1959, dt. 1977). Wesentlich ist für Emde, dass die Deutungen der Entwicklungsebene des Patienten entsprechen müssen, daher müssen sie im Kontext der Entwicklung entstehen und eine Vorwärtsorientierung beinhalten. Sie sollen nicht nur auf komplexe Affekte gerichtet sein, sondern auch mögliche Intentionen des Patienten enthalten, um auf diese Weise in die Zone des nächsten Entwicklungsschrittes hineinzuoperieren (Emde, 2011). Durch die Ausrichtung auf geteilte Bedeutungsaspekte soll sich hier eine Vertiefung des Übergangserlebens einstellen.

Der Patient soll befähigt werden, zwischen dem *Vergangenem* und dem *Jetzt* zu unterscheiden und gleichsam die vergangenen Erfahrungen in die Gegenwart und Zukunft zu integrieren: »Er kann die eigene Biographie als hilfreich begreifen und würdigen und sich von begleitenden Vorfahren anstatt von Geistern begleitet wissen« (Emde, 2011, S. 793).

Die Beziehung zum Therapeuten soll dem Patienten die Herausbildung eines exekutiven *Wir-Gefühls* ermöglichen, in dem ein Gefühl von Verbundenheit neben dem der Autonomie bestehen kann, ohne dabei in Konkurrenz zueinander zu stehen. In dieser neugewonnenen Wechselseitigkeit und geteilten Bedeutung soll das letzte der sechs Kennzeichen Beachtung finden:

(6) Die »*Verfügbarkeit [des Therapeuten] für das Betreten von Neuland*« (Emde, 2011, S. 792). Das Teilen gemeinsamer Bedeutung schreibt Emde dem Ende der Therapie zu. In dieser Phase sei es auch vonnöten, nicht nur Konfliktkonstellationen und deren Bedeutung für die Gegenwart und Zukunft aufzuarbeiten, sondern auch die Erfahrungen des Patienten in der Therapie zu reflektieren. Emde bemängelt an dieser Stelle die geringe Anerkennung von Übungserfahrungen in der Psychoanalyse, mit welchen sich der Patient vor dem Ende der Therapie ausprobieren könnte. Dies sei ein wesentlicher bedeutungsstiftender Bestandteil für die Zukunft des Patienten.

Psychoanalyse und die Nachbarwissenschaften

Emde scheint die Zukunft der Psychoanalyse sehr dicht an den Neurowissenschaften zu sehen, indem er den Einfluss von Genfaktoren auf die Regulation des Gehirns beschreibt. Die adaptive Gestaltung der Umwelt könnte sich in diesem Sinne präventiv als nützlich erweisen, nur liegt die Gestaltung der Umwelt in einem solchen Ausmaß nicht in der Macht des Säuglings. Es genüge also nicht, an dieser Stelle zu verharren.

In mehreren Aufsätzen, unter anderen dem von 2011, führt Emde Überlegungen zur Zukunft der Psychoanalyse aus. Hier stützt er sich aber vor allem auf neurobiologische Befunde wie der neuronalen Plastizität und der Entdeckung inhibitorischer Vorgänge im Gehirn, welche das Verhalten beeinflussen. Man müsse die Erkenntnisse der Neurowissenschaften in das analytische Verständnis von Störungen integrieren und auf diese Weise – auf der Grundlage biopsychologischer Krankheitsmodelle – präventive Ansätze mit Blick auf genetische Prädispositionen verfolgen und den Fokus auf die Regeneration und Gesundheitsförderung richten.

Auch sieht Emde in der Entwicklungsbiologie einen wichtigen Nährboden für Theorien zum Verständnis von Adaptionsprozessen:. »Nach der erfolgreichen Sequenzierung des menschlichen Genoms häufen sich Entdeckungen zu Genvarianten, auf die sich Krankheitsrisiken, Risiken therapeutischer Nebenwirkungen sowie die Wirksamkeit von Medikamenten und anderen biologisch fundierten Behandlungsmethoden zurückführen lassen« (Emde, 2011, S. 797). An dieser Stelle verweist Emde auch auf die Annahme Collins (2010), dass es der zukünftigen Medizin möglich sein wird, anhand der Analyse und Berücksichtigung des Erbgutes des einzelnen Patienten eine individualisierte Therapie als Regelleistung durchzuführen.

Möglicherweise werden die Neurowissenschaften und biologischen Befunde einen maßgeblichen Anteil an der Aufklärung prädispositionaler Einflüsse auf die Pathogenese verschiedener Krankheiten haben, aber kritisch ist in Bezug auf die Ausführungen Emdes anzumerken, dass diese Befunde nicht erklären, was genau es ist, das dem Patienten in der Psychotherapie hilft. Die Frage bleibt damit offen, wodurch eine Therapie als eine erfolgreiche wahrgenommen wird und welche internalisierten Regeln der Interaktion bedeutsam sind, die wir in der frühen Kindheit erleben.

An anderer Stelle knüpft Emde an die Befunde von Luborsky, McLellan, Woody, O'Brien und Auerbach (1985) an, welche herausfanden, dass die Art, wie Therapeut und Patient im Anfangsstadium der Behandlung miteinander umgehen, aussagekräftiger für den Erfolg einer Psychotherapie ist als andere Faktoren. Das *Zueinanderpassen* (Stern, 2002) und *wie* dem Patienten in einer Therapie geholfen werden kann, sind zukunftsweisend: Welche Aspekte in der Interaktion sind es genau, die dem Patienten in der Therapie helfen? Da es bestimmte internalisierte Regeln über das »*Wie* eine Interaktion durchzuführen ist« existieren, müssen diese untersucht werden. Hier sind vor allem Erkenntnisse der Konversationsanalyse anzuführen, welche beispielsweise die *Repairs* von sogenannten *Ruptures* in einer Interaktion beschreiben (Schegloff, Jefferson u. Sacks, 1977). Die Befunde von Merten (2005) weisen darauf hin, dass die detaillierte Analyse des Gesichtes des Therapeuten suizidaler Patienten besser vorhersagt, ob sich diese suizidieren werden oder nicht, als die verbale Einschätzung des Therapeuten selbst. Diese Untersuchungen eröffnen ein weiteres Feld, das es zu beforschen gilt.

Der Fokus auf die positiven Gefühle und deren Bedeutung für die Zukunft beinhaltet einen positivistischen Blickwinkel auf die Therapie, der sowohl in der Arbeit mit Kindern als auch mit Erwachsenen neue Möglichkeiten eröffnet. Doch auch an anderer Stelle scheinen die Überlegungen Emdes richtungsweisend. Das positivistische Denken könnte beim Verstehen von Konstrukten wie dem *Posttraumatic Growth* (Tedeschi u. Calhoun, 1995) helfen. Ein anderer Ansatz könnte sich hier im Bereich der Resilienzforschung ergeben, bei der die Kontinuität internalisierter positiver Gefühle einen Schwerpunkt bildet.

Emde verweist auch auf Forschungen zur Gestaltung von Interaktionen. So greifen die Befunde von Ramseyer und Tschacher (2016) beispielsweise die Idee der Synchronizität auf und stellen sich die Frage nach der Koordination von Bewegungen von Patient und Therapeut.

An anderer Stelle erwähnt Emde die Befunde von Shaver und Hazan (1985), indem er die Reaktivierung der in der frühen Kindheit internalisierten Beziehungserfahrungen in den späteren Liebesbeziehungen im Erwachsenenalter beschreibt. Diesen Befund haben Mikulincer und Shaver (2007) weiterverfolgt und ein Modell der Bindungsaktivierung entwickelt.

Schließlich greift Emde den Aspekt der nonverbalen Kommunikation in neueren Publikationen auf, indem er auf das Konzept des Embodiment eingeht (Emde, 2013). Dieses Konzept bietet vielfältige Denkräume, in denen Emde meint, das affektive Kernselbst hineindenken zu können. Wie erlebt der Patient z. B. Affekte der Angst? Etwa durch eine zunächst physische Reaktion: durch das Gefühl einer erhöhten Herzrate, einem Zittern oder Schwitzen und darüber hinaus einem retrosternalen Brennen. Welche somatischen Gegebenheiten veranlassen es, diesen oder jenen Affekt zu erkennen? Letztlich erfolgt Kommunikation immer über den Körper, durch die Bildung von Lauten durch spezifische Konstellationen der Stimmritzen und der Atmung oder nonverbal durch Bewegungen.

Erst wenn mittels neuerer Erkenntnisse die wirksamen Faktoren einer Therapie ermitteln werden, besteht die Möglichkeit – so Emde –, entscheidende Fehler zu vermeiden. So ist das Zueinanderpassen auch Bestandteil der Ausführungen von Kächele und Caspar (2012), in denen sie eine mögliche »Fehlerkultur« beschreiben.

Die bleibende Relevanz der Erkenntnisse und Thesen Emdes

Die Arbeiten von Emde beherbergen eine große wissenschaftliche Bandbreite, an welche aktuelle Forschungen in vielfacher Weise anknüpfen können:

Die *Grundmotive* und der *affektive Kern* berühren sich z. B. mit den Konzepten jüngerer psychoanalytischer Entwicklungstheorien wie der Affektregulierung und Mentalisierung. Mit Emdes Hinweis auf eine *angeborene Fähigkeit zur Aktivität* wird dem Säugling ein *urtümliches Moment für die Regulation von Affekten* zugeschrieben. Die Aktivität bietet gleichsam den Mutterboden für alle weiteren entwickelten Fähigkeiten. Die Selbstkorrektur, welche lebenswichtige Funktionen über die Entwicklung sichert, begründet die Herausbildung einer Objektpermanenz, einer Vorstellungsintelligenz und des Ich-Bewusstseins.

Die *Objektpermanenz* ermöglicht ein selbstbestimmtes Handeln, bei dem die fortwährende Anwesenheit des Anderen nicht erforderlich ist. Die Regulation des Sicherheitsbedürfnisses, welche sonst der Bindungsperson zukommt, wird durch diese Fähigkeit überbrückt. Insofern wird ein Balancieren zwischen Sicherheitsbedürfnis und Exploration über einen längeren Zeitraum ermöglicht. Hier berührt Emdes Theorie die Konzepte der Bindungstheorie.

Die *Vorstellungsintelligenz,* die Emde beschreibt, lässt sich als eine frühe Form der Intentionalität verstehen. Diese Fähigkeit ermöglicht es im Laufe der Entwicklung, komplexere Zusammenhänge zu erkennen und zu verstehen.

Die *soziale Einpassung,* die *affektive Überwachung* und die *kognitive Assimilation* ermöglichen in ihrer Gesamtheit ein Verständnis von Affektivität.

Die Bewertung des Erlebens als lustvoll oder unlustvoll und die Bewertung durch den Anderen in der Reaktion auf den eigenen Affekt lassen Zustände als erstrebenswert oder ungewollt erkennen.

Der *affektive Kern* ist durch seine zwei Komponenten – der biologische und interaktionsbedingte Anteil – Ausgangspunkt für viele entwicklungsbedingte Störungsbilder. Emde misst ihm bei der Entwicklung einer Moralität, eines Wir-Gefühls und eines Selbstgefühls eine zentrale Bedeutung zu. Daran lassen sich diverse Modelle zur Pathogenese anknüpfen bzw. damit neu denken. Insofern kann dem entwicklungspsychologischen Modell Emdes eine gewisse Universalität zugeschrieben werden, dessen Bedeutung sich vor allem über die angeborene Fähigkeit zur Aktivität erschließt.

Emde vertritt mit allem Nachdruck die These, dass die *Integration neuerer empirischer Befunde und Konzepte* für die Weiterentwicklung und Beurteilung von Interventionen und Präventionsprogrammen unabdinglich ist, sowohl für den Patienten als auch für die Zukunft der Psychoanalyse.

Literatur

Bertalanffy, L. v. (1968). General system theory. foundations, development, applications. New York. Braziller.
Calhoun, L. G., Tedeschi, R. G. (Eds.) (2006). The handbook of posttraumatic growth: Research and practice. Mahwah NJ: Erlbaum Associates Publishers.
Clarke, A. M., Clarke, A. D. B. (1976). Early experience: myth and evidence. New York: The Free Press.
Collins, F. S. (2010). The language of life: DNA and the revolution in personalized medicine. New York: Harper Collins.
Emde, R. N. (1981). Changing models of infancy and the nature of early development: remodeling the foundation. Journal of the American Psychoanalytical Association, 29, 179–219.
Emde, R. N. (1991a). Die endliche und die unendliche Entwicklung. I: Angeborene und motivationale Faktoren aus der frühen Kindheit. Psyche – Zeitschrift für Psychoanalyse und ihre Anwendungen, 45 (9), 745–779.

Emde, R. N. (1991b). Die endliche und die unendliche Entwicklung. II: Neuere psychoanalytische Theorie und therapeutische Überlegungen. Psyche – Zeitschrift für Psychoanalyse und ihre Anwendungen, 45 (10), 890–913.

Emde, R. N. (2011). Regeneration und Neuanfänge. Perspektiven einer entwicklungsbezogenen Ausrichtung der Psychoanalyse. Psyche – Zeitschrift für Psychoanalyse und ihre Anwendungen, 65 (9–10), 778–807.

Emde, R. N. (2013). Die Präventionswissenschaften der frühkindlichen Entwicklung und die herausfordernden Möglichkeiten für die Psychoanalyse. In M. Leuzinger-Bohleber, R. N. Emde, R. Pfeifer (Hrsg.), Embodiment – ein innovatives Konzept für Entwicklungsforschung und Psychoanalyse (S. 172–189). Göttingen: Vandenhoeck & Ruprecht.

Emde, R. N. (2016). Curriculum Vitae. www.ucdenver.edu/academics/colleges/PublicHealth/research/centers/CAIANH/ncre/Documents/CVMembers/CV%20RNE%20Sept%2011.pdf (4.9.2016).

Emde, R. N., Biringen, Z., Clyman, R. B., Oppenheim, D. (1991). The moral self of infancy: Affective core and procedural knowledge. Developmental Review, 11 (3), 251–270.

Emde, R. N., Gaensbauer, T., Harmon, R. J. (1982). Using our emotions: some principles for appraising emotional development and intervention. In M. Lewis, L. T. Taft (Eds.), Developmental disabilities: theory, assessment, and intervention (pp. 409–424). Dordrecht: Springer Netherlands.

Fleming, J., Benedek, T. (1966). Psychoanalytic supervision: a method of clinical teaching. New York: Grune & Stratton.

Freud, S. (1937). Die endliche und die unendliche Analyse. GW XVI (S. 57–99). Frankfurt a. M.: Fischer.

Gitelson, M. (1962). The curative factors in psycho-analysis: The first phase of psycho-analysis. International Journal of Psychoanalysis, 43, 194–204.

Haith, M. M. (1980). Rules that babies look by. Hillsdale NJ: Erlbaum.

Haith, M. M. (1985). Today's baby: technology's product or nature's accomplishment? Lecture presented at the University of Denver.

Hartmann, H. (1939/1960). Ich-Psychologie und Anpassungsproblem. Stuttgart: Klett.

Hoffman, L. (2015). Early parenting and prevention of disorder: psychoanalytic research at interdisciplinary frontiers. The Psychoanalytic Quarterly, 84, 801–806.

Kächele, H., Caspar, F. (2012). Vom Studium negativer Effekte zur Pflege einer Fehlerkultur. In A. Springer, J. Munz (Hrsg.), Nutzt Psychoanalyse? (S. 237–251). Gießen: Psychosozial-Verlag.

Kagan, J. (1984). The nature of the child. New York: Basic Books.

Kagan, J., Kearsley, R., Zelaso, P. (1978). Infancy: Its place in human development. Cambridge, Mass.: Harvard University Press.

Klinnert, M. D., Emde, R. N., Butterfield, P., Campos, J. J. (1986). Social referencing: The infant's use of emotional signals from a friendly adult with mother present. Developmental Psychology, 22, 427–432.

Kohut, H. (1959, dt. 1977). Introspektion, Empathie und Psychoanalyse. Zur Beziehung zwischen Beobachtungsmethode und Theorie. In H. Kohut, Introspektion, Empathie und Psychoanalyse. Aufsätze zur psychoanalytischen Theorie, zu Pädagogik und Forschung und zur Psychologie der Kunst (S. 9–35). Frankfurt a. M.: Suhrkamp.

Luborsky, L., McLellan, A. T., Woody, G. E., O'Brien, C. P., Auerbach, A. (1985). Therapist success and its determinants. Archives of General Psychiatry, 42, 602–611.

McCall, R. B. (1979). The development of intellectual functioning in infancy and the prediction of later I.Q. In J. Osofsky (Ed.), Handbook of infant development. New York: Wiley.

Merten, J. (2005). Facial microbehavior and the emotional quality of the therapeutic relationship. Psychotherapy Research, 15 (3), 325–333.

Mikulincer, M., Shaver, P. R. (2007). Attachment in Adulthood: Structure, Dynamics, and Change. New York: Guilford Press.

Plomin, R. (1986). Development, genetics, and psychology. Hillsdale, NJ: Erlbaum.
Radke-Yarrow, M., Zahn-Waxler, C., Chapman, M. (1983). Children's prosocial dispositions and behaviour. In P. M. Moussen, E. M. Hetherington (Eds.), Handbook of child psychology (4th ed.). New York: Wiley.
Ramseyer, F., Tschacher, W. (2016). Movement coordination in psychotherapy: synchrony of hand movements is associated with session outcome. A single-case study. Nonlinear Dynamics, Psychology, and Life Sciences, 20 (2), 145–166.
Sameroff, A. J., Chandler, M. J. (1975). Reproductive risk and the continuum of caretaking casualty. In Horowitz, F. D., Hertherington, M., Scarr-Salapatek, S., Siegel, G. (Eds.), Review of child development research (S. 187–244). Chicago/Ill.: University of Chicago Press.
Schegloff, E. A, Jefferson, G., Sacks, H. (1977). The preference for self-correction in the organization of repair in conversation. Language, 53 (2), 361–382.
Settlage, C. F., Curtis, J., Lozoff, M., Lozoff, M., Silberschatz, G., Simburg, E. J. (1988). Conceptualizing adult development. Journal of the American Psychoanalytic Association, 36, 347–369.
Shaver, P., Hazan, C. (1985). Compatibility and incompatibility in relationships. New York: Springer.
Shears, J., Robinson, J., Emde, R. N. (2002). Fathering relationships and their associations with juvenile delinquency. Infant Mental Health Journal, 23, 79–87.
Spitz, R. A. (1956). Transference: the analytical setting. The International Journal of Psychoanalysis, 37, 380–385.
Stern, D. (1985). Affect attunement. In J. Call, E. Galenson, R. Tyson (Eds.), Frontiers of infant psychiatry. New York: Basic Books.
Stern, D. (2002). Nicht-deutende Mechanismen in der psychoanalytischen Therapie. Das »Etwas-Mehr« als Deutung. Psyche – Zeitschrift für Psychoanalyse und ihre Anwendungen, 56 (9–10), 974–1006.
Stern, D. (2004). The present moment in psychotherapy and everyday life. New York: Norton & Company.
Tedeschi, R. G., Calhoun, J. G. (1995). Trauma and transformation: Growing in the aftermath of suffering. Newbury Park: Sage Publications.
Winnicott, D. W. (1965, dt. 1974). Ich-Verzerrung in Form des wahren und des falschen Selbst. In D. W. Winnicott, Reifungsprozesse und fördernde Umwelt (S. 182–199). München: Kindler.
Zahn-Waxler, C., Radke-Yarrow, M. (1982). The development of altruism: alternative research strategies. In N. Eisenberg (Ed.), The Development of prosocial behaviour. New York: Academic Press.

Adrian Kind

Joseph D. Lichtenberg: Psychoanalyse und Kleinkindforschung – Folgerungen für die Selbstentwicklung

Leben und Werk

Joseph D. Lichtenberg wurde am 29. August 1925 in Baltimore im US-Bundesstaat Maryland geboren. Die psychoanalytische Ausbildung durchlief er in den Jahren nach dem Zweiten Weltkrieg am Baltimore Institute. Seine ersten Begegnungen mit der Psychoanalyse hatte er noch zu Schulzeiten, während derer er sich, noch ohne Ambitionen, selbst Psychoanalytiker zu werden, mit Schriften Freuds beschäftigte. Die Entscheidung, Psychoanalytiker zu werden, fiel für Lichtenberg während des Zweiten Weltkrieges, als er an Bord eines Schiffes der Navy stationiert war. Unsicher darüber, ob seine bis dahin gefassten Zukunftspläne, die Karriere als Humanmediziner zu ergreifen, nicht eher den Wünschen seiner Eltern entsprachen als seinen eigenen, entschied er sich für etwas, das er damals als Mittelweg betrachtete: die Psychoanalyse. Als Psychoanalytiker würde er, wie er damals dachte, so etwas wie ein halber Arzt sein.

Während seiner Ausbildung begann er, sich mit Neurowissenschaften und Säuglingsforschung zu befassen. Auf seine theoretische und klinische Ausrichtung hatte der selbstpsychologische Ansatz Kohuts den größten Einfluss. Lichtenberg bringt dies damit in Verbindung, dass der an seinem Ausbildungsinstitut damals dominierende ich-psychologische Ansatz ihm in der Arbeit mit seinen Patienten als unzureichend erschien. Seinem Interesse für andere Therapieansätze und Fachdisziplinen wurde damals vornehmlich ablehnend begegnet, sodass er mehrfach erwog, seine Ausbildung abzubrechen.

Heute praktiziert Lichtenberg als Psychoanalytiker in Washington, DC. Seine Ausbildung als Psychiater durchlief er in Baltimore am Spring Grove State Hospital und Enoch Pratt Hospital, in dem er zudem als klinischer Leiter tätig war. In seinen Artikeln und Büchern beschäftigt sich Lichtenberg vornehmlich mit den Themen Psychose, psychosomatische Erkrankungen, psychoanalytische Theorie, Bindungstheorie, Säuglingsforschung sowie psychoanalytische Technik und angewandte Psychoanalyse.

Neben dieser wissenschaftlichen Tätigkeit engagierte sich Lichtenberg in klinischer und akademischer Lehre. Er gab 1976 als außerplanmäßiger Professor einen Kurs über von Psychoanalytikern verfasste Biografien am Humanities Center des Johns Hopkins University College of Arts and Sciences und ist dort heute Leiter eines kontinuierlich stattfindenden Seminars zum Thema Kreativität. Außerdem ist er Gründer sowie Supervising and Training Analyst des Institute of Contemporary Psychotherapy and Psychoanalysis Washington, DC. Neben seiner Position als emeritierter Clinical Professor of Psychiatry an der Georgetown University gehören zu seinen wichtigsten Aufgaben innerhalb der institutionellen Psychoanalyse seine ehemalige Präsidentschaft der Baltimore Psychoanalytic Society und der International Association of Psychoanalytic Self Psychology.

Heute ist Joseph D. Lichtenberg Mitglied des Washington Center for Psychoanalysis. Die wichtigen redaktionellen Tätigkeiten Lichtenbergs bestehen in der Herausgeberschaft des Psychoanalytic Inquiry und der Psychoanalytic Inquiry Book Series.[1]

Säuglingsforschung und die Entwicklungstheorie der Psychoanalyse

Das Ziel des freudschen Projekts, so Lichtenbergs Interpretation, war es seit dem »Entwurf einer Psychologie« (Freud, 1895/1950), eine rein psychologische Theorie zu entwickeln, die auf der Grundannahme der Existenz psychischer Repräsentanzen beruht. Die Konsequenz scheint zu sein, dass die Säuglingsforschung für die Psychoanalyse irrelevant ist, sofern sie sich nicht auch mit Repräsentanzen befasst. Doch ganz im Gegenteil sieht Lichtenberg in den Ergebnissen der Säuglingsforschung eine wichtige Herausforderung für die Psychoanalyse, deren Entdeckungen zu integrieren und ihre Theorien über das früheste Lebensalter zu prüfen und gegebenenfalls zu revidieren: Dies gilt – so Lichtenberg – für die Bereiche:
(1) Triebtheorie,
(2) Ich-Psychologie,
(3) Objektbeziehungstheorie,
(4) Vorstellung von Affekten.

Lichtenberg plädiert für eine Revision gewisser psychoanalytischer Annahmen. Stattdessen schlägt er eine Integration der Erkenntnisse der Säuglingsforschung

---

1 Ich danke Dr. Lichtenberg für die Unterstützung bei der Vervollständigung seiner Biografie.

in die Theorie der Psychoanalyse vor. Dabei kommt er zu einem modifizierten psychoanalytischen Modell der psychischen Entwicklung und Funktion, welches sich an den Dependenzen der Entwicklung des *Selbstempfindens* und der *Objektrepräsentanz* orientiert. Aus fünf Bereichen fügt er den Leitfaden zusammen.

(1) Triebtheorie

Nach Lichtenberg (1983, dt. 1991, S. 4 ff.) widersprechen die Ergebnisse der Säuglingsforschung vor allem zwei Annahmen, die zentrale Momente der Triebtheorie darstellen: Erstens die Idee der Spannungsreduktion als leitendem Prinzip des psychischen Geschehens und zweitens die Annahme, der Säugling öffne sich der Welt notwendigerweise, wenn Triebansprüche ihm keine andere Wahl ließen, vorher verharre er im primären Narzissmus.

Gegen die erste Annahme sprechen verschiedene Beobachtungen, etwa dass Säuglinge das Trinken unterbrechen, um sich mit optischen Reizen zu befassen, und dass sie, auch nachdem sie gesäugt worden sind, sich keineswegs von anderen Stimuli zurückziehen, sondern ihnen weiterhin Aufmerksamkeit entgegenbringen. Beides passt mit einer Vorstellung, dass es dabei nur um Reizabfuhr geht, nicht zusammen. Zudem lässt sich beobachten, dass Säuglinge sich nicht nach Bedürfnisbefriedigungen, sondern vielmehr als Reaktion auf Überreizung oder sogar Schmerzen inaktiv zeigen.

Lichtenberg folgert aus diesen Beobachtungen, dass die Vorstellung, Spannungsreduktion sei das vorherrschende Prinzip des psychischen Prozesses, zu revidieren ist.

Der zweiten Annahme stehen laut Lichtenberg diejenigen Ergebnisse der Säuglingsforschung entgegen, die zeigen, dass nicht zuerst und nicht allein Körperbedürfnisse den Bezug zur Außenwelt herstellen. »Stattdessen scheint [die] Reaktionsbereitschaft [des Säuglings] sich um einen affektiven Wahrnehmungs- und Handlungsdialog mit der Mutter [zu] zentrier[en] und [zu] justier[en]« (S. 6). Das vorhandene Potenzial des Säuglings zu Beziehungen zeigt sich früh in verschiedenster Form, z. B. dass er schon in der zweiten Lebenswoche das Gesicht der Mutter länger anschaut als das jedes Fremden oder sich bereits erste Interaktionsmuster zwischen Mutter und Kind in der achten Lebenswoche herausbilden.

Die Säuglingsforschung leugnet dabei keineswegs die zentrale Rolle der Erfüllung der körperlichen Bedürfnisse des Säuglings für die Beziehung, sie spricht sich jedoch dagegen aus, dass ihr die alleinige oder primäre Bedeutung zukommt. Lichtenberg geht davon aus, dass die Abläufe der Fütterungssituationen tatsächlich von elementarer Bedeutung für die Beziehung des Kindes zur Mutter sind (Bindung). Das, was die Psychoanalyse in der oralen Phase als wichtig für die Entwicklung zu konzeptualisieren versuchte, sei demnach, auch wenn viele Vermutungen rund um Zeitraum und Struktur der Phase zu korrigieren seien, nicht ganz falsch. Denn gerade die Säugesituation ist es, die zu Beginn des Lebens »das Ausmaß von Veränderungen und auch die Organisation zeitlicher Abläufe der intrinsischen Subsysteme des Säuglings beeinflussen« (S. 9). Lichtenberg spricht sich dennoch gegen die Beibehaltung des Triebbegriffs aus.

(2) Ich-Psychologie

Die in der Psychoanalyse verschiedentlich vertretene Annahme einer gemeinsamen Es-Ich-Matrix zu Beginn des Lebens steht im Kontrast zu Ergebnissen und Thesen der Säuglingsforschung. Lichtenberg geht auf Grundlage der Forschung davon aus, dass von Beginn an eine »autonome organisierende, orientierende und kontrollierende Funktion« (S. 10) im Säugling vorhanden sei. Beispiele hierfür sind: die Abwendung vom Unangenehmen und Hinwendung zu angenehmen Reizen, die irritierte Reaktion auf ungewohnte Reizkonstellationen, die Fähigkeit, zwischen Menschen und allen anderen Wahrnehmungsobjekten früh zu unterscheiden (soziales Lächeln ab der sechsten Woche), das Erkennen des Geruchs der eigenen Mutter wenige Tage nach der Geburt.

Erst später, nach der Ausbildung der Symbolisierungsfähigkeit, finden Verinnerlichungen von Interaktionen zwischen Säugling und Mutter unter dem Einfluss dieser autonomen Funktionen statt. Diese bilden dann innere Repräsentanzen, die sich später dynamisch zueinander verhalten und es sinnvoll machen, von Es und Ich zu sprechen.

Die Ausbildung von Interaktionskompetenzen des Säuglings sieht Lichtenberg als Beleg für eine zunehmende Ausdifferenzierung seiner psychischen Prozesse. Daran knüpft er die Frage, wann die ersten Konfliktkonstellationen im Leben des Säuglings auftreten und welche Bedeutung sie haben. Lichtenberg plädiert dafür, auftretende Widersprüche im Leben des Säuglings noch nicht als Konflikte, sondern als Entwicklungsaufgaben zu verstehen, da weder das Es-Ich noch irgendwelche anderen Repräsentanzsysteme soweit ausgebildet sind, dass sie konfliktuös opponieren können.

Anstatt zu Beginn eine Es-Ich-Matrix anzunehmen, die sich später aufteilt, schlägt Lichtenberg vor, die Ausdifferenzierung der Psyche des Säuglings so zu verstehen, dass seine in ihm angelegte Regulationskompetenz sowie seine Fähigkeit der Beziehung zur Außenwelt für die Entstehung eines differenzierten kognitiv-affektiven und später auch eines repräsentationalen Selbst sorgen. Das pflegende Umfeld fungiert dabei als Hilfs-Ich, um die biologisch im Menschen angelegte Entwicklungsblaupause in seiner Entwicklung umzusetzen, bis später das entsteht, was als Ich und Es bezeichnet wird. Das zuvor Bestehende ist nach Lichtenberg zwar eine Matrix, jedoch eine, die nicht mit Ich und Es, sondern mit Mutter und Säugling bzw. Kleinkind zu tun hat.

(3) Objektbeziehungstheorie

Die Ergebnisse der Säuglingsforschung unterstützen nach Lichtenberg die theoretische Position jener Psychoanalytiker, die sich primär als Objektbeziehungstheoretiker verstehen. Dabei möchte er dem Säugling jedoch eine noch größere Rolle in der Beziehung zur Mutter zusprechen, ihn vom Tag eins an als sozialen Partner der Mutter verstehen. Denn es zeigt sich nicht nur, dass die Mutter das Verhalten des Säuglings beeinflusst, sondern auch, dass der Säugling das Verhalten der Mutter beeinflusst.

Interaktionsmuster haben immer zwei Seiten. Hierfür bezieht sich Lichtenberg auf Untersuchungen, die nachweisen, dass die Dauer des Kontakts zwischen Kind und Mutter nachhaltig und positiv die Qualität ihrer liebevollen Zuwendung beeinflusst. Dies hängt vor allem mit langen Körperkontakten zusammen, die das Sedimentieren erster Interaktionsmuster zwischen Mutter und Kind ermöglichen. Außerdem geht es auch in der frühen Beziehung mehr um die Passung als um Aggressionen oder Konflikte.

(4) Vorstellung von Affekten

Lichtenberg kritisiert, dass Affekte in der psychoanalytischen Theorie zumeist als Abfuhrmanifestationen verstanden werden, die mit der Zeit durch Ich-Kompetenzen reguliert werden können. Die Neugeborenenforschung ist in ihren Untersuchungen jedoch eher zum Ergebnis gekommen, den Affekt als Signal nach außen zu verstehen, als bedeutende Grundlage der Entwicklung des Interaktionssystems zwischen Säugling und Bezugsperson. Die Forschung, so fasst es Lichtenberg zusammen, habe gezeigt, dass Affekte Teil eines Reifungsplans sind und durch Lernvorgänge spezifiziert werden können.

So ließen sich auch einige prominente Affektäußerungen in der Kindheit erklären: Die sogenannte Fremdenangst um den achten Monat ist ebenso Teil des natürlichen Reifungsplans wie das Gurren des Säuglings, das als selbstständiges Phänomen etwa zwei Wochen nach Beginn des sozialen Lächelns auftritt. Schreie wiederum kommen im Verhalten des Säuglings sowohl als Aktivität (Affektausdruck) wie auch als Reaktivität, als Mittel der Kommunikation, vor.

Zorn und Wut hingegen, die etwa in der Theorie der frühen Entwicklung von Melanie Klein eine bedeutende Rolle spielen, seien von der Kleinkindforschung kaum als isolierbare Regungen festgestellt worden. Augenbrauenbewegungen und bestimmte Anordnungen von Mund und Kiefer, die als Indikatoren dafür gelten, vermitteln, dass es Anzeichen von Wut erst bei drei Monate alten Säuglingen gibt, also erst in einem späteren Stadium der Selbstentwicklung.

Gemein ist allen Untersuchungen, die Lichtenberg anführt, dass sie eine Verbindung zwischen Affektausdruck und Mutter-Kind-Beziehung herstellen. Von größter Bedeutung für ihn ist die Erkenntnis, dass die Säuglingsforschung mit ihrer Idee des Zähmens und Kanalisierens der Affekte der psychoanalytischen Affekttheorie entgegensteht. Affekte »sind keine phylogenetischen Überreste, die an sich kognitionsverzerrend wirken; sie sind vielmehr ein Mittel, mit dem alle Wahrnehmungs- und Handlungsereignisse intensiviert werden, wodurch diesen dann ›Bedeutung‹ zukommt« (S. 23 f.). Damit wird der Übergang zur Kommunikation geebnet.

Modell der psychischen Entwicklung und Funktion

Aufgrund der Forschungsergebnisse hält Lichtenberg es daher für erforderlich, die psychoanalytische Entwicklungstheorie neu zu formulieren. Für die frühesten Entwicklungsstadien des Selbst erachtet er dabei vier Teilaspekte für wichtig: Genetische Ausstattung, Generalisierung und Spezifizierung im Erleben des Säuglings, Entwicklungskontext, schematischer Formalismus der Entwicklung versus Reichhaltigkeit der Erfahrung. Sie werden im Folgenden dargestellt:

Genetische Ausstattung

Der Säugling beginnt sein Leben so wie jedes Lebewesen mit in ihm angelegten Schemata. Die Schemata beeinflussen von Beginn an die objektbezogenen Aspekte seines Erlebens und Verhaltens sowie seine Affekte und Kognitionen. Diese Schemata werden durch das natürliche Voranschreiten der Entwicklung und die qualitativen Besonderheiten der Umwelt des Säuglings aktiviert.

Eines dieser Schemata, das für Lichtenbergs eigene Theorie wichtig ist, ist die im Säugling angelegte Fähigkeit, angemessen auf die Dingwelt, die über seinen eigenen Körper hinausgeht, zu reagieren. Die wichtige Frage, die mit diesem Vermögen in Verbindung steht, sei, »[o]b es sinnvoll ist, diese Erlebnisweisen [die Interaktionszyklen zwischen Mutter und Kind] des Neugeborenen mit einem Selbstbegriff zu umschreiben« (S. 26). Die Antwort auf diese Frage bleibt für Lichtenberg offen. Zwar vertritt Stern (1985, dt. 1992) nach Lichtenbergs Auffassung genau diese Position, wenn er die Fähigkeit des Säuglings zum Differenzieren und Abstrahieren als ausreichend ansieht, um ihm ein Selbst zuzuschreiben, er selbst glaubt aber, dass es genauso gerechtfertigt wäre, den Begriff des Selbst der Entwicklung des Selbstempfindens vorzubehalten, die sich erst später auf dem Weg der Ausdifferenzierung der Selbst- und Objektrepräsentationen entwickelt. Lichtenberg hält damit nach eigener Ansicht an einem eher psychoanalytisch orientierten Selbstbegriff fest.

Generalisierung und Spezifizierung im Erleben des Säuglings

Ausgehend von Winnicotts (1965, dt. 1974/2006) Unterscheidung zwischen »Umweltmutter«, also der Mütterlichkeit in ihrer nur mittelbaren Wirkung auf das Leben des Säuglings, die alles umfasst, was die Mutter zugunsten ihres Säuglings tut, aber nicht die direkte Interaktion mit ihm beinhaltet, und der »Objektmutter« (Lichtenberg, 1983, dt. 1991, S. 27), also der unmittelbar mit dem Kind interagierenden Mutter, befasst sich Lichtenberg mit der Rolle von Generalisierung und Spezifizierung im Erleben des Säuglings. Winnicotts Beschreibung scheint ihm vor allem deshalb so wertvoll, weil sie, auch wenn sie aus einer Beobachterperspektive die Situation des Säuglings erfasst, doch auch seine Lebenswelt abbildet: »Spezifizieren schafft ein Empfinden für Grenzen und Begrenzung, im Generalisieren überschreitet man Grenzen innerhalb des Selbstempfindens und zwischen Selbst und Objekt« (S. 27). Lichtenberg meint, dass dieses Verständnis von Spezifizieren und Generalisieren, angewendet auf die Konstellation, die Winnicott (1965, dt. 1974/2006) beschreibt, genug Evidenz bietet, um eine Aussage über die subjektive Erlebniswelt des Säuglings zu treffen.

Daher nimmt er an, dass sich bereits im frühen Erleben des Säuglings aus dem diffusen Hintergrund der Umweltmutter die Objektmutter spezifiziert. Das heißt, die Mutter tritt ab einem gewissen Stadium der Entwicklung der Objektwahrnehmung als Interaktionspartner hervor; sie ist nicht mehr nur ein Teil der Umwelt. Bewusst stellt sich Lichtenberg hiermit in Opposition zu vielen zeitgenössischen psychologischen Erklärungsansätzen. Diese meinen, dass subjektive Erlebnisqualitäten erst deutlich später möglich sind, dann nämlich, wenn das Bewusstsein höher entwickelt und ein einheitliches Selbst- und Fremdempfinden vorhanden sind.

Entwicklungskontext

Im Erleben des Säuglings sieht Lichtenberg vier bedeutsame Aspekte: ein Objekt, einen Affekt und gewisse Anteile von Kognition und Wahrnehmung. Ausgehend von der Theorie der Übertragung schreibt Lichtenberg dem Objekt schon von

Beginn an eine übergeordnete Rolle für das Affekterleben zu und sieht die Entwicklung von Selbst- und Objektempfinden eng miteinander verwoben. Kognition und emotionale Kompetenzen, die sich auf das Selbst und das Objekt beziehen, entstehen für ihn auf der Basis des frühen interaktionellen Synchronismus zwischen Säugling und Mutter, aus dem heraus sich alles Spätere entwickelt.

Demgegenüber neigt die Psychoanalyse – so Lichtenberg – in ihren Versuchen, das Selbsterleben zu begreifen, eher zu intrapsychischen als zu interaktionellen Modellen. Seine Berechtigung habe diese Präferenz gewiss dadurch, dass die *rein* interaktionellen Modelle der Säuglingsforschung schon wenige Wochen nach der Geburt dadurch an Geltung verlieren, dass sich im Säugling Strukturen bzw. Kompetenzen zu bilden scheinen, die sich über den interaktionellen Einfluss hinaus auf die Regulierung seiner Zustände auswirken.

Dennoch gesteht Lichtenberg dem Interaktionsparadigma den größeren Erklärungswert für das Befinden des Säuglings zu. Erst ab der zweiten Hälfte des zweiten Lebensjahres hätten Modelle, die mit Repräsentanzen und Strukturen arbeiten, im Hinblick auf das Erleben und Verhalten von Kindern einen größeren Erklärungswert. Jedoch müssten auch diese Modelle die Bedeutung der Interaktion für innere Zustände und die spätere Entwicklung anerkennen: Da ist z. B. die Bedeutung eines unterstützenden Umfeldes und spezifischer Erfahrungen, die das Selbst- und Welterleben verändern können. Nach Lichtenberg sollten sich Struktur und Interaktion in einer Theorie der Psyche nicht ausschließen, sondern ergänzen.

Schematischer Formalismus der Entwicklung versus Reichhaltigkeit der Erfahrung

Der Schwerpunkt der Säuglingsforschung, die sich auf die Frage nach der genetischen Ausgangslage der psychischen Entwicklung der Säuglinge konzentriert, liegt auf den kognitiven Fähigkeiten. Das Verhältnis von Anlage und Umwelt wird dabei für gewöhnlich durch Zwillingsstudien, psychiatrische Testverfahren und kulturvergleichende Untersuchungen aufzuklären versucht. Für Lichtenberg spielt dabei die schon mehrfach hervorgehobene Bedeutung des subjektiven *Erlebens* des sich entwickelnden Säuglings eine zentrale Rolle. Seine Grundüberzeugung ist es, dass empathische und introspektive Verfahren die Erkenntnisse der Säuglingsforschung fördern, wovon beide, sowohl die Säuglingsforschung als auch die Psychoanalyse, profitieren könnten.

Dies gelte besonders für die von der Säuglingsforschung ausgearbeiteten Entwicklungstheorien, die nur retrospektive Erklärungen für die individuelle Ausgestaltung einer Entwicklung erlaubten. *Voraussagen* in Bezug auf spezifische Ausprägungen der Entwicklung blieben wenig zuverlässig, da es ihnen nur schwer möglich sei, signifikante Indikatoren für einzelne Entwicklungsschritte auszumachen.

Lichtenberg versteht dies als Hinweis auf eine besondere Qualität, die im Entwicklungsprozess eine Rolle spielt, die jedoch von formalistischen Theorien bisher wenig berücksichtigt wurde. Er nennt diese Qualität »Reichhaltigkeit« (Lichtenberg, 1983, dt. 1991, S. 35). Reichhaltigkeit lässt sich nach ihm nicht durch formalistische Darstellungen des Entwicklungsprozesses fassen, sondern nur durch ein Verständnis dafür, welche Rolle bestimmte Erlebnisse in ihrem subjektiven Empfinden für die sich entwickelnde Psyche spielen.

Zwar ist das Konfliktmodell in besonders frühen Stadien der Entwicklung nur bedingt nützlich, aber wenn man – wie Lichtenberg – vorschlägt, Psychopathologie im Allgemeinen auch als *mangelnde Fähigkeit zur Integration* anstatt nur als Konflikt versteht, lässt sich eine Brücke zur Psychoanalyse schlagen. Versteht man nämlich aus psychoanalytischer Perspektive Konflikte als Sedimente des mehr oder minder gelungenen Integrationsprozesses von Entwicklungsaufgaben, könnte man nachprüfen, welche Qualitäten der frühen Erfahrungen sich später in welchen Konflikten und Repräsentationen niederschlagen. So könnte die Psychoanalyse, im Rückgriff auf einige Überlegungen aus der Säuglingsforschung, zu ihrem eigenen Vorteil ihren Horizont erweitern und gleichzeitig zum Verständnis dafür beitragen, welche Bedingungen im frühen Leben für die Herstellung eines kohäsiven Selbstempfindens im späteren Leben von Bedeutung sind. Damit wäre zumindest für eine der Entwicklungslinien, mit denen es die Säuglingsforschung zu tun hat, ein Stück Aufklärungsarbeit geleistet. Dies sei »ein vernünftiges wissenschaftliches Ziel, andererseits eine Möglichkeit, ein empathisches Verständnis mit großem therapeutischen Wert zu erlangen« (S. 35).

Selbst- und Objektempfinden im ersten Jahr

Der Einfluss der bisher dargestellten Überlegungen Lichtenbergs zum Verhältnis von Psychoanalyse und Säuglingsforschung setzt sich konsequent in allen seinen weiterführenden Überlegungen zur Entwicklung des Selbst- und Objektempfinden fort. Ist bei der aufgeführten Entwicklung der Kompetenzen im ersten Lebensjahr bereits von einem Selbst zu sprechen? Dazu meint Lichtenberg: »Klare, differenzierte und kognitiv organisierte Repräsentanzen in einem Gefüge [eines Selbst], das parallel zum Erleben besteht, gibt es während des 1. Lebensjahres wahrscheinlich nicht« (S. 51) – eine Feststellung, die jedoch keineswegs der Annahme verschiedener psychoanalytischer Theoretiker folgt, die davon ausgehen, dass es bis zum neunten Lebensmonat keine Subjekt-Objekt-Differenzierung bei Säuglingen gibt. Auf dieser Grundlage wird gegen primäre Objektbeziehungstheoretiker wie Melanie Klein und ihren Entwicklungszeitplan argumentiert. Vertreter der »symbiotischen Phase« nehmen stattdessen an, dass sich die ersten Objektrepräsentanzen erst langsam im ersten Lebensjahr entwickeln.

Den Ergebnissen der Forschung folgend, kann weder der einen noch der anderen These zugestimmt werden, denn sie weisen in eine andere Richtung: Zum einen ist die Kognition des Neugeborenen viel differenzierter, als lange gedacht, zum anderen beginnt die Bildung intrapsychischer Repräsentanzen früher, als bisher vermutet wurde.

Lichtenberg geht daher davon aus, »daß sich intrapsychische Selbst- und Objektrepräsentanzen eher im 2. als im 1. Lebensjahr entwickeln« (S. 52). Zu schnell sei in der Vergangenheit von gewissen Verhaltensweisen der Säuglinge auf ein repräsentationales Denken geschlossen worden. Die Möglichkeiten zur Beobachtung der sich entwickelnden Kompetenz des Säuglings – vom Komplementärverhältnis mit der Mutter hin zur Herausbildung von Interaktion in Synchronitätsmustern und später zu Interaktionen und Spielmustern – verleiten nach Lichtenberg dazu, die Differenzierungsleistungen, die der Säugling dabei vollbringt, zu früh mit Personalpronomen wie »ich«, »du« und »wir« auszustatten. Dabei liege der Fehler darin, das Verhalten als Reaktion auf ein Objekt zu interpretieren, bei dem man voraussetze, dass es schon als stabile Repräsentation für den Säugling existiere.

Zwei beobachtbare Veränderungen würden die meisten Psychoanalytiker zu der Annahme veranlassen, dass schon um den neunten Monat herum die Entstehung eines Selbst zu veranschlagen sei: Es »werden Verhaltensmuster aufgebaut, die zeigen, daß Handlungen zunehmend geplant werden«, und es »kommt […] zu einer Verschiebung innerhalb der interaktionalen Matrix, die von einer Vorherrschaft des Erlebens von Synchronismus und Komplementarität zu einem stärkeren Erleben von Kausalsequenzen und geplanten Handlungen führt« (S. 54). Gerade in der zweiten Hälfte des ersten Lebensjahres zeigt sich im Verhalten des Säuglings eine »ausgedehnte, flexible Aneinanderreihung von Antizipation, Erwartung, Überwindung von Hindernissen, Planung und Planausführung« (S. 54). Dabei geht er von Komplementarität und Synchronizität zunehmend zu einem eigeninitiativen Verhalten über. Um den neunten Monat dann taucht auch das erste Mal Furcht als Reaktion auf aversive Reize auf.

In der Psychoanalyse wurde verschiedentlich das Säuglingsverhalten mit (Teil-)Repräsentanzen des bedürfnisbefriedigenden Objekts in Verbindung gebracht und interpretiert als positive wie negative Reaktion auf Versagungen und Erfüllungen von Wünschen beim Versuch, eine Homöostase herzustellen.

Die von Lichtenberg präferierte Erklärung besteht demgegenüber darin, dass der Säugling einen zunehmend vielfältigen Apparat an Verhaltenserwartungen ausbildet. Zu ihnen gehören viele, die sich um die Interaktion mit der Mutter ranken, sofern diese in der Lage ist, ihr Kind dabei zu unterstützen, was dem Kind die größte Lust beschert. Deshalb stellt Lichtenberg fest: »Alles, was für diese Handlungssequenzen erforderlich ist, ist Wahrnehmungsbewusstsein und irgendeine Form der Enkodierung früherer Verhaltenserfahrung, damit die Aktivität und die Eigenschaft des Objekts mit Hilfe von Wahrnehmungshinweisen aufeinander abgestimmt werden können« (S. 56). Repräsentanzen sind dabei nicht vonnöten. Dieser Satz Lichtenbergs, in dieser Form auf den Umgang mit Gegenständen bezogen, mit denen Säuglinge sich eingehender beschäftigen, erfährt bezüglich des Umgangs mit Menschen noch eine entscheidende Erweiterung (die jedoch an Lichtenbergs Ablehnung der Vorstellung von Repräsentanzen im ersten Lebensjahr nichts ändert). Denn im Umgang mit Menschen gelte es zusätzlich zu bedenken, dass es um affektiv aufgeladene Austauschprozesse auf verschiedenen Entwicklungsstufen gehe, die dabei ebenso wie Objekte zunehmend qualitativ differenziert werden könnten.

Wenngleich nun der affektive Umgang zwischen Säugling und Mutter zu beobachten ist, gilt es dennoch, »[d]ie Unterscheidung zwischen einer intentionalen Handlungsantwort und der Repräsentation von Intentionalität auf der Vorstellungsebene« (S. 57) im Auge zu behalten. Denn die entscheidende Frage, ob ein einjähriger Säugling, wenn er z. B. nach etwas greift, schon als Subjekt des Greifens angesehen werden kann, als ein Wesen, das sich selbst antizipiert, ist für Lichtenberg klar zu verneinen: »Das ganze Gewicht der Ergebnisse aus sensomotorischen und anderen kognitiven Untersuchungen an Kleinkindern spricht dafür, daß das Kleinkind sie [die Antizipation seiner Selbst] nicht hat« (S. 58).

Dies hat Folgen. Denn mit dieser Einsicht fallen eine Menge weiterer Begriffe fort, die von Psychoanalytikern gelegentlich auf Säuglinge angewendet werden: etwa Begriffe wie »Grausamkeit, Fürsorge, Dankbarkeit, Haß und Neid« (S. 59), da auch sie sowohl ein Objekt als auch eine Selbstrepräsentanz voraussetzen. Die Selbstrepräsentanz aber taucht, wie noch gezeigt wird, für Lichtenberg erst im zweiten Lebensjahr auf.

Im Hinblick auf die oben einander gegenübergestellten Positionen innerhalb der psychoanalytischen Debatte – hier die Symbiose-Theoretiker, dort die Vertreter der primären Objektbeziehung – lässt sich Lichtenbergs Position so zusammenfassen:

Weder haben wir es von Beginn an mit einer Art von kleinem Selbst zu tun, noch bildet der Säugling eine passive psychische Einheit mit der Mutter. Der Säugling ist ein der Welt durch Wahrnehmung zugewandtes, mit ihr interagierendes Geschöpf, dessen psychische Prozesse noch stark von den Regulierungen durch die primären Bezugspersonen abhängen. Davon emanzipiert er sich als psychisches Ich erst durch Reifung und Lernprozesse.

Entwicklung der Abbildungsfähigkeit und das Auftauchen des Selbst

Die ersten Schritte in Richtung Abbildungsfähigkeit werden zwischen dem neunten bis zwölften Lebensmonat gemacht. Es lässt sich beobachten, dass das Kind in dieser Zeit beginnt, seinen Finger zum Zeigen zu nutzen, sich zunehmend zur Erfüllung seiner Bedürfnisse auf die Mutter fokussiert und Furcht vor anderen Menschen entwickelt. Außerdem beginnt es zu antizipieren, wann die Mutter fortgeht. Mit dieser Veränderung im letzten Drittel des ersten Lebensjahres nimmt die konsistente Reaktionsweise auf das Verhalten der Mutter zu. All dies sind Anzeichen dafür, dass sich die Beziehung zwischen dem Kleinkind und seiner Umwelt verändert. Der Austausch von Mutter und Kind kommt in dieser Zeit in der *verhaltensbezogenen* Transaktion zu ihrem Höhepunkt.

Darauf folgt dann im zweiten Lebensjahr die Entwicklung des Zeichensystems, also von *Reaktionen,* welche die bis dahin üblichen adaptiven *Transaktionen* ersetzen. Die Abbildungsfähigkeit, die Repräsentation von etwas nicht Anwesendem, spielt dabei eine entscheidende Rolle. Während vor der Entstehung dieser Fähigkeit Kinder nicht dazu in der Lage sind, zwischen dem Objekt und ihrer *Interaktion* mit dem Objekt zu differenzieren, finden sich im Alter von 8 bis 13 Monaten die ersten Hinweise darauf, dass Kinder Objekten, die von ihrer Wahrnehmung abgeschirmt sind, Objektivität zusprechen – eine Fähigkeit, die sich zwischen dem 13. und 18. Lebensmonat konsolidiert. Vollständig abschlossen ist diese Entwicklung mit dem Zustand, für den Piaget den bekannten Begriff »Objektpermanenz« prägte, die in der Regel nach dem 18. Monat erreicht ist.

Die Bedeutung der Abbildungsfähigkeit, die mit der Objektpermanenz formal ausgereift ist, liegt darin, dass sie die »Datengrundlage« (S. 93) für die Entwicklung des von »Handlung unabhängigen Wiedererkennungsgedächtnis[ses] und später für ein evokatives Gedächtnis« (S. 93) bildet. Der Wandel, weg von direkter Reaktion hin zum kontemplativen Reagieren, geht einher mit der Veränderung der Affekte, die die Reaktionen auf das Wiedererkennen der Mutter bzw. das Erkennen einer Person als Nicht-Mutter begleiten: Nicht deswegen kann ab jetzt von einer spezifischen Reaktion die Rede sein, weil die Mutter von anderen unterschieden werden kann (dies kann der Säugling schon in den ersten Lebenswochen), sondern weil eine zunehmend selektive Bindung an die Mutter mit dazugehörigen Affekten ausgebildet wird.

Wie sich die Entwicklung in dieser Zeit auf die Selbstwahrnehmung auswirkt, wird besonders durch das Verhalten des Kindes vor dem Spiegel deutlich, das nach stufenweiser Veränderung zwischen 15 bis 21 Monaten jetzt den entscheidenden Schritt macht: Wenn dem Kind nun vor dem Spiegel ein Punkt auf Stirn oder Nase angebracht wird und es ihn im Spiegel erblickt, greift es nach ihm auf seiner Stirn bzw. auf seiner Nase – nicht etwa auf dem Spiegel: Die Kinder erkennen also, dass dieses Bild dort im Spiegel, das sie als Objekt abgrenzen können, ihnen etwas über sie mitteilt. Die Fähigkeit, Objekte visuell zu unterscheiden, wird auf das Selbst angewandt. Lichtenberg interpretiert dieses Verhalten so, dass das Erleben des Kindes um eine abstrakte Ebene reicher geworden ist: Es existiert ein Zuschauer, dem die Informationen der Beobachtung etwas sagen und der versteht, was er dort sieht.

Außerdem übernimmt der Spiegel für das Kind eine wichtige Rolle im Gewahrwerden seiner selbst: »Der Spiegel macht Kleinkinder mit einem wirklichen Bild ihrer selbst bekannt« (S. 98). Eine Bekanntschaft, die eng verbunden ist mit der Entwicklungsaufgabe, sein Selbst ganzheitlich zu empfinden.

Die Beobachtung des kindlichen Verhaltens vor dem Spiegel, zusammengenommen mit dem Interaktionsverhalten mit der Mutter und dem Fremden, bringt Lichtenberg zu der Annahme, dass die Abbildungsfähigkeit für verschiedene Objektklassen (Gegenstände, Mutter, Selbst) zu verschiedenen Zeitpunkten ausgeprägt wird. Für ihn ergibt sich dabei folgender Zeitplan der Ausbildung der Abbildungsfähigkeit: »Personen, die nicht aus dem täglichen Umgang vertraut sind (8–13 Monate), das Bild im Spiegel (13–15 Monate), das Spiegelbild als Abbildung des Selbst (15–24 Monate) und die Mutter in Momenten der ›Wiederannäherungskrise‹ (18–24 Monate)« (S. 101). Dass das Kind die Mutter erst so spät als Objekt erkennt[2], liegt nach Lichtenberg daran, dass ihre stützende Gegenwart für das Kleinkind von so großer Bedeutung ist, dass es »sie hintenan stellen [kann], wenn es darum geht, ihre Abgegrenztheit in einem Bild auszuarbeiten, das im Gedächtnis gehalten wird, um in ihrer Abwesenheit benutzt zu werden« (102 f.).

Die beschriebene Entwicklung umfasst also zuerst eine ausdifferenzierte Wahrnehmung der Außenwelt, mit der der Säugling zeichenhaft, das heißt durch Signale, die zu affektiv-kognitiven Reaktionen führen, in Verbindung tritt.

---

2 Die Mutter bleibt sehr lange »Umweltmutter« und wird erst sehr spät »personelle Mutter«.

Danach beginnt die Fähigkeit zur Empfindung des Selbst, das für alle späteren Entwicklungen von tragender Bedeutung ist. Denn sein Auftauchen ist auch der Punkt, ab dem Lichtenberg die Annahme für sinnvoll hält, zwischen Primär- von Sekundärprozessen zu unterscheiden, und von dem an begonnen werden kann, das Verhalten des Kindes als Ausdruck von Phantasie, Metaphorik und bedeutungsgeladener Spielaktivität zu verstehen. Denn ein Selbst, im Sinne eines Ichs, das sich als Subjekt in seine Kognitionen mit einschließt, ist nach Lichtenberg Voraussetzung vieler psychischer Phänomene, wie »Grausamkeit, Fürsorge, Dankbarkeit, Haß und Neid« (S. 59) – Fähigkeiten, die erst mit diesem Entwicklungsschritt gegeben sind: Denn nun gibt es ein Subjekt und die Entwicklung und Konsolidierung eines ganzheitlichen Selbst kann beginnen.

Das *ganzheitliche Selbst des Kindes,* unter diesem Begriff fasst Lichtenberg zwei schon angesprochene Momente der Entwicklung zusammen: erstens das der Objektivierung des Selbst als umgrenztes Objekt, wie es im kindlichen Verhalten vor dem Spiegel zu beobachten ist, und zweitens die damit koindizierte Erscheinung des geistigen Selbst. Das geistige Selbst ist dabei nichts anderes als die erörterte Erweiterung des wahrnehmenden Bewusstseins, das durch das Wissen um sich selbst damit beginnt, sich auch als Akteur und Bezugspunkt von Ereignissen zu begreifen. Durch die stattfindende Ausbildung der Abbildungsfähigkeit, die die Abgrenzung der Objekte und auch des Selbst ermöglicht, gelangt das Kind aus der Regulierungsmatrix hinaus und entwickelt mit seinem ganzheitlichen Selbst neue Arten der Weltwahrnehmung und Interaktion.

Ausbildung und Konsolidierung des ganzheitlichen Selbst

Im Fortschritt des Welt- und Selbstverständnisses des Kindes ereignet sich nach Lichtenberg in der zweiten Hälfte des zweiten Lebensjahres etwas Entscheidendes. Die Sprache beginnt, ihre Bedeutung für die Kommunikation wesentlich zu vergrößern. Während schon zuvor Wörter in der Kommunikationsmatrix von Mutter und Kind zur besseren Passung und später zur zeichenhaften Aktion-Reaktion-Interaktion genutzt werden, beginnt nun der isolierte Gebrauch der Sprache als Mittel eigenmächtigen Ausdrucks. Bedeutend ist dies jedoch nicht, wie Lichtenberg betont, weil das ganze Sein des Kindes damit in Sprache überführt wird, sondern weil es dem entstehenden Selbst ermöglicht, seine neu auftauchenden und sich entwickelnden Fähigkeiten in seiner Kommunikation mit der Welt zu integrieren.

Die besondere Flexibilität, die mit dem Auftauchen des ganzheitlichen Selbst einhergeht und als dessen Instrument Lichtenberg die Sprache begreift, zeigt sich jetzt in zwei ineinandergreifenden Modi des repräsentationalen Denkens, die sowohl die Sprache als auch das symbolische Spiel ordnen. Diese beiden Modi ähneln dabei so sehr dem psychoanalytischen Verständnis von Primär- und Sekundärprozess, dass Lichtenberg sie, unter Einschluss einer Modifikation, als analog begreift. Diese Modifikation besteht darin, dass »wesentliche[s] Kennzeichen der Beziehung zwischen den beiden Modi« ist, dass sie »als parallele Organisationen bestehen, deren Funktionen zu jeder Zeit aufeinander bezogen sind. Das heißt, sie sind nicht geschichtet, wie das die Ausdrücke ›primär‹ und ›sekundär‹ nahelegen« (S. 121). Beide Modi stehen funktional gleichberechtigt nebeneinander.

Der Primärprozess ist dabei rund um die sensorischen Eindrücke strukturiert, während der Sekundärprozess rund um »die Regeln über Kombinationen und Abfolgen [...], welche für die Syntax, die Wortordnung und die Trennung von Bezeichnendem und Bezeichnetem gelten« (S. 121), errichtet wird. Sowohl Primär- als auch Sekundärprozess können zum Ausdruck genutzt werden, Worte sind dabei Mittel des Sekundärprozesses und alle Arten von Verbildlichungen Medium des Primärprozesses.

Weiter geht Lichtenberg davon aus, dass beide Prozesse sich im Leben des Kindes unabhängig voneinander entwickeln und zu verschiedenen Zeitpunkten der Entwicklung vorherrschend sind. Dem perzeptuell-kognitiven Modus (Primärprozess) kommt dabei im Erleben, in der Regulation und im Ausdruck bei Säuglingen und Kleinkindern eine weitaus größere Rolle zu als dem kombinierend-ordnenden Modus (Sekundärprozess). Wo das Kind beginnt, sich des ordnenden Modus zu bedienen, ist dieser dem Sensorischen sehr nahe, bis die Abbildungsfähigkeit soweit ausgereift ist, dass die sinnliche Erfassbarkeit des Bezeichneten für seine kognitive Präsenz weniger relevant ist. Dies ist etwa der Unterschied zwischen einem Kind, das dann – und zwar nur dann –, wenn es einen Hammer hält, »Bumbum« sagt, und einem, das später bei dem Wunsch nach einem Hammer das Wort »Hammer« hervorbringt, ohne ihn vor Augen zu haben.

Die Entwicklung des Vermögens führt dazu, dass die Wörter immer komplexere semantische Einheiten unter sich erfassen und logische, interaktionale wie kausale Zusammenhänge zum Ausdruck bringen können, die vom perzeptuellen Modus immer besser aufgefasst und verstanden werden. Die Fähigkeit, diese Dinge auszudrücken, lässt sich auch schon im symbolischen Spiel von Kindern nachweisen, die dieses nutzen, um ähnliche Zusammenhänge wie im realen Umgang mit den Dingen auszudrücken.

Diese Entwicklung führt außerdem dazu, dass das Kind sich zunehmend auf den sprachlichen Ausdruck verlässt und dabei eine »Entwöhnung vom Sehen« (S. 125) erfährt. Dies wiederum bedeutet einen erneuten Schritt in der Entwicklung der Abbildungsfähigkeit, der sich in der Interaktion von Mutter und

Kind niederschlägt: Die Vorherrschaft der Zeichen und Signale in der Interaktion zwischen Mutter und Kind schwindet zugunsten der Kommunikation mittels Sprache.

Lichtenberg sieht in diesem Entwicklungsprozess eine besondere Qualität des Zusammenspiels: »Der Primärprozeß arbeitet, als käme sein Wahrnehmungsschwerpunkt aus dem Inneren, läßt Wünsche, Bedürfnisse und Empfindungen spüren; der Sekundärprozeß funktioniert, als ob er die Perspektive eines eher distanzierten ›objektiven‹ Außenseiters einnähme« (S. 131). Dabei haben die Eltern nicht nur auf die Konfiguration der Erfahrungen, die den Primärprozess strukturieren, einen großen Einfluss. Denn wie die metaphorische Innenseite sich entlang der mütterlichen Kompetenzen ausbildet, so tut es auch die Objektivität der »Außenseiter«position, die das Kind sich, ebenfalls vermittelt durch den Umgang mit den Eltern und ihren Überzeugungen, aneignet. Inwiefern dieser Prozess als Integration gelingt oder eine der beiden Seiten zur anderen in Widerspruch gerät, bestimmt später die möglicherweise leidvollen und pathologischen Ausformungen des psychischen Lebens.

Während das ganze Selbst, um zum Schluss darauf zurückzukommen, nach seinem Auftauchen hauptsächlich dadurch ausgezeichnet ist, dass es beginnt, sich als Selbst in seinem Handeln gegenüber anderen zu verstehen und mit ihnen zeichenhaft zu interagieren, gewinnt es durch die höhere Ausbildung des geistigen Selbst und die sich immer mehr ausdifferenzierende Repräsentationsfähigkeit in der zweiten Hälfte des zweiten Jahres die Fähigkeit, »alle bestehenden Funktionen in eine Organisation zu integrieren, die so flexibel wie möglich bleiben soll« (S. 132). Während die Regulierung und Integration von Zuständen und Erlebnissen im frühen Säuglingsalter primär von der Unterstützung der Eltern abhängt, ist es zunehmend Aufgabe des Individuums, dies mit seinen eigenen in seiner Entwicklung ausgebildeten Fähigkeiten zu leisten. Pathologien – und hier berühren sich schließlich das klassische psychoanalytische Konfliktmodell und das Modell der Entwicklungsforschung – können aus dieser Perspektive so verstanden werden: »Wenn der Konflikt die Fähigkeiten zur Integration und Organisation übersteigt und/oder wenn die regulierende Unterstützung nicht angemessen ist, [...] [muss] etwas von dem flexiblem Expansionspotential des Selbst geopfert werden« (S. 133). Dies geschieht dann, wenn die Entwicklung des Selbst im zweiten Lebensjahr durch seine Fähigkeiten eine relative Selbstständigkeit gegenüber seiner Umwelt gewonnen hat. Diese Konflikte werden dann von Kleinkindern »in Form von unlösbaren psychischen Spannungen erlebt und erinnert« (S. 133). Dies ist dann der Punkt, an dem das psychoanalytische Konfliktmodell angemessen verwendet werden kann.

Die Bedeutung Lichtenbergs für die psychoanalytische Entwicklungstheorie

Was in der Auseinandersetzung mit der Theorie Lichtenbergs beeindruckt und in dieser Betrachtung seiner Hauptgedanken nicht genug zur Geltung kommt, ist die immense Menge an Literatur aus angrenzenden Disziplinen, mit denen Lichtenberg seine Überlegungen und Argumentationen unterfüttert. Dies macht Lichtenberg zu einem Autor, der nicht verlegen darum sein muss, empirische Evidenz als Grundlage seiner Überlegungen vorzuweisen.

Besonderen Wert haben diese Überlegungen, da Lichtenberg sich immer darum bemüht zeigt, die psychoanalytische Theorie in eine Synthese mit den Ergebnissen anderer Disziplinen zu bringen und nicht lediglich einen der beiden Zugänge durch den anderen zu widerlegen. Nichts läge Lichtenberg ferner, denn wie zu sehen ist, geht es ihm elementar um ein genuin psychoanalytisches Feld: das Selbst- und Welterleben des Menschen, dessen Erforschung er auch mit Mitteln fortzusetzen bereit ist, die der Psychoanalyse der ersten Hälfte des 20. Jahrhunderts noch nicht zur Verfügung standen. Lichtenberg bleibt damit einer psychoanalytischen Tradition treu, die stets die Ergebnisse angrenzender Wissenschaften in ihren Diskurs mit einband.

Seinem selbstpsychologischen Schwerpunkt entsprechend, spitzt sich für Lichtenberg diese Zusammenarbeit mit anderen Disziplinen konsequenterweise auf die Frage nach der *Entstehung des Selbst* zu. Aber Kohuts Theorie ist keineswegs eine, die nur ihren Wert für ein Fachpublikum hat, welches sich mit dem Denken Kohuts in Einverständnis sieht. Dadurch dass Lichtenberg ganz explizit darlegt, was das Selbst für ihn ist, dass er es in seine Momente zerlegt und seine Rückbindung an eine Instanz ausführlich erörtert, die für *jede* psychoanalytische Theorie von Bedeutung ist, die Repräsentationsfähigkeit, kann auch von einem theoretisch anders ausgerichteten Denken aus den Überlegungen Lichtenbergs Gewinn gezogen werden.

Absicht und Methode des lichtenbergschen Vorgehens hat in dieser Hinsicht Maßstabscharakter für alle Versuche, Ergebnisse der Kleinkindforschung mit welcher psychoanalytischen Theorie auch immer zu verbinden.

Obgleich die Fokussierung Lichtenbergs auf die Fragen des Selbst der Möglichkeit, ihn aus einem anderen Denken heraus zu rezipieren, nichts im Wege steht, ist in seiner Argumentation doch deutlich, gegen wen er argumentiert (Freud, die Ich-Psychologie, Klein, Mahler), wem er nähersteht (Stern, Bowlby, Ainsworth) und wen er nicht berücksichtigt (Lacan und Bion). Das ist möglicherweise ein bedauerliches Versäumnis, da gerade diese beiden Theoretiker ein besonderes Augenmerk auf die Herstellung, Bedeutung und Funktion von

Repräsentationsmechanismen und Selbsterleben gelegt haben. Wer sich mit ihren Theorien und dem Denken Lichtenbergs befasst, würde sicher einige interessante Verbindungen zwischen ihren auf den ersten Blick doch recht verschiedenen Zugängen finden.

Ein Manko ist, dass Lichtenberg beim Versuch, eine Synthese zwischen Säuglingsforschung und Psychoanalyse herzustellen, gewisse Begriffe außer Acht lässt, was wohl mit seiner selbstpsychologischen Ausrichtung zu tun hat. Ein Beispiel hierfür wäre der Begriff des Triebes, den Lichtenberg – gemäß der englischen Erstübersetzung Freuds als »Instinct« – biologisch versteht. Angesichts der anhaltenden Diskussion über den Trieb, die vor allem im Anschluss an Lacan, Green und Laplanche in Frankreich wie in Deutschland geführt wird, könnte es interessant sein, diesen Begriff, den Lichtenberg aufgibt, nach einer Rekonzeptualisierung erneut mit der Forschung zu konfrontieren.

Über die theoretischen Leistungen seiner Arbeit zur Säuglingsforschung hinaus, hat Lichtenberg auch auf die psychoanalytische Behandlungs- und Motivationstheorie großen Einfluss ausgeübt. Insbesondere auf die Diskussionen innerhalb der Selbst-Psychologie. Stellvertretend für seine vielen Arbeiten können hier die Bücher »Psychoanalysis and Motivation« (1989), »Self and Motivational Systems« (1992) und »Kunst und Technik psychoanalytischer Therapie« (2005, dt. 2007) genannt werden.

In diesen Arbeiten entwirft Lichtenberg in Konsequenz seiner Überlegungen eine eigene, am Begriff des Selbst und seiner Entwicklung ausgerichtete *Motivationstheorie*. Dabei werden interpersonelle und Selbstregulationsprinzipien der frühen psychischen Entwicklung herangezogen, um das Verhalten von erwachsenen Menschen zu verstehen. In seinen Überlegungen zur Motivationstheorie geht es ihm primär um die Frage, wie diese Regulationsmechanismen im Rahmen der therapeutischen Situation wirken und genutzt werden können.

Wirft man einen Blick in die derzeitigen Diskussionen der psychoanalytisch orientierten Säuglingsforschung, finden sich im Vergleich zu anderen Autoren, etwa Stern, Bowlby, Fonagy und Target, wenig Verweise auf Lichtenbergs Arbeiten. Es lässt sich vermuten, dass Lichtenbergs Nähe zu Kohuts Theorie der Selbst-Psychologie mit dazu beigetragen hat, dass Lichtenberg heute in Forschung und Klinik, die sich an Kohut ausrichtet, eine Autorität darstellt. Diese stellt aber im Vergleich zur gesamten Entwicklungspsychologie und Klinik nur einen kleinen Teilbereich dar bzw. spielt eine eher untergeordnete Rolle. Andere Theorien, wie etwa der sozial-kognitive Ansatz oder der kognitive Behaviorismus, haben ein breiteres Publikum innerhalb der wissenschaftlichen Community gefunden.

Fest steht dennoch, dass Lichtenberg – zusammen mit anderen psychoanalytischen Autoren, die begannen, sich mit der empirischen Säuglings- und Kleinkindforschung zu befassen – hinsichtlich seines Zugangs und seiner Absicht Vorbildcharakter für alle kommenden Arbeiten in diesem Feld erfüllt.

Lichtenberg gehört zu jenen, denen es zu verdanken ist, dass die psychoanalytische Entwicklungstheorie den Kontakt zur empirischen Forschung ihrer Zeit gefunden hat.

Literatur

Freud, S. (1895/1950). Entwurf einer Psychologie. GW Nachtragsband (S. 387–477). Frankfurt a. M.: Fischer.
Lichtenberg, J. D. (1989). Psychoanalysis and motivation. Hove u. London: The Analytic Press.
Lichtenberg, J. D. (1983, dt. 1991). Psychoanalyse und Säuglingsforschung. Berlin: Springer.
Lichtenberg, J. D. (1992). Self and motivational systems. Toward a theory of psychoanalytic technique. Hove u. London: The Analytic Press.
Lichtenberg, J. D. (2005, dt. 2007). Kunst und Technik psychoanalytischer Therapie. Frankfurt a. M.: Brandes & Apsel (Original: Craft and spirit: a guide to the exploratory psychotherapies).
Stern, D. (1985, dt. 1992). Die Lebenserfahrung des Säuglings. Stuttgart: Klett-Cotta.
Winnicott, D. W. (1965, dt. 1974/2006). Die Frage des Mitteilens und Nicht-Mitteilens führt zu einer Untersuchung gewisser Gegensätze. In D. W. Winnicott, Reifungsprozesse und fördernde Umwelt (S. 234–254). Gießen: Psychosozial-Verlag.

Nora Martinkat

Louis Wilson Sander – Stufen der Entwicklung

Leben und Werk

Louis Wilson Sander wurde am 31. Juli 1918 im kalifornischen Napa Valley in St. Helena geboren. Die natürliche Umgebung und das Familienerbe haben für Sander ein Leben lang eine besondere Bedeutung gehabt (siehe DignityMemorial: Louis Wilson Sander).

Er besuchte das College der University of California in Berkeley und erlangte 1942 einen Doktortitel an der University of California Medical School in San Francisco. In den anschließenden sechs Jahren diente er den United States Army Air Forces (USAAF), wo er sich auf infektiöse Krankheiten spezialisierte und den Dienstrang eines Majors erreichte.

Nach dem Krieg verschoben sich seine Interessen auf den Bereich der Psychiatrie, sodass er nach Boston zog und dort im Massachusetts Memorial Hospital arbeitete. Er heiratete 1952 und zog mit seiner Frau zwei Söhne und eine Tochter auf. In den 1950er Jahren startete Sander ein Forschungsprojekt über die Entwicklung von Kindern, das ihn bis zum Lebensende begleitete. Nachdem er dreißig Jahre an der Boston University forschte, arbeitete er ab 1977 als Professor für Psychiatrie am University of Colorado Medical Center. Auch nach der Emeritierung war er noch in der Forschung aktiv, so in der von David Stern initiierten Boston Change Process Study Group.

Bis zum Ende der 1990er Jahre lagen zahlreiche verstreute Schriften von Sander vor. Dem Italiener Gherardo Amadei gelang es schließlich, Sander von einer Zusammenstellung seiner Arbeiten zu überzeugen. Das Buch »Die Entwicklung des Säuglings, das Werden der Person und die Entstehung des Bewusstseins« (Sander, 2008, dt. 2009) ist nicht nur eine Übersicht über seine Erkenntnisse und Thesen zu Interaktionen, die das Verständnis der kindlichen Entwicklung und den damit zusammenhängenden psychischen Veränderungen revolutioniert haben. Es zeigt auch den Entwicklungsweg der Gedankengänge Sanders, indem er selbst Schriften ausgesucht hat, die die Stationen und

Breite der Entwicklung seines Denkens verdeutlichen. Der amerikanische Titel »Living Systems, Evolving Consciousness, and the Emerging Person« deutet auf die immer wiederkehrenden Ursprünge des Bewusstseins in einem biologisch begründeten Lebensprozess hin. Nach der italienischen Ausgabe erschien 2008 die amerikanische Ausgabe, auf der die deutsche Fassung basiert.

Im Jahre 2012 verstarb Sander in seinem Heimatsort St. Helena. Sanders zahlreiche Studien und originelle Ideen haben ihn schnell bekannt gemacht und werden heute als fundamental für die Entwicklungstheorie angesehen.

Die Entwicklung des Säuglings

Der erste Teil des Buches fasst vier Arbeiten aus den Jahren 1962 bis 1975 zusammen und unterbreitet die empirische Dokumentation und die daraus entwickelten Schlussfolgerungen und Erkenntnisse über Mutter-Kind-Paare. Aus Langzeitstudien, die 36 Monate liefen, wurden charakteristische Verläufe von Mutter-Kind-Paaren beschrieben und in sechs Stufen eingeordnet sowie daraus abgeleitete »Problemstellungen« formuliert. Auf jeder Stufe geht es um das Aushandeln einer systemischen Einheit, die am Grad der Harmonie gemessen wird (S. 60 ff.). Ähnlich wie bei Eriksons Entwicklungsphasen (Erikson, 1959, dt. 1966/1973) müssen die auftauchenden Problemstellungen (anders gesagt: Entwicklungsschritte) bewältigt werden, um die nächste Entwicklungsstufe erreichen und durchleben zu können.

Der Anpassungsprozess zwischen Mutter und Kind in verschiedenen Stufen wird mit einer Definition von Anpassung des Biologen Paul Weiss (1949) unterlegt: »Im allgemeinen Sprachgebrauch beinhaltet Anpassung sowohl den Zustand, angepasst zu sein wie auch den Prozess, angepasst zu werden. Um Verwirrungen zu vermeiden, wollen wir den Begriff Anpassung (adaption) lediglich im Sinne des adaptiven Prozesses verstehen, den adaptiven Zustand bezeichnen wir dagegen als Angepasstheit (adaptedness). Da wir uns auf der Ebene der Einleitung befinden, soll ebenso hervorgehoben werden, dass das Verb ›sich anpassen‹ ausnahmslos das Verhältnis einer Entität zu anderen betrifft. Kein System als solches ist angepasst. Es kann nur im Verhältnis zu etwas Anderem angepasst oder angeglichen sein. Wird diese Angleichung durch direkte Interaktion beider erlangt, sprechen wir von Anpassung, ansonsten lediglich von Angepasstheit. Anpassung ist somit die Passung (fitting) und Angepasstheit die Eignung (fitness), durch die ein System mit seinen Existenzbedingungen harmonisiert wird. Diese Harmonie oder Eignung ist die Voraussetzung für die Dauerhaftigkeit eines jeden definierten natürlichen Systems« (zit. nach Sander, 2008, dt. 2009, S. 59).

Drei weitere Aspekte hebt Sander in Bezug auf den Anpassungsprozess hervor:
1. Der Anpassungsprozess geht primär mit einer Wechselseitigkeit der Beziehung zwischen Organismus und Umwelt einher.
2. Dem folgt eine Verbindlichkeit der äußeren Anpassung und eine ebenso verbindliche innere Anpassung (psychische Organisation).
3. Die Anpassung zweier lebender Systeme bedeutet nicht nur eine passive Toleranz von Nähe, sondern ein Zusammenspiel von »affektiven Affinitäten« (Weiss, 1949, zit. nach Sander, 2008, dt. 2009, S. 59).

Wie die bekannte Säuglingsforscherin Lotte Köhler in dem Vorwort zu Sanders Buch erwähnt, geben diese Aspekte des Anpassungsprozesses und die stufenspezifischen Indikatoren einen Prädiktor der Entwicklungsstufen her, der es ermöglicht, die Entwicklungsverläufe vorherzusagen.

Im Folgenden werden die sanderschen sechs Entwicklungsstufen vorgestellt und erläutert.

Erste Stufe: Primäre Anpassung (1. bis 3. Monat)

In dieser Phase kommt es sowohl zu einer qualitativen als auch quantitativen Anpassung zwischen Mutter und Säugling, die die Aufgabe einer passenden »Verzahnung« (Sander, 2008, dt. 2009, S. 36) mütterlicher Aktivitäten mit den Signalen des Säuglings, die dem Überleben und Gedeihen dienen, beinhaltet. In diesem Stadium offenbaren sich viele Unsicherheiten und Ängste der Mutter, die sich auf die Organisation des Säuglings einstellt und eine Balance der Interaktion finden muss. Sander formuliert die Problemstellung folgendermaßen: »An welchen Adaptionsgrad zwischen Mutter und Kind ist das mütterliche Verhalten zum Zustand des Babys und zu den von ihm ausgesandten Signalen genau passend?« (S. 37). Ludwig-Körner (2014) vergleicht diese Stufe mit der »undifferenzierten Phase« von Hartmann, Kris und Loewenstein (1946).

Zweite Stufe: Reziproker Austausch (3. bis 5. Monat)

Die Interaktion zwischen Mutter und Kind in Form eines Dialoges stabilisiert sich in dieser Phase. Die Ängste der Mutter haben sich beruhigt, und es kommen besonders »vergnügliche Situationen« (Sander, 2008, dt. 2009, S. 41), die von René Spitz (1954, dt. 1957/1973) als Lächelsituationen eingeordnet werden, zum Vorschein. Die Wechselseitigkeit wird zum größten Teil noch von der Mutter bestimmt, wobei das Kind die Möglichkeit hat, an einem hochorganisierten System teilzunehmen.

Die abgeleitete Problemstellung bezieht sich also auf den Grad der reziproken Sequenzen der Mutter-Kind-Interaktion. Dies geht mit der Annahme einher, dass die Entwicklung des Kindes »weitgehend von der Kontinuität reziproker Austauschweisen in anderen Bereichen der Interaktion abhängt« (Sander, 2008, dt. 2009, S. 44).

Dritte Stufe: Zielgerichtete Aktivität des Säuglings (5. bis 9. Monat)

Während in der vorherigen Phase die Mutter die Initiative hat, beginnt in dieser Phase das Kind eine Initiative zu entwickeln und zu testen.

Die Problemstellung befasst sich mit der Frage, inwieweit die Initiative des Kindes erfolgreich ist, um eine Gegenseitigkeit mit der Mutter herzustellen. Sander weist darauf hin, dass die ersten zaghaften Anzeichen eigener Aktivität des Kindes oft bagatellisiert bzw. übersehen werden. Dementsprechend erfordert es von der Mutter in dieser Phase eine gewisse Fähigkeit zur Feinfühligkeit, um solche Signale zu erkennen und diese zu adaptieren, und zwar in Form einer passiveren Anpassungsreaktion ihrerseits, um den neuen Aktivitäten Raum zur Entfaltung zu geben.

Vierte Stufe: Fokussierung auf die Mutter (9. bis 15. Monat)

Das Erreichen dieser Stufe zeigt sich in der wachsenden Initiative des Kindes, die in einer Form der Expansion und in einer gewissen Manipulation der Mutter endet, mit dem Ziel, die eigenen Bedürfnisse zu befriedigen.

Die Problemfragestellung befasst sich demzufolge mit dem Erfolg des Kindes, dass allein die Mutter seine Bedürfnisse befriedigt. Diese starke Fokussierung auf die Mutter vergleicht Sander mit dem vom Bowlby geprägten Begriff der Monotrophie. Ludwig-Körner (2014) setzt diesen Zustand in Verbindung der von Mahler, Piene und Bergman (1975) beschriebenen »Heimatbasis«, von der aus die Welt sicher exploriert werden kann. Darüber hinaus verbindet Ludwig-Körner (2014) mit diesem Stadium den Beginn eines entstehenden Selbst, wobei aber die Beziehung zur Mutter immer noch im Vordergrund stehe.

Fünfte Stufe: Selbst-Behauptung (12. bis 18. Monat)

Je nachdem, wie die vorangegangenen Phasen verliefen, befasst sich die Problemfragestellung dieser Stufe mit dem Maß, inwieweit das Kind Selbstbehauptung im Interaktionsgeschehen mit der Mutter aufbauen kann.

An dieser Stelle ist noch einmal auf den Vergleich zu der Entwicklungstheorie Eriksons (1959, dt. 1966/1973) hinzuweisen, die besagt, dass dieser

Schritt nur durchgeführt werden kann, wenn die vorherigen Stufen zum größten Teil erfolgreich abgeschlossen wurden. Das Kind beginnt, sich zu separieren und eigenständig zu werden. Die Phase korrespondiert mit der Trotzphase und dem Neinsagen, die der Übungsphase nach Mahler, dem »Nein« bei Spitz und der Phase »Ich kann, was ich will« bei Erikson gleicht (Ludwig-Körner, 2014).

Die Selbstbehauptung kann in verschiedenen Bereichen auftreten und nimmt die Form eines Hin und Her im Kräftespiel mit der Mutter an. Dass es zu Konflikten kommen kann, ist schon seit der dritten Stufe offenkundig und spätestens jetzt von Bedeutung.

Sechste Stufe: Erkennen und Kontinuität oder Etablierung des Selbst als aktiver Organisator (18. bis 36. Monat)

Diese Stufe hat Sander nochmals in drei sechsmonatige Stadien mit jeweils vier Problemstellungen unterteilt: Die ersten beiden beschäftigen sich mit »destruktiven Aspekten der frühkindlichen Aggression sowie der Art und Weise, wie das Kind den Willen und die Überzeugungen der Mutter ohne Umschweife herausfordert« (Sander, 2008, dt. 2009, S. 54). Die anderen zwei beinhalten die Interaktion mit der Mutter in Anbetracht der auftauchenden Aktivität des Sekundärprozesses und der Beschäftigung des Kindes mit seinen Körperfunktionen. Dabei hebt Sander (1975) die Fähigkeit, eine innere Übereinstimmung herzustellen, als wichtigen Teil der Selbstentwicklung hervor. Durch den Spracherwerb ist das Kleinkind zunehmend in der Lage, nach dem eigenen Selbst zu handeln.

Hier wird als Problemstellung die Entwicklung der Fähigkeit zur Rekognition genannt, unter der Sander, im Hinblick auf den fortschreitenden Verlauf der adaptiven Koordinierungen, die wechselseitige Anerkennung zwischen Mutter und Kind versteht. Die Selbst-Rekognition, die Sander »namentlich als das Erkennen, dass dem Anderen bewusst ist, was einem selbst bewusst ist, sieht, bedeutet, dass ein geteiltes Bewusstsein konstituiert wird« (Sander, 2008, dt. 2009, S. 141).

In dieser Stufe entsteht eine neue Form des Gewahrseins beim Aushandeln von Anpassungsverläufen, in der vor allem die Erfahrung der Abstimmung, das »Matching«, bzw. die besonderen Begegnungsmomente eines der ersten Erlebnisse der Selbst-Rekognition sind. Moré erkennt hier Ähnlichkeiten zu den Erkenntnissen über die Bedeutung des Spiegelns in der Selbst-Psychologie und ebenso zu den Ausführungen Winnicotts über die Entwicklungsvoraussetzungen eines wahren Selbst (Moré, 2011, S. 102).

Das erfolgreiche Aushandeln der Problemstellung der Rekognition ist eine unabdingbare Voraussetzung für die nächste Etappe der epigenetischen Reihe. Denn die sechste Stufe sollte schon ein Potenzial beim Kleinkind in Richtung auf das Gewahrwerden seines Selbst erkennen lassen. Sander benennt diesen Zustand als den Beginn der »Ontogenese von Bewusstsein« (2009, S. 141). Ohne diese sei es nicht möglich, Kontinuität und Konstanz der Selbst-Rekognition, die die siebte Problemstellung beinhaltet, zu errichten. Diese Problemstellung vergleicht Sander mit der Theorie der Selbst-Konstanz, welche er analog zur Objektkonstanz von Piaget darstellt.

Bei der Problemstellung der sechsten Stufe soll ein Status der Reversibilität erreicht werden, der durch das immer wiederholende Erleben eigener Kohärenz eine Konstanz der inneren Struktur schafft. Sander schreibt dazu: »Die notwendige Erfahrung von Reversibilität durch Herausbildung von Selbst-Konstanz auf der Basis von Selbst-Schemata als Operationen im Sinne Piagets bildet ein Grundprinzip für gezieltes destruktives oder aggressives Verhalten des Kindes in den zweiten 18 Lebensmonaten« (2009, S. 142).

Darüber hinaus ähnelt dieser Vorgang der sensomotorischen Phase Piagets, in der Operationen von Handlungen abstrahiert werden und somit neue Formen des Denkens ermöglicht werden. Eine Form der Intersubjektivität und Individualität beider Seiten der Mutter-Kind-Interaktion wird damit erreicht.

Das Werden der Person

Das Werden der Person wird im zweiten Teil des Buches mithilfe von biologischen Grundprinzipien beschrieben. Mit empirischen Untersuchungen wurde die Wirksamkeit von Prinzipien der Lebensprozesse im System Kind-Bezugsperson in den ersten Lebensmonaten und -jahren festgestellt. Sanders Ergebnisse ergeben eine hohe Systemsensibilität im Hinblick auf biologische Rhythmen, das Fitting-Together und Zustandsregulierungen in Zeit, Raum und Bewegung. Es werden systemdynamische, der Chaostheorie und Informationsverarbeitungstheorie entstammende Erkenntnisse angewandt. Sander konzentriert sich besonders auf das »Gewahrwerden [der] inneren Erlebniswelten« (Sander, 2009, S. 261), mit anderen Worten: auf die Organisation der Bewusstseinsentwicklung, »die innere Matrix« (S. 161). Außerdem versucht er sich an der hochkomplexen Lösung des Konzeptes des Mutter-Kind-Systems, welches als Widerspruch verstanden wird, insofern als Mutter und Kind »gleichzeitig zusammen und zugleich voneinander getrennt [sind]« (S. 161). Daran anknüpfend wird das Konzept der Rekognition aus anderen Perspektiven erneut beleuchtet und diskutiert (siehe S. 185 ff.).

Die Untersuchungen erfolgten durch Beobachtungen von Säuglingen in Säuglingsstationen und bei Hausbesuchen mithilfe von Monitoren, Interviews und Selbsterfahrungsberichten der Bezugspersonen. Besonderer Wert wurde auf Beobachtungen beim Beginn des Erwachens und Einschlafens der Säuglinge sowie bei der Interaktion beim Stillen gelegt. Es wurden Veränderungen im Setting mithilfe von visuellen und akustischen Variablen (z. B. durch eine Maskierung des Gesichts der Mutter oder eine veränderte Stimme) sowie durch Austausch der Bezugspersonen durchgeführt. Während in erster Linie auf allgemeine Faktoren und Einflüsse auf das biologische Kind-Umfeld-System geachtet wurde, wurden in weiterführenden Studien Fragen gestellt wie »Wann wird ein interaktives Bonding zwischen Säugling und Bezugsperson begründet? Welche Variablen des Säuglings spielen in diesem Prozess eine prägnante Rolle? Wie wirkt sich in diesem frühen Stadium eine begrenzte systemische Störung auf den Anpassungsprozess aus?« (S. 195). Anschließend wurden Überlegungen angestellt, inwiefern aus diesen Interaktionen Vorläufer eines Selbst entstehen können: Dazu gehören Fragestellungen, die sich damit beschäftigen, ob es möglich ist, von biologischen Beobachtungen auf das Innere (psychische Erleben) zu schließen, ob und inwiefern Biologie und Psyche miteinander verzahnt sind und welche Veränderungen das Selbst und innere psychische Repräsentanzen beeinflussen.

Die Interaktivität des Kindes in seinem Umfeld als biologisches System

Aus sehr detaillierten und sorgsamen Beobachtungen ergaben sich folgende erstaunliche Ergebnisse und Schlussfolgerungen in Bezug auf das Kind in seinem Umfeld – aufgefasst als biologisches System (S. 181 ff.):

Unabhängig von der Versorgungsstruktur (es wurde zwischen einem Vier-Stunden-Rhythmus in einer Säuglingsstation, einem Rooming-In mit nur einer Bezugsperson und einem Rooming-In mit der leiblichen Mutter differenziert) ist die Geburt an sich ein Bruch in der zeitlichen Organisation. Die Neueinstellungen auf jetzt einwirkende Faktoren und Austauschvorgänge können als erste konstituierte Regulierungs- und Anpassungsprozesse sowie als erste Interaktion verstanden werden. Dabei zeigt sich, dass gerade die ersten drei Lebenstage eine entscheidende Zeitspanne sind: »Ereignisse wie die Wiederholung von mütterlichen Signalen im engen Zusammenhang mit Veränderungen der Befindlichkeit des Babys gewährleisten die notwendigen Voraussetzungen für eine Reihe biologischer Rhythmen, die Säugling und fürsorgende Umwelt charakterisieren und zu jener Organisation führen, die die Rolle bei der System-Regulierung sicherstellt« (S. 181).

Schon zu diesen frühen Zeitpunkten zeigen sich individuelle Unterschiede, die sich in der Art und Weise der biologischen Periodizität und in Veränderungsgraden der Interaktion der individuellen Bezugsperson und ihrer Fürsorgemuster äußern. Dabei sind die individuellen Unterschiede bei den Kindern in der Säuglingsstation, die nach einem Vier-Stunden-Rhythmus versorgt wurden, am geringsten, demgegenüber bei den Kindern, die von der leiblichen Mutter und zu Hause versorgt wurden, am deutlichsten erkennbar. Dies zeigt sich besonders klar bei einer Veränderung des Settings, insbesondere bei einem visuellen Reiz, bei dem die Kinder der Säuglingsstation ein deutlich geringeres Toleranzvermögen aufwiesen.

Der deutliche zeitliche Unterschied im Pflegeverhalten wies zudem auch auf die Bedingungen der Ontogenese des Bewusstseins hin, die bei den Kindern mit leiblichen Müttern besser ausgeprägt waren. Durch ein nicht ständig wechselndes Umfeld können sich die Individuen Kind und Mutter in dem biologischen System eine längere Zeit koordinieren sowie zueinander finden, sodass das Kind damit die Möglichkeit hat, sich in einem stabilen Rahmen zu entwickeln.

Spezifische und individuelle Mechanismen des »Bondings« etablieren sich zu einem Muster, welches im biologischen System aufrechterhalten wird. Sander beschreibt eine spezifische Regulierung als »wahrnehmbaren Grad«, die sich ab dem zehnten Lebenstag beobachten lässt, sodass geschlussfolgert wird, dass ein Bonding schon in den ersten zehn Tagen errichtet wird. Davon abhängig sind die sich später bildenden sensomotorischen Funktionen.

Eine Interaktionsvariable, die das Entstehen des Bondings deutlich beeinflusst, ist der »infantile Zustand« (S. 196), der in Verbindung mit Schlaf- und Wachphasen gebracht wird. Der Fürsorgestil und der Rhythmus der Schlafwach-Periode hängen stark zusammen, sodass angenommen werden kann, dass die Erforschung biologischer Rhythmen zur Konzeption von Anpassungsprozessen und der zeitlichen Organisation systemischer Interaktionsverläufe einen zentralen Beitrag leisten. Sie werden als »oszillierende Systeme« aufgefasst, die in Bezug auf die Steuerung der Phasen-Beziehungen eine Synchronisierung der Phasen ermöglichen (vergleichbar mit den Reiz-Reaktions-Schemata). Dazu zitiert Sander eine fundamentale biologische Erklärung von Franz Halberg (1960): »[Die] zeitliche Organisation physiologischer Funktionen [bezieht] meist eine circadiane Zeitstruktur [ein], mit erheblicher, aber nicht unbegrenzter Formbarkeit. […] Durch Synchronisierung mit umweltbedingten Regelungen erlangen circadiane Systeme einen adaptiven Wert. Zeitliche physiologische Koordinierungen weisen integrative wie adaptive Funktionen auf. Die Analyse von Periodizität sorgt für eine Lösung der Anpassung als integrativer Funktion und vice versa« (Sander, 2008, dt. 2009, S. 197).

Die frühe Organisation der psychischen Struktur im Kind-Bezugsperson-System

Diese Ergebnisse und Schlussfolgerungen der Ereignisstruktur im System Neugeborenes-Bezugsperson mit seinen Regulierungen vor einem biologischen Hintergrund haben Auswirkungen auf die Überlegungen zur frühen Organisation psychischer Strukturen. Sander bezieht sich an dieser Stelle auf die Systemtheorie, wobei er nicht alle zeitlichen Dimensionen in Anspruch nehmen will, sondern sich auf das in einer Richtung bewegende Arousal-Ruhe-Kontinuum, den Schlaf-wach-Rhythmus, konzentriert. Aus immer wiederkehrenden Interaktionen zwischen Mutter, Vater und ihren Motiven, die durch ein familiäres Generationensystem beeinflusst sind, entsteht eine »Ereignisstruktur« (S. 208) in einem Kind-Bezugsperson-System, in das ein Kind mit eigenen Motiven hineingeboren wird.

Jedes System ist einzigartig, sodass sich bei einem Wechsel der Bezugsperson das System Kind-Bezugsperson wieder neu einstellen muss. Einige Einflüsse auf das Kind-Bezugsperson-System wurden schon genannt, wie z. B. die Rolle der zeitlichen Organisation, verlässliche wiederkehrende Situationen (welche eine Voraussetzung für Habitualisierung sind), die Fähigkeit zur Reorganisation, eine Eigenschaft, die es möglich macht, dass zwei aufeinandertreffende Systeme sich koppeln können (was durch den Vorgang der Oszillation begünstigt wird), oder das Angebot längerer Zeiträume, in denen sich Kohärenz und ein Gleichgewicht der Regulierung einstellen können. Darüber hinaus ist noch die Abkoppelung zu erwähnen. Die Eigenschaft zur *Ab*koppelung vom vorhandenen eingespielten Gleichgewicht ist eine wichtige Grundvoraussetzung für den Säugling, um Urheberschaft und Wirkmächtigkeit zu empfinden und eigene Motivationen und Wünsche zu entwickeln.

Zusammenfassend geht Sander davon aus, dass zusätzlich zu der Ereignisstruktur »die biologische Rhythmizität den Hintergrund für die Regelmäßigkeit interaktiver Situationen innerhalb des Systems bildet, die für das beständig wiederkehrende infantile Erleben eigener innerer Zustände notwendig ist« (S. 212). Damit stellt er die Hypothese auf, dass das innere Erleben des Säuglings sich zuerst mit dem Schlaf-wach-Kontinuum in einem ersten Umkreis konsolidiert. Und aufgrund der sich immer wiederholenden Zustände entwickelt der Säugling infantile Zielvorstellungen. Dadurch, dass ein zielorientiertes Verhalten vorliegt, ist der Säugling in der Lage, sein Verhalten zu beeinflussen, um Situationen zu rekonstruieren.

Handelt es sich dabei um ein kompetentes System, das den Säugling als Urheber seiner eigenen Regulierung fördert, entwickeln sich die wiederkehrenden inneren Zustände zu inneren Kriterien bzw. Verhaltensschemata. Daraus können erwünschte Zustände erlebt werden, woraufhin Säuglinge via eigene Initiative wiederum den eigenen Zustand verändern können.

In einem nicht kompetenten System wird die eigene Initiative des Säuglings als sekundär, also von vornehmlich äußeren Zuständen abhängig erlebt, sodass der Säugling keine Erfahrungen eigener Motivationen machen kann.

Die Entstehung einer psychischen Struktur formuliert Sander folgendermaßen: »Die Fähigkeit zu psychischer Strukturbildung ist in der Tat eine systemische Eigenschaft, jedoch müssen alle zeitlichen und zielorientierten Organisationsstufen berücksichtigt werden, sollen Komplexität und innerer Bezug in der Ontogenese der Selbst-Empfindung von Anfang an verstanden werden« (S. 221).

Der Widerspruch des Eins- und Zusammenseins

Dass die Ontogenese des Bewusstseins im Kind-Bezugsperson-System nur gemeinsam entstehen kann, aber dennoch allein, nämlich als individuelle Entstehung eines Bewusstseins existiert und agiert, wird als Paradoxon aufgefasst. Zum einen ist das Eins- und Zusammensein durch die Intersubjektivität im großen Maße vorhanden, zum anderen ist eine Voraussetzung eines selbstregulierenden Organismus, dass die Initiative zur Richtungswahl von innen, vom Organismus selbst (z. B. Hunger) und nicht von einer extrinsischen Quelle herbeigeführt wird.

Der Lösungsansatz Sanders beinhaltet einen Prozess der Integration: »Der Säugling ist von der Notwendigkeit befreit, die eigene Zustandsregulierung insgesamt zu meistern oder wiederherzustellen [z. B. wenn die Mutter den Säugling ins Bett legt, aber die Tür des Zimmers offenlässt und aufmerksam auf Laute reagiert]. Die Selbst-Regulierung kann innerhalb einer spezifischen Komponente des sensomotorischen Systems ausgetragen werden« (S. 231). Das Prinzip dieses Paradoxons vergleicht Sander mit einem Beispiel von Winnicott: »Die Grundlage der Fähigkeit, allein zu sein, [ist] ein Paradoxon: es ist die Erfahrung, allein zu sein, während jemand anders anwesend ist« (S. 232). Denn nur wenn der Säugling allein (gemäß dem genannten Beispiel: allein im Zimmer) ist, kann er sein eigenes personales Leben entdecken.

Rekognition

In dem Aufsatz »Der Prozess der Rekognition: Erkannt werden – Kontext und Erleben« (Sander, 2008, dt. 2009, S. 235 ff.) geht Sander in einer holistischen Art und Weise an die Kleinkindforschung heran. Nicht nur Säuglinge sind ohne Ausnahme stets unterschiedlich und individuell, dies trifft auch auf die Forscher und ihre verschiedenen Ansätze zu: »Jeder Einzelne würde einen anderen, einen eigenen Gesichtspunkt einbringen, eine andere Datenbasis, einen anderen Theorierahmen, jeweils eingebettet in eine eigene Sprache und ein eigenes Vokabular. Die Hindernisse schienen also darin zu liegen, dass es, was immer man sagte, notwendig wäre, quer durch all diese unterschiedlichen Sprachen hindurch zu übersetzen. Doch wann immer man versuchte zu erklären, was mit einem bestimmten Begriff, den man zu verwenden gedachte, gemeint sei, müsste man die Bedeutung der Worte erklären, die man benutzt, um die Bedeutung des Begriffs zu erklären« (S. 234).

Es sind also viele verschiedene Ansätze entstanden in Bezug auf die Frage: Wie entwickeln sich Säuglinge von Beginn an zu Individuen? Sander geht z. B. auf Layzers »Cosmogenesis: A Growth of Order in the Universe« auf die neuronale Entwicklung des von Edelman (1992) beschriebenen synaptischen Selektionsprozesses bzw. auf den neuronalen Darwinismus ein. Bei der Bedeutung der zeitlichen Dimensionen der Fürsorgestile für die Säuglinge sieht Sander einen Zusammenhang mit den synaptischen Blütezeiten der neuronalen Entwicklung des Säuglings, die Edelmans Forschungen ergaben. Darüber hinaus nennt Sander die Chaostheorie, die besagt »dass eine minimale Summe von Wandel oder neuer Informationen, sobald diese in die Iterationen der verschiedenen Gleichungen des Systemprozesses eingeführt werden, sich zu einer beginnenden Kondition formieren, die später einen bedeutsamen Richtungswandel, eine Verstärkung oder einer Abschwächung zur Folge haben – ein System, das einen alternativen, aus der vorherigen Position nicht linear antizipierbaren Weg einschlägt« (Sander, 2008, dt. 2009, S. 237).

Dabei werden zwei Bedingungen genannt, um diesen Prozess der Individuation zu gewährleisten. Zum einen wird von einer Organisation ausgegangen, in der Organismen auf der Basis von Lebenssicherung sich fortlaufend austauschen, und auf der anderen Seite von einer primären Aktivität, welche die Initiative des Organismus, also nicht von außen kommend, beschreibt. Diese Überlegungen entnimmt Sander der Systemtheorie, insbesondere von Bertalanffy (1949). Organisation und primäre Aktivität koordinieren sich. Ein Beispiel der biologischen Koordinierung in diesem Sinne ist das »Holding« von Winnicott.

Im Kind-Bezugsperson-System treten immer wieder sogenannte »Begegnungsmomente« (Sander, 2008, dt. 2009, S. 239) auf, die als notwendige Ereignisse gegenüber den unerwarteten Ereignissen im Vordergrund stehen müssen. Bezugsperson und Kind treffen sich immer wieder in einer spezifischen Art und Weise der perfekten Anpassung zwischen primärer Aktivität seitens des Kindes/Säuglings und der Organisation des Kind-Bezugsperson-Systems. Im Laufe der Zeit entsteht das Empfinden einer Kontinuität, die durch jede Wiederholung der Begegnungsmomente stabiler wird. So entsteht die »Heimatbasis« nach Mahler (siehe vierte Stufe der Entwicklung) oder das Urvertrauen nach Erikson.

Die primäre Aktivität entwickelt sich im besten Fall zu einer Urheberschaft, einer Form der Selbstregulierung, die schließlich auch als eigene Regulierung seitens des Säuglings empfunden wird. Wie oben erwähnt, ist die Fähigkeit zur Abkoppelung bzw. die Rückkoppelungsschleife von Edelman (1992), also die Fähigkeit des Gehirns, seiner selbst gewahr zu sein, von großer Bedeutung für alles Weitere.

Die Entstehung des Bewusstseins

Den dritten Teil des Buches »Die Entstehung des Bewusstseins« beginnt Sander mit seinem jüngsten Text von 2005, in dem er drei Grundprinzipien – Ganzheit, Spezifität und Organisation – in Relation setzt und sich dabei auf Bertalanffy (1949) bezieht. In seinem Aufsatz »Anders denken« macht er deutlich, wie sich diese Prozesse in Form von spezifischen Rekognitionsprozessen fließend miteinander verbinden. Schließlich fasst Sander im letzten Kapitel seine Erkenntnisse zusammen und verknüpft sie mit dem psychotherapeutischen Prozess.

Spezifität, Ganzheit und Organisation

Das Grundprinzip, welches für alles Leben in lebenden Systemen notwendig ist, ist nach Sander holistisch. Während er einige Autoren und Werke zitiert, die ihm beim Verständnis einer Ganzheit geholfen haben (z. B. Stapp, 1993; Waldrop, 1992), nennt er daraus resultierende grundsätzliche Komponenten des Systemgeschehens, in dem wir leben. Sander definiert System folgendermaßen: »Eine Sammlung von Objekten, vereint durch eine regelmäßige Interaktion oder Interdependenz, oder eine Gruppe verschiedener Einheiten, die so kombiniert sind, dass sie ein integrales Ganzes bilden« (Sander, 2008, dt. 2009, S. 185). Eine Komponente, die solch ein System ausmacht, ist die »Spezifität« (Weiss, 1949), die die Einzigartigkeit jeder Situation hervorheben soll. Dabei wird betont, dass jeder Moment oder jedes Geschehen sich niemals wiederholt, da so viele Einflüsse von unüberschaubaren Richtungen und Ebenen in jeglicher Art und Form einwirken, dass ein einzigartiger Moment entsteht, der durch die vielfältige Entstehung als »spezifisch« deklariert wird. Damit ist nicht nur ein simples Schlüssel-Schloss-Prinzip gemeint, es »beinhaltet vielmehr deren zeitliches Zusammentreffen, eine Reihenfolge mit jeweils einleitenden Bewegungsströmen, die in einem bestimmten Moment eine Verbindung eingehen zwecks

Erschaffung einer größeren Inklusion an kohärenter Organisation, gefolgt von einem Fließen, das Konsequenz konfiguriert« (Sander, 2008, dt. 2009, S. 261).

Bezogen auf die kindliche Entwicklung beschreibt Sander (mit Bezug auf Spitz, 1945) das Fehlen von Spezifität im System mit dem Zustand der Hospitalisation. Die verschiedenen Wege, aus denen ein spezifischer Moment entsteht, bringen eine »Kohärenz« (Sander, 2008, dt. 2009, S. 261) mit sich, welches eine der weiteren grundsätzlichen Komponenten ist. Die spezifischen Momente besitzen eine Kohärenz, sodass aus ihnen Prognosen erstellt werden können. Der spezifische Moment wird zu dem Zeitpunkt, in dem er zu einem Moment wird, auch ein Weg für neue spezifische Momente und hat somit einen Einfluss auf die entstehenden neuen Momente bzw. auch eine gewisse Vorhersagbarkeit. Als Beispiel wird das Adult Attachment Interview angegeben, das die »Fremde Situation« bezüglich des Bindungsstils der Mutter während der Schwangerschaft um 0,75 bis 0,80 voraussagen konnte (S. 262).

Sander geht auf die Funktionen des menschlichen Gehirns ein, die von der Vernetzung der Neuronen abhängig sind (weshalb Neugeborene auch deshalb nicht die gleiche Wahrnehmung haben wie Erwachsene) und von der Fähigkeit zur Gestalt-Konstruktion (aus drei Punkten wird ein Dreieck). Diese Art der Wahrnehmung hält Sander für sehr wichtig und macht u. a. auf das Phänomen aufmerksam, dass wir unsere Aufmerksamkeit meistens auf die im Vordergrund stehende Wahrnehmung lenken. Das führe dazu, dass wir nur einen Teil des Ganzen sehen, aber denken, dies wäre das Ganze, und somit nicht sichtbare Geschehnisse für nicht existent halten. Außerdem ist von entscheidender Bedeutung die »Platzierung« von Zeit- und Begegnungsmomenten zwischen Organismus und Umwelt.

Anders denken – Thinking differently

Als Weiterführung des vorherigen Abschnitts kann der im Jahre 2002 erstmals veröffentliche Aufsatz »Anders denken. Prinzipien des Prozessverlaufes in Systemen und die Spezifität des Erkanntwerdens« herangezogen werden. Dort werden die genannten Aspekte wieder aufgegriffen und neben Spezifität, Kohärenz und Platzierung noch ein paar weitere grundsätzliche Komponenten genannt.

Sander beschreibt das System z. B. als nichtlineares System, also ein System, welches weit vom Gleichgewicht entfernt ist (die Terminologie stammt von Prigogine, 1997). In ein und demselben System befindet sich sowohl Destruktives als auch Schöpferisches. Aber dennoch müssen »innerhalb eines solchen Rahmens selbstorganisierende, selbst-regulierende Prozesse auf hierarchischen Komplexitätsstufen fortdauernd sein, sodass die grundlegende Einheit [...] gewahrt bleibt, die für die Dauerhaftigkeit von Leben notwendig ist« (Sander, 2008, dt. 2009, S. 287).

Obwohl das System in keinem Gleichgewicht scheint, reguliert es sich zu einer Ganzheit in seiner Einheit und Kohärenz. Die Frage, woher diese Energie und dieses Geschehen stammen, kann auch Sander nicht beantworten und stellt sie als eine der noch großen unbeantworteten Fragen unseres Lebensprozesses dar.

Die sogenannten Begegnungsmomente sind in der Entwicklung von Säuglingen von entscheidender Bedeutung, da sie ein Zeichen von voranschreitender Rekognition sind. Sie sind somit für die Ontogenese des Bewusstseins wichtig. Im Erwachsenenalter spielen sie weiterhin eine wichtige Rolle. Dies gilt nach Sander vor allem für die Psychotherapie, wo das »anders Denken« zum Vorschein gebracht werde.

Psychotherapeutischer Prozess

In den Begegnungsmomenten (moments of meeting), wie sie oben beschrieben werden, sieht Sander den Punkt der Veränderung in der Psychotherapie. Denn Sander ist der Überzeugung, dass das Verständnis der biologischen Prozesse unseres Lebens uns viele Anhaltspunkte über den menschlichen Entwicklungsprozess geben kann und deswegen auch Anhaltspunkte über die psychische Ebene, wenn sie auf demselben Prinzip basieren. Solch einen Anpassungsprozess auf psychotherapeutischer, vor allem psychoanalytischer, Ebene, sieht Sander (z. B. anlehnend an Schwaber, 1983) im psychoanalytischen Hören: »Die Autorin richtet ihre Wahrnehmung und ihr Einfühlungsvermögen im Verlauf der Stunde auf die fließenden Zustände und Zustandswechsel im Patienten wie in sich selbst. Jeder Wechsel bietet ihr Gelegenheit, zu prüfen und ihrem eigenen Gewahrsein von Wandel nachzugehen, dieses mit jenem seitens des Patienten im beidseitigen Interaktionsfluss zusammenzufügen und schließlich einen neuen Moment der Begegnung zu erreichen, wenn ›Richtung‹ und ›Intention‹ sich zu klären beginnen« (Sander, 2008, dt. 2009, S. 300 f.).

Der Anpassungsprozess liegt zwischen Therapeut und Patient, indem das Erkennen der aktuellen Lage und die Veränderung hin zum Erkennen und Herauspartialisieren des eigenen Selbst (seitens des Patienten) eine Weiterführung des Rekognitionsprozesses beschreiben. Die Art und Weise, wie der Spezifitätsmoment zur Erkenntnis gelangt (dies kann im Erkennen der Einzigartigkeit der Situation, aber auch im Erkennen der eigenen wertvollen Person und des Anderen ausgedrückt werden), vergleicht Sander mit der Deutung. Sind diese Momente erfolgreich, liegen gelungene Begegnungsmomente vor, »die Inklusion neuer erweiterter Zustände bewusster Verknüpfungen« (S. 301). Diese haben die Kraft, dem Patienten zur Besserung zu verhelfen, da neue Bewusstseinszustände zum Erscheinen kommen (»anders denken«).

Fazit

Die Chronologie der sanderschen Arbeiten zeigt, dass er sich zunächst überwiegend mit empirischen Forschungen beschäftigt hat und später mit der Reflexion der Ergebnisse in Bezug auf multidisziplinäre Zugangsweisen. Er hat ein biologisches Grundverständnis, das sich von einem holistischen Ansatz sowie von der Chaos- und Systemtheorie inspirieren lässt – mit einer großen Offenheit für neue Theorien.

Sander setzt im Bereich der Säuglingsforschung an einige schon bestehende psychoanalytische Theorien an: Zum Beispiel lässt er sich in Bezug auf seine Entwicklungsstufen des Säuglings von der Bindungstheorie Bowlbys und dem Urvertrauen Eriksons beeinflussen. Den Hospitalismus nach Spitz (1945) erklärt Sander als Folge einer fehlenden Spezifität im kindlichen Entwicklungssystem. Und seine vierte Stufe »Fokussierung auf die Mutter« wird mit der »Heimatbasis« Mahlers in Verbindung gebracht (Ludwig-Körner, 2014).

Indem er konstant den biologischen Hintergrund betont, hat Sander von seinen Erkenntnissen in der Säuglingsforschung auf grundlegende Lebensprozesse geschlossen. Ausgehend von erkannten Grundprinzipien versucht er, einige Ideen und Ansatzpunkte für das Lebensprinzip an sich zu entwickeln.

Parallelen dazu zieht Sander auch zur Wirkungsweise von Psychotherapie und Psychoanalyse. Hier vertritt er aufgrund seines holistisch und biologisch fundierten Verständnisses der Lebensprozesse neue Sichtweisen: Gelungene Momente der Gegenübertragung, die bis heute sehr unterschiedlich und eher schwierig zu erfassen sind, vergleicht Sander mit den Begegnungsmomenten (moments of meeting), in denen Psychotherapeut und Patient auf irgendeiner Ebene, sei es in einem gemeinsamen unausgesprochenen Verständnis oder in einer Akzeptanz der Person gegenüber, treffen. Die Art und Weise, wie mit Spezifitätserfahrung umgegangen wird, zeige den Erfolg von Deutungen. So zitiert Sander das Beispiel einer Sitzung von Lyons-Ruth (2000): »Nach meinem Verständnis hatte das, was zwischen uns [ihr und der Patientin] durchgesickert war, mit einer Theorie komplementärer Handlungsabläufe und Rekognitionsprozessen mehr gemein als mit einer Theorie der Deutung« (zit. nach Sander, 2008, dt. 2009, S. 302). Dies zeigt eine alternative therapeutische Herangehensweise.

Sander beeindruckt in seinen Arbeiten mit der Fülle an Integrationsleistungen. Es erfordert Geduld und ebenfalls eine Bereitschaft, sich diese zum Teil sehr abstrakten Theorien anzueignen. Es werden sowohl die individuelle Entwicklungspsychologie als auch klinische Theorien zur Ontogenese des Bewusstseins sowie Theorien zum Werden des Menschen betrachtet. Sander fokussiert nicht nur auf die Trieb- und Todestheorie Freuds, sondern stellt ein so breites Konzept des Lebens auf, wie es bisher nur im Bereich der Physik und Philosophie geleistet wurde. Angela Moré lokalisiert Sander »zwischen einem naturwissenschaftlichen-medizinischen, psychosozialen und kultur- und gesellschaftstheoretischem Denken der elementaren Grundfragen des Lebens und menschlichen Daseins« (S. 1028). Sie sieht in Sander die philosophische Seite der Psychoanalyse Freuds.

Literatur

Bertalanffy, L. v. (1949). Das biologische Weltbild. Bd. 1. Die Stellung des Lebens in Natur u. Wissenschaft. Bern: Francke.
DignityMemorial. In memory of Louis Wilson Sander. http://obits.dignitymemorial.com/dignity-memorial/obituary.aspx?n=Louis-Sander&lc=6848&pid=161350750&mid=5326653 (3.6.2017).
Edelman, G. M. (1992). Bright air, brilliant fire: On the matter of the mind. New York: Basic Books.
Erikson, E. (1959, dt. 1966/1973). Identität und Lebenszyklus. Drei Aufsätze. Frankfurt a. M.: Suhrkamp.
Halberg, F. (1960). Temporal coordination of physiologic function. Paper presented at the Cold Spring Harbor Symposia on Quantitative Biology. New York: Cold Spring Harbor Laboratory Press.
Hartmann, H., Kris, E., Loewenstein, R. M. (1946). Comments on the formation of psychic structure. The Psychoanalytic Study of the Child, 5, 24–46.
Ingber, D. E. (1998). The architecture of life. Scientific American, 278 (1), 48–57.
Layzer, D. (1991). Cosmogenesis: the growth of order in the universe. New York: Oxford University Press.
Ludwig-Körner, C. (2014). Psychoanalytische Entwicklungstheorien. In M. Cierpka (Hrsg.), Frühe Kindheit: 0–3 Jahre. Beratung und Psychotherapie für Eltern mit Säuglingen und Kleinkindern (2. Aufl., S. 81–101). Berlin u. Heidelberg: Springer.
Lyons-Ruth, K. (2000). »I sense that you sense that I sense ...«: Sander's recognition process and the specificity of relational moves in the psychotherapeutic setting. Infant Mental Health Journal, 21 (1–2), 85–98.
Mahler, M., Piene, F., Bergman, A. (1975). The psychological birth of the human being: Symbiosis and individuation: New York: Basic Books.
Moré, A. (2011). Sander, Louis W.: Die Entwicklung des Säuglings, das Werden der Person und die Entstehung des Bewusstseins. Psyche – Zeitschrift für Psychoanalyse und ihre Anwendungen, 65 (9), 1023–1028.
Piaget, J., Inhelder, B. (1986). Die Psychologie des Kindes. München: Klett-Cotta im Dt. Taschenbuch-Verlag.
Prigogine, I. (1997). The end of certainty: time chaos and the new laws of physics. New York: The Free Press.
Sander, L. W. (1975). Infant and caretaking environment investigation and conceptualization of adaptive behavior in a system of increasing complexity. In E. J. Anthony (Ed.), Explorations in child psychiatry (pp. 129–166). New York: Springer.
Sander, L. W. (2008, dt. 2009). Die Entwicklung des Säuglings, das Werden der Person und die Entstehung des Bewusstseins: Klett-Cotta (engl. Original: Living Systems, Evolving Consciousness, and the Emerging Person).

Schwaber, E. (1983). Psychoanalytic listening and psychic reality. International Review of Psycho-Analysis.
Spitz, R. A. (1945). Hospitalism. An inquiry into the genesis of psychiatric conditions In early childhood. The Psychoanalytic Study of the Child, 1, 53–74.
Spitz, R. A. (1954, dt. 1957/1973). Die Entstehung der ersten Objektbeziehungen. Stuttgart: Klett (Original: Genèse des premières relations objectables).
Stapp, H. P. (1993). Mind, matter, and quantum mechanics. In H. P. Stapp, Mind, matter, and quantum mechanics (pp. 81–118). Berlin: Springer.
Waldrop, M. M. (1992). Inseln im Chaos: Die Erforschung komplexer Systeme. Reinbek: Rowohlt.
Weiss, P. (1949). The biological basis of adaptation. In J. Romano (Ed.) (1961), Adaptation (pp. 1–22). Ithaca, NY: Cornell University Press.
Winnicott, D. W. (1965, dt. 1974). Reifungsprozesse und fördernde Umwelt. München: Kindler.

Ulrike Mensen und Ricarda Ostermann
Bindungstheorie nach Bowlby und Ainsworth

Leben und Werk

John *Bowlby* ist Begründer der Bindungstheorie. Er wurde 1907 in einem Londoner Ärzteelternhaus als viertes von sechs Kindern geboren. Mit acht Jahren kam er aufs Internat und mit 17 Jahren entschloss er sich, Medizin und Psychologie in Cambridge zu studieren. Im Anschluss an sein Studium war er mehrere Jahre in Internaten für delinquente und schwer erziehbare Jugendliche tätig, spezialisierte sich im Bereich Kinderpsychiatrie und war in leitender Funktion an der Tavistock-Klinik tätig. Schon parallel zum Studium ließ er sich zum Psychoanalytiker ausbilden, schloss diese Ausbildung 1937 ab und arbeitete am British Psychoanalytical Institute gemeinsam mit Melanie Klein. 1952 wurde Bowlby für einige Jahre aus der Psychoanalytischen Gesellschaft Englands ausgeschlossen, und es kam zum Bruch mit Melanie Klein, da seine Annahmen zur emotionalen Entwicklung zu sehr auf der Umwelt als auf intrapsychischen Komponenten beruhten.

Bei der Entwicklung der Theorie zur Mutter-Kind-Bindung wurde Bowlby von unterschiedlichen Forschungsrichtungen beeinflusst und bediente sich ethnologischer, entwicklungspsychologischer, lerntheoretischer und evolutionstheoretischer Erkenntnisse. Bowlby berief sich auf Darwins »Nature-Nurture-Konzept«, wobei er die Bindung zwischen Mutter und Kind als umweltstabil, also genetisch angelegt, und die Qualität als umweltlabil, also den Umwelteinflüssen ausgesetzt, ansah (Grossmann u. Grossmann, 2003a).

Auch die biologisch angelegten Forschungen an Tieren, wie die umstrittene Primatenforschung Harry Harlows (1961), der Experimente an Rhesusaffen durchführte, oder die verhaltensbiologischen Beobachtungen durch Konrad Lorenz (1965), trugen zur Festigung bindungstheoretischer Gedanken bei. Harlow, der seinen Forschungsschwerpunkt auf das Sozialverhalten bei Primaten legte, erforschte 1959 die Mutter-Kind-Bindung an Rhesusaffen. Dazu beobachtete er die Wahl von mutterlosen Affenbabys zwischen zwei Mutterattrappen: eine aus einem Drahtgestell mit Milchquelle und eine mit kuscheligem Fell überzogen und ohne Futterquelle. Die Affenbabys zogen die kuschelige Ersatzmutter der nahrungsspendenden vor. Harlow schloss daraus, dass körperliche Nähe und Schutz für die emotionale Entwicklung wichtiger seien als die bloße Fütterung. Lorenz lenkte in seinen wissenschaftlichen Arbeiten den Blick auf zwei genetische Besonderheiten: die angeborenen Auslösemechanismen für gewisse Verhaltensweisen und die nachweisbare Entwicklungsphase, in der eine unwiderrufliche Prägung möglich sei. Er versuchte deutlich zu machen, dass das Verhalten von Tieren in erster Linie instinktgesteuert und weniger reaktiv sei (Lorenz, 1965).

Die Bindungsforschung brach mit zwei etablierten Konzepten. Zum einen wurde die Vorstellung vom völlig unbedarften Kind durch den von Geburt an höchst komplexen und kompetenten Säugling ersetzt, und zum anderen setzte die Forschung auf eine methodische Ausrichtung, die auf vordefinierte, nicht zu beobachtende Variablen angewiesen war (Grossmann u. Grossmann, 2003a).

Dieser interdisziplinäre Ansatz führte dazu, dass zu jener Zeit weder die Lerntheoretiker noch die psychoanalytische Gemeinschaft von Bowlbys Herangehensweise überzeugt waren. Erst mithilfe seiner Schülerin Mary Dinsmore Salter *Ainsworth* konnte sich die Bindungstheorie als anerkannte Forschungsrichtung etablieren (Grossmann u. Grossmann, 2003a). Ainsworth wurde im Jahre 1913 als älteste von drei Schwestern in einer Akademikerfamilie in Glendale, Ohio, geboren. Beide Eltern waren promoviert und legten großen Wert auf eine umfangreiche geisteswissenschaftliche Bildung. 1929 nahm sie ihr Studium an der University of Toronto auf, an der sie 1939 promoviert wurde. 1942 trat sie in die kanadische Armee ein. Nach ihrer Militärdienstzeit lehrte sie, wie schon zuvor, Psychologie an der Universität Toronto. Die Psychologieprofessorin Ainsworth zog 1950 mit ihrem Mann nach London und nahm eine Tätigkeit in der Forschungsgruppe um Bowlby an der Tavistock-Klinik an. Mit ihrer Feldforschung in den 1950er Jahren in Uganda und dem in den 1970er Jahren entwickelten Experimentaldesign, die *Fremde Situation*, trug sie zu einer systematischen Überprüfung der Daten (siehe Bindungstypen) bei. Von dieser gemeinsamen Zeit in der Tavistock-Klinik an bildeten Bowlby und Ainsworth eine lebenslange Forschungsgemeinschaft.

Später wurde die Bindungstheorie vom Londoner Psychoanalytiker Peter Fonagy weiterentwickelt, der neben der Entwicklung von Instrumenten zur Ermittlung von Bindungstypen im Erwachsenenalter den Zusammenhang von psychischen Erkrankungen und Bindungstypen erforschte. Zudem prägte er den Begriff der Mentalisierung, welcher eng mit der frühkindlichen Bindung in Zusammenhang steht und das Bindungskonzept um eine wichtige entwicklungspsychologische Dimension erweitert (Fonagy, 2002, dt. 2004).

Die grundlegenden Ideen der Begründer der Bindungstheorie John Bowlby und Mary D. S. Ainthworth werden im Folgenden nachgezeichnet.

Grundannahmen der Bindungstheorie

Der Qualität der Bindung zwischen Eltern und ihren Kindern in den ersten Lebensjahren wird heute schulübergreifend eine elementare Bedeutung zugeschrieben. Elterliche Feinfühligkeit, das Erkennen und Verstehen der Impulse des Säuglings und Kleinkindes, gilt als wegweisend in der weiteren Entwicklung des Bindungs- und Beziehungsverhaltens. So bildet die bindungstheoretische Ausrichtung, die die Interaktion zwischen Eltern und Säugling bzw. Kleinkind in den Fokus nimmt, gegenwärtig einen anerkannten Bestandteil der Betrachtung der frühkindlichen Entwicklung.

In der Bindungstheorie nach Bowlby wird ein primäres Bedürfnis nach Nähe zu einer wichtigen Bindungsfigur, die Schutz gebend das Überleben des Individuums sichert, vorausgesetzt. Unter Bindungsverhalten wird ein Verhalten verstanden, das darauf ausgerichtet ist, die Nähe eines (vermeintlich) kompetenteren Menschen zu suchen oder zu bewahren, ein Verhalten, das bei Angst, Müdigkeit, Erkrankung und entsprechendem Zuwendungs- oder Versorgungsbedürfnis am deutlichsten wird (Bowlby, 1953, dt. 1972/2001). Dieses motivationale System ist genetisch verankert und wird nach der Geburt aktiviert (Brisch, 2011).

Frühe Bindungserfahrungen mit (Bindungs-)Personen werden im Laufe der Entwicklung verinnerlicht. Somit basiert das Bindungsverhaltenssystem auf dyadisch komplementären Interaktionserfahrungen zwischen primärer Bezugsperson und Kind während der frühen Kindheit und organisiert sich darüber hinaus zu beobachtbaren Bindungsmustern (Zimmermann u. Spangler, 2008).

Bowlby sah bei seinen Überlegungen voraus, dass ein Individuum weniger zu intensiver oder chronischer Furcht neigt, wenn es darauf vertrauen kann, dass, wann immer gewünscht, eine Bezugsperson verfügbar ist. Eben dieses Vertrauen in die Verfügbarkeit einer Bezugsperson entwickelt sich in den Kleinkindzeit, Kindheit und Jugend und bleibt für den Rest des Lebens relativ unverändert bestehen. Die Erwartungen bezüglich Zugänglichkeit und Reaktionsbereitschaft von Bindungsfiguren weisen klare Parallelen zu den tatsächlichen Erfahrungen des Individuums in diesen »Jahren der Unreife« auf (Strauß, 2002). Kommt es zu traumatischen Störungen des Bindungsbedürfnisses, etwa durch eine längerfristige oder dauerhafte Trennung von der Mutter, kann es zu Störungen der Bindungsstrategie kommen. Hierbei ist die Trauer des Kindes um den Verlust der Bindungsperson nicht an seine kognitive Reife gebunden, sondern liegt in der Natur der Bindung, da ein ungeschütztes Kind nur sehr geringe Überlebenschancen hat. Der Trauerprozess des Kindes verläuft in Phasen von Protest über Verzweiflung bis hin zur Entfremdung (Grossmann u. Grossmann, 2009).

Konzept der mütterlichen Feinfühligkeit und die Kompetenz des Säuglings

Mit dem Konzept der mütterlichen Feinfühligkeit und der Kompetenz des Säuglings gelang Ainsworth und Bell (1974, dt. 2003) die Anknüpfung an die Bindungstheorie nach Bowlby. Die zugrunde liegenden Studien hatten die Erforschung der Auswirkungen des Verhaltens der Mütter auf ihre Kinder im ersten Lebensjahr im Fokus. Ziel war die Erkenntnis über die mütterlichen Zuwendungen, die am wirksamsten zur Beruhigung des Kindes führen, und die Umstände, die den Säugling zu einer differenzierten Kommunikationsfähigkeit befähigen und ihm somit zu seiner sozialen Kompetenz verhelfen.

Im Rahmen einer naturalistischen Feldstudie wurden 26 Mutter-Kind-Paare während des ersten Lebensjahres des Kindes alle drei Wochen für einen Zeitraum von vier Stunden beobachtet. Es zeigte sich, dass das Aufnehmen und Halten die wirksamsten mütterlichen Zuwendungen darstellen, die im ersten Vierteljahr bei knapp 90 Prozent der Säuglinge zur Beruhigung führen. Mit steigendem Alter genügen allein eine Annäherung und Berührung des Kindes – so lassen sich 70 Prozent der Kinder im vierten Lebensvierteljahr besänftigen (Ainsworth u. Bell, 1974, dt. 2003). Außerdem zeigte sich, dass die Häufigkeit des Weinens der Säuglinge am Ende des ersten Lebensjahres mit der Zeitdauer, die zwischen dem Beginn des Weinens und den frühen beruhigenden Maßnahmen der Mutter liegt, korreliert. Das heißt, je schneller die Mutter auf das Weinen in den ersten Lebensmonaten reagiert hat, desto weniger weinen die Säuglinge am Ende des ersten Lebensjahres (Ainsworth u. Bell, 1977, dt. 2003). Eine genaue Analyse der Daten zeigt zudem, dass Säuglinge, deren Mütter das Weinen häufig ignorieren, im darauffolgenden Quartal deutlich mehr weinen als im vorhergehenden. Somit wird deutlich, dass die Säuglinge auf das Verhalten der Mütter reagieren.

Aus ihren Studien leiteten die beiden Forscherinnen das Konzept der mütterlichen Feinfühligkeit ab. Die Wahrnehmung des Verhaltens des Kindes, die adäquate Interpretation dieses Verhaltens, das prompte und richtige Eingehen auf die wahrgenommenen Bedürfnisse des Kindes sowie die Angemessenheit der mütterlichen Reaktion auf den Säugling sind die vier Bestandteile dieses Konzeptes.

Bei den Ausführungen zur Kompetenzentwicklung des Säuglings erfassten Ainsworth und Bell (1974, dt. 2003) unterschiedliche Formen der Kompetenzbestimmung bei Säuglingen: zum einen das absolute Maß der kognitiven und motorischen Fähigkeiten und zum anderen das relative Maß der stufen- und altersbezogenen Bewertung. Hier wird der Säugling mit Gleichaltrigen in Beziehung gesetzt und die Bewertung somit relativiert. Eine besondere Form der

Kompetenzbestimmung, die gerade bei Säuglingen angebracht scheint, ist die Frage nach dem Ausmaß der Angepasstheit an die Umwelt.

Die Säuglinge schnell reagierender Mütter entwickeln mehr Selbstwirksamkeitserleben und müssen nicht auf lang anhaltendes Weinen zurückgreifen, um eine mütterliche Reaktion zu evozieren. So fördert die prompte, feinfühlige Reaktion der Mutter die Entwicklung der Kommunikationsfähigkeit und der sozialen Kompetenz (Ainsworth u. Bell, 1974, dt. 2003).

Diese Annahme wird von der genauen Untersuchung der Ausdrucksfähigkeit der Säuglinge bestärkt. Dreivierteljährige Säuglinge wurden anhand einer siebenstufigen Skala, welche Mimik, Gestik und Gesichtsausdruck erfasst, in ihrer Kommunikationsfähigkeit bewertet. Hier zeigte sich, dass Babys, die weniger weinen, über eine größere Auswahl an differenzierten Gesichtsausdrücken und Kommunikationsweisen verfügen als Babys, die viel weinen. Im Umkehrschluss bedeutet dies, dass schnell und bedürfnisgerecht reagierende Mütter Säuglinge haben, die subtiler, abwechslungsreicher und deutlicher kommunizieren können (Ainsworth u. Bell, 1974, dt. 2003). Die Autorinnen schlossen aus diesen Ergebnissen, dass die Kinder, deren Mütter eine feinfühlige Reaktion zeigen, das Schreien als ihre primitive Form der Kommunikation durch eine differenziertere Form ersetzen können.

Ferner führen die Autorinnen Evidenzen über den Einfluss des mütterlichen Verhaltens auf die Intelligenzentwicklung des Kindes an. Dabei zeigen sie auf, dass die Feinfühligkeit und die Freiheit zum Krabbeln Faktoren darstellen, die großen Einfluss auf die IQ-Entwicklung des Kindes nehmen (Ainsworth u. Bell, 1974, dt. 2003). So kann der Säugling bei sicherer Bindung seine Mutter als Basis nutzen, von der aus die Welt erforscht werden kann. Ein optimales Verhältnis zwischen Bindungs- und Explorationsverhalten bietet dem Kind eine günstige Voraussetzung für eine gute kognitive Entwicklung.

Das innere Arbeitsmodell

Bindungsforscher sind der Auffassung, dass sich wiederholende, typische Interaktionsmuster mit den Bindungspersonen Erwartungen hinsichtlich des Charakters dieser Interaktionen bei Kindern entstehen lassen. Im Laufe des ersten Lebensjahres werden diese Erfahrungen zu einem Gesamtbild zusammengesetzt, das am Ende dieses Jahres zu einem zielgerichteten Verhalten mit spezifischen Erwartungen beim Kind führt. Die früheren Erfahrungen des Kindes mit seiner Bezugsperson werden zu repräsentationalen Systemen, den »inneren Arbeitsmodellen« (Bowlby, 1969, dt. 1975/2006) zusammengefasst.

Die symbolischen Repräsentanzen dieser internalisierten Bindungserfahrungen zeigen sich in der Strategie der Individuen, Bindungen einzugehen. Im Kindesalter regulieren diese inneren Arbeitsmodelle das Verhalten gegenüber der Bindungsperson. Später strukturieren sie das Verhalten und Erleben in allen emotional relevanten Beziehungen, einschließlich der zu sich selbst. Je älter ein Kind wird, desto mehr wirken die inneren Arbeitsmodelle auch in Abwesenheit der Bindungspersonen. Sie schlagen sich dann in der Erwartungshaltung gegenüber Nähe und Sicherheit in Beziehungen nieder bzw. inwieweit Nähe in einer Beziehung zugelassen werden kann (Daudert, 2001).

Komplementär zum und mit dem Bindungsverhalten ein System bildend, steht das Explorationsverhalten, wobei der Erwartung des Kindes über die Fähigkeit der Bezugsperson, Schutz zu bieten, eine vorrangige Bedeutung zukommt. Das Bindungsverhalten wird als genetisch vorgeprägt angesehen und beinhaltet vor allem den Wunsch des Wiederherstellens von Nähe in Gefahrensituationen, die emotionalen Stress beim Kind auslösen. Anklammern an, Suchen und Rufen nach der Bezugsperson in stressauslösenden Situationen sind die häufigsten Versuche, den Schutz durch die Wiederherstellung von Nähe zur Bezugsperson zu gewinnen. Fühlt sich das Kind sicher, kann es auch mit einigem Abstand zur Bezugsperson seine Umgebung erkunden. Während des Explorationsverhaltens spielt die Rückversicherung durch Blickkontakt zur Bezugsperson eine zentrale Rolle. Das in Mimik und Gestik ausgedrückte emotionale Feedback, das die Bezugsperson ihrem Kind zur Verfügung stellt, unterstützt das fortwährende Explorieren der Umgebung durch das Kind und warnt ebenso vor Gefahren.

Unter anderen beschreibt Fonagy (2002, dt. 2004) das Bindungssystem als ein offenes biosoziales homöostatisches Regulationssystem. Das Bindungsverhaltenssystem zeigt sich auch im erwachsenen Alter vor allem in der Organisation des Denkens und der Sprache bei der Beschäftigung mit bindungsrelevanten Themen. Dieser Umstand wird zur Erfassung von Bindungsrepräsentation bei Erwachsenen im semistrukturierten Bindungsinterview AAI (Adult Attachment Interview) und in dessen projektiver Weiterentwicklung AAP (Adult Attachment Projective Picture System) genutzt (George u. West, 2012)

Bindungstypen

Die bindungstheoretischen Annahmen wurden bis in die 1970er Jahre ausnahmslos im naturalistischen Feld erhoben, was bedeutet, dass durch gewohnte Umgebung und Alltagssituationen die Erkenntnisse nur schwerlich auf allgemeingültige Aussagen zu übertragen waren. Für eine systematische

Erhebung von Bindungstypen bedurfte es eines standardisierten Forschungsinstruments. Mary S. Ainsworth entwickelte das Experimentaldesign der *Fremden Situation*, mithilfe derer verschiedene Bindungstypen identifiziert werden können (Ainsworth u. Bell, 1974, dt. 2003).

In der Fremden Situation wird die Interaktion zwischen Kind und primärer Bezugsperson, das Bindungs- und Explorationsverhalten des Kindes, systematisch beobachtet und erfasst. Dies ist vor allem durch die Manifestation spezifischer Verhaltensstrategien des Kindes gegenüber der Bezugsperson möglich. Die Kinder äußern ihre Verhaltensstrategien auf implizit-prozeduraler Ebene, da sie in diesem Alter noch nicht zur Introspektion fähig sind. Das entscheidende Kriterium für die Beurteilung von Sicherheit in der Mutter-Kind-Beziehung stellt hierbei die Balance zwischen Bindungs- und Explorationsverhalten des Kindes dar (Zimmermann u. Spangler, 2008).

Im Rahmen der Fremden Situation wird das Verhalten von Kindern zwischen 12 und 18 Monaten unter standardisierten Bedingungen – in einem ihnen fremden Spielzimmer mit zwei kurzen Trennungen von der Mutter – beobachtet (Grossmann u. Grossmann, 2009). Es wird beurteilt, inwiefern das Kind die Mutter als »sicheren Hafen« für die Exploration nutzt, ob es bei den Trennungen Bindungsverhalten zeigt und wie es sich bei Belastungen von der Mutter beruhigen lässt (Ainsworth u. Bell, 1974, dt. 2003). Zur Bewertung dieser Kriterien steht den Versuchsleiterinnen eine siebenstufige Ratingskala zur Verfügung, die die vier Interaktionsdimensionen (1) Nähe und Kontakt erhalten, (2) Nähe und Kontakt suchen, (3) Kontaktwiderstand und (4) Nähe und Kontakt vermeiden enthält.

Die Fremde Situation wird folgendermaßen durchgeführt: Sie ist in acht dreiminütige Episoden aufgegliedert, wobei zunächst Mutter und Kind von der Versuchsleitung mit dem Raum vertraut gemacht werden (Episode 1), dann allein gelassen werden (Episode 2), wobei bewertet wird, wie und ob das Kind Explorationsverhalten zeigt, sich mit dem Spielzeug beschäftigt und sich von der lesenden Mutter entfernen kann. In der nächsten Episode (Episode 3) kommt eine fremde Person hinzu, die versucht, mit dem Kind Kontakt aufzunehmen. In dieser Episode wird beobachtet, wie das Kind auf die fremde Person reagiert. Dann verlässt die Mutter den Raum (Episode 4) und das Kind bleibt allein mit der fremden Person zurück. Hier wird geschaut, wie das Kind auf die Abwesenheit der Mutter reagiert und inwiefern es sich von der fremden Person beruhigen lässt. Nach drei Minuten kommt die Mutter zurück, die fremde Person verlässt den Raum (Episode 5) und die Wiedervereinigung, das heißt, ob und wie schnell sich das Kind beruhigen lässt und sich wieder dem Explorieren zuwendet, wird begutachtet. Dann verlässt die Mutter wieder den Raum und das Kind bleibt dieses Mal allein im Spielzimmer (Episode 6). Dabei wird, wie in Episode 4, geschaut, wie das Kind auf die Abwesenheit der Mutter reagiert. In der darauffolgenden Sequenz (Episode 7) kommt zunächst die fremde Person wieder und versucht das Kind zu beruhigen und zum Weiterspielen zu animieren, bis dann in Episode 8 die Mutter wiederkommt und nach den gleichen Kriterien wie bei Episode 5 bewertet wird (Gloger-Tippelt, 2011).

Mary S. Ainsworth unterschied in ihrer Arbeit drei Bindungstypen:
- Kinder mit vermeidend-unsicherem Bindungsverhalten (A-Typ),
- sicher gebundene Kinder (B-Typ),
- ambivalent-unsicher gebundene Kinder (C-Typ).

Später wurde ein vierter Bindungstyp von Mary Main bestimmt: Kinder mit desorganisiertem Bindungsverhalten (D-Typ) (Strauß, 2002).

Ein *vermeidend-unsicher* gebundenes Kind (A-Typ) zeigt in der Fremden Situation ein stark ausgeprägtes Explorationsverhalten. Während die Mutter anwesend ist, sucht das Kind wenig Kontakt zu ihr. Verlässt oder betritt sie den Raum, zeigt es einen kaum merklichen Affekt. In seiner Reaktion auf die primäre Bezugsperson ist keine merkliche Unterscheidung zur Reaktion auf eine fremde Person zu erkennen. Die Ausschüttung von Stresshormonen ist bei Kindern dieses Bindungstyps in der Fremden Situation besonders hoch.

Sicher gebundene Kinder (B-Typ) wechseln ausgewogen zwischen Bindungs- und Explorationsverhalten. Solange die Mutter im Raum anwesend ist, stehen diese Kinder im regen Kontakt mit ihr, während sie die unbekannte Umgebung erkunden. Verlässt die Mutter den Raum, wird das Bindungsverhalten des Kindes (weinen, nachfolgen etc.) aktiviert, bis die Mutter wieder zurückkehrt. Das Kind lässt sich in diesem Moment nicht von der fremden Person trösten, sondern sucht die Nähe der Mutter, sobald diese wieder zurückkehrt, und entspannt sich erst in ihrer Gegenwart.

Bei einem *ambivalent-unsicher* gebundenen Kind (C-Typ) ist ein stark ausgeprägtes Bindungsverhalten zu beobachten. In der Fremden Situation sind die Kinder dieses Bindungstyps von Beginn an nur schwer von der Mutter zu lösen und zeigen während der Trennung lautstarken Protest oder Verängstigung. Auch bei der Rückkehr der Mutter überwiegt das Bindungsverhalten, das jedoch durch Aggression gegenüber der Mutter bei gleichzeitigem Nähesuchen gekennzeichnet ist.

Kinder, denen der vierte Bindungstyp (D-Typ) zugeordnet wird, zeigen ein *desorganisiertes bzw. desorientiertes* Bindungsverhalten. Es zeichnet sich vorrangig dadurch aus, dass diese Kinder die Nähe ihrer Bezugsperson gleichermaßen suchen wie meiden. Hinzu kommt ein weiteres Verhaltensmuster – die ungerichtete Reaktion: Nach der Rückkehr der Mutter in der Fremden Situation nehmen die Kinder das Spiel wieder auf, erstarren dann allerdings, drehen sich im Kreis oder werfen sich weinend auf den Boden. Zurückgeführt wird dieses zusätzliche Verhaltensmuster auf die widersprüchlichen Motivationen des Kindes. Ein derartiges Bindungsmuster kommt häufig bei Kindern vor, die im ersten Lebensjahr traumatischen Erlebnissen oder »Double-Bind-Verhalten« durch die Bezugsperson ausgesetzt sind, beispielsweise in Form von Vernachlässigung, körperlichen Grenzüberschreitungen, sexuellem Missbrauch oder aggressivem Verhalten. Hierbei wird die Bindungsperson durch das Kind als gleichermaßen ängstigend wie Sicherheit gebend erfahren. Statt sich bei Anwesenheit einer feinfühligen Mutter »in einem sicheren Hafen« zu wiegen, stellt sich ein Klima der Unberechenbarkeit ein, in dem es dem Kind nicht möglich ist, Erwartungen über das Verhalten der Mutter anzustellen, da diese stets anders reagiert und sich in diesen Reaktionen kein dem Kind erkennbares Muster abbildet. Die nötige Affektregulierung von außen bleibt bei Kindern in dieser Umwelt oftmals aus.

Insbesondere selbst traumatisierte Mütter mit strukturellen psychischen Störungen zeigen häufig ein derartiges mütterliches Verhalten, da die Bedürftigkeit des Säuglings die Grenzen der eigenen psychischen Kapazitäten übersteigt, der Säugling als bedrohlich und aussaugend empfunden wird. Es zeigt sich ein enger Zusammenhang zwischen frühen komplexen Traumatisierungen und der Ausbildung von Persönlichkeitsstörungen. Insbesondere die Diagnose Borderline-Persönlichkeitsstörung hat häufig ihre Wurzeln in einer frühen Bindungsstörung zwischen Mutter und Kind.

Während in der Fremden Situation A-, B- und C-Typ deutlich voneinander zu unterscheiden sind, überlagert der D-Typ die drei oben genannten Bindungstypen bei 10 bis 20 Prozent der Fälle (Zimmermann u. Spangler, 2008).

Weiterentwicklung der Bindungstheorie

Die von Bowlby und Ainsworth entwickelten Konzepte, wie das innere Arbeitsmodell und die Idee der mütterlichen Feinfühligkeit mit dem daraus resultierenden Bindungsverhalten, welches durch Beobachtung in verschiedene Typen klassifiziert werden kann, haben zu einer differenzierten Betrachtung des ersten Lebensjahres des Säuglings beigetragen und dessen Bedeutung für die weitere psychische Entwicklung aufgezeigt. Die Wahrscheinlichkeit für die Ausbildung einer psychischen Erkrankung im Erwachsenenalter hängt eng mit der frühkindlichen Bindung zusammen. Durch eine Sensibilisierung in Bezug auf das

Bindungsverhalten können frühe Störungen der frühkindlichen Bindung zwischen primärer Bezugsperson und Kind früh bemerkt werden und im Sinne der Prävention von psychischer Erkrankung durch Fachpersonal bearbeitet werden.

Trotz der hohen Relevanz und Anerkennung in der Psychologie weist die Bindungstheorie an einigen Punkten Lücken auf und gibt Anlass zur Kritik. So waren und sind die Konzepte von Bowlby und Ainsworth in der Psychoanalyse anhaltend umstritten. Bedenken ergeben sich zum einen aus der empirischen Forschungsmethodik und der reduktionistischen, auf wenige Paradigmen begründenden Theorie, zum anderen aber auch wegen der bindungstheoretischen Betonung angeborener Beziehungsbedürfnisse als Triebkraft intentionalen Handelns (Fonagy u. Campell, 2017). Sexualität ebenso wie Phantasien spielen in der Bindungstheorie keine Rolle. Aggression wird als sekundär betrachtet gegenüber fundamentaleren Motivationen. Ein differenziertes Interesse an der vielschichtigen Natur der menschlichen Erfahrung in seiner Komplexität fehlt – so der Vorwurf. Auch ist erst in den letzten Jahren der Bindungsforschung die Rolle des Vaters immer zentraler diskutiert worden. Stand für Bowlby noch die Mutter im Zentrum der Bindungsentwicklung, ist in der weiterführenden Forschung auch der Vater als Bindungsfigur bedeutsam geworden. Ebenso wie die Vaterfigur als solche, findet auch die Dreierbeziehung zwischen Mutter-Vater-Kind bei Bowlby keine Beachtung. Mittlerweile geht man davon aus, dass Triangulierung bereits sehr früh eine Rolle in der psychischen Entwicklung des Kindes spielt (Grieser, 2011).

Des Weiteren steht die damals propagierte Monokausalität in der Kritik: Die mütterliche Feinfühligkeit wird nach neueren Erkenntnissen nicht mehr als einziger Faktor anerkannt, der als Schutz für eine positive Entwicklung des Kindes fungiert (Strauss u. Schwark, 2008). Der sozioökonomische Status der Ursprungsfamilie, die Präsenz des Vaters sowie ein geschützter und entwicklungsanregender Rahmen tragen ebenfalls zu einer gelingenden psychischen Entwicklung des Kindes bei, um nur einige Faktoren zu nennen.

Ein weiteres Problem stellt die Gleichsetzung von Bindung mit Beziehung dar. Dieser Fehler tritt vor allem aufgrund der intuitiv leicht nachvollziehbaren Theorie und ihrer Plausibilität auf.

Darüber hinaus stieß in der psychoanalytischen Community die Bindungstheorie aufgrund des grundsätzlichen Außerachtlassens der Triebtheorie auf massiven Widerstand (Strauss u. Schwark, 2008).

Obwohl in der Bindungstheorie wie auch in der psychoanalytischen Tradition die mütterliche Feinfühligkeit im Fokus steht, weist deren Konzeptualisierung des Konstrukts große Unterschiede gegenüber der Bindungstheorie auf. Es wird gemeinhin davon ausgegangen, dass die mütterliche Feinfühligkeit einen ursächlichen Einfluss auf die psychische Entwicklung des Kindes und dessen

Qualität der Objektbeziehungen (auch der zukünftigen) hat. Während Bindungstheoretiker systematisch das Verhalten der Bezugsperson und die Reaktionen des Kindes auf diese beobachten, werden in der psychoanalytischen Tradition die innerpsychischen Folgen beim Kind betrachtet. Bindungstheoretisch werden (wie beispielsweise in der Fremden Situation) Ratings über die Reaktionsbereitschaft, die Genauigkeit der Reaktionen, die charakteristischen Eigenschaften der Bezugsperson und über weitere Variablen in der Bezugnahme der Bindungsperson auf das Kind erstellt und ausgewertet – die Feinfühligkeit wird somit also beobacht- und auswertbar. Selbst innerhalb der psychoanalytischen Schulen, die den innerpsychischen Niederschlag der mütterlichen Feinfühligkeit betrachten, wird dieser sehr unterschiedlich konzeptualisiert. Kleinianer sehen die Bedeutsamkeit der feinfühligen Pflege in der Fähigkeit der Elternfigur, die psychische Erfahrung des Säuglings aufzunehmen und in »verdauter« Form wieder zurückzugeben, wodurch eine verträgliche Repräsentation der Situation verinnerlicht werden kann. Winnicott hingegen sprach von einer Spiegelfunktion der Bezugsperson, welche den psychischen Zustand des Kindes reflektiert und dieser infolgedessen auf ihrem Gesicht repräsentiert wird – schaut das Kind die Mutter an, kann es seinen eigenen Selbst-Zustand wahrnehmen (Fonagy, 2001, dt. 2003).

Die Bindungstheorie hat in den vergangenen Jahrzehnten zunehmend an Bedeutung gewonnen:

Es ist eine Vielzahl an Instrumenten entwickelt worden, die auf der Bindungstheorie basieren und damit eine Forschungsgrundlage für Studien bilden, z. B. das Adult Attachment Interview/AAI (George, Kaplan u. Main, 1985) und das Adult Attachment Projektile Picture System/AAP (George u. West, 2012). Diese Verfahren gelten in der Forschung als valide Messinstrumente zur Erfassung von Bindungsstilen und deren sprachlicher Darstellung.

Das durch Fonagy und Target (2003) entwickelte Konzept der Mentalisierung ist aus der Bindungstheorie hervorgegangen. Die Forscher gehen davon aus, dass keine Mentalisierung, also keine Vorstellung des Mentalen, ohne frühe sichere Bindung möglich ist. In der Theorie wird davon ausgegangen, dass das Selbst nur im Kontext des Anderen existiert und die Selbstentwicklung dementsprechend gleichbedeutend ist mit dem Sammeln von Erfahrungen des Selbst-in-Beziehungen (Fonagy, 2002, dt. 2004). Der Bezugsperson kommt hier die Aufgabe der Affektmarkierung zu, in der die referenzielle Entkopplung stattfindet. Das bedeutet, dem Kleinkind wird durch den markierten Umgang mit Affekten durch die Bezugsperson dabei geholfen, die Kontrolle über seine eigenen Affekte zu gewinnen. Damit diese Markierung gelingen kann, muss die »ausreichend gute« (Winnicott, 1958, dt. 1976/2008, S. 267) Mutter ein Mindestmaß an Feinfühligkeit mit in die Beziehung einbringen.

Mit Oxytocin als Bindungshormon und Neurotransmitter hat die Bindungstheorie auch in der Neurobiologie an Bedeutung gewonnen und dient dort als Grundlage für weitere Forschung. Buchheim et al. (2009) haben beispielsweise zeigen können, dass die Verabreichung von Oxytocin situativ Einfluss auf das gezeigte Bindungsverhalten nimmt. In einem doppelt blinden Experiment wurde jungen Männern entweder Oxytocin oder ein Placebo nasal verabreicht, dann wurden ihnen bindungsaktivierende Aufgaben (AAP) gestellt. Es zeigte sich, dass jene unter dem Einfluss des Bindungshormons ihren AAP-Wert signifikant verbessern konnten.

Therapien, wie z. B. die videogestützte Eltern-Säuglings-Therapie, beziehen sich auf die Bindungstheorie, indem sie u. a. auf die elterliche Feinfühligkeit eingehen, um die Beziehung zwischen Eltern und ihren Kindern auszubauen und so der Manifestation früher Störungen entgegenzuwirken.

Vor dem Hintergrund zum Teil widersprüchlicher Ergebnisse der Bindungsforschung sehen Fonagy und Campell (2017) Überarbeitungs- und Verbesserungsbedarf. Zugleich verweisen sie darauf, dass die Bindungstheorie möglicherweise in eine Phase wissenschaftlicher Revolution gerate und vor einem Paradigmenwechsel stehe. Neuere Erkenntnisse verdeutlichen, wie wichtig letztlich die Bindung als Schlüsselmechanimus für epistemisches Vertrauen und Lernprozesse sei. Ein sicher gebundenes Kind nehme die Bezugsperson als zuverlässige Wissensquelle wahr. Sichere Bindung wäre dann das adaptive Ergebnis eines Lernprozesses, der durch ostentative Signale – z. B. markiertes Spiegeln – initiiert wird.

Bindungstheoretische Erkenntnisse bilden somit weiterhin einen Meilenstein in der psychotherapeutischen Forschung wie auch in der praktischen therapeutischen Arbeit mit Müttern, Vätern und deren Kindern.

Literatur

Ahnerts, L. (Hrsg.) (2008). Frühe Bindung. Entstehung und Entwicklung (2. Aufl.). München: Ernst Reinhardt Verlag.

Ainsworth, M. D. S., Bell, S. M. (1974, dt. 2003). Die Interaktion zwischen Mutter und Säugling und die Entwickelung von Kompetenz. In K. E. Grossmann, K. Grossmann (Hrsg.), Bindung und menschliche Entwicklung. John Bowlby, Mary Ainsworth und die Grundlagen der Bindungstheorie (S. 217–241). Stuttgart: Klett-Cotta.

Ainsworth, M. D. S., Bell, S. M. (1977, dt. 2003). Mary D. S. Ainsworth und Silvia M. Bell: Weinen bei Kindern und Reaktionen der Mütter: Eine Erwiderung auf Gewirtz und Boyd. In K. E. Grossmann, K. Grossmann (Hrsg.), Bindung und menschliche Entwicklung. John Bowlby, Mary Ainsworth und die Grundlagen der Bindungstheorie (S. 286–306). Stuttgart: Klett-Cotta.

Bowlby, J. (1953, dt. 1972/2001). Frühe Bindung und kindliche Entwicklung. München: Ernst Reinhardt.

Bowlby, J. (1969, dt. 1975/2006). Bindung. München: Ernst Reinhardt Verlag.
Brisch, K. H., Hellbrügge, T. (Hrsg.) (2009). Wege zu sicheren Bindung in Familie und Gesellschaft. Stuttgart: Klett-Cotta.
Buchheim, A., Heinrichs, M., George, C., Pokorny, D., Koops, E., Henningsen, P., O'Conner, M. F., Gundel, H. (2009). Oxytocin enhances the experience of attachment security. Psychoneuroendocrinology, 34 (9), 1417–1422.
Daudert, E. (2001). Selbstreflexivität, Bindung und Psychopathologie. Zusammenhänge bei stationären Gruppenpsychotherapie-Patienten. Hamburg: Kovac.
Fonagy, P. (2001, dt. 2003). Bindungstheorie und Psychoanalyse. Stuttgart: Klett-Cotta.
Fonagy, P. (2002, dt. 2004). Affektregulierung, Mentalisierung und die Entwicklung des Selbst. Stuttgart: Klett-Cotta.
Fonagy, P., Campell, C. (2017). Bindung und Psychoanalyse. Psyche – Zeitschrift für Psychoanalyse und ihre Anwendungen, 71, 275–305.
Fonagy, P., Target, M. (2003). Frühe Bindung und psychische Entwicklung. Beiträge aus Psychoanalyse und Bindungsforschung. Gießen: Psychosozial-Verlag.
George, C., Kaplan, N., Main, M. (1985). Adult Attachment Interview. Berkeley: University of California, Department of Psychology.
George, C., West, M. L. (2012). The Adult Attachment Projective Picture System: Attachment theory and assessment in adults. New York: Guilford Press.
Gloger-Tippelt, G. (2011). Bindung im Erwachsenenalter: Ein Handbuch für Forschung und Praxis (2. Aufl.). Göttingen: Hogrefe.
Grieser, J. (2011). Architektur des psychischen Raumes: Die Funktion des Dritten. Gießen: Psychosozial-Verlag.
Grossmann, K. E., Grossmann, K. (Hrsg.) (2003a). Bindung und menschliche Entwicklung. John Bowlby, Mary Ainsworth und die Grundlagen der Bindungstheorie. Stuttgart: Klett-Cotta.
Grossmann, K. E., Grossmann, K. (2003b). Die Beiträge zur Bindungsforschung von Mary Ainsworth und John Bowlby: Eine Einführung. In K. E. Grossmann, K. Grossmann (Hrsg.), Bindung und menschliche Entwicklung. John Bowlby, Mary Ainsworth und die Grundlagen der Bindungstheorie (S. 13–21). Stuttgart: Klett-Cotta.
Grossmann, K. E., Grossmann, K. (2009). Fünfzig Jahre Bindungstheorie. In K. H. Brisch, T. Hellbrügge (Hrsg.), Wege zu sicheren Bindungen in Familie und Gesellschaft (S. 12–51). Stuttgart: Klett-Cotta.
Harlow, H. F. (1961). The development of affectional patterns in infant monkeys. In B. M. Foss (ed.), Determinants of Infant Behaviour I (S. 75–97). London/New York: Methuen/Wiley.
Laplanche, J., Pontalis, J.-B. (1973). Das Vokabular der Psychoanalyse. Frankfurt a. M.: Suhrkamp.
Lorenz, K. (1965). Über tierisches und menschliches Verhalten. München: Piper.
Müller-Pozzi, H. (2002). Psychoanalytisches Denken. Eine Einführung (3. Aufl.). Bern: Huber.
Strauß, B. (2002). Bindung. In W. Mertens, B. Waldvogel (Hrsg.), Handbuch psychoanalytischer Grundbegriffe (2. Aufl., S. 98–102). Stuttgart: Kohlhammer.
Strauß, B., Schwark, B. (2008). Die Bindungstheorie und ihre Relevanz für die Psychotherapie. In B. Strauß (Hrsg.), Bindung und Psychopathologie (S. 9–48). Stuttgart: Klett Cotta.
Winnicott, D. W. (1958, dt. 1976/2008). Von der Kinderheilkunde zur Psychoanalyse. Gießen: Psychosozial-Verlag.
Zimmermann, P., Spangler, G., (2008). Bindung, Bindungsorganisation und Bindungsstörungen in der frühen Kindheit. Entwicklungsbedingungen, Prävention und Intervention. In R. Oerter, L. Montada (Hrsg.), Entwicklungspsychologie (6. Aufl., S. 689–704). Weinheim u. Basel: Beltz.

Teil 3
Neuere Entwicklungstheorien

Jenny Kaiser
Rainer Krause – Die Rolle der Affekte in der neueren analytischen Entwicklungspsychologie

Leben und Werk

Zahlreiche psychoanalytisch orientierte Forscher messen den Affekten in Bezug auf die Entwicklung des Selbst und als notwendige Vorbedingung von Denk- und Reflexionsvermögen eine große Bedeutung bei (z. B. Dornes, 1997/2009; Fonagy, Gergely, Jurist u. Target, 2002, dt. 2004/2008; Moser u. von Zeppelin, 1996; Schore, 2003, dt. 2007; Solms u. Panksepp, 2012; Stern, 1985/2000). Ausgangspunkt ist die hier weitgehend geteilte Überzeugung, dass sich die der sogenannten Subjektgenese zugrunde liegenden Prozesse innerhalb einer Matrix aus frühesten affektiv gesteuerten Interaktionen zwischen Kind und primären Bezugspersonen vollziehen. Aus dieser intersubjektiven Sichtweise sind diese Prozesse zentral in ihrer Funktion als *Systeme, die Objektbeziehungen regulieren* (Steimer-Krause, 1996). Die Struktur zwischenmenschlicher Beziehungen wäre demnach per definitionem eine affektive. Als solche kann sie als konstitutiv sowohl für adaptive als auch pathologische Varianten der Fähigkeit betrachtet werden, sich selbst und andere als denkende und fühlende Wesen zu verstehen.

Doch wie können diese komplexen Prozesse aus Sicht einer analytisch orientierten Entwicklungspsychologie erforscht werden? Wie kann es im besten Fall gelingen, größeres Verständnis hinsichtlich zentraler Konstrukte wie etwa »Beziehung« zu generieren?

Vor diesem Hintergrund wird in diesem Beitrag näher auf die Arbeit von Rainer Krause als Vertreter und Mitbegründer einer klinischen Emotions- und Interaktionsforschung (Bänninger-Huber, 2006) eingegangen.

Im Jahr 1942 als fünftes von sechs Kindern eines Ärzteehepaares in Gemmrigheim (Neckar) geboren, nahm er mit Anfang zwanzig das Studium der Psychologie auf. Nach dessen Abschluss begann seine berufliche Laufbahn an der Universität Zürich, wo er im Bereich der Sozialpsychologie und Klinischen

Psychologie unter Gerhard Schmidtchen und Ulrich Moser arbeitete und seine Ausbildung zum Psychologischen Psychotherapeuten begann. Zwei Jahre nach seiner Habilitation erhielt er 1978 die Venia legendi und 1980 den Ruf für den Klinischen Lehrstuhl an der Universität des Saarlandes.

In dieser Zeit begann er seine Forschungsarbeit zu den Affekten. Er lernte Paul Ekman kennen, in dessen Arbeitsgruppe er eines der etablierten Verfahren zur Mimik-Kodierung, das »Facial Action Coding System«, mitentwickelte. Im Verlauf der Zusammenarbeit nahm er eine eigene kritische Haltung zu Teilen von Ekmans Postulaten ein.

Krause führte in den Jahren danach mehrere von der Deutschen Forschungsgemeinschaft (DFG) geförderte große Projekte durch, in denen affektive Prozesse als Beziehungsindikatoren im Fokus des Forschungsinteresses standen.

Neben seinen Mitgliedschaften in wichtigen psychoanalytischen Fachgesellschaften und seiner Herausgeberschaften einschlägiger Fachzeitschriften war Krause Mitbegründer und langjährig aktives Mitglied der International Society for Research on Emotion (ISRE).

Sein berufliches Schaffen und sein Selbstverständnis sind dabei stets von einer großen interdisziplinären und transkulturellen Neugierde geprägt und blieben insofern nie ausschließlich auf Forschung und Lehre beschränkt. Vielmehr gingen verschiedenste Felder der Klinischen Psychologie wie die Versorgung von Patienten, Weiterentwicklung der Ausbildung, Aufbau von (Hochschul-)Ambulanzen und universitären Strukturen, berufspolitische Beratertätigkeiten zur Bewertung und Prüfung von psychotherapeutischen Verfahren ebenso in seine Arbeit ein wie seine Affinität zur Musik und bildenden Kunst.

Er ist verheiratet, hat einen Sohn und ist Großvater zweier Enkelinnen. Seit seiner Emeritierung und Beendigung des Dekanats der humanwissenschaftlichen Fakultät der Universität des Saarlandes arbeitete er an der International Psychoanalytic University Berlin, die er als Gründungsmitglied mit aufbaute. Heute ist er im Saarland als Psychotherapeut und Lehranalytiker und Supervisor tätig und nimmt mit seinen wissenschaftlichen Beiträgen maßgeblich Einfluss auf die Fachdebatte.

Seine umfänglichen Arbeiten und seine kritische Auseinandersetzung mit psychoanalytischen Konzepten liefern wichtige Anstöße für die neuere psychoanalytische Forschung. Die Perspektive ist hierbei stets eine integrative, in der er Erkenntnisse aus Affekt- und Säuglingsforschung, Entwicklungspsychologie, Lerntheorien und Psychoanalyse zusammenführt.

Entwicklungspsychologische Modellannahmen einer klinisch orientierten Interaktionsforschung

Emotionsverständnis und affektive Module nach Krause

Die von Krause verwendete Definition von Emotion und Affekt ist eng an Annahmen der Emotionspsychologie gebunden. Zwar werden diese Begriffe in diesem Bereich sehr uneinheitlich verwendet, dennoch gibt es einen – auch für diesen Beitrag – gültigen Minimalkonsens zwischen verschiedenen Ansätzen. Dieser liegt in der Übereinkunft, *Emotionen als Informationsträger interner und externer Vorgänge* zu begreifen, welche für das Individuum persönliche Bedeutung erlangen, da dessen Bedürfnisse und Ziele betroffen sind (Scherer, 1990; Steimer-Krause, 1996; Merten, 2003). Hierbei werden verschiedene Reaktionskomponenten und -modalitäten angenommen, die einen Prozess ausmachen, der als »Emotion« bezeichnet werden kann.

Krause (2012) postuliert hier mindestens sechs Subsysteme, anhand derer sich der Aufbau des Affektsystems wie folgt beschreiben lässt:
1. motorisch-expressive Komponente (Ausdrucksbewegungen wie beispielsweise Mimik, stimmlicher Ausdruck, olfaktorische Signale),
2. physiologisch-hormonale Komponente (autonome Aktivität und endokrine Reaktion),
3. motivationale Komponente (Handlungsbereitschaft in Willkürmotorik, Innervation der Skelettmuskulatur),
4. Wahrnehmung der körperlichen Korrelate (perzeptive Komponente),
5. Benennung und Erklären der Wahrnehmungen (sprachlich-kognitive Prozessierung emotionaler Information),
6. Wahrnehmung der situativen Bedeutung (Entschlüsselung).

Prozesse der ersten drei Komponenten (1.–3.) sind nicht notwendigerweise kognitiv repräsentiert und können sich somit ereignen, ohne dass dies vom Individuum bewusst erlebt werden muss. Diese potenziell unbewusst ablaufenden, körperlichen Reaktionen versteht Krause (2012), in Übereinstimmung mit Moser und von Zeppelin (1996), als *Affekt* oder *Occuring Emotion*. Gemeinsam mit der Wahrnehmung der affektiven Prozesse kann weiterführend von einem *Gefühl* gesprochen werden. Die am Erlebens- und Wahrnehmungsprozess beteiligten Komponenten (4.–6.) sind dementsprechend unter dem Oberbegriff *Experienced Emotion* gefasst. Erst unter Einbeziehung aller sechs Komponenten kann der emotionale Prozess als empathisch (im Sinne einer Fremd- und Selbstempathie) bezeichnet werden. Diese Einteilung impliziert eine Hierarchisierung der Emotionsaspekte im Sinne einer ontogenetischen Abfolge, nach der zunächst Affekt, dann erst Gefühl und Empathie einer aufeinander aufbauenden Reihe im Verlauf der Individualentwicklung entsprechen (Steimer-Krause, 1996).

Die einzelnen Module stehen in vielschichtiger Wechselbeziehung zueinander, sodass Veränderungen in einem der genannten Subsysteme mit Änderungen in den jeweils anderen einhergehen. Damit sind verschiedenste Kombinationen denkbar, weshalb Krause (2003) das emotionale System als ein dynamisches, nichtlineares definiert. Er konstatiert: »Nur unter bestimmten, als ›ernst‹ zu definierenden Randbedingungen geraten die Module einer Person unter eine einheitliche Regie. Dann geraten innere Welt, Wahrnehmung des anderen, intentionale und Zeichenmotorik sowie die zentrale und periphere Physiologie unter ein einheitliches Organisationsgeschehen, wobei sich dann allerdings der Affekt in einen Triebimpus verwandelt« (Krause, 2003, S. 107).

Außerhalb dieser Ausnahmesituation jedoch müssen im konkreten Fall nicht notwendigerweise alle Komponenten beteiligt sein (Merten, 2003). So könnte eine Emotion, beispielsweise Ärger, durchaus dem Erleben zugänglich sein, ohne dass sie für andere im Ausdruck sichtbar wird. Andersherum kann erwähnter Ärger mimisch ausgedrückt werden, ohne dass dieser vom Individuum als Erlebnisqualität erfahrbar ist. Diese Uneinheitlichkeit zeigt sich auch in empirischen Untersuchungen (z. B. Ekman, Friesen u. Ancoli, 1980; Lanzetta u. Kleck, 1970).

Basisemotionstheorie und affektives Ausdrucksverhalten

Losgelöst von einzelnen theoretischen Strömungen lassen sich in der Literatur zentrale Funktionen aufzeigen, die emotionalen Prozessen zugeschrieben werden. Sie haben Bewertungs- und Kommunikationsfunktion und dienen der Motivation bzw. Verhaltensvorbereitung, weshalb sie nach Schneider und Dittrich (1990, S. 46) als »Organisationskerne von Verhaltenssystemen« – trivial heruntergebrochen – *ein Überlebensgarant für dynamische Systeme* wie den Menschen darstellen. Dieses Postulat des Überlebenswerts von Affekten ist eng an die Sichtweise evolutionstheoretisch-biologischer Ansätze gebunden, die phylogenetische Entwicklung von Emotion bringe einen Selektionsvorteil mit sich. Nach Leventhal und Scherer (1987) liegt dieser evolutionäre Nutzen affektiver Strukturen – im Vergleich zu stammesgeschichtlich früher entstandenen, relativ starren Reiz-Reaktions-Systemen – in der damit verbundenen Verhaltensflexibilisierung.

Annahmen über die Existenz einer diskreten Anzahl angeborener, sogenannter primärer Affekte werden in der Literatur unter dem Begriff der Basisemotionshypothese verhandelt und häufig mit den Arbeiten Darwins, insbesondere mit seinem 1872 erschienenen Werk »The expression of the emotion in man and animals« in Verbindung gebracht (Euler, 2000; Merten, 2003; Krause, 2012). Dieser untersuchte das Phänomen des menschlichen Emotionsausdrucks hinsichtlich seiner Universalität, Aktualgenese und Gemeinsamkeiten zum beobachtbaren Ausdrucksverhalten im Tierreich, wobei er – als einer der prominentesten Gründerfiguren evolutionstheoretischer Theorien – von einer phylogenetischen Entwicklung emotionaler Gesichtsausdrücke ausging. Er postulierte, dass spezifische, mimisch expressive Muster dem Organismus die effiziente Anpassung an Umweltbedingungen ermöglichen und sich durch die transgenerationale Weitergabe als Bestandteil des Erbguts dauerhaft durchgesetzt haben. Demnach kommen der Mimik bestimmte adaptive Funktionen zu. Diese bestehen darin, einem erlebten Affekt Ausdruck zu verleihen und ihn in sozialer Interaktion zu kommunizieren. Dieser Umstand erleichtert es dem Individuum, auf intraorganismische und äußere Veränderungen adäquat zu reagieren.

Moderne Vertreter dieser Auffassung gehen davon aus, dass sich in diesem Selektionsprozess eine begrenzte Anzahl distinkter Emotionen herausgebildet hat, die sich unmittelbar auf angeborene motorische Programme zurückführen lassen. Sie werden als *Basisemotionen* bzw. *Primäraffekte*[1] bezeichnet, da sich die meisten der möglichen Kombinationen und Ausformungen emotionaler Phänomene auf diese begrenzte Anzahl fundamentaler Zustände zurückführen ließe (Plutchik, 1980; Buck, 1999; Reisenzein, 2000).

Krause (2012) selbst postuliert sieben Basisemotionen: *Freude, Trauer, Angst, Ekel, Verachtung, Ärger* und *Überraschung*. Hier bezieht sich seine Affekttheorie eng auf die basisemotionstheoretischen Annahmen von Ekman (1972; Ekman u. Cordaro, 2011). In Übereinstimmung mit Forschern wie Tomkins (1962; 1963) und Izard (1977) hat Krause mit Kollegen eine *neurokulturelle Theorie* der Emotionen entworfen. Sie kann als Versuch verstanden werden, die darwinschen Annahmen empirisch zu belegen und sie um Versatzstücke kulturrelativistischer Theorien zu erweitern, denn das Zustandekommen emotionalen Ausdrucksverhaltens wird hier aus einem Zusammenwirken biologischer Disposition und kultureller Einflüsse erklärt.

Demnach ließen sich Basisemotionen über ein spezifisches und gleichermaßen angeborenes Set mimischen Verhaltens charakterisieren, welches sich nicht nur durch kulturelle Invarianz auszeichnet, sondern in ähnlicher Ausgestaltung partiell im Tierreich zu finden ist.

---

1   Der Begriff *Primary Affects* für angeborene mimische Muster wurde von Tomkins (1962) eingeführt und von Krause (1983) als *Primäraffekte* übersetzt.

Zusätzlich zu dieser angenommenen Vererbungskomponente werden im neuro-kulturellen Ansatz kultur- und kontextspezifische Einflussfaktoren berücksichtigt. Die den Basisemotionen zugrunde liegenden spezifischen psychophysiologischen Systeme werden in diesem Ansatz metaphorisch als *offene Programme* (Mayr, 1974) verstanden, die durch Lern- und Reifungsprozesse im Laufe der ontogenetischen Entwicklung ihre individuelle Ausprägung erfahren: »Affect programs […] also contain what we found useful in our own lives in dealing with the most important transactions we have with others – the emotional ones. The initial regulatory pattern associated with each of the emotions varies from one individual to another, depending on what they learned early in life. It, too, is entered into the affect programs; once entered it runs automatically, just as if it had been preset by evolution, and is resistant to change. Also entered into the affect programs are the behavioral patterns we learn throughout our lifetime for dealing with different emotion triggers, which may be congruent with or quite different from those that are present. These, too, operate automatically, once learned« (Ekman u. Cordaro, 2011, S. 367).

Diese Modifikation angeborener Ausdrucksmuster durch kulturell bzw. sozial vermittelte situationsspezifische Auslöser und Konsequenzen beschreiben Ekman und Friesen (1971) unter dem Begriff der *Display-Rules*. So kann mimisches Verhalten individuell und situationsspezifisch angepasst werden, indem es besonders intensiviert bzw. deintensiviert, aber auch neutralisiert oder maskiert[2] dargeboten wird (Ekman, 1972).

Um die primären Emotionen von anderen affektiven Phänomenen abgrenzbar definieren zu können, lassen sich bestimmte Charakteristika heranziehen (Ekman u. Cordaro, 2011).

Die interaktive Bedeutung affektiver Zeichen

Ekmans Modell der Primäremotionen wird als eines der populärsten Basisemotionskonzepte breit rezipiert. Es ist jedoch in der aktuellen Emotionsforschung wegen der daran gebundenen Annahme der alleinigen Ausdrucksfunktion mimisch-affektiven Verhaltens umstritten. Infolgedessen haben sich Modellannahmen entwickelt, die bei der Analyse von mimischen Mustern weitere zentrale Aspekte berücksichtigen. Auch Vertreter der klinischen Interaktionsforschung wie Rainer Krause kritisieren die Eindimensionalität von Ekmans Annahmen. Ihnen zufolge sollte die Funktion der Mimik als Zeichen

---

2   Überdeckung eines negativen Affekts mit Freude.

zwischen interagierenden Personen betont werden. In diesem Kontext dienen mimisch-affektive Zeichen »nicht nur der Regulation von Beziehungen und sind auch nicht nur Ausdruck des emotionalen Zustands einer Person, sondern sie werden auch vielfach eingesetzt, emotionale Inhalte zu symbolisieren« (Merten, 2003, S. 164). Diese Aussage steht in Übereinstimmung mit einer Reihe weiterer Autoren (Krause, 2012; Rasting, 2008; Scherer u. Wallbott, 1990). Sie beziehen sich in dem Zusammenhang u. a. auf das Organon-Modell semiotischer Zeichen von Bühler (1934/1982), welches sich in modifizierter Form auch auf mimisches Ausdrucksverhalten anwenden lässt.

Demgemäß kommen jedem Ausdruckszeichen drei verschiedene Funktionen zu:

- *Symbolfunktion:* Das Zeichen steht für kognitiv repräsentierte Objekte oder Sachverhalte.
- *Symptomfunktion:* Das Zeichen steht für den inneren Zustand des Senders.
- *Appellfunktion:* Das Zeichen steht als Anzeige des aktuellen Status (z. B. als Quelle von Ärger) oder einer Veränderung der Beziehung zum Empfänger und enthält eine eine spezifische Handlungsaufforderung an diesen (z. B. »Du gehst, ich bleibe«). Krause bezeichnet die intersubjektiven Botschaften affektiver Zeichen als Propositionsstruktur (siehe S. 215 ff.).

Diese Funktionen können je nach Situation für sich oder in Kombination auftreten, sodass ein Zeichen auch mehrere Funktionen haben kann (Bühler, 1934/1982). Aus dieser funktionalen Auffassung resultieren wichtige Konsequenzen für das Affektverständnis:

Erstens sind mimische Zeichen in sozialen Interaktionen *mehrdeutig.* Damit die jeweilige Funktion des mimisch-affektiven Zeichens für die interagierenden Partner deutlich wird, spielen Kontextvariablen – wie z. B. Blick- und Sprechverhalten, Inhalt des Verbalisierten (Merten, 1996; Benecke, 2002; Bock, Huber, Peham u. Benecke, 2015) oder Geschlecht der Interaktionspartner (Frisch, 1997) – für die Entschlüsselung der affektiven Zeichencodes eine zentrale Rolle.

Zweitens stellt diese Perspektive ein Bindeglied zwischen verschiedenen theoretischen Ansätzen dar. Dem Modell zufolge sind Affektzeichen als *interpersonelle Bewegungen* verstehbar, die der Regulation von Beziehungen dienen und in diesem Sinne als Instruktionen für Beziehungsbewegungen innerhalb eines interpersonellen Raums definiert werden müssten (Steimer-Krause, 1996). Regulierungsbedarf entsteht dann, wenn in Interaktionen Primäraffekte auftauchen, die entsprechend dem Modell indikativ für den inneren Zustand des Zeichengebers und/oder der Beziehung sind.

Die Propositionsstruktur primärer Affekte

Als Modulatoren dieser interpersonellen Bewegungen sind die affektiven Zeichen Träger protokognitiver Bedeutungen (Krause, 1990; 2012; 2003). Hier postuliert Krause eine für die Primäraffekte charakteristische Bedeutungsstruktur von Propositionen[3], das heißt, es gibt eine spezifische gewünschte Interaktion zwischen einem Objekt und einem Subjekt. Zur Beschreibung der propositionellen Struktur des jeweiligen Primäraffekts Trauer, Ekel, Wut, Angst, Verachtung, Freude und Überraschung verwendet er die Merkmale wie *Ort* des Objekts in Relation zum Subjekt, dessen auf *Erfahrungswissen basierende Valenz* (positiv/negativ) und die *Handlungsmacht,* welche das Subjekt sich und dem Objekt zuschreibt. Daran gebunden sind der damit korrespondierende Affekt, die korrespondierende Wunschstruktur und organismische mentale Abläufe: »Je nachdem, wo sich das Objekt in Relation zur Position des Subjekts befindet, und je nachdem, wie das Subjekt Handlungsmacht attribuiert, entstehen die entsprechenden Primäremotionen« (Krause, 2012, S. 208).

Affekte mit negativer Valenz wie Wut, Ekel und Angst beinhalten ganz allgemein den Wunsch nach einer Wegbewegung (je nach Handlungsmacht sollen entweder Subjekt oder Objekt bewegt werden). Bei der ebenfalls dem negativen Spektrum zugeordneten Verachtung ist eine Änderung der Beziehungsausrichtung nicht erwünscht. Vielmehr wird diese negiert. Das Objekt wird aus der Interaktion ausgeschlossen, indem dessen Existenz und Verhalten als irrelevant gelabelt wird, was zu einem Kontaktabbruch führt. Im Gegensatz zu diesen Distanz erzeugenden Interruptaffekten zeigt Freude in der Interaktion den Wunsch nach größerer Nähe oder Aufrechterhaltung derselben an. Auch Trauer beinhaltet den Wunsch nach Nähe, wobei die Handlungsmacht hier beim Objekt liegt. Eine Sonderstellung kommt in diesem Modell den Affekten Interesse und Neugier zu. Als eine Art Initialaffekte sind sie den genannten Wunschstrukturen vorgeschaltet und lenken so die Informationsverarbeitung, noch bevor eine spezifische Klassifikation stattgefunden hat.

Diese über die spezifischen Wünsche verbundenen Subjekt-Objekt-Gefüge sind, in Übereinstimmung mit den oben dargestellten evolutionspsychologischen Annahmen, prädisponiert. Da nach Steimer-Krause und Krause (1993, S. 76) eine ebenso angeborene Motivation angenommen werden kann, Bezie-

---

3 Nach Homberger (2003) die kleinste abstrakte Wissenseinheit, die einen Sachverhalt umschreibt und es ermöglicht, dass zwischen verschiedenen Repräsentationen von Wissen gewechselt werden kann (z. B. zwischen bildlich und begrifflich). In Bezug auf mentale Vorgänge bezeichnen Propositionen das Vorhandensein bestimmter Wissensstrukturen und stellen damit das zentrale Strukturmerkmal des Gedächtnisses dar.

hungen zu einem Gegenüber herzustellen, setzt eine Modifikation dieser phylogenetisch programmierten Objektbeziehungen bereits in frühesten Interaktionen mit Primärpersonen ein. Mit Malatesta (1985) gehen Steimer-Krause und Krause (1993, S. 76) »davon aus, daß es am Beginn des Lebens eine motivational-emotionale Einheit gibt. Motivational-emotionale Einheit bedeutet, daß ein Affektsignal, in der Mimik z. B., einen bestimmten motivationalen Zustand indiziert und einen Handlungswunsch enthält, sei es, daß das Kind selbst etwas tun will oder die Mutter einladen will, etwas zu tun. Das Affektsignal übermittelt sozusagen die Wünsche und Befindlichkeiten. Diese motivational-emotionale Einheit wird von Anfang an einer Affektsozialisierung unterworfen, die zu einem Auseinanderbrechen dieser Einheit führt […]. Affektsozialisierung bedeutet zu einem großen Teil, daß das Kind über seine Erfahrungen mit der Mutter lernt, was es mit ihr teilen kann, welche Affekte die Mutter aushält und handhaben kann und welche nicht.«

Demnach kommt es bereits innerhalb frühester interpersoneller Erfahrungen zu individuellen Änderungsprozessen in der ursprünglichen Propositionsstruktur, sodass im Verlauf der Entwicklung verschiedenste Objekte zu symbolischen Repräsentanzen innerhalb derselben werden können (Krause, 2012). In welcher Art sich diese Strukturen ausbilden, hängt nicht unerheblich von der Affektivität und dem daran gebundenen Interaktionsverhalten ab, welche von primären Bezugspersonen im Austausch mit dem Kleinstkind gezeigt werden (Emde, 1991; Fonagy, Gergely u. Target, 2007). In anderen in diesem Zusammenhang entwickelten Konzepten wie der Annahme *innerer Arbeitsmodelle* von Bowlby (1969, 1980) oder dem *impliziten Beziehungswissen* (Stern et al., 1998) wird deutlich, dass sowohl die Abstimmungsprozesse als auch das resultierende Verhaltensrepertoire dem nicht versprachlichten prozeduralen Wissensspeicher zugehörig sind. Klar hervorgehoben wird damit *die Rolle des Anderen und vor allem dessen Affektivität* für die Entstehung selbstrelevanter Objektbeziehungen. Objektbeziehung ließe sich demnach wie folgt definieren:

»Eine Objektbeziehung kann als Beziehung zweier Subjektsysteme betrachtet werden, die durch Interaktionen und Informationskanäle verknüpft sind. Kommunikative Affekte (unter der Sammelbezeichnung affektive Beziehung) brauchen als Träger kommunikative Strukturen nichtverbaler und verbaler Art. Jedes Subjektsystem hat an diesen Kanälen mit Enkodier- und Dekodierprozessen Anteil« (Moser u. von Zeppelin, 1996, S. 63).

In Übereinstimmung mit diesem Verständnis nimmt Krause (2017) an, dass diese Beziehungserfahrungen nicht nur als Teilselbst, sondern immer gemeinsam mit dem Objekt repräsentiert werden. Er bezeichnet sie als *dyadische Interaktionsengramme*.

Zur Untersuchung solcher Phänomene sei es folgerichtig, die Ebene des Einzelnen zu verlassen, sodass mindestens zwei emotionale Systeme und deren Interaktion berücksichtigt werden müssen, um weniger widersprüchliche Aussagen über das Zusammenwirken der affektiven Module generieren zu können, denn so löst sich »ein Teil der Rätselhaftigkeit der niedrigen Zusammenhänge innerhalb einer Person auf, weil sich zeigt, dass der Zusammenhang zwischen dem expressiven System einer Person und dem Erleben der anderen höher ist als derjenige zwischen den gleichen Subsystemen innerhalb einer Person« (Krause, 2003, S. 106)

Diese Setzung kann als zentral für alle folgenden Überlegungen, insbesondere die über die Relevanz *objektbeziehungsgebundener Abwehr* für die Individualentwicklung angenommen werden.

Das Konzept der Affektsozialisierung und der Affekt des Anderen als *Missing Link*

Wie jedoch vollzieht sich der Prozess der Affektsozialisierung und wie kann seine Bedeutung für die Konstitution und Organisation von Objektbeziehungen modelliert werden? Der Einfluss dieser Lernprozesse wird von Krause (1990; 2003; 2012; 2017) umfänglich theoretisch und empirisch diskutiert. Hierbei liegt sein Schwerpunkt jedoch weniger auf der selektiven Beschreibung der Entwicklung einzelner emotionaler Module (z. B. dem Emotionsausdruck oder den physikalischen/biochemischen Vorgängen). Vielmehr müsse es um ein Aufdecken der Zusammenhänge gehen, also der sich im Entwicklungsverlauf herausbildenden *Zusammenschaltung* zwischen Expression, Kognition/Erleben und Physiologie, denn diese könne zu einem besseren Verständnis beitragen.

Für die Betrachtung dieser Zusammenschaltung geht Krause von der Annahme aus – die auch innerhalb anderer neuerer analytischer Ansätze geteilt wird –, dass Kleinstkinder aufgrund ihrer noch unzureichend ausdifferenzierten motorischen und kognitiven Ressourcen für die Regulation emotionaler Zustände existenziell auf die ihrer primären Bezugspersonen angewiesen sind. In diesem Zusammenhang spricht er von einer elterlichen *protektiven Matrix*, ohne die der Organismus des Kindes permanent durch die eigene Emotionalität ausgelöste Notfallreaktionen durchleben würde. Das erwachsene Gegenüber muss, verkürzt, diejenigen Handlungen vornehmen, die das kleine Kind zur Regulation eigener Zustände noch nicht autonom realisieren kann. Bei der Kommunikation eines solchen Regulationsbedarfes spielen drei bereits sehr früh vorhandene Ressourcen des Säuglings eine zentrale Rolle:

1. sein motorisch expressives System;
2. sein Interesse an sozialer Interaktion;
3. seine Fähigkeiten, den affektiven Ausdruck aufseiten der primären Bindungsfiguren wahrzunehmen.

Neben Gesichtern und deren mimischen Ausdruck sind Stimmen und Gerüche wichtige affektive Informationsträger dieser ersten Lebensphase (Krause, 2017). Auf diesem Wege von *dem Anderen* non- und paraverbal vermittelte Botschaften bilden die Grundlage der dyadischen Interaktionsengramme, für die im Verlauf der Entwicklung immer neue Repräsentationsformen entwickelt werden.

Für die ersten drei Lebensjahre geht Krause davon aus, dass innerhalb der ersten sechs Monate zunächst die primären Emotionen Freude, Trauer und Ekel wie auch Überraschung im Ausdruck des Kindes auftauchen, wobei deren innere Korrelate eher als unspezifische Zustände, wie Wohlbefinden und Missbehagen, repräsentiert werden. Ebenfalls in diesem Zeitraum, aber nachgeordnet, folgen Ärger und Angst im Zusammenhang von innerlich erlebtem Disstress. Erst mit zunehmender Differenzierung von Subjekt und Objekt einerseits und der wachsenden Fähigkeit zur intentionalen Zuschreibung andererseits tauchen emotionale Phänomene wie Neid, Verlegenheit und Mitfühlen auf (ab Lebensjahr 2,5). In diese Zeit fällt auch die zunehmende Aneignung von Normen und Regeln. In dessen Folge werden im Lebensjahr 2,5–3 Emotionen wie Scham, Schuld und Stolz relevant, deren Entstehung bereits ein komplexeres soziales Referenzsystem voraussetzt.

Mit diesen Annahmen stützt Krause (2012; 2003) sich auf ein Modell der Emotionsontogenese von Lewis (2008), wobei er es explizit um die Bedeutung des dyadischen Kontextes ergänzt. Hierbei bewegt er sich u. a. im engen Bezug zu Annahmen der Mentalisierungstheorie. Demnach würde das affektive Verhalten zentraler Bindungsfiguren in wechselseitigen, sich wiederholenden Interaktionszirkeln vom Kind wahrgenommen, interpretiert und verinnerlicht. Diese Prozesse lassen sich im Sinne von sozialen Feedbackprozessen interpretieren – z. B. als Spiegelungs- und Markierungsvorgänge (Fonagy et al., 2002, dt. 2004/2008) –, denen eine wesentliche Rolle innerhalb der Entwicklung des affektiven Systems und des Selbst zugeschrieben wird.

Im Folgenden sollen diese Vorgänge am Beispiel der Freude dargestellt werden – hier beschränkt auf die Bedeutung des motorisch-expressiven Moduls für die Entwicklung der Zusammenschaltung. Den Annahmen des postulierten Propositionsmodells folgend kann dieser Affekt als zentral für die Herstellung und Aufrechterhaltung von Beziehung gelten. Dem Objekt wird dabei signalisiert: »Es gefällt mir, was wir tun bzw. sind, bitte fahre fort!« Damit ist diese Art der geteilten Beziehungserfahrung nach Krause (2003) eng mit dem Konzept des Urvertrauens verknüpft und unabdingbarer Bestandteil funktional-protektiver Formen der elterlichen Matrix.

Der Affekt der Freude wird bereits von Neonatalen gezeigt, wobei er innerhalb der ersten Wochen nur endogen ausgelöst, während des Aktivschlafs auftritt (Emde u. Koenig, 1969a; 1969b). Bereits hier lassen sich schon unterschiedliche Lächelmuster identifizieren (Messinger et al., 2002). Mit zweieinhalb bis fünf Monaten tritt der Freudeausdruck auch exogen auf, vor allem beim direkten Augenkontakt mit der Mutter (Fox u. Davidson, 1986; 1987). Dieses Auftauchen kindlicher Freude in der Interaktion mit Primärpersonen nimmt bei gesunden Kindern über den Verlauf der ersten Monate kontinuierlich zu, während negative Affekte im Vergleich dazu seltener gezeigt werden (Malatesta u. Haviland, 1982; Messinger, Fogel u. Dickson, 1999).

Im letzten Drittel des ersten Lebensjahres tritt ein zusätzliches Phänomen im Zusammenhang mit der Freude auf, das sogenannte *Anticipatory Smiling*: Kinder sehen ein Objekt ihres Interesses und beginnen zu lächeln, bevor sie sich im Anschluss der Bezugsperson zuwenden, während sie das Lächeln fortsetzen. Dies ist ein wichtiger Hinweis auf intentionales Verhalten und ein mächtiges Werkzeug der sozialen Kommunikation (Venezia, Messinger, Thorp u. Mundy, 2004). Diese Zunahme positiver sozialer Kommunikation und das Auftauchen antizipativer Freude legt nahe, dass Kinder, die ein solches Verhalten zeigen, wissen, dass der Andere ihnen mit Interesse und/oder Freude folgen wird bzw. dieser ohne Angst in den Austausch eingeladen werden kann. Dies setzt ein Vorhandensein entsprechend positiv besetzter dyadischer Interaktionsengramme voraus.

Die Qualität der affektiven Antwort der Bezugsperson scheint in diesem Prozess eine entscheidende Rolle zu spielen (Malatesta u. Haviland, 1982). Auch die Annahme, dass Kinder schon sehr früh in der Lage sind, diese Antwort wahrzunehmen, konnte in diversen Untersuchungen bestätigt werden (Messinger, Ekas, Ruvolo u. Vogel, 2011; Lemche, 2002). Hier beeinflusst die Positivität der elterlichen Interaktion die Art und Weise, wie kleine Kinder qualitative Unterschiede im Emotionsausdruck wahrnehmen (de Haan, Belsky, Reid, Volein u. Johnson, 2004). Weiterhin zeigen Beobachtungen an gesunden Neugeborenen, wie früh dieser Austausch beginnt. Bereits innerhalb der ersten neun Wochen wird durch das gezeigte Verhalten eines Gegenübers zunehmend Imitationsverhalten evoziert (Oostenbroek et al., 2016).

Diese zirkulär-repetitiven interaktiven Lernprozesse zwischen Kind und relevantem Anderen kommen sehr häufig vor (Emde, 1992) und bilden die Grundlage der dyadischen Engramme: »Die zirkulären Freudeinteraktionen würden sich demgemäß als das Fundament einer sich entwickelnden Selbstrepräsentanz aufbauen, die die Charakteristika affektiver Art dieser Freude-Reaktion als affektive Adressen gewissermaßen in das seelische Gewebe einbaut, nämlich die Emotion, ein freudeerzeugendes, d. h., ein geliebtes Lebewesen zu sein« (Krause, 2003, S. 109).

Dieses Phänomen als Teil der Selbstentwicklung bezeichnet Krause (2003; 2017) unter Rückgriff auf die *Script-Theory* (Tomkins, 1979) als *emotional script* – also als die Entstehung eines individualisierten Emotionsdrehbuches.

Das kindliche Selbst als Folgeinstanz elterlicher Affektregulation und der Einfluss von Fehlen und Exzess affektiver Botschaften

Während diese positiven Formen des affektiven Austausches unter Berücksichtigung des bisher Dargestellten als gelungen und entwicklungsförderlich gelten können, beschreibt Krause (2016; 2017) auch verschiedene dysfunktionale, toxisch wirkende Varianten der Affektsozialisierung, deren Resultat eine misslungene Zusammenschaltung zwischen Expression, Kognition/Erleben und Physiologie sein kann. Begünstigt werden diese Entwicklungsverläufe durch unzureichende Regulation der Affektintensität einerseits und der qualitativen Affektabstimmung andererseits. In diesem Zusammenhang beschreibt Krause (2017) sowohl den Einfluss eines verminderten (vorrangig positiven) als auch eines exzessiven (vorrangig negativen) elterlichen affektiven Ausdrucksstils auf die Selbstentwicklung. Unter Rückgriff auf die innerhalb der sozialen Biofeedbacktheorie von Fonagy et al. (2002, dt. 2004/2008) postulierten Abläufe der affektiven Abstimmung[4] können beide Formen insofern als gestört betrachtet werden, als dass es dem Kind durch die affektive Antwort der Bezugsperson nicht möglich wird, früher oder später ein passendes Verständnis seines eigenen Zustandes zu generieren, den es ohne die elterliche protektive Matrix zunächst nur als undifferenziert erlebt.

Krause argumentiert, dass es ohne Markierung des kindlichen Affektes, das heißt einer zusätzlichen Kennzeichnung der elterlichen Antwort als andersartig, zum Phänomen der Affektansteckung kommt. Während dieser Vorgang bei den beschriebenen Freude-Interaktionen vorrangig positive Auswirkungen hat, behindert er im Fall negativer zirkulärer Affektivität die Entstehung kognitiver Repräsentanzen und den Aufbau ich-struktureller Fähigkeiten. Unter Rückgriff auf die weiter oben beschriebene interaktive Bedeutung affektiver Zeichen würde dies heißen, dass die so kommunizierten Affektausdrücke keine Symbol-

---

4   1. Markierung, 2. referenzielle Entkoppelung, 3. referenzielle Verankerung.

funktion erlangen. Anstatt für kognitiv repräsentierte Inhalte zu stehen, fungieren sie entweder als Appell an den Anderen oder in ihrer Symptomfunktion als Anzeige eines inneren Zustandes und werden damit immer als beziehungsrelevant interpretiert. Ebenso kann bei dieser Art der Zusammenschaltung der im Vorfeld postulierten Emotionsmodule nicht von einer empathischen Reaktion gesprochen werden. Was auf theoretischer Ebene beschrieben sehr abstrakt erscheinen mag, lässt sich nach Krause (2017) anhand verschiedener primärer Affekte und deren propositioneller Inhalte intuitiv verstehbar darstellen. Demnach könnte die Entstehung eines Angst-Drehbuchs folgendermaßen modelliert werden:

Ein Kind, dessen Interaktionen mit der primären Bezugsperson von deren Ärgerausdruck dominiert werden, ist permanent mit der affektiven Nachricht konfrontiert: »Du (Objekt) behinderst mich und musst gehen, ich (Subjekt) bleibe.« Daraus resultierende komplementäre Reaktionen des Kindes wären Ängste und Rückzugsbestrebungen. Diese stehen dem kindlichen Bedürfnis, Schutz und Bindung bei der (nun angstauslösenden) Person zu suchen, diametral gegenüber. Die andauernde Rückmeldung der eigenen Unzumutbarkeit bei gleichzeitiger Hilflosigkeit erhöht nach Krause (2017) das spätere Risiko für ein – für dependente Persönlichkeitsstrukturen typisches – exzessives Bindungsverhalten, was sich bei Angstpatientinnen auch auf nonverbal affektiver Ebene zeigen ließ (Benecke u. Krause, 2005).[5]

Diese Lernprozesse bezeichnet Krause (2017) als instrumentelle Konditionierung und betont, dass Vorgänge, die sich unter dem Konzept der projektiven Identifikation fassen lassen (Ogden, 1988), Agens dieser dysfunktionalen Zusammenschaltungen sind: »Ich gehe davon aus, dass sich bei den projektiven Investitionen der Mutter in ihre Kinder die Affekte, die sie ausdrückt, in den Kindern materialisieren. Sie sind in dem Sinne ›falsch‹, als sie kein angemessener Kommentar zu den physiologischen Repräsentanzen der Kinder sein können« (Krause, 2017, S. 459).

Das Konzept der objektbeziehungsgebundenen Abwehr

In Rückgriff auf die dargestellten entwicklungspsychologischen Überlegungen und deren klinische Implikationen arbeitet Krause (2016, 2017) das Modell einer interpersonell-affektiv transportierten Form der Abwehr heraus, wobei er sich eng auf Moser und dessen theoretische Modelle zur *Affektabwehr* bzw.

---

5 Diese typischen »Emotionsdrehbücher« und die dazugehörigen Affekte nimmt Krause (1988) auch für andere Störungsbilder als bestimmend an.

object-embedded related defenses bezieht (Moser, 2009; Moser u. von Zeppelin, 1996). Ausgangspunkt seiner eigenen Konzeptualisierung ist jedoch zunächst ein rein empirisch-deskriptiver. Seine Vorüberlegungen leitet er aus langjährigen Forschungsarbeiten und klinischen Beobachtungen ab. So ließen sich u. a. folgende Besonderheiten im Ausdruck von verschiedenen Patientengruppen im Vergleich zu gesunden Stichproben aufzeigen:

1. Psychisch erkrankte Personen zeigen, verglichen mit gesunden Probanden, mitunter eine extrem reduzierte affektiv-expressive Motorik. Dieses Phänomen erklärt sich nach Krause (2012) zum einen aus einem Rückgang des mimischen Ausdrucks echter Freude und zum anderen aus einer übergreifenden Einschränkung der Primäraffekte zugunsten eines einzigen Affekts, der zumeist aus der negativen Palette stammt und von ihm als *Leitaffekt* bezeichnet wird.
2. Gesunde Personen passen sich unbewusst diesen mimisch expressiven Besonderheiten ihrer psychisch erkrankten Interaktionspartner an, ohne Kenntnis von deren psychischen Störung zu haben (Hufnagel, Steimer-Krause u. Krause, 1991).
3. Wie beschrieben hängt das affektive Erleben einer Person nicht notwendigerweise mit ihrem eigenen affektiven Ausdruck zusammen.[6] Vielmehr scheint es so zu sein, dass das eigene Erleben besser aus dem Ausdruck des Anderen vorhersagbar ist (Schwab, 2001).

Befunde wie diese werden innerhalb der klinischen Interaktionsforschung durchgängig als Indikator eines unbewussten nonverbalen Beziehungsverhaltens interpretiert. So beziehen sich beispielsweise Autoren wie Merten und Benecke (2001) auf das Konzept des maladaptiven Beziehungsmusters von Luborsky (1977), das im Verlauf vorangehender dysfunktionaler Beziehungserfahrungen erworben wird. In Übereinstimmung damit sieht Krause (2017) mimische Phänomene wie diese als Ausdruck spezifischer »Emotionsdrehbücher«, merkt jedoch an, dass sich darüber allein noch keine hinreichenden Erklärungen generieren ließen, *wie* bzw. *warum* sich diese Phänotypen des nonverbalen Ausdrucksverhaltens etablieren.

Die aus psychodynamischer Perspektive scheinbar naheliegende Ableitung, eine eingeschränkte Affektivität in der Beziehungsgestaltung der Betroffenen sei Folge einer mehr oder weniger starken strukturellen Einschränkung im Sinne

---

6 Obwohl eine Reduktion in der Mimik bei einigen Patienten auch von einem Wegfall des Emotionserlebens begleitet sein kann (Steimer-Krause, Krause u. Wagner, 1990).

der *Operationalisierten Psychodynamischen Diagnostik* (OPD-Task-Force, 2009)[7], wird von Krause unter verschiedenen Gesichtspunkten kritisch diskutiert. Verkürzt ließe sich die Argumentation wie folgt zusammenfassen:

Zusammenhang von Struktur und mimischer Affektivität?
Der Zusammenhang zwischen Struktur und mimischem Ausdrucksverhalten ist noch nicht häufig untersucht worden. Zwei dazu vorliegende Arbeiten kommen überdies zu gemischten Ergebnissen (Schulz, 2001; Koschier, 2008). Interessante Resultate zeigen sich allerdings dann, wenn die verschiedenen Funktionen, die für affektive Zeichen postuliert werden, Berücksichtigung finden (siehe oben). So weist Merten (2001; 2002) nach, dass der mimische Affekt bei den Gesunden in Alltagsinteraktionen häufiger auf ein drittes, mentalisiertes Objekt bezogen ist, über das gesprochen wird (Objektbezug), während psychisch erkrankte Interaktionspartner deutlich weniger mimische Aktivität, weniger positive und mehr negative Affekte zeigen. Diese fungieren in der Personengruppe mit psychischen Störungen genuin als Selbst- oder Beziehungsregulation. In Bezug auf erfolgreiche Verläufe von Psychotherapien konnte gezeigt werden, dass mit der Verbesserung der Symptomatik die nonverbalen, speziell mimischen Anteile zusehends an die kognitiven Elemente des Diskurses gebunden und nicht mehr als Indikativ für den Zustand des Senders bzw. der Dyade betrachtet werden (Benecke, 2002). Für erfolglose Verläufe gilt dies nicht: Die Affekte bleiben beziehungs- und selbst-relevant.

Eine neuere Untersuchung, die sich mit diesem Phänomen im Zusammenhang mit dem Strukturniveau beschäftigt, bestätigt diese Ergebnisse und deutet darüber hinaus darauf hin, dass dieses Phänomen nicht störungsspezifisch, sondern strukturspezifisch auftritt. Unter Bezugnahme auf ein Kategoriensystem – bestehend aus drei Oberkategorien: Selbst, Objekt, Interaktion sowie zehn Subkategorien (Bock, 2011) – analysieren Bock, Huber und Benecke (2016) die mimische Interaktion von insgesamt achtzig gesunden und psychisch erkrankten Personen während OPD-Interviews. Unter zusätzlicher Anwendung des Kategoriensystems ließen sich signifikante Korrelationen mit dem OPD-Strukturniveau zeigen. Je geringer das psychische Funktionsniveau der Patienten auf der Strukturachse eingeschätzt wird, desto geringer ist der objektbezogene Anteil ihrer durchschnittlichen mimisch-affektiven Aktivität.

---

7 Struktur meint hier das psychische Funktionsniveau, welches im Manual der Operationalisierten Psychodynamischen Diagnostik (OPD-II) anhand der Reflexions-, Kommunikations- und Regulationsfähigkeiten erfasst wird, sowie die Fähigkeit, mit sich selbst und anderen in Beziehung zu treten (OPD-Task-Force, 2009).

Zusammenfassend lässt sich also festhalten, dass es zwar durchaus Schnittmengen von struktureller Verfasstheit und Ausdrucksverhalten zu geben scheint, die konkrete Ausgestaltung der Zusammenhänge aber als komplexer angenommen werden muss.

Mimische Reduktion als Persönlichkeitsmerkmal?

Die Annahme, dass es sich bei der zurückgefahrenen mimischen Expression um ein strukturelles Merkmal handeln würde, impliziert eine relative zeitliche Stabilität. Diese ist nach Krause (2017) insofern nicht gegeben, als dass das Ausdrucksverhalten jeweiliger Patienten unter bestimmten Bedingungen vollständig zusammenbrechen kann. Dann lässt sich starke mimische Affektivität dokumentieren, wobei sich diese spezifisch von der gesunder Personen unterscheidet und von einem hohen, als negativ erlebten physiologischen Arousal begleitet wird.

Zudem weist Krause unter Rückgriff auf Forschungsarbeiten zur Schizophrenie bzw. Dissoziation (Steimer-Krause, 1996; Blumenstock, 2004) darauf hin, dass Personen mit einer herabgesetzten mimischen Affektivität nicht notwendigerweise Schwierigkeiten in der Wahrnehmung mimischer Affekte seitens der Interaktionspartner haben müssen. Im Gegenteil seien sie in der Lage, diese in hoher Geschwindigkeit und Präzision zu verarbeiten. Unter diesen Gesichtspunkten wäre es also möglich, dass es sich nicht um einen Hinweis auf eine Persönlichkeitsvariable oder auf ein zeitlich stabiles Defizit im emotionalen Verständnis handelt, sondern vielmehr um eine unbewusst auftretende »Performanz-Kompetenz-Diskrepanz«, und zwar präventiver Art. Demnach kann es für betroffene Personen eine soziale Strategie sein, ihre Fähigkeiten zur Gestaltung einer affektiv angereicherten Beziehung unter bestimmten Bedingungen *nicht* einzusetzen. Damit wäre die Zurücknahme der eigenen Emotionalität möglicherweise ein erlernter Mechanismus, der es erlaubt, sich in emotional fordernden sozialen Situationen vor (unbewusst antizipierten) starken interaktiven Affekten zu schützen. Das präventive Herunterfahren ließe sich hier in Übereinstimmung mit Mosers und von Zeppelins (1996, S. 60) Vorstellung von Affektabwehr wie folgt präzisieren: »Innere strukturelle Affekte sind nicht immer dem Erleben zugänglich, so daß zwischen ›occurent‹ (ablaufenden) und ›experienced‹ (erlebten) Affekten unterschieden werden muß […] Affektabwehr im engeren Sinn versucht die Umwandlung eines ablaufenden Affekts (›occurent‹) in einen erlebten zu verhindern.«

Und weiter: »In diesem Zusammenhang entsteht auch eine neue Form der Abwehr, die sich auf das emotionale Involvement konzentriert. Das eigentlich gewünschte Involvement wird gedrosselt. Die Aktualisierung eines Wunsches wird dann weniger bedeutsam erlebt. Diese defensive Form des Involvement wurde […] Besetzungsabwehr genannt« (S. 63).

Auf Basis dieser Überlegungen diskutiert Krause das Phänomen geringerer mimischer Expressivität unter Berücksichtigung des interaktiven Effekts affektiven Ausdrucksverhaltens als eine spezifische Form *objektbeziehungsgebundener Abwehr* bzw. präventiven Copings (Krause, 2016, 2017), wobei er dem Affekt *des Anderen* zentrale Bedeutung zuschreibt. Die Ursache für derartige defensive Prozesse sieht er im Verlust von Intentionalität, ausgelöst durch den oben beschriebenen Vorgang der Affektansteckung. Hierbei ist der Vorgang der Affektansteckung durch ein Gegenüber zunächst als grundsätzlich funktionaler Bestandteil affektiver Abstimmung anzunehmen (Schwab, 2001; Hufnagel, Steimer-Krause u. Krause, 1991). Ist die Bedeutung des in der Interaktion gezeigten affektiven Verhaltens selbstreferenziell oder Ausdruck eines bestimmten Beziehungsstatus der Interaktionspartner, führt dies mitunter zu einem emotionalen Arousal. Eine Unterbindung dieser Vorgänge wird in der Interaktion erst dann notwendig, wenn die durch die affektive Induktion entstehenden, eigenen emotionalen Zustände nicht mehr adäquat reflektiert und reguliert werden können.

In diesem Zusammenhang kann die Verminderung des eigenen Ausdrucksverhaltens im Sinne einer präventiven Abwehr verstanden werden, die eine gegenseitige Affektansteckung und damit ein Einschießen nicht regulierbarer affektiver Beziehungsanteile verhindert. Dieses Phänomen der adaptiven Abflachung vollzieht sich meist unbewusst, wobei die Intensität des inneren emotionalen Erlebens nicht notwendigerweise vermindert ist (siehe oben).

Während diese Prozesse bei gutem Funktionieren die Selbstorganisation stützen, kann ihr Misslingen dazu führen, dass die Affekte zwar nicht ihre Signalfunktion verlieren, jedoch entweder eine direkte Abwehr des Affekts bewirken oder aber in nicht mehr regulierbare, offene Affektzustände übergehen (Moser u. von Zeppelin, 1996). Diese Form der defensiven Prozessierung kann nach Krause (2017) situativ bedingt bei allen Menschen ablaufen.

Als habituelle Abwehrformation sei sie jedoch dem Bereich der sogenannten strukturellen oder frühen Störungen zugeordnet und als Resultat einer – durch den exzessiven bzw. fehlenden Affekt der primären Bindungsfigur dysfunktionalen – Affektsozialisierung aufzufassen (siehe oben). In diesen Fällen werden die emotionalen Drehbücher zu »Herrschaftsinstrumenten« (Krause, 2017, S. 458). Der Mangel an Intentionalität wäre hier, metaphorisch gesprochen, deren Sujet, gebildet auf der projektiven, nicht integrierbaren affektiven Botschaft des Anderen.

Kritik und Bedeutung einer affektpsychologischen Perspektive innerhalb einer analytisch orientierten Entwicklungspsychologie

Die Diskussion der Relevanz von Emotionen für die Selbst-Entwicklung über die gesamte Lebensspanne erscheint vor dem Hintergrund der in diesem Buch vorgestellten Ansätze insofern redundant, als dass sich alle mit der Bedeutung affektiver Prozesse für den Entwicklungsverlauf befassen. Das aktuelle psychoanalytische Forschungsinteresse und dessen berufspolitische Notwendigkeit liegen in der Untersuchung äußerst komplexer psychologischer Phänomene wie beispielsweise: Selbst, Beziehung und deren Entstehung, therapeutischer Prozess, Fantasie, Definition und Ätiologie psychischer Krankheit. Damit nicht genug, sind es gerade die unbewussten Anteile solcher Phänomene und deren Rückbindung an die Individualentwicklung, die sich als zentral für die analytische Theorie- und Modellbildung erweisen. Eine Operationalisierung dieser Konstrukte oder wenigstens einiger Teilaspekte ist eine der Voraussetzungen für die Beforschung, zumindest für deren empirische Untersuchbarkeit.

Hier scheint eine der großen Stärken der affektpsychologischen Perspektive der klinischen Interaktionsforschung zu liegen. Sie bildet nicht nur eine mögliche integrative Schnittmenge zwischen den früheren psychoanalytischen Entwicklungstheorien und der Säuglingsforschung und entwickelt auf deren Basis neue Anstöße für weitere Modellbildung. Vielmehr erlaubt sie durch ihre Verbindung zu biologischen und emotionstheoretischen Überlegungen und Methoden der evidenzbasierten Psychologie einen alternativen Zugang zur Untersuchung und Objektivierung genuin »analytischer« Konstrukte.

Die nonverbale Kommunikation als Indikator unbewusster Beziehungsabstimmung und Träger von bereits vorsprachlich erworbener Information liefert einer psychodynamisch orientierten Forschung einen reichhaltigen Datenpool. Auf den gesamten Korpus existierender Forschungsarbeiten der klinischen Interaktionsforschung aus den letzten Jahrzehnten kann hier nur sehr kurz eingegangen werden. Diese befassen sich hauptsächlich mit der Untersuchung störungsspezifischer Beziehungsregulation und der Bedeutung mimisch-affektiver Abstimmung für den Therapieprozess bzw. dessen Erfolg und Misserfolg (für einen Überblick siehe Krause, 2012; Merten, 2003; Benecke, 2014; Bänninger-Huber, 2006; Bänninger-Huber u. Monsberger, 2016). Obwohl deren Studienergebnisse insgesamt für die dargestellten Annahmen sprechen, ist es beispielsweise aufgrund der hohen Wahrscheinlichkeit von Komorbidität dennoch schwierig, eindeutige und/oder replizierbare Ergebnisse zu generieren. So zeigen sich zusätzlich zu den Gemeinsamkeiten verschiedener Störungsgruppen auch Unterschiede, die zur Entstehung von Untergruppen innerhalb der untersuchten Stichproben führen (Benecke, Krause u. Dammann, 2003; Benecke u. Krause, 2005; Ellgring, 1989; Hoffmann, Krause, Sachsse; Spang u. Kirsch, 2014).

Ein systematischer Überblick einschlägiger Studien zu mimischer Aktivität in verschiedensten Störungsgruppen von Peham et al. (2015) weisen darüber hinaus auf weitere methodische Probleme. Die Autoren kritisieren, dass die Ergebnisse der gesichteten Arbeiten häufig auf der Auswertung problemfokussierter klinischer Interviews basieren und die dyadische Ebene nicht berücksichtigen. Deren Einbeziehung kann die Ergebnisse deutlich ändern (Bock, Huber u. Benecke, 2016).

Die im letzten Abschnitt behandelten Überlegungen zu einer nonverbal vermittelten, objektbeziehungsgebundenen Abwehr stehen in großer Übereinstimmung mit neuerer Forschung, die das Konstrukt der Mentalisierung eher als dynamisch-prozesshaften Vorgang denn als statische Größe konzipiert. Erklärungen dafür liefern Modellannahmen wie das *Bio-Behavioural-Switch-Modell* von Fonagy und Luyten (2009), wonach der Anstieg emotionalen Arousals auf neuronaler Ebene zu einem Wechsel (switch) von kontrolliert-expliziter Informationsverarbeitung präfrontaler Kortexareale hin zu implizit-automatisch ablaufenden Verarbeitungsprozessen posteriorer Kortexareale und subkortikaler Strukturen führt (Mayes, 2006). Auf Basis dieser Annahmen postulieren Fonagy und Luyten zwei Modi von Mentalisierung, einen *impliziten* (automatischen) und einen *expliziten* (kontrollierten) Modus (siehe auch Luyten, Fonagy, Lowyck u. Vermote, 2012, dt. 2015). Abhängig vom Zusammenspiel des jeweiligen Belastungsniveaus und einer Aktivierung des Bindungssystems kommt es zu einem Umschalten von einer kortikalen zu einer subkortikalen Verarbeitung. Die Autoren verstehen den Wechsel von der kontrollierten zur automatischen Aktivierung als stressbedingte neuronale Anpassungsreaktion bei drohender Überlastung, aus der automatisch ablaufende Reaktionen resultieren. Diese gehen oft mit einer Einschränkung der Flexibilität und Komplexität der reflexiven Fähigkeiten und dem Rückgriff auf eher unreife psychische Funktionen einher, die der Fähigkeit zur Mentalisierung entwicklungsgeschichtlich vorgeschaltet sind (siehe auch Allen, Fonagy u. Bateman, 2008, dt. 2011).

Studienergebnisse aus Beobachtungen von Mutter-Kind-Dyaden deuten überdies darauf, dass es tatsächlich nicht die psychische Symptomatik der Eltern ist, die primär die Qualität der nonverbalen Interaktion mit dem Kind beeinflusst. Vielmehr wird deren Zusammenhang von der Fähigkeit zur Regulation elterlicher Emotionalität mediiert (Lotzin, Schibor, Barkman, Romer u. Ramsauer, 2015).

Vor diesem Hintergrund hätte die Berücksichtigung der Abwehrfunktion mimischen Verhaltens große Relevanz für die therapeutische Praxis. Krause (2016, 2017) schlägt hier die Implementierung einer videogestützten integrativen Behandlung vor, der es Patientengruppen wie Eltern mit geringer Mentalisierungsfähigkeit ermöglichen soll, in Situationen mit niedrigem emotionalem Involvement und gemeinsam mit dem Therapeuten via Videofeedback die automatischen, nonverbalen interaktiven Prozesse zu verstehen und daran gebundene Emotionsdrehbücher anhand der elterlichen Ressource, die gezeigten Affekte zu erkennen, zu bearbeiten. Dennoch gibt es bisher kaum empirische Studien, die Indikatoren für das beschriebene mimische Phänomen zwischen Eltern und Kindern genauer prüfen, sodass wesentlich mehr Untersuchungen notwendig wären.

Die bisher einzigen erhobenen Mimik-Daten stammen aus einer Untersuchung der Universität Saarlandes in Kooperation mit dem Kinderpsychiater Prof. von Gontard (Universitäts-Kinderklinik Homburg/Saar). Hier wurde die Interaktionsgestaltung von Müttern und ihren Kindern untersucht und in Bezug zum Ausmaß der kindlichen Symptomatik gesetzt (Schenkelberger, 2008; Ziegler, 2007). Die Ergebnisse bestätigen die Annahme eines Zusammenhangs zwischen einer affektiv eingeschränkten Interaktionsgestaltung und der elterlichen reflexiven Fähigkeit. Dennoch blieben die Daten bisher unveröffentlicht, zumal die Stichprobe, bestehend aus 14 Mutter-Kind-Paaren zu klein ist, um diese Ergebnisse als verlässlich, das heißt überzufällig, gelten zu lassen. Ein in Berlin durchgeführtes Forschungsprojekt versucht, diese Lücke weiter zu schließen (MAMIK-Studie, 2016).

Insgesamt ist die Berücksichtigung der Affekte für die neuere analytische Entwicklungspsychologie insofern fruchtbar, als dass sie in ihrer Funktion des *Missing Link* auch ein verbindendes Element zwischen verschiedensten Modellen und empirischer Forschung bilden und somit sowohl für die Generierung von Grundlagen- als auch Anwendungswissen relevant sein können.

Literatur

Allen, J. G., Fonagy, P., Bateman, A. W. (2008, dt. 2011). Mentalisieren in der psychotherapeutischen Praxis. Stuttgart: Klett-Cotta.

Bänninger-Huber, E. (2006). Die Bedeutung der Affekte für die Psychotherapie. In H. Böker (Hrsg.), Psychoanalyse und Psychiatrie. Geschichte, Krankheitsmodelle und Therapiepraxis (S. 301–314). Heidelberg: Springer.

Bänninger-Huber, E., Monsberger, S. (Hrsg.) (2016). Prozesse der Emotionsregulierung in psychoanalytischen Langzeittherapien. Mikroanalytische Untersuchungen zur therapeutischen Beziehungsgestaltung. Innsbruck: Innsbruck University Press.

Benecke, C. (2002). Mimischer Affektausdruck und Sprachinhalt. Interaktive und objektbezogene Affekte im psychotherapeutischen Prozeß. Bern: Peter Lang.
Benecke, C. (2014). Klinische Psychologie und Psychotherapie. Ein integratives Lehrbuch. Stuttgart: Kohlhammer.
Benecke, C., Krause, R. (2005). Facial affective relationship offers of patients with panic disorder. Psychotherapy Research, 15 (3), 178–187.
Benecke, C., Krause, R., Dammann, G. (2003). Affektdynamiken bei Panikerkrankungen und Borderline-Persönlichkeitsstörungen. Persönlichkeitsstörungen: Theorie und Therapie, 7 (4), 235–244.
Blumenstock, S. (2004). Dissoziation, Affekt und Abwehr. Mimisch-affektive Beziehungsregulation und Abwehrmechanismen von hoch- und niedrigdissoziativen Personen. Berlin: Logos.
Bock, A. (2011). Funktionen mimisch-affektiven Verhaltens und psychische Störung: Die Entwicklung und Anwendung eines Ratingverfahrens zur Erfassung von Funktionen negativer Affekt-Ausdrücke. Unveröffentlichte Dissertation, Universität Innsbruck.
Bock, A., Huber E., Benecke, C. (2016). Levels of structural integration and facial expressions of negative emotions. Zeitschrift für Psychosomatische Medizin und Psychotherapie, 62, 224–238.
Bock, A., Huber, E., Peham, D., Benecke, C. (2015). Negative mimische Affekte im Kontext klinischer Interviews. Entwicklung, Reliabilität und Validität einer Methode zur Referenzbestimmung negativer Affektausdrücke. Zeitschrift für Psychosomatische Medizin und Psychotherapie, 61 (3), 247–261.
Bowlby, J. (1969). Attachment and loss. Vol. 1. Attachment. New York: Basic Books.
Bowlby, J. (1980). Attachment and loss. Vol. 3. Loss, sadness and depression. London: Hogarth Press.
Buck, R. (1999). Typology of biological affects. Psychological Review, 106 (2), 301–336.
Bühler, C. (1934/1982). Sprachtheorie. Die Darstellungsfunktion der Sprache. Stuttgart: Fischer.
de Haan, M., Belsky, J., Reid, V., Volein, A., Johnson, M. H. (2004). Maternal personality and infants' neural and visual responsivity to facial expressions of emotion. Journal of Child Psychology and Psychiatry, 45 (7), 1209–1218.
Dornes, M. (1997/2009). Die frühe Kindheit. Entwicklungspsychologie der ersten Lebensjahre (9. Aufl.). Frankfurt a. M.: Fischer.
Ekman, P. (1972). Universals and cultural differences in facial expression of emotion. In J. R. Cole (Ed.), Nebraska Symposium on Motivation. Vol. 19 (pp. 207–283). Lincoln: University of Nebraska Press.
Ekman, P., Cordaro, D. (2011). What is meant by calling emotions basic. Emotion Review, 3, 364–370.
Ekman, P., Friesen, W. V. (1971). Constants across cultures in the face and emotion. Journal of Personality and Social Psychology, 17, 124–129.
Ekman, P., Friesen, W. V., Ancoli, S. (1980). Facial signs of emotional experience. Journal of Personality and Social Psychology, 39, 1125–1134.
Ellgring, H. (1989). Nonverbal communication in depression. Cambridge: Cambridge University Press.
Emde, R. N. (1991). Die endliche und die unendliche Entwicklung. 1.: Angeborene und motivationale Faktoren aus der frühen Kindheit. Psyche – Zeitschrift für Psychoanalyse und ihre Anwendungen, 45, 745–779.
Emde, R. N. (1992). Positive emotions for psychoanalytic theory. Surprises from infancy research and new directions. In T. Shapiro and R. N. Emde (Eds.), Affect. Psychoanalytic perspectives (pp. 5–44). Madison: International University Press.
Emde, R. N., Koenig, K. L. (1969a). Neonatal smiling and rapid eye movement states. Journal of Child Psychiatry, 8, 57–67.
Emde, R. N., Koenig, K. L. (1969b). Neonatal smiling, frowning, and rapid eye movement States. II: Sleep Cycle Study. Journal of the American Academy of Child Psychiatry, 8, 637–656.
Euler, H. A. (2000). Evolutionstheoretische Ansätze. In J. Otto, H. A. Euler, H. Mandl (Hrsg.), Handbuch Emotionspsychologie (S. 45–63). Weinheim: Beltz.

Fonagy, P., Gergely, G., Jurist, E. L., Target, M. (2002, dt. 2004/2008). Affektregulierung, Mentalisierung und die Entwicklung des Selbst (3. Aufl.). Stuttgart: Klett-Cotta.

Fonagy, P., Gergely, G., Target, M. (2007). The Parent-infant dyad and the construction of the subjective self. Journal of Child Psychology and Psychiatry, 48, 288–328.

Fonagy, P., Luyten, P. (2009). A developmental, mentalization-based approach to the understanding and treatment of borderline personality disorder. Development and Psychopathology, 21 (4), 1355–1381.

Fox, N. A., Davidson, R. J. (1986). Psychophysiological measures of emotion: new directions of developmental research. In C. E. Izard, P. Read (Eds.), Measuring emotions in infants and children. Vol. 2. Cambridge: Cambridge University Press.

Fox, N. A., Davidson, R. J. (1987). Electroencephalogram asymmetry in response to the approach of a stranger and maternal separation in ten-month-old infants. Developmental Psychology, 23, 233–240.

Frisch, I. (1997). Eine Frage des Geschlechts: Mimischer Ausdruck und Affekterleben in Gesprächen. St. Ingbert: Röhrig Universitätsverlag.

Hoffmann, J. M., Krause, R., Sachsse, U., Spang, J., Kirsch, A. (2014). Mimisch-affektive Verhaltensunterschiede von Patienten mit posttraumatischer Belastungsstörung und Borderline-Persönlichkeitsstörung. Trauma & Gewalt, 8 (3), 2–8.

Homberger, D. (2003). Sachwörterbuch zur Sprachwissenschaft. Stuttgart: Reclam Philipp jun. Verlag.

Hufnagel, H., Steimer-Krause, E., Krause, R. (1991). Mimisches Verhalten und Erleben bei schizophrenen Patienten und bei Gesunden. Zeitschrift für Klinische Psychologie, 20 (4), 356–370.

Izard, C. E. (1977). Human emotions. New York: Plenum Press.

Koschier, A. (2008). Emotionale Defizite bei strukturellen Störungen. Eine klinische Studie. Marburg: Tectum.

Krause, R. (1988). Eine Taxonomie der Affekte und ihre Anwendung auf das Verständnis der frühen Störungen. Psychotherapie und Medizinische Psychologie, 38, 77–86.

Krause, R. (1990). Psychodynamik der Emotionsstörungen. In K. Scherer (Hrsg.), Enzyklopädie der Psychologie. Psychologie der Emotion. Bd. 3 (S. 630–705). Göttingen: Hogrefe.

Krause, R. (2003). Überblick über die Emotionspsychologie. In B. Herpertz-Dahlmann, F. Resch, M. Schulte-Markwort, A. Warnke (Hrsg.), Entwicklungspsychiatrie. Biopsychologische Grundlagen und die Entwicklung psychischer Störungen (S. 105–114). Stuttgart: Schattauer.

Krause, R. (2012). Allgemeine Psychoanalytische Krankheitslehre. Grundlagen und Modelle (2. Aufl.). Stuttgart: Kohlhammer.

Krause, R. (2016). Über die unbewusste Handhabung affektiver Austauschprozesse zur Regulierung der primären Autonomie. Einige behandlungstechnische Überlegungen speziell für die Behandlung von Kindern und Jugendlichen. Analytische Kinder- und Jugendlichen-Psychotherapie, 170 (2), 225–235.

Krause, R. (2017). Affektpsychologische Überlegungen zu Seinsformen des Menschen. Psyche – Zeitschrift für Psychoanalyse und ihre Anwendungen, 71 (6), 453–478.

Lanzetta, J. T., Kleck, R.E. (1970). Encoding of nonverbal affect in humans. Journal of Personality and Social Psychology, 16, 12–19.

Lemche, E. (2002). Emotion und frühe Interaktion. Emotionsentwicklung innerhalb der frühen Mutter-Kind-Interaktion. Berlin: LOB.de – Lehmanns Media.

Leventhal, H., Scherer, K. H. (1987). The relationship of emotion to cognition: A functional approach to a semantic controversy. Cognition and Emotion, 1, 3–28.

Lewis, M. (2008). The emergence of human emotions. In M. Lewis, J. M. Haviland-Jones (Eds.), Handbook of emotions (3rd ed., pp. 304–319). New York: Guilford Press.

Lotzin, A., Schibor, J., Barkman, C., Romer, G., Ramsauer, B. (2015). Maternal emotion dysregulation is related to heightened mother-infant synchrony of facial affect. Development and Psychopathology, 28, 327–339.

Luborsky, L. (1977). Measuring a pervasive structure in psychotherapy. The core conflictual relationship theme method. In N. Freedman, Grand, N. (Eds.), Communicative structures and psychic structures (pp. 367–395). New York: Plenum Press.

Luyten, P., Fonagy, P., Lowyck, B., Vermote, R. (2012, dt. 2015). Beurteilung des Mentalisierens. In A. Bateman, P. Fonagy (Hrsg.), Handbuch Mentalisieren (S. 43–65). Gießen: Psychosozial-Verlag.

Malatesta, C. Z. (1985). Developmental course of emotion expression in the human infant. In G. Zian (Ed.), The development of expressive behavior-biology-environment interactions (pp. 183–219). New York: Academic Press.

Malatesta, C. Z., Haviland J. M. (1982). Learning display rules. The socialization of emotion expression in infancy. Child Development, 53, 991–1003.

MAMIK-Studie (2016). Mentalisierung und Affekt. Mikro-affektives Verhalten hoch- und niedrigreflexiver Mütter in Interaktion mit ihren Kindern (MAMIK-Studie). Forschungsprojekt der IPU Berlin unter Leitung von Prof. Dr. Dr. Kächele. www.ipu-berlin.de/ambulanz/info/mentalisierung-und-affekt-mamik-studie.html (22.4.2016).

Mayes, L. C. (2006). Arousal regulation, emotional flexibility, medial amygdala function, and the impact of early experience: comments on the paper of Lewis et al. Annals of the New York Acadamy of Science, 1094, 178–192.

Mayr, E. (1974). Behavior programs and evolutionary strategies. American Scientist, 62, 650–659.

Merten, J. (1996). Affekte und die Regulation nonverbalen, interaktiven Verhaltens. Strukturelle Aspekte des mimisch-affektiven Verhaltens und die Integration von Affekten in Regulationsmodelle. Bern: Peter Lang.

Merten, J. (2001). Beziehungsregulationen in Psychotherapien. Maladaptive Beziehungsmuster und der therapeutische Prozess. Stuttgart: Kohlhammer.

Merten, J. (2002). Context-analysis of facial-affective behavior in clinical populations. In M. Katsikitis (Ed.), The human face: measurement and meaning (pp. 131–147). Dordrecht: Kluwer Academic Publishers.

Merten, J. (2003). Einführung in die Emotionspsychologie. Stuttgart: Kohlhammer.

Merten, J., Benecke, C. (2001). Maladaptive Beziehungsmuster im therapeutischen Prozess. Psychotherapie Forum, 9 (1), 30–39.

Messinger, D., Dondi, M. G., Nelson-Goens, C., Beghi, A., Fogel, A., Simion, F. (2002). How sleeping neonates smile. Developmental Science, 5 (1), 49–55.

Messinger, D., Ekas, N., Ruvolo, P., Fogel, A. (2011). »Are you interested, baby?« Young infants exhibit stable patterns of attention during Interaction. Infancy, 17 (2), 1–11.

Messinger, D., Fogel, A., Dickson, K. L. (1999). What's in a smile? Developmental Psychology, 35 (3), 701–708.

Moser, U. (2009): Theorie der Abwehrprozesse. Die mentale Organisation psychischer Störungen. Frankfurt a. M.: Brandes & Apsel.

Moser, U., Zeppelin, I. von (1996). Die Entwicklung des Affektsystems. Psyche – Zeitschrift für Psychoanalyse und ihre Anwendungen, 50 (1), 32–84.

Ogden, T. (1988). Die projektive Identifikation. Forum der Psychoanalyse, 4, 1–21.

Ooestenbroek, J., Suddendorf, T., Nielsen, M., Redshaw, J., Kennedy-Constantini, S., Davis, J., Clark, S., Slaughter, V. (2016). Comprehensive longitudinal study challenges the existence of neonatal imitation in humans. Current Biology, 26, 1–5.

OPD-Task-Force (2009). Operationalized Psychodynamic Diagnosis OPD-2: Manual of diagnosis and treatment planning. Ashland (Ohio): Hogrefe & Huber.

Peham, D., Bock, A., Schiestl, C., Huber, E., Zimmermann, J., Kratzer, D., Dahlbender, R., Biebl, W., Benecke, C. (2015). Facial affective behavior in mental disorders. The Journal of Nonverbal Behavior, 39, 376–398.

Plutchik, R. (1980). Emotion. A psychoevolutionary synthesis. New York: Harper & Row.

Rasting, M. (2008). Mimik in der Psychotherapie. Die Bedeutung der mimischen Interaktion im Erstgespräch für den Therapieerfolg. Gießen: Psychosozial-Verlag.

Reisenzein, R. (2000). Worum geht es in der Debatte um die Basisemotionen? In F. Försterling, J. Stiensmeier-Pelster, L.-M. Sielny (Hrsg.), Kognitive und emotionale Aspekte der Motivation (S. 205-237). Göttingen: Hogrefe.

Schenkelberger, N. (2008). Mentalisierung und mimisch-affektives Verhalten. Ein Vergleich von Müttern mit durchschnittlicher und unterdurchschnittlicher Mentalisierungsfähigkeit. Unveröffentlichte Diplomarbeit in der Fachrichtung Psychologie der Universität des Saarlandes, Saarbrücken.

Scherer, K. (1990). Theorien und aktuelle Probleme der Emotionspsychologie. In K. Scherer (Hrsg.), Enzyklopädie der Psychologie. Psychologie der Emotion. Band 3 (S. 2-40). Göttingen: Hogrefe.

Scherer, K., Wallbott, H. G. (1990). Ausdruck von Emotionen. In K. Scherer (Hrsg.), Enzyklopädie der Psychologie. Psychologie der Emotion. Band 3 (S. 345-422). Göttingen: Hogrefe.

Schneider, K., Dittrich, W. (1990). Evolution und Funktion von Emotion. In K. Scherer (Hrsg.), Enzyklopädie der Psychologie. Psychologie der Emotion. Band 3 (S. 41-114). Göttingen: Hogrefe.

Schore, A. N. (2003, dt. 2007). Affektregulation und die Reorganisation des Selbst. Stuttgart: Klett-Cotta.

Schulz. S. (2001). Affektive Indikatoren struktureller Störungen. Berlin: Dissertation.de.

Schwab, F. (2001). Affektchoreographien. Eine evolutionspsychologische Analyse von Grundformen mimisch-affektiver Interaktionsmuster. Berlin: Dissertation.de.

Solms, M., Panksepp, J. (2012). The »Id« knows more than the »Ego« admits. Neuropsychoanalytic and primal consciousness perspectives on the interface between affective and cognitive neuroscience. Brain Sciences, 2 (2), 147-175.

Steimer-Krause, E. (1996). Übertragung, Affekt und Beziehung: Theorie und Analyse nonverbaler Interaktion schizophrener Patienten. Bern: Peter Lang.

Steimer-Krause, E., Krause, R. (1993). Affekt und Beziehung. In P. Buchheim, M. Cierpka, T. Seifert (Hrsg.), Beziehung im Fokus. Weiterbildungsforschung (S. 71-83). Berlin: Springer.

Steimer-Krause, E., Krause, R., Wagner, G. (1990). Prozesse der Interaktionsregulierung bei schizophren und psychosomatisch erkrankten Patienten. Studien zum mimischen Verhalten in dyadischen Interaktionen. Zeitschrift für Klinische Psychologie, 19, 32-49.

Stern, D. N. (1985/2000). The interpersonal world of the infant. A view from psychoanalysis and developmental psychology. New York: Basic Books.

Stern, D. N., Sander, L. W., Nahum, J. Harrison, A. M., Lyons-Ruth, K. & Morgan, A.C. et al. (1998). The process of therapeutic change involving implicit knowledge. Some implications of developmental observations for adult psychotherapy. Infant Mental Health Journal, 19 (3), 300-308.

Tomkins, S. S. (1962). Affect, imagery, consciousness. Vol. 1. The positive affects. New York: Springer.

Tomkins, S. S. (1963). Affect, imagery, consciousness. Vol. 2. The negative affects. New York: Springer.

Tomkins, S. S. (1979). Script theory: Differential magnification of affects. In H. E. Howe, Jr., R. A. Dienstbier (Eds.), Nebraska Symposium on Motivation. Vol. 26. Lincoln: University of Nebraska Press.

Venezia, M., Messinger, D. S., Thorp, D., Mundy, P. (2004). The development of anticipatory smiling. Infancy, 6 (3), 397-406.

Ziegler, S. (2007). The perpetual cycle. The transgenerational effect of reflective functioning. Unpublished Diploma-Thesis at the Faculty of Clinical Psychology of University of Saarland, Saarbrücken.

Julius Kohlhoff
György Gergely: Die Entwicklung des affektiven Selbst

Leben und Werk

György Gergely (1953), Ph. D., ist Direktor des Developmental Psychology Laboratory am Psychologischen Institut der Ungarischen Akademie für Wissenschaften und Senior Lecturer des Cognitive Developmental Doctoral Program der Eötvös Lóránd Universität Budapest. Er ist klinischer Psychologe und Gastprofessor am Max-Planck-Institut für Psychiatrie in München, am Child and Family Center der Menninger Clinic, am Department of Psychology am University College London sowie am Department of Psychology, Berkeley. Gergely gehört dem Vorstand der European Cognitive Neuroscience Initiative, Triest, an. Zudem ist er Autor des Buches »Free Word Order and Discourse Interpretation« (veröffentlicht 1991 bei Academic Press of Budapest) sowie Mitherausgeber mehrerer führender Fachzeitschriften.

Der Schwerpunkt seiner Arbeiten liegt in der entwicklungspsychologischen Forschung über Mentalisierung und die Entwicklung des affektiven Selbst.

Entwicklung von Bindung und Mentalisierung

Gergely widmet sich in seinen Arbeiten insbesondere der Ontogenese der *Affektkontrolle* beim Menschen. Er geht der Frage nach, wie das Individuum aus entwicklungspsychologischer Perspektive die Fähigkeiten erlangt, mit aufkommenden Affekten einen inneren Umgang zu erlernen. Er beobachtet Babys, die Affekte wie Wut oder Trauer direkt ausagieren und im Laufe ihrer Entwicklung immer besser lernen, selbst in einem innerpsychischen Prozess mit den Affekten umzugehen, sie zurückzuhalten und zu kontrollieren. Gergely zeichnet ein detailliertes Bild, wie Mütter (oder Pflegepersonen) in der Kommunikation mit dem Baby auf die Affekte des Babys reagieren und es durch einen verständnisvollen Umgang in seiner Entwicklung zu einer selbstständigen Person begleiten.

Das affektive Selbst, in dem das Kind gelernt hat, eigene Verfassungen wahrzunehmen, bildet die Grundlage für Mentalisierungsfähigkeiten des Menschen.

Mentalisierung beschreibt den Vorgang, eigene mentale Verfassungen zu erkennen bzw. situativ wahrzunehmen und sie in einen ursächlichen Zusammenhang mit der mentalen Verfassung anderer Personen zu bringen und diese vorausschauend zu erahnen. »Unter Mentalisierung wird indes nicht nur die Fähigkeit verstanden, hinter dem Verhalten seelische Zustände zu vermuten, sondern auch die weiter gehende Fähigkeit, die vermuteten mentalen Zustände selbst wieder zum Gegenstand des Nach-Denkens zu machen. Diese Fähigkeit zum Denken über das Denken wird Metakognition genannt und entsteht mit etwa 4 Jahren. Dann verfügt das Kind nicht nur über ein mentales, sondern auch über ein repräsentationales Weltbild, in dem es den subjektiven Charakter seiner geistigen Hervorbringung durchschaut« (Dornes, zit. nach Steiner u. Krippner, 2006, S. 26).

Viele Autoren postulieren, dass sich nur beim Menschen ein repräsentationales System für die Erschließung mentaler Zustände entwickelt hat, durch das der Mensch in einer »Vielzahl von Konkurrenz- und Kooperationssituationen in der Lage ist, Handlungen von Artgenossen vorherzusehen, zu deuten und zu manipulieren, indem wir dahinterstehende intentionale mentale Zustände (wie Wünsche, Absichten und Überzeugungen), die das Verhalten eines anderen anzutreiben scheinen, erfassen und sie ihm zuschreiben« (Gergely u. Unoka, 2011, S. 862).

Bisher wurde angenommen, dass die Fähigkeit der Mentalisierung eine Entwicklungsleistung darstellt, welche aus dem Grad der Bindungssicherheit des Kindes abzuleiten ist. Diese Annahmen stützen sich hauptsächlich auf False-Belief-Aufgaben, in denen Kinder im Allgemeinen falsche Überzeugungen anderer Personen erst im Alter von drei oder vier Jahren identifizieren können (Perner, 1991; Wellman, 1990). Allerdings hat Gergely mit seinen Mitarbeitern nachgewiesen, dass bereits neun bis zwölf Monate alte Kinder das Verhalten eines anderen situationsbezogen voraussehen können. Jüngere Kinder ließen diese Fähigkeit nicht erkennen. Diese Ergebnisse unterstützen die These, dass Kinder bereits, aber auch frühestens gegen Ende des ersten Lebensjahres die Fähigkeit zur Mentalisierung aufweisen.

Menschen sind nicht die einzige sozial geprägte Spezies mit einem Bindungsinstinktsystem, die auf eine sichere Bindung und die Fürsorge der Eltern angewiesen ist.

Einiges deutet darauf hin, dass die Entwicklung von Mentalisierungsfähigkeiten und sichere Bindungserfahrungen nicht unbedingt in einem Zusammenhang stehen. Das lässt sich von Spezies mit angeborenen Bindungsinstinkten zu ihren Neugeborenen ableiten, die über keine Mentalisierungsfähigkeiten verfügen (z. B. bei Nagetieren oder Rhesusaffen). Hier besteht die grundlegende biosoziale Funktion von sicherer Bindung bzw. körperlicher Nähe darin, die Jungen vor Raubtieren oder angsterzeugenden Situationen zu schützen.

Außerdem hat man nachgewiesen, dass andere gesellig lebende Spezies, die in von starkem Wettbewerb bestimmten Nischen leben, spezifische Formen der Mentalisierung herausgebildet haben: darunter auch solche, bei denen man annimmt, kein mit dem Menschen vergleichbares qualitatives evolutionäres Bindungssystem mit ihren Nachkommen zu praktizieren, u. a. Ziegen sowie einige Vogelarten wie Krähen, Raben und Buschhäher (Hofer, 1995; Polan u. Hofer, 1999; Suomi, 1995). Man kann daraus schließen, dass die Fähigkeit zur Mentalisierung nicht nur eine dem Menschen vorbehaltene Entwicklungsleistung ist.

Bezogen auf die menschliche Entwicklung wird davon ausgegangen, dass nicht nur frühkindliche Bindungserfahrungen in einem Zusammenhang mit der Entwicklung von Mentalisierungsfähigkeiten stehen, diese jedoch in hohem Maße von stark vernachlässigendem oder dysfunktionalem Verhalten beeinträchtigt werden können. Es ist anzunehmen, dass die spezifizierte Ausbildung von mentalen Fähigkeiten wahrscheinlich eine eigenständige sozial-kognitive Entwicklungsleistung ist, die von verschiedenen Faktoren abhängig sein kann. So können ältere Geschwister oder das soziale Umfeld durchaus Kompensationsleistungen bei der Mentalisierung und Affektregulation erbringen. Oder auch die Art, wie differenziert im familiären Umfeld über Gefühle und Konflikte gesprochen wird, kann Einfluss ausüben.

Es geht in diesem Zusammenhang weniger um den Grad der Bindungssicherheit als um die Qualität der Interaktion mit dem Säugling. Die größere Rolle spielt dabei, wie sensibel auf die Äußerungen des Kindes eingegangen und dem Kind in wechselseitiger Kommunikation[1] geholfen wird, primär aufkommende Affekte zu regulieren. Im Weiteren ist bedeutsam, wie in einem spielerischen Prozess Gefühlszustände gespiegelt werden, damit sich dem Kind Möglichkeiten für einen selbstregulierten positiven Umgang mit Anspannungserfahrungen eröffnen.

Erst durch die entwickelte Fähigkeit der Selbstregulation kann die Zuschreibung mentaler Zustände auf andere Personen erahnt bzw. mentalisiert werden. Das heißt, dass der Mensch ein komplex ausgeprägtes psychisches repräsentationales System entwickelt hat, das wohl auch auf die spezifischen Interaktionsmuster zwischen Pflegeperson und Neugeborenem als kulturelle Ent-

---
1 Die psychosoziale Beratung »Frühe Hilfen« kritisiert Eltern bei ihrer zu intensiven und häufigen Beschäftigung mit dem Smartphone, da dadurch ungenügend reaktiv auf die Gefühlsäußerungen des Kindes eingegangen wird bzw. Face-to-Face-Kommunikationen beeinträchtigt werden und es zu Entwicklungsstörungen des Kindes kommen kann.

wicklungsleistung zurückzuführen ist. Diese typischen Interaktionsmuster sollen im Folgenden aufgeführt werden (Gergely, 2011, S. 866):

1. Beim Menschen ist früh eine einzigartige Kommunikation zwischen Mutter und Kind zu erkennen. Sie übernehmen abwechselnd die Rollen von Zuhören, Vokalisieren und Nachahmung. Säuglinge wie Bezugspersonen lassen dabei früh eine Motivation spontaner Beteiligungen und Reaktionen erkennen.
2. Menschliche Säuglinge zeigen eine angeborene Sensibilität für spezifische auf sie gerichtete Kommunikationssignale. Pflegepersonen zeigen in allen Kulturen in der Kommunikation mit ihren Säuglingen besondere Artikulationsweisen. Wenn die Mutter bestimmte Laute und Wörter besonders betont und durch Gesten hervorheben möchte, dass die Informationen an das Kind gerichtet sind, wird das als »markierte Hinweisreize« und ostensive (»zeigende«) Kommunikationssignale bezeichnet.
3. Säuglinge achten schon früh spontan auf Blickverlagerungen oder Kopfbewegungen eines Gegenübers und folgen ihnen. Jedoch nur, wenn diese in einen Kontext ostensiver Kommunikation eingebettet werden. Außerdem lassen Säuglinge ein Verständnis der Kommunikationsgesten erkennen und setzen reaktiv und aktiv ebenfalls Zeigegesten ein.
4. Das Repertoire von mimisch-vokalen Äußerungen spezifischer Basisemotionen, (z. B. Wut, Freude, Furcht, Traurigkeit, Ekel oder Interesse) nimmt im Laufe der Entwicklung immer weiter zu und differenziert sich in komplexeren Kommunikationsformen aus.
5. Beim Menschen sind empathische affektspiegelnde Darbietungen der Mutter von Angesicht zu Angesicht in der Regulation der Affekte des Babys zu beobachten. Sie spiegeln reaktiv die Äußerungen ihres Kindes wie Wut in markierten Abwandlungen (z. B. schematische, übertriebene, verlangsamte oder nur lückenhafte Darstellungsformen).
6. Diese Darstellungsformen verknüpfen Beziehungspersonen mit ostensiven Hinweisreizen (etwa mit direktem Blickkontakt, Hochziehen der Augenbrauen, Weiten und Verengen der Augen, »wissenden« Blicken).
7. Säuglinge scheinen von Geburt an fähig und motiviert zu sein, die Emotionsäußerungen der Eltern in der Interaktion zu reinszenieren (z. B. Herausstrecken der Zunge, Stirnrunzeln, Hochziehen der Augenbrauen, Vorwölben der Lippen, Öffnen des Mundes und einige Merkmalskomponenten von Basisemotionsäußerungen).

Die Fähigkeit, eigene mentale Zustände zu identifizieren und sie auch anderen zuschreiben zu können, scheinen – wie nachfolgend beschrieben – in einem kausalen Zusammenhang mit der Qualität der frühkindlichen Beziehung zu den Eltern zu stehen.

Transkulturelle Forschungen über mimische Emotionsausdrücke bestätigen, dass bestimmte angeborene Basisemotionen (z. B. Trauer, Ekel, Angst, Freude, Ärger oder Überraschung) in allen Kulturen durch die gleichen Mimiken ausgedrückt und auch identifiziert werden (Ekman, 1992). Man kann davon ausgehen, dass das menschliche Wesen mit einem Repertoire von Basisemotionen zur Welt kommt, sie ausdrücken kann und auch von allen anderen Menschen unmittelbar verstanden wird. Daher spielen insbesondere die Pflegepersonen in der Identifizierung und Regulation der Affekte des Kindes eine entscheidende Rolle.

Natürliche Pädagogik

Die natürliche Pädagogik wird von Gergely als evolutionäre Funktion für schnelle generationale Weitergabe von kulturell relevantem Wissen beschrieben. Die frühkindlichen Bindungsinteraktionen vermitteln von Beginn an unbekannte Wörter, gestische Symbole, Funktionen von Artefakten, Valenzeigenschaften usw.

Es wird allerdings herausgehoben, dass dieses relevante Wissen auch Kategorien von Emotionszuständen beinhaltet. Sie sind Teil des konstitutionellen Selbst des Kindes und auch ein noch zu definierender und zu entdeckender Teil von sich Selbst, welcher mitteilbar ist und von Angehörigen der Kultur geteilt wird.

Die Möglichkeit für das Kind, kulturell relevantes und damit überlebenswichtiges Wissen zu erlangen, öffnet ein weites Aufmerksamkeitsspektrum, das in wechselseitiger Struktur genutzt wird. Sofern ein Erwachsener eine pädagogische Haltung einnimmt, ist zu erkennen, dass er sich dabei spezifischer Verhaltensmuster bedient. Zum einen gibt er dem Baby damit eine kommunikative Absicht zu verstehen. Zum anderen machen die auf das Baby gerichteten Kommunikationssignale ihm deutlich, dass künftige Darbietungen an es selbst gerichtet sind und zudem auf ein bestimmtes Objekt Bezug nehmen. Diese zeigenden, für das Kind erkennbaren Kommunikationssignale können als »ostensive Hinweisreize bzw. ostensive Kommunikationssignale« bezeichnet werden.

Außerdem werden Wissensdemonstrationen in deutlich abgewandelter Form von üblichen Schemata vorgeführt. Die Verdeutlichung wird durch übertriebene, verlangsamte, schematisierte oder nur teilweise ausgeführte Bewegungsmuster »markiert«.

Durch die Markierungen kann das Kind die Absicht, ihm neues relevantes Wissen zu vermitteln, erkennen und nimmt eine lernende Haltung ein. Man kann sich das gut an einer Essenssituation vorstellen, wenn die Pflegeperson dem Kind den Umgang mit dem Löffel nahebringen möchte. Es beginnt mit der Darbietung des Löffels und einer verbalen Benennung in spezieller – markierter – Tonlage: »Guuuck mal … daaas ist ein Löööffel!« Dann wird die vorgeführte Handlung des Essens in verlangsamter Form vorgeführt, und das teils nur in einem ersten Abschnitt der Gesamthandlung (z. B. wie man den Löffel hält oder in den Mund steckt). Dieser Handlungsschritt wird dann übertrieben dargestellt, indem z. B. der Mund ungewöhnlich weit aufgerissen wird, um dem Kind zu verdeutlichen, wo der Löffel hinein soll. Solche Vorführungen werden meist öfters wiederholt und von mimischen ostensiven Hinweisreizen begleitet.

Als Schüler erwartet das Baby, dass der Lehrer Wohlwollen zeigt und nur relevante und vertrauenswürdige Informationen anbietet. Gergely bezeichnet dies als »epistemisches Urvertrauen« (Gergely u. Zsolt, 2011, S. 885).

Merkmale der frühen Interaktion von Pflegeperson und Kind

Beim Menschen ist die Kommunikation von Pflegeperson und Kind schon früh von einer wechselseitigen Beziehungsform geprägt. So wechseln sich Rollen von Zuhören und Vokalisieren gegenseitig ab und treten qualitativ in Beziehung zueinander.

In der Reaktionsbereitschaft zeigen menschliche Säuglinge eine angeborene Sensibilität für sichtbare (ostensive) Kommunikationssignale. Das heißt, sie reagieren besonders auf betonte Laute, welche an das Kind gerichtet sind, nehmen Blickkontakt auf und sind deutlich an der Kommunikation zur Pflegeperson interessiert. Sie achten früh auf Signale des Gegenübers und richten ihren Blick entsprechend aus. Bei Blickverlagerungen oder Kopfbewegungen folgen Säuglinge den an sie gerichteten Kommunikationssignalen und identifizieren sie im Kontext für das Baby sichtbarer Signale. Kinder erkennen durch betonte Sprache – »vielfach als Mutterisch bezeichnet« (Gergely u. Zsolt, 2011, S. 865) – oder kommunikative Bewegungen und Laute, dass die Signale an sie gerichtet sind, und beginnen daraufhin mit ca. einem Lebensjahr ein reaktives Verständnis zu entwickeln.

Ab dem ersten Lebensjahr kommt es in der Interaktion von Mutter und Kind zu einem rasch wachsenden Repertoire von mimisch-vokalen Äußerungen. In pädagogischer Haltung wird gemeinsam die Außenwelt erkundet und Basisemotionen wie Freude, Wut, Furcht, Ekel und Interesse werden ausgetauscht und durch verschiedene ostensive (»zeigende«) Kommunikationssignale einer Differenzierung unterzogen. Dieses Repertoire erweitert die Kommunikationsmöglichkeiten kontinuierlich. Ausdrucksmuster werden auch in übertriebener, verlangsamter Form oder nur lückenhaft ausgeführt und dem Kind vergegenwärtigt. Sie sind typischerweise auf ein Objekt bezogen und mit Signalen verknüpft, wie direkter Blickkontakt, Hochziehen der Augenbrauen, Weiten und Verengen der Augen, »wissende« Blicke.

Müttern gelingt es in der Regel erfolgreich, den Emotionsausdruck des Kindes zu lesen. Feinfühlige Mütter neigen dazu, einen modulierenden Einfluss auf die Affektausdrücke des Babys auszuüben.

Die Eltern markieren durch übertriebene, abgewandelte Reaktionen, um ihren Kindern zu verdeutlichen, dass die folgenden Aktionen von der Realität entkoppelt gesehen und als Lernen am Modell aufgefasst werden sollen. In einem »Als-ob-Modus« (Fonagy, Gergely, Jurist u. Target, 2002, dt. 2004, S. 266) können Eltern quasi spielerisch die Realität außer Kraft setzen und auf das Kind eingehen. Wichtig sind die elterlichen Kommentare und Reaktionen. Erfolgen sie ebenfalls spielerisch, kann der Affekt reguliert werden.

Markierte Affektspiegelung und ihre Funktion in der repräsentationalen Entwicklung des affektiven Selbst

Winnicott beschreibt den Vorgang der mütterlichen Affektspiegelung in der Form, dass der Säugling sich selbst im Gesicht der Mutter sieht. Seine Erklärung dafür lautet: »wie sie schaut, hängt davon ab, was sie selbst erblickt« (Winnicott, 1971, dt. 1973/1993, S. 129).

Affektspiegelungen treten in vielen Kulturen in auffällig *markierter Form* auf. Sie sind in prägnanter Weise abgeänderte Varianten normaler Äußerungsmuster, mit denen die Mutter sonst ihre aktuellen Affektzustände zum Ausdruck bringt. Typische Merkmale von Markiertheit sind (Gergely u. Unoka, 2011, S. 879):
- »übertriebene, verlangsamte Ausführungen des ansonsten üblichen räumlich-zeitlichen Musters einer Emotionsäußerung;
- schematisierte, manchmal verkürzte oder nur teilweise Ausführung des üblichen motorischen Ausdrucksmusters derselben Emotionen;
- ein Spiegeln von Affekten, das manchmal gemischt ist mit simultan oder rasch alternierend dargebotenen Äußerungskomponenten anderer Emotionen;
- ein Spiegeln von Affekten, das typischerweise von einrahmenden ostensiv-kommunikativen Signalen sowie von gekoppelten Gesten eingeleitet oder begleitet ist«.

Die Markiertheit der Kommunikation signalisiert dem Kind, dass die dargebotenen Gefühlsäußerungen nicht den wirklichen Zustand der Mutter darstellen, sondern von ihr entkoppelt gesehen werden müssen. Das ist besonders von

Bedeutung, wenn negative Äußerungen gespiegelt werden. Weist die Spiegelung keine auffällige Markiertheit auf, so kann das Kind diese leicht verwechseln und erkennt zum eigenen negativen Zustand einen negativen Zustand der Mutter: Das Baby wird nicht getröstet, sondern erfährt im Gegenteil auch seine Pflegeperson in einem dramatischen Emotionszustand.

Spiegelt die Bezugsperson eine negative Emotion einfach nur ohne Markierung, verliert diese Spiegelung ihren symbolischen Charakter und kann selbst zur Quelle der Angst werden. Die Entwicklung kann erheblich gestört werden, wenn sich die Spiegelungen mit den Gefühlen der Bezugsperson vermischen, da diese verzerrten Spiegelungen internalisiert und mit den Emotionen des Kindes verknüpft werden.

Gergely und seine Kollegen gehen davon aus, dass gesunde Mütter instinktiv ihre affektspiegelnden Ausdrücke betonen bzw. abwandeln, um zu verdeutlichen, dass die gespiegelten Affekte nicht den tatsächlichen Zustand der Mutter abbilden, sondern getrennt von ihren Emotionen verortet werden müssen.

Soziales Biofeedback der mütterlichen Affektspiegelung

Die Interaktionen von Mutter und Baby beinhalten spezifische Interaktionsmuster. Affektausdrücke, Gefühle, Stimmungen werden in einem wachsenden Repertoire ausgetauscht. Dabei reagiert die Beziehungsperson kommunikativ verbal und mimisch auf das Baby in pädagogischer Haltung und bedient sich dabei ostensiver sowie markierter Kommunikationssignale.

In der Affektregulation von Angesicht zu Angesicht spiegelt die Pflegeperson die Emotionsäußerungen des Kindes in markierter und abgewandelter Form. Diese affektregulierenden Maßnahmen der Eltern spiegeln die Affektausdrücke des Kindes nicht fortdauernd und zeigen im mimischen Wechsel auch andere emotionale Verfassungen, um dem Baby zum Beispiel die Trauer zu nehmen oder von einer schmerzhaften Erfahrung abzulenken.

Dabei ist es nach Gergely wichtig, zu verdeutlichen, wie affektspiegelnde Reaktionen der Mutter dem Baby bei der Regulation eigener Affekte helfen und später zu einer eigenständigen Regulation von Affekten beitragen bzw. wie die Fähigkeit erworben wird, eigene emotionelle Zustände zu identifizieren und innerpsychisch zur Konfliktbewältigung zu repräsentieren.

Dies verbindet sich mit der Frage, in welcher Weise die äußere reaktive Präsentation eines Gefühlsausdruckes zur Sensibilisierung eines inneren Zustandes und dessen Wahrnehmung beiträgt. In welcher Form helfen die Spiegelungen der Mutter bei der Bildung eigener psychischer Regulation des Babys und wie erkennt das Baby eine Verbindung der Affektspiegelung zu seinem Selbst?

Die Fähigkeit des Menschen, eigene Gefühle in Verbindung mit äußeren Informationen einer Kontrolle zu unterziehen, lässt sich aus dem Beispiel eines ähnlichen Prozesses ableiten. Das Trainingsverfahren in verhaltenstherapeutischen Praktiken des Biofeedbacks (Fonagy et al., 2004) erlaubt (hier erwachsenden) Probanden die kontinuierliche Beobachtung innerer Stimuli und deren Veränderungen (z. B. Blutdruckschwankungen). Die Übertragung auf ein äußeres Stimulusäquivalent ermöglicht das Erleben einer externalisierten Repräsentanz eigener innerer Zustände. Das wiederholte Erleben führt schließlich zur Sensibilisierung für den inneren Zustand und ermöglicht in bestimmten Fällen sogar Kontrolle über ihn.

Für die Annahme, dass die affektregulierende Kommunikation einer äquivalenten Sensibilisierungsform unterliegt, bedarf es eines Bezuges innerer Gefühlszustände des Babys zu den ostensiv markierten dargebotenen Spiegelungen der Bezugsperson.

Im Folgenden soll dieser Zusammenhang anhand der Entwicklungsfunktionen der Kontingenzentdeckung dargestellt werden.

Kontingenzentdeckung und Orientierung an sozialen Objekten

Watson (1972) hat herausgestellt, dass Säuglinge die Kontingenz von äußerlichen Reizen und eigenen Bewegungen vorziehen. Er hat gezeigt, dass zwei Monate alte Babys die Frequenz des Strampelns erhöhen, wenn ein dargebotenes Mobile in direktem Zusammenhang auf das Strampeln reagiert. Babys scheinen bis zum dritten Lebensmonat deutlich an perfekter Kontingenz interessiert zu sein. Watson geht davon aus, dass Babys bis zu diesem Zeitpunkt genetisch darauf programmiert sind, sensorische »primäre Repräsentanz des Körperselbst« (zit. nach Fonagy et al., 2004 S. 174) zu entdecken und eine erste Kontrolle über den eigenen Körper zu erlernen.

Im weiteren ontogenetischen Verlauf konnte beobachtet werden dass sich die Orientierung auf soziale Objekte zu richten scheint. Ab dem dritten Monat bevorzugen Babys hohe, aber lediglich unvollkommene Kontingenzkontrolle gegenüber perfekter oder nicht vorhandener Kontingenz (Watson, 1979, 1985).

Die »Fast wie ich, aber nicht genau wie ich«-Hypothese

Anders als Meltzhoff und Gopnik (1993), die die Hypothese »Genau wie ich« formulieren, gehen Gergely und seine Mitarbeiter davon aus, dass der Säugling ab dem Alter von drei Monaten nach Kontingenzen sucht, die von der »[F]astwie-ich-aber-nicht-genau-wie-ich«-Aktivität (Gergely zit. nach Fonagy et al., 2004, S. 196) evoziert werden.

Zur Bestätigung der Hypothese haben sie einen Versuch mit Kleinkindern durchgeführt, um zu überprüfen, wie diese auf die Verfügbarkeit eines perfekten oder eines nachahmenden Feedbacks ihrer manuellen Aktivität reagieren. Dabei haben 32 Kinder zwischen 18 und 36 Monaten eine kleine Metalldose, in der eine Computermaus integriert war, vor zwei Computerbildschirmen bewegt. Auf einem Bildschirm sahen sie die direkten Bewegungen visualisiert (perfekte Kontingenz), auf einem anderen Bildschirm die Nachahmungen der Bewegungen durch eine andere Person in einem anderen Raum, ebenfalls an einer Computermaus (hohe, aber unvollkommene Kontingenz). Gergely und Kollegen fanden heraus, dass die Kinder dem hoch, aber unvollkommen kontingenten Bildschirm größere Aufmerksamkeit widmeten als dem perfekt kontingenten.

Diese Erkenntnis der Umstellung der Präferenzen von perfekt Kontingentem zu hinreichend Kontingentem legt nahe, dass Säuglinge ab dem dritten Monat ihre Aufmerksamkeit umlenken und auf die soziale Welt verlagern, wie sie durch die weniger perfekte reaktionskontingente mütterliche Umwelt verkörpert wird.

Dies erklärt jedoch noch nicht ausreichend die möglichen Bezüge innerer Zustände des Babys mit den affektspiegelnden Ausdrücken der Mutter. Gergely und seine Kollegen stellen diese Verbindung folgendermaßen her: Im Sinne eines Trainings des Biofeedbacks zeigen Mütter regulierende tröstende Formen wie z. B. In-den-Arm-Nehmen und Schaukeln des Kindes in kombinierten Varianten mit affektspiegelnden Ausdrücken. Das Baby lernt diese über die Zeit mithilfe der Kontingenzentdeckung in Gruppierungen zu fassen. Es lernt die typischen Reaktionen der Eltern immer besser kennen und kann sie mit eigenen Gefühlszuständen in Verbindung bringen. Zudem erzeugt es Lust, wenn das Kind entdeckt, eigene kontingente Kontrolle über die Darbietungen der Eltern zu erwerben. Es erfährt dadurch ebenfalls eine Regulation seiner Affekte (Fonagy et al., 2004, S. 166).

In diesem Zusammenhang wird davon ausgegangen, dass primär nach außen gerichtete Aufmerksamkeit sensorischer Fähigkeit und Kontingenz eine zunehmende Sensibilisierung für Emotionsausdrücke bewirken.

Die introspektive Unsichtbarkeit und zunehmende Sensibilisierung des Selbst

In vorherigen Abschnitten wurden die spezifischen Interaktionsformen von Pflegepersonen und Kind ausgeführt und die Rolle der affektspiegelnden Mutter näher beschrieben. Das Kind wendet seine primär auf perfekte Kontingenz gerichtete

Aufmerksamkeit zunehmend auf äußerliche Objekte und präferiert hinreichend zutreffende Kontingenzen der spiegelnden Emotionsäußerungen der Mutter. Dabei tritt zunehmend eine Sensibilisierung für innere psychische Prozesse hervor.

Gergely und Kollegen sind der Auffassung, dass sich der Säugling anfangs primär nach außen orientiert, um äußere Bedingungen und Gegebenheiten wahrzunehmen, wobei inneren Gefühlszuständen wenig introspektive Aufmerksamkeit gewidmet wird. Ein Säugling verfügt aber von Geburt an über eine reichhaltige innerpsychische Strukturierung. Es sind angeborene Temperamentsunterschiede zu erkennen wie auch ein Grundrepertoire von Basisemotionen. Die Vermutung liegt nahe, dass Kleinstkinder durchaus eigene Zustände wahrnehmen, diese jedoch noch nicht einer reflektiven Bewusstheit unterliegen.

Emotionen drücken sich zunächst unkontrolliert aus. Sie werden z. B. durch ein Lachen direkt ausagiert, ohne dass ein introspektives, reflektives Gefühl für die jeweiligen Affekte existiert. Das affektive Selbst ist für die Introspektion somit zunächst unsichtbar.

Für die Regulation der Affektzustände des Babys ist die Pflegeperson verantwortlich, indem sie empathisch auf die Gefühlsäußerungen des Kindes eingeht und versucht, die Wünsche und Bedürfnisse hinreichend zu befriedigen. Deprivationsstudien zeigen apathisch wirkende Kinder, bei denen gerade die Hilfe, eigene Gefühlszustände zu regulieren, vernachlässigt wurde. Demgegenüber kann eine einfühlsame Kommunikation dem Baby helfen, ein Repertoire von Repräsentationen zu entwickeln und ein breites Spektrum an sozial mitteilbaren Gefühlsäußerungen aufzubauen.

Introspektive Sensibilisierung für Affekte und die Bildung eigener Repräsentationen

Voraussetzung für die Entwicklung eines bewussten Selbst und das Fühlen eigener innerer Zustände ist eine Modifizierung des anfangs primär nach außen gerichteten Aufmerksamkeitssystems. Im Laufe der Entwicklung tritt – wie beschrieben – eine introspektive Sensibilisierung für die Kontingenz von direkt ausagierten Affekten und den affektspiegelnden Reaktionen der Eltern ein.

Nachdem die Affektausdrücke des Gegenübers referenziell verortet wurden, muss nun eine Entkoppelung stattfinden, um davon gebildete Repräsentationen an eigenen Gefühlszuständen zu verankern (siehe Abbildung 1).

Das Kind lernt, die eigenen, zunächst undefinierbaren Gefühle mit den dargebotenen Reaktionen in Beziehung zu setzen, und verinnerlicht diese Zusammenhänge explorativ in Form eines wachsenden Repertoires an verinnerlichten Bildern. Diese Verknüpfung bzw. Besiedelung der Basisemotionen wird als Repräsentation zweiter Ordnung beschrieben.

Damit das Kind sich seiner eigenen Gefühlszustände bewusst werden kann und zu einer affektiven Selbststeuerung fähig wird, bedarf es einer Aktivierung der primären Basisemotionen mit Repräsentationen zweiter Ordnung. Repräsentationen zweiter Ordnung stellen die verinnerlichte Reaktivität der Pflegepersonen dar und ermöglichen dem Kind, in einem innerpsychischen Abgleich mit primär unbewussten Emotionen ein reflektives Bewusstsein über differenzierte bzw. zunächst undifferenzierte innere Zustände zu entwickeln.

Erst durch die assoziative Aktivierung der Verknüpfungen von Basisemotionen und deren Repräsentationen – verankert durch Introjektion und Introspektion der affektregulierenden Spiegelungen der Eltern – ist das Kind befähigt, Gefühlsäußerungen im affektiven Selbst zu erfassen und in Selbstüberwachung zu steuern. Das Kind lernt, gespiegelte Ausdrücke mit eigenen Gefühlszuständen assoziativ zu verknüpfen, und kann nun diese Zustände und Affekte introspektiv zugänglich und behandelbar machen: »Sobald das Baby in der Lage ist, im Vorfeld der automatischen Ausführungen einer eigenen Handlung ihre Folgen abzusehen, kann es sie hemmen oder modifizieren, anstatt dem Impuls der automatischen Realisierung der Handlung zu folgen« (Gergely u. Unoka, 2011, S. 876).

Der empathische Emotionsaustausch von Mutter und Kind läuft mit den pädagogischen, ostensiven Hinweisreizen zusammen. Wenn die Mutter die Gefühlsregungen des Kindes in markierter Form spiegelt, gehen diese auch immer mit ostensiven Hinweisreizen einher. Auf der Suche nach Kontingenzstrukturen versucht das Kind, diesen Reizen zu folgen und einen Zusammenhang zu bilden. Da ostensive Hinweisreize, wie das »Hochziehen der Augenbrauen«, auf kein anderes Objekt deuten als auf das Kind selbst, lernt es die Affektspiegelungen an eigenen Emotionen zu verankern. Aus dem erschlossenen Zusammenhang (Kontingenz) von markierter Abwandlung der Emotionsäußerung, dem ostensiven Hinweisreiz und dem Affekt entfaltet sich ein Gefühl für die eigene emotionale Verfassung. Die Verankerung bzw. repräsentative Internalisierung der markierten Affektspiegelung an den gegenwärtigen Zustand wird von Gergely als Repräsentation zweiter Ordnung bezeichnet.

Die Zunahme der lernenden Haltung des Kindes und Belehrung durch die Feedbackreaktionen des sozialen Umfeldes und der Eltern über die eigenen Emotionsausdrücke des Kindes gehen Hand in Hand. Diese Reaktionen führen zur Verinnerlichung der markierten spiegelnden Äußerungen in Repräsentationen zweiter Ordnung und sensibilisieren das Kind zugleich für die Erfassung innerer Gemütszustände. Es bildet sich ein subjektives Selbst heraus, das sich aus den Verknüpfungen mit Repräsentationen zweiter Ordnung ergibt. Das bildet die Grundlage für ein subjektives Bewusstsein, welches ein Gefühl für eigene Affekte entwickelt und diese regulieren kann.

Erst auf dieser Basis, also einem Bewusst-Sein, kann die Fähigkeit entwickelt werden, mentale Verfassungen auch anderen Personen zuzuschreiben.

(Inter-)Subjektivität und die soziale Konstruktion des repräsentationalen affektiven Selbst

»Das repräsentationale affektive Selbst bildet die Grundlage der für den Menschen spezifischen Fähigkeit des emotionalen Selbstgewahrseins und der affektiven Selbststeuerung« (Gergely u. Unoka, 2011, S. 878).

Durch Beziehungserfahrungen bzw. affektregulierende Maßnahmen der Pflegeperson, durch markierte, abgewandelte Affektspiegelungen von Basisemotionen, lernt das Kind erst eigene Emotionen zu verorten, sie behandelbar zu machen, sich selbst zuzuschreiben und einzuordnen. Das Kind erfasst z. B., dass es wütend ist, wenn es gleichzeitig die kontingent markierte Spiegelung der Wut erlebt, und beginnt, in einem innerpsychischen Prozess Gefühle für Empfindungen und Affekte auszuprägen, anstatt dass ein undifferenzierter Spannungszustand erlebt wird.

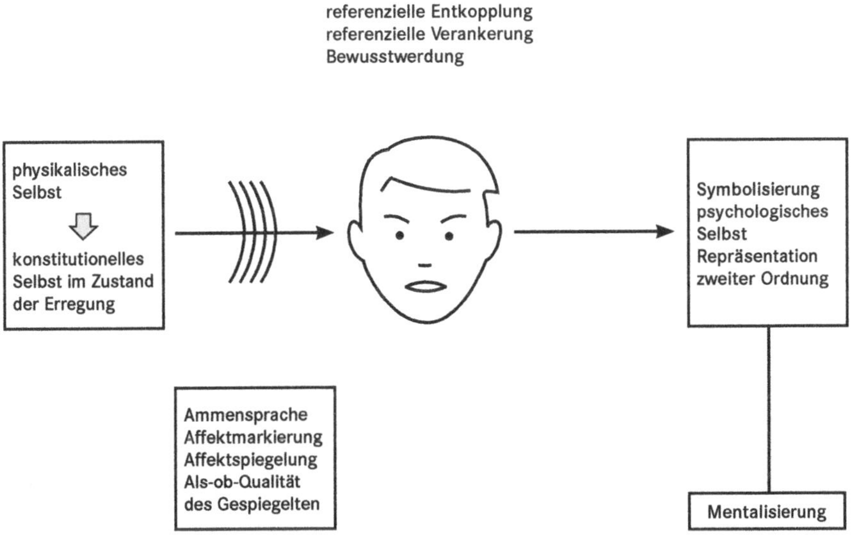

Abbildung 1: Vom Zustand der Erregung zu Repräsentationen zweiter Ordnung (nach Gergeley)

Die Säuglinge erkennen durch markierte Kommunikationsmuster, dass sie gemeint sind und ihre Aufmerksamkeit in Bezug zu ihrem eigenen Selbst gefordert ist.

Auch lernt das Kind durch den sozialen Austausch der Emotionen die Integrität von Gefühlen, welche in einem sozialen Kontext geteilt werden können. Es wird sich seiner Gefühle gewahr und kann auch anderen Menschen in sozialer Umgebung solche Gefühle zuordnen.

Außerdem ist das Kind dazu befähigt, gewisse Kontingenzstrukturen auszumachen, und lernt damit eine Beziehung von Kommunikationssignalen und deren Objekten herzustellen. Das Kind lernt mit der Zeit immer besser, Zusammenhänge (hohe, aber nicht vollkommene Kontingenzen) in der Kommunikation mit der Pflegeperson zu identifizieren und sie in den affektspiegelnden Äußerungen auf sich selbst zu beziehen. Daraus entwickeln sich Repräsentationen zweiter Ordnung des eigenen Gefühlslebens, welche sich rasch erweitern und ausdifferenzieren. Durch den innerpsychischen Aufbau von Repräsentationen kann das Kind immer wieder einen Bezug zu eigenen Emotionen aufbauen und lernt, sie durch soziale Kontextstrukturen greifbar und auch erzählbar zu machen, und kann damit auch auf Gefühlszustände anderer schließen. Von großer Bedeutung ist, dass das Kind nun auch in einen eigenen innerpsychischen Dialog der Emotionen eintreten kann. Es lernt, Affekte zurückzuhalten oder nur in gewissen Dosen preiszugeben, wodurch es in die Lage versetzt ist, situativ und mental determiniert zu handeln.

Das Kind befindet sich in einem ständigen Prozess, Zusammenhänge herzustellen und sie als solche zu erkennen. Dabei überwacht es unterschiedliche Aspekte von Kontingenzzusammenhängen, den Grad der zeitlichen Kontingenz, räumliche Ähnlichkeiten sowie Entsprechungen in der relativen Intensität. Im Entdecken von Kontingenzstrukturen beginnt das Kind, aktiv eine kontingente Kontrolle auszuüben und kausale Wirksamkeiten herzustellen (Gergely u. Unoka, 2011).

Fazit

Es wird verdeutlicht, dass nach Gergely die Mentalisierung beim Menschen eine Entwicklungsleistung ist, die sich aus der Kommunikation mit der Umwelt entfaltet. Eigene Emotionen wahrzunehmen, sie zu identifizieren, entstammt der qualitativen Verknüpfung von Basisemotionen und Repräsentationen zweiter Ordnung, die durch die empathischen, ostensiv markierten Affektspiegelungen der Pflegeperson entwickelt werden. Die Unsichtbarkeit eigener Zustände wird damit introspektiv zugänglich, man wird sich bewusster über eigene emotionale Verfassungen, kann sie in einen kulturellen Kontext einbetten und somit mitteilbar und behandelbar machen. In diesem kulturellen Kontext lernt das Individuum, eigene Affekte zu kontrollieren, aber auch Rückschlüsse auf Gemütszustände anderer Personen zu ziehen.

Gergely veranschaulicht, dass die introspektive Zugänglichkeit des affektiven Selbst die Grundlage für Mentalisierungsfähigkeiten bietet. Denn nur durch das Erkennen eigener und gleichzeitig von der Kultur übersetzter Gefühlszustände können diese auch bei anderen Personen in ähnlichen Situationen vermutet werden.

Bemerkenswert ist demnach die innerpsychische Verarbeitung von Frustrationsmomenten. Freud beschreibt die Bildung eines innerpsychischen Raumes durch eine Differenz von Wunsch und Wirklichkeit. Indem Frustrationsmomente ertragen werden und die Erfahrung gemacht wird, dass eine innerpsychische Verarbeitung und Sublimierung der Affekte durchaus von Vorteil sein kann, ist das Kind selbst gefordert im Umgang mit Repräsentationen und der Ordnung verinnerlichter Bilder. Nach Gergely kann es durch Spiegelungen die eigenen Emotionen kennenlernen und so damit umgehen. Hier spielt wohl auch der Umgang mit Differenzen eine Rolle. Affektspiegelungen lassen einen interpretativen Raum, indem kulturell etablierte Emotionen erfasst werden und diese mit den eigenen Emotionen in Form von Repräsentationen zweiter Ordnung verknüpft werden. Jedoch nähert sich auch eine Repräsentation nur hinreichend an die eigentliche Emotion an und lässt immer einen Raum für Differenzen. Der Umgang mit solchen Differenzen muss und kann nur in innerpsychischer Verarbeitung geschehen, da diese Differenzen nie vollkommen ausgeglichen werden können. So lässt sich die von Freud gemeinte Differenz nach Gergely aus der Verknüpfung von Basisemotionen und kulturell vermittelten Repräsentationen zweiter Ordnung verstehen. Psychische Reflexion erklärt sich hier aus den Vermittlungsleistungen und Differenzen von Basisemotion und Repräsentation zweiter Ordnung.

Das System von Gergely bietet ein sehr aufschlussreiches Modell für die Entwicklung kulturell verankerter Verhaltens- und Emotionsmuster, den Aufbau von Repräsentanzen, die Ausbildung von Affektkontrolle und Mentalisierungsfähigkeiten sowie die Rolle der Pflegepersonen und der Umwelt in den pädagogischen Sozialisationsleistungen.

Die entwicklungspsychologischen Ansätze von Gergely und seinen Mitarbeitern zur Mentalisierung haben gleichsam eine Basis gelegt für die weiterführenden Konzepte ihrer Kollegen Fonagy und Target.

Literatur

Bugnyar, T., Heinrich, B. (2005). Ravens, Corvus corax, differentiate between knowledgeable and ignorant competitors. Proceedings of the Royal Society, B: Biological Sciences, 272 (1573), 1641–1646.

Dornes, M. (1994). Können Säuglinge phantasieren? Psyche – Zeitschrift für Psychoanalyse und ihre Anwendungen, 48 (12), 1154–1175.

Ekman, P. (1992). Facial expressions of emotion: New findings, new questions. Psychological Science, 3, 34–38.

Field, T., Guy, L., Umbel, V. (1985). Infants responses to mothers imitative behaviors. Infant Mental Health Journal, 6, 39–44.

Fonagy, P., Gergely, G., Jurist, E. L., Target, M. (2002, dt. 2004). Affektregulierung, Mentalisierung und die Entwicklung des Selbst. Stuttgart: Klett-Cotta.

Fonagy, P., Target, M. (2002). Neubewertung der Entwicklung der Affektregulation vor dem Hintergrund von Winnicotts Konzept des »falschen Selbst«. Psyche – Zeitschrift für Psychoanalyse und ihre Anwendungen, 56 (9–10), 839–862.

Gergely, G., Unoka, Z. (2011). Bindung und Mentalisierung beim Menschen. Psyche – Zeitschrift für Psychoanalyse und ihre Anwendungen, 65 (9–10), 862–899.

Hofer, M. A. (1995). Hidden regulators: Implications for a new understanding of attachment, seperation and loss. In S. Goldberg, R. Muir, J. Kerr (Eds.), Attachment theory: social, development and clinical perspectives (pp. 202–209). New York: Analytic Press.

Meltzhoff, A., Gopnik, A. (1993). The role of imitation in understanding persons and developing a theory of mind. In S. Baron-Cohen, H. Tager-Flusberg, D. Cohen (Eds.), Understanding other minds. Perspectives from autisme (pp. 335–366). New York: Oxford University Press.

Papoušek, H., Papoušek, M., Giese, R. (1986). Neue wissenschaftliche Ansätze zum Verständnis der Mutter-Kind Beziehung. In J. Stork (Hrsg.), Zur Psychologie und Psychopathologie des Säuglings – neue Ergebnisse in der psychoanalytischen Reflexion (S. 53–71). Stuttgart: Frommann-Holzboog.

Perner, J. (1991). Understanding the representational mind. Cambridge: MIT Press.

Polan, H. J., Hofer, M. A. (1999). Psychobiological origins of attachment and separation responses. In J. Cassidy, P. R. Shaver (Eds.), Handbook of attachment: theory, research and clinical implications (pp. 161–179). New York: Guilford Press.

Steiner, B., Krippner, K. (2006). Psychotraumatherapie. Tiefenpsychologisch-imaginative Behandlung von traumatisierten Patienten. Stuttgart: Schattauer.

Suomi, S. J. (1995). Influence of Bowlby's attachment theory on research on non-human promate biobehavioral development. In S. Goldberg, R. Muir, J. Kerr (Eds.), Attachment theory: social, development and clinical perspectives (pp. 185–201). New York: Analytic Press.

Watson, J. S. (1972). Smiling, cooing, and the game. Merrill-Palmer Quarterly, 18, 332–339.

Watson, J. S. (1979). Perception of contingency as a determinant of social responsiveness. In E. B. Thomas (Ed.), The origins of social responsiveness (pp. 34–64). Hillsdale NJ: Erlbaum.

Watson, J. S. (1985). Contingency perception in early social development. In T. M. Field, N. A. Fox (Eds.), Social perception in Infants (pp. 157–176). Norwood NJ: Ablex.

Wellman, H. (1990). The child's theory of mind. Cambridge: Bradford Books/MIT Press.

Winnicott, D. W. (1971, dt. 1973/1993). Vom Spiel zur Kreativität. Stuttgart: Klett-Cotta.

Peter Nyssen
Peter Fonagy mit Mary Target:
Das Entwicklungskonzept der Mentalisierung

Leben und Werk

Peter Fonagy wurde am 14. August 1952 in Budapest geboren. Er begann in den frühen 1970er Jahren sein Studium der Klinischen Psychologie am University College London, das er mit Diplom und Doktortitel beendete. Er ist Psychoanalytiker der British Psychoanalytic Society und Professor of Contemporary Psychoanalysis and Developmental Sciences sowie Chief Executive am Anna Freud Center in London und seit 2008 Leiter des Department of Clinical, Educational and Health Research des University College London. Fonagy ist auch tätig als Senior Investigator des British National Institut of Health Research. Er hat über fünfzig Forschungsprojekte initiiert.

Während seiner steilen Forscherkarriere hat Fonagy die Theorie entwickelt, die heute mit seinem Namen gleichsam untrennbar verbunden wird: die Theorie der Mentalisierung. Ausgehend von den zusammen mit Mary Target veröffentlichten Arbeiten zu »Playing with Reality« (Fonagy, 1995; Target u. Fonagy, 1996; Fonagy u. Target, 2000) hat er in »Affektregulation, Mentalisierung und die Entwicklung des Selbst« (Fonagy, Gergely, Jurist u. Target, 2002, dt. 2004) zusammen mit anderen das Konzept der Mentalisierung ausgebaut. Fonagys Arbeiten beruhen auf der Zusammenarbeit mit vielen Forschern. Dazu gehören vor allem Howard und Miriam Steele, György Gergely, Anthony Bateman und Jon Allen. Mary Target hat maßgeblich zu den Konzepten Fonagys beigetragen.

Mary Target ist Psychoanalytikerin, klinische Psychologin und Professorin für Psychoanalyse am University College in London. Am Anna Freud National Center for Children and Families war sie von 2003 bis 2013 Professional Director. Sie ist Associate Professor an der Yale University, New Haven, und Mitglied an der wissenschaftlichen Fakultät der Universität Turin.

Als Mitarbeiterin von Peter Fonagy war sie wesentlich an der Ausarbeitung des Konzepts der Mentalisierung beteiligt. Gemeinsam mit Fonagy hat sie sich bemüht, die Erkenntnisse von Psychoanalyse und Bindungstheorie zu verknüpfen und im klinischen Alltag anwendbar zu machen.

Mentalisierung

Das Konzept der Mentalisierung, das von der Londoner Forschergruppe um Peter Fonagy formuliert wurde (Fonagy, Gergely, Jurist u. Target, 2002, dt. 2004), hat große Beachtung in der psychoanalytischen Rezeption gefunden. Kaum ein anderes Konzept scheint in der psychotherapeutischen Community derart Konjunktur zu haben wie die *Mentalisierung*. Wie lässt sich dieser Erfolg erklären?

Seit den Anfängen der Disziplin haben psychoanalytische Autoren mehr oder weniger umfassende Theorien der Symbolisierung von Erfahrung vorgelegt (Deserno, 2006) und diese in den 1980er Jahren um die Erkenntnisse der empirischen Säuglingsforschung erweitert und ergänzt (Stern, 1985, dt. 1992).

Fonagy hat – zusammen mit anderen, insbesondere Target – in seiner Theorie der Mentalisierung psychoanalytische Entwicklungstheorie mit zwei anderen in den letzten Jahrzehnten stark beachteten Forschungsansätzen zusammengeführt, der Bindungstheorie nach John Bowlby (Fonagy, Bateman u. Luyten, 2012, dt. 2015; Fonagy u. Target, 2002, dt. 2006; Fonagy et al., 2002, dt. 2004) und der kognitionspsychologischen »Theory of Mind«-Forschung (Fonagy, Bateman u. Luyten, 2012, dt. 2015; Allen, Fonagy u. Bateman, 2008, dt. 2011; Fonagy et al., 2002, dt. 2004).

Deren Erkenntnisse integrieren und erweitern Fonagy und Kollegen zu einer eigenständigen Entwicklungstheorie. Das zentrale Konzept ist dabei die Entwicklung der Fähigkeit zur Mentalisierung. Darunter ist das Vermögen zu verstehen, hinter dem beobachtbaren Verhalten psychische Wesen (»minds«) mit Gedanken, Gefühlen und Motiven zu erkennen. Nach Fonagy erschafft das Kind ein Konzept des »self as mental agent« (Fonagy et al., 2002 dt. 2004, S. 262) und entwickelt ein basales Vermögen zur Mentalisierung. Diese Fähigkeit bildet sich allerdings nicht etwa als Reifung biologischer Anlagen gleichsam von selbst aus. Erst in der komplexen Interaktion mit der Mutter entsteht Mentalisierungsfähigkeit als Ergebnis eines langen Austauschprozesses.

Aus der Theorie der Mentalisierung hat die Forschergruppe inzwischen eine eigene Psychotherapiemethode entwickelt, die sogenannte *MBT: Mentalization Based Treatment (Mentalisierungsgestützte Therapie)* (Allen u. Fonagy, 2006, dt. 2009).

Im Folgenden wird zunächst der Begriff der Mentalisierung beschrieben. Anschließend soll die Entwicklung der Mentalisierung dargestellt werden, wie sie die Autoren für die ersten vier Lebensjahre konzeptualisieren. Nach der Diskussion einiger verwandter Konzepte, die dazu dienen soll, den Mentalisierungsbegriff genauer zu klären, und einem Überblick der inzwischen umfänglichen Primärliteratur zum Mentalisierungsparadigma folgt zum Schluss die Frage: Wie psychoanalytisch ist das Mentalisierungskonzept?

Der Begriff der Mentalisierung

Mentalisieren und Mentalisierung sind Neologismen, Kunstwörter, die im allgemeinen Wörterbuch (noch) nicht vorkommen, weder im Deutschen noch im Englischen. »Mentalisieren ist eine Form der sozialen Kognition. Es ist die imaginative mentale Aktivität, die es uns ermöglicht, menschliches Verhalten unter Bezugnahme auf intentionale mentale Zustände (zum Beispiel Bedürfnisse, Wünsche, Gefühle, Überzeugungen, Ziele, Zwecksetzungen und Beweggründe) wahrzunehmen und zu interpretieren« (Fonagy, Bateman u. Luyten, 2015, S. 23). Einfacher und plastischer wird Mentalisierung umschrieben als »Bedenken und Nachfühlen des Denkens und Fühlens« (Allen, Fonagy u. Bateman, 2008, dt. 2011, S. 97).

Dieser Mentalisierungsbegriff erfährt eine Fülle von Differenzierungen, von denen hier lediglich einige besprochen werden können, die für das Verständnis des Konzepts zentral erscheinen. So umfasst Mentalisierung sowohl die Beschäftigung mit eigenen psychischen Inhalten als auch das Bemühen, andere Menschen unter Rückgriff auf deren mögliche psychische Inhalte zu verstehen. Hier könnte man zunächst an die Begriffe Introspektion einerseits und Einfühlung andererseits denken. Der Mentalisierungsbegriff ist jedoch allgemeiner angelegt. So heben Allen, Fonagy und Bateman etwa hervor, dass der Versuch, andere zu verstehen, zwar von der Erfahrung mit eigenem psychischem Erleben ausgeht, jedoch ein einfaches Übertragen von sich auf andere nur den »Default-Modus der Interpretation fremder mentaler Zustände« (Allen, Fonagy, u. Bateman, 2008, dt. 2011, S. 63), einen gleichsam groben Grundstein zur Mentalisierung anderer, bildet. Bei reiferer Mentalisierung kommt die Fähigkeit hinzu, die Möglichkeit anderer Perspektiven mitzudenken (S. 63).

Allen, Fonagy und Bateman unterscheiden weiter zwischen kontrolliertem, explizitem und automatischem, implizitem Mentalisieren. Introspektion und Einfühlung entsprechen dabei phänomenologisch dem expliziten Mentalisieren. Explizite Mentalisierung wendet sich fokussiert und ausdrücklich psychischen Inhalten zu. Demgegenüber beschreibt implizites Mentalisieren die habituelle Berücksichtigung psychischer Zustände im Sinne der Intuition (S. 51), wenn man etwa die Mimik des Gegenübers als durch psychische Inhalte motiviert wahrnimmt, wie flüchtig auch immer. Gerade dieses implizite Mentalisieren haben wir derart habitualisiert, dass erst im Ausbleiben (»Mindblindness«, siehe unten) klar wird, welche Interpretationsleistungen darin liegen.

Weiter wird unterschieden, inwieweit sich das Mentalisieren auf innere oder äußere Eigenschaften des Selbst bzw. anderer fokussiert. Als äußerlich fokussierte Mentalisierung »werden Prozesse bezeichnet, die auf beobachtbare, äußere Eigenschaften oder Besonderheiten eigener oder fremder Verhaltensweisen konzentriert sind« (Fonagy, Bateman u. Luyten, 2012, dt. 2015, S. 44). Sichtbare Zeichen innerer Zustände wie Mimik, Gestik und Körperhaltung wären Beispiele hierfür. Innerlich fokussiertes Mentalisieren zielt auf Intentionalität, auf Bedürfnisse und Wünsche (S. 44 f.). Fonagy und Mitarbeiter berufen sich bei ihrem Verständnis der Intentionalität von Gefühlen sowohl auf Sartre als auch auf William James (Allen et al., 2008, dt. 2011, S. 94), dessen Überzeugung von der tiefen Verwobenheit von Kognition und Emotion sie teilen. »Somit bilden Rationalität und Emotion kein Gegensatzpaar: *Rationalität ist der Emotion inhärent*« (S. 97).

Holmes (2010, dt. 2012, S. 38) fasst die verschiedenen Aspekte von Mentalisierung anschaulich zusammen:

»a) Ihr Ausgangspunkt ist in der Empathie zu sehen, in der Fähigkeit, sich in die Lage anderer hineinzuversetzen.
b) Sie umfasst das Vermögen, sich und seine Gefühlszustände von außen sowie die anderer Personen von innen zu sehen und zu bewerten.
c) Mit ihr geht die Kompetenz einher, Realität an sich von den durch Realität hervorgerufenen Gefühlen zu unterscheiden.
d) Sie ist ein gradueller Prozess, kein Alles-oder-nichts-Phänomen.
e) Sie hängt vom Grad emotionaler Erregtheit ab.
f) Sie wird durch die Anwesenheit eines Sicherheit bietenden und beruhigenden Partners oder einer anderen nahestehenden Person verstärkt.«

Wurzeln des Mentalisierungskonzepts

Die Theorie der Mentalisierung verknüpft Erkenntnisse aus unterschiedlichen Forschungsrichtungen, mit zum Teil weit auseinanderliegenden konzeptionellen Wurzeln. Neben der Bindungstheorie nach John Bowlby bilden die kognitive Psychologie mit ihrer experimentellen »Theory of Mind«-Forschung Ausgangspunkte ihrer Konzeption. Die Theorie der Affektspiegelung stammt von Gergely (Gergely u. Watson, 1996), der selbst als einer der Autoren der Mentalisierungstheorie auftritt. In ihren psychoanalytischen Bezügen lassen sich objektbeziehungstheoretische Gedanken, insbesondere Bions Container-Modell und die winnicottschen Vorstellungen vom »falschem Selbst« und Übergangsraum unmittelbar wiederfinden. Auch ein Einfluss der französischen Psychoanalyse lässt sich ausmachen (Holmes, 2010, dt. 2012, S. 44 ff.). Immer wieder sind die Autoren inzwischen auch bemüht, ihre Thesen mit Verweis auf bildgebende Studien der Neurowissenschaften zu unterstützen. Auf diese unterschiedlichen Bezüge kann hier nicht näher eingegangen werden. Aus der Binnenperspektive des Mentalisierungsparadigmas setzen sich Fonagy und Target (2002, dt. 2006) detailliert ins Verhältnis zu vorausgehenden Autoren der verschiedenen Richtungen. Diese jeweils perspektivisch rezipierten Theorieteile und Konzepte fließen in die Theorie der Mentalisierung ein.

Die verschiedenen Publikationen zum Mentalisierungsparadigma

Inzwischen liegt eine Vielzahl von Büchern und Aufsätzen vor. Fonagy selbst datiert den Startpunkt des Mentalisierungsparadigmas auf das Jahr 1989, in dem sein Aufsatz »On tolerating mental states: theory of mind in borderline patients« erschien (Fonagy, 1989). Während der 1990er Jahre hat es dann eine Fülle von Aufsätzen gegeben. In diesen Texten hat Fonagy mit seiner Arbeitsgruppe die Grundlegung der Mentalisierungstheorie erarbeitet. Dabei veröffentlichte Fonagy zunächst unter bindungstheoretischem Fokus, insbesondere mit Miriam und Howard Steele. Als Grundstein der empirischen Mentalisierungsforschung gilt heute die 1991 in der Zeitschrift »Child Development« veröffentlichte Auswertung einer intergenerational angelegten Untersuchung zu Schwangerschaft und Bindungssicherheit. Die Fähigkeit von Müttern, während der Schwangerschaft ihre eigene kindliche Beziehung zu ihren Eltern mittels Zuschreibung psychischer Zustände zu beschreiben, zeigte sich dabei als regelmäßiger Prädiktor von Bindungssicherheit ihrer eigenen einjährigen Kinder (Fonagy, Steele u. Steele, 1991).

Anschließend arbeitete Fonagy in verschiedener Hinsicht mit Mary Target (Fonagy, 1995; Target u. Fonagy, 1996) zusammen, wobei zunächst die Auseinandersetzung mit der Theory-of-Mind-Forschung im Zentrum stand.

Zusammen mit György Gergely und Elliot Jurist veröffentlichen Fonagy und Target schließlich 2002 die erste Monographie mit dem programmatischen Titel »Affect Regulation, Mentalization, and the Development of the Self« (Fonagy et al., 2002, dt. 2004). Hier führen sie auf rund 500 Seiten die unterschiedlichen Stränge ihrer bisherigen Forschung systematisierend zusammen: Bindung und Affektregulierung, die Entstehung von Mentalisierung durch ihre verschiedenen Entwicklungsstufen sowie mögliche Defizite und deren klinische Folgen. Dieses Basiswerk des Bindungsparadigmas ist mitunter nicht leicht zu lesen. Der Einstieg in die Theorie der Mentalisierung wird in diesem Text dadurch erschwert, dass die Autoren ihren Standpunkt vielfach in Abgrenzung zu den jeweiligen Ausgangskonzepten – wie etwa der Bindungstheorie und der Theory of Mind

Forschung – formulieren. Dabei verfahren sie teils recht kleinteilig, sodass der rote Faden im Sinne einer Grundlegung ihrer Theorie eher lose geführt erscheint.

Zugänglicher erscheint das Nachfolgewerk mit dem Titel »Mentalizing in clinical practice«, das auf Deutsch unter »Mentalisieren in der psychotherapeutischen Praxis« erschienen ist (Allen et al., 2008, dt. 2011). Hier entfaltet Fonagy mit seinen klinisch orientierten Kollegen Anthony Bateman und Jon Allen, mit denen er seit den 2000er Jahren verstärkt publiziert, zunächst systematisch das Paradigma der Mentalisierung. Im zweiten Teil werden klinische »Anwendungen« dargestellt, die seit der Grundlegung mit dem Reflective-Functioning-Manual (Fonagy, Steele u. Steele, 1997) immer mehr ausgearbeitet werden.

Eine weitere Arbeit von Fonagy als Alleinautor referiert aus mentalisierungstheoretischer Perspektive die Bindungstheorie und einige – insbesondere kleinianische – psychoanalytische Ansätze (Fonagy, 2001, dt. 2003). Umfangreicher, aber in der Anlage ähnlich zeigt sich »Psychoanalyse und die Psychopathologie der Entwicklung« (Fonagy u. Target, 2002, dt. 2006), in dem die beiden Autoren bei Freud beginnend nahezu die gesamte Geschichte der Psychoanalyse auf »Übereinstimmung mit modernen empirischen Erkenntnissen« (S. 14) überprüfen.

Daneben gibt es mittlerweile zwei Herausgeberwerke (Bateman u. Fonagy, 2012, dt. 2015a; Allen u. Fonagy, 2006, dt. 2009) und eine Aufsatzsammlung (Fonagy u. Target, 2003), in denen zum einen jeweils die eine oder andere theoretische Perspektive leicht modifiziert beleuchtet wird und zum anderen die klinischen Anwendungen ausdifferenziert werden.

Entwicklung der Mentalisierung in der Interaktion

Im Folgenden soll die Entwicklungstheorie der Mentalisierung vorgestellt werden. Mentalisierung wird dabei als Fähigkeit begriffen, die das Kind im Laufe der ersten fünf Lebensjahre erwirbt. Die Fähigkeit, das Vermögen zur Mentalisierung, bildet sich demnach im Durchlaufen verschiedener Vorformen heraus. Diese können als mögliche Fixierungsstellen im Erwachsenenleben weiterbestehen und im Sinne der Regression dann das Erleben des Patienten entscheidend prägen. Somit überschneiden sich in diesem Punkt klinische und Entwicklungstheorie der Mentalisierung. »Die Entwicklung sekundärer Repräsentationen geht Hand in Hand mit der Fähigkeit, innere Zustände zu benennen, als sinnhaft zu erkennen und anderen Individuen Absichten, Überzeugungen und Gefühle zuzuschreiben, die mit den eigenen nicht automatisch identisch sind. Eben diese Fähigkeit kann untergraben werden« (Fonagy, Bateman u. Luyten, 2012, dt. 2015. S. 28).

Affektspiegelung

Die Säuglingsforschung hat gezeigt, dass mimisches und vokales Spiegeln des kindlichen Affektverhaltens zu Beginn des Lebens zentral zur psychischen Entwicklung beiträgt (Stern, 1985, dt. 1992). Bei der Forschungsgruppe um Peter Fonagy wird die Bedeutung der Affektspiegelung weiter zugespitzt, indem sie gleichsam zu einer Konstitutionstheorie psychischer Realität ausgestaltet wird. Zunächst aber konkret: Wie gestaltet sich der Theorie nach die spiegelnde Interaktion von Mutter und Kind?

Fonagy et al. (2002, dt. 2004, S. 178 ff.) beschreiben zwei zentrale Anforderungen an die mütterlichen Reaktionen auf das Kind: Sie soll *markiert* und *kongruent* die Affekte ihres Kindes spiegeln. Markierung bedeutet, dass die Affekte spielerisch distanziert aufgegriffen werden, also insbesondere nicht etwa eigene Affekte ausgedrückt werden. Mit Kongruenz ist die Angemessenheit des gespiegelten Affekts gemeint, wie sehr also der gespiegelte Affekt dem tatsächlichen kindlichen Affekt entspricht. Beispielsweise sollte nicht etwa Angst und Trostbedürfnis als Langeweile gespiegelt werden, indem Beschäftigung und Ablenkung angeboten wird. Eben diese Spiegelung bezeichnen die Autoren als Mentalisierung der kindlichen Affekte. Diese Mentalisierung der Bezugsperson regt in der Interaktion mit dem Kind wiederum dessen eigene Mentalisierung an (Allen et al., 2008, dt. 2011, S. 109).

Diese deutlich interaktionistische Affektspiegelungstheorie ist die entwicklungstheoretische Grundlage des Mentalisierungskonzepts und widerspricht kognitionspsychologischen Vorstellungen von stärker anlageorientierten Modellen, wodurch der interaktionelle Spielraum zur Modifikation betont wird (Dornes, 2006, S. 188). So wird insbesondere in der Theory-of-Mind-Forschung immer wieder die interkulturelle Übereinstimmung der Entwicklungsbefunde betont. Daraus wird dann vielfach eine Bestätigung der biologischen Anlage abgeleitet. In Abgrenzung davon lässt sich die Mentalisierungstheorie als stärker Nurture/Umwelt-orientiertes Konzept verstehen, in dem die Mutter-Kind-Interaktion nicht nur unterstützend wirkt, sondern vielmehr Reflexion erst ermöglicht und erzeugt. Damit besteht der Kern der Mentalisierungstheorie in einer interaktionistischen Theorie der Genese von Symbolisierung, Affekt- und Realitätskontrolle.

Obwohl die Autoren des Mentalisierungsparadigmas insbesondere den Beitrag der Betreuungsperson zur Entwicklung der Affektregulierung, mithin zur Entwicklung der Mentalisierung, hervorheben und ausarbeiten, sprechen sie von einem »Transaktionsmodell« (Fonagy et al., 2012, dt. 2015, S. 28). Damit gehen sie grundsätzlich davon aus, dass neben den wichtigen umweltbedingten Einflüssen auch individuelle Vulnerabilitäten prägend sein können: »In manchen

Fällen könnten sich Störungen der Affektregulation aus einer defizitären Reaktivität des Kindes selbst herleiten, die es der Betreuungsperson extrem schwer oder gar unmöglich macht, auf seine Affekte kontingent zu reagieren« (S. 28).

Teleologische Wahrnehmung

Bevor sich die Fähigkeit, zu mentalisieren, stufenweise entwickeln kann, wird die Wahrnehmung des Kleinkinds durch einfache gegenständliche Verkettungen von Ursache und Wirkung gebildet. Diese frühe Entwicklungsphase, die sich etwa vom 9. bis zum 18. Lebensmonat erstreckt, nennen Fonagy und seine Kollegen *teleologisch*. Bedürfnisse und Gefühle erscheinen dem Kind dabei noch nicht als *mentale Zustände*. In diesem *teleologischen Modus* begreift das Kind sich selbst und sein Gegenüber als zweckbestimmt und zielgerichtet Handelnden, der von den Bedingungen der äußeren Realität bestimmt wird. Es handelt sich um eine Vorform des Mentalisierens, die beispielsweise beim Autismus sowie bei schweren Persönlichkeitsstörungen persistieren kann. Entscheidend gilt hierbei, dass in diesem Modus noch kein Begriff von Psyche besteht. Insofern könnte man auch von »Mindblindness« sprechen, wie etwa in der kognitivistisch geprägten Autismustheorie (Baron-Cohen, 1995).

»Playing with Reality«

Den weiteren Entwicklungsverlauf beschreibt die sogenannte »Playing with Reality«-Theorie (Fonagy, 1995; Target u. Fonagy, 1996; Fonagy u. Target 2000), die die weitere Entwicklung etwa im Alter von anderthalb bis vier Jahren konzeptualisiert, der Zeit also, in der sich das Kind vermehrt der Welt zuwendet und weniger Zeit in der Face-to-Face-Interaktion mit der Mutter verbringt. Sie kann als Ergänzungstheorie zum Affektspiegelungsmodell gelesen werden, wenngleich die beiden Konzepte zunächst unabhängig voneinander entstanden sind (Dornes, 2006, S. 180 ff.). Fonagys und Targets Theorie fokussiert sehr stark auf diese Entwicklungsphase, der »Playing with Reality«-Ansatz kann als Kern der Mentalisierungstheorie angesehen werden.

Im Alter zwischen anderthalb und vier Jahren bestehen demnach zwei Modalitäten von Gedanken und Gefühlen: Der *Modus psychischer Äquivalenz* (»psychic equivalence mode«) und der *Als-ob-Modus* (»pretend-mode«) (Allen, Fonagy, Bateman, 2008, dt. 2011, S. 129 ff.). Beide Modi bestehen zunächst nebeneinander, das Kind wechselt zwischen beiden hin und her, bevor sie im Alter von rund vier Jahren schließlich im *reflektierenden Modus* (»reflecting mode«) integriert werden (S. 129 ff.).

Die Autoren betonen immer wieder die klinische Relevanz: Bei Borderline-Patienten etwa misslingt die Integration, sodass sie dazu neigen, weiter zwischen diesen beiden prämentalisierenden Modi zu oszillieren (Fonagy et al., 2002, dt. 2004, S. 382). Auch außerklinisch gilt, dass diese Fixierungsstellen bestehen können, denn »ältere Kinder und auch Erwachsene können auf diese beiden frühen Modi regredieren« (Allen et al., 2008, dt. 2011, S. 132), wenn besondere Belastungen die ansonsten stabile Mentalisierungsfähigkeit beeinträchtigen.

Im *Äquivalenzmodus* (»psychic equivalence mode«) erlebt das kleine Kind seine Gedanken so, als wären sie Realität. Das Kind reagiert auf seine Gedanken wie auf ein wirkliches Ereignis. Die kindliche Phantasie kann für Kinder im Äquivalenzmodus sehr bedrohlich werden. »Wenn sie *denken*, dass ein Monster im Wandschrank ist, dann *ist* ein Monster im Wandschrank« (S. 130). Die Welt wird den eigenen Gedanken und Gefühlen gleichgesetzt, wie wir es etwa aus Träumen kennen.

Besteht der Äquivalenzmodus weit über das vierte Lebensjahr hinaus, stellt dies ein Indiz für Pathologie dar. Borderline-Patienten verharren oft weiter in diesem Äquivalenz-Modus und erleben ihre Gedanken wie Wirklichkeit. Fonagy (2001, dt. 2003, S. 189) präsentiert das eindrückliche klinische Beispiel eines Borderline-Patienten, der wegen einer einmaligen kleinen Verspätung des Analytikers mehrere Sitzungen lang hartnäckig geschwiegen hatte. Erst später in der Analyse erkannte Fonagy, dass der Patient ihn auf die Verspätung hin als ganz und gar unzuverlässig und gleichgültig erlebt hatte. Dabei hielt der Patient mit erheblicher Zähigkeit an seiner »Gewissheit« fest, was Fonagy erst dazu veranlasste, in dieser Rigidität den Äquivalenzmodus zu sehen. Der Patient habe seine Wahrnehmung als Wirklichkeit erlebt und eben nicht als seine Perspektive oder Repräsentation von Wirklichkeit, die er somit hätte relativieren können und über die man zeitnah hätte in der Analyse sprechen können. Fonagy beschreibt dies als »eine Folge der fehlenden Fähigkeit, ›mit der Realität zu spielen‹« (S. 189).

Zurück zur kindlichen Entwicklung, bei der den Eltern eine zentrale Bedeutung zukommt: Im besten Fall akzeptieren sie das »unrealistische« Erleben des Kindes und knüpfen daran an. Zugleich aber verhalten sie sich so, dass das Kind erkennen kann, dass sie nicht das Gleiche erleben, dass sie etwa seine Angst nicht teilen.

Fonagy und Target präsentieren das Beispiel eines kleinen Kindes, das sich vor einem Bademantel fürchtet, der an seiner Zimmertür hängt. Es sieht darin einen bedrohlichen Mann. »Für das Kind ist das die Realität, und sein Erschrecken teilt sich auch ganz real und zwingend mit. Eltern sagen dem Kind dann nicht nur, dass der Bademantel kein Mann ist oder dass es dumm wäre, sich vor ihm zu fürchten. Sie nehmen den Bademantel auch weg und anerkennen damit die Realität des Furcht auslösenden Gedankens, ohne gleichzeitig dieselbe Furcht zu zeigen. Eltern schließen sich also einerseits der Wahrnehmung des Kindes an, teilen sie, stellen aber andererseits die Möglichkeit einer anderen Perspektive zur Verfügung und schaffen damit Distanz zur kindlichen Perspektive (Fonagy u. Target, 1995).

In der kindlichen Entwicklung folgt der *Als-ob-Modus*. Er »befreit die Kinder von der psychischen Äquivalenz« (Allen et al., 2008, dt. 2011, S. 131), indem die Realität und der Unterschied zu Gedanken grundsätzlich anerkannt wird. Die Realität wird in dieser Phase allerdings suspendiert. Das Kind bezieht sich im Spiel auf die Realität, koppelt sie dann jedoch von der inneren Welt seines Spiels ab (S. 131). Beispielsweise weiß das Kind zwar, das sein als Gewehr bespielter Stock keine wirklichen Kugeln schießt. Das Spiel erschafft dabei aber eine externe Darstellung der Zustände des Kindes. Entscheidend ist dabei, dass jede Entsprechung zwischen der Als-ob-Welt des Spiels und der äußeren Wirklichkeit ausgeschlossen wird. Eben durch diese Entkoppelung ist im Spiel alles möglich, kann hemmungslos ausprobiert werden. Hierin zeigt sich der Gegensatz zum Äquivalenzmodus, in dem aufgrund der fehlenden Grenze von Gedanken und Wirklichkeit nichts möglich ist, jeder Gedanke potenziell gefährlich werden kann.

Beide Modi stellen keine dauerhaft günstige Beziehung von Psyche und äußerer Realität dar: »Die psychische Äquivalenz ist allzu realistisch, das ›Als-ob‹ hingegen allzu unwirklich« (S. 131). Im Fall des Persistierens des Als-ob-Modus hat man es mit Patienten zu tun, die zum Pseudomentalisieren neigen: Sie reden viel, ohne den Bezug zu sich und ihren inneren Befindlichkeiten herstellen zu können.

Der reflektierende Modus

Ab etwa vier Jahren werden bei günstiger Entwicklung – das heißt bei günstigem Interaktionsverlauf – Als-ob-Modus und Äquivalenz-Modus im *reflektierenden Modus* integriert. Der reflektierende Modus ist gleichbedeutend mit Mentalisieren und gleichsam der Modus der Mentalisierung. Er besteht in einer repräsentationalen Theorie des Geistes in der Psyche des Kindes. »Mentale Zustände repräsentieren die Realität (anders als im Als-ob-Modus), werden aber (anders als im Äquivalenz-Modus) nicht mit ihr gleichgesetzt. Das Wesensmerkmal der repräsentationalen Psyche ist ihre Fähigkeit, multiple Perspektiven auf ein und dieselbe interpersonale Situation zu beziehen und dadurch mit der Realität in Verbindung zu treten – aber ohne sich an sie zu binden« (S. 131). Der reflektierende Modus stattet das Kind mit Symbolisierungsfähigkeit aus, mit der es seine psychische Realität von nun an komplex ausgestalten kann.

Damit umfasst die Mentalisierungstheorie im Grunde eine interaktionistische Theorie der Genese von Symbolisierung und Realitätskontrolle. Darin unterscheidet sie sich von Entwicklungstheorien der Theory of Mind, wie etwa der gängigen Autismustheorie Baron-Cohens (1995), die davon ausgehen, dass die soziale Umgebung die Entwicklung der Theory of Mind lediglich in Gang setze, für ihre weitere Entwicklung aber keine entscheidende Rolle spiele.

Die Autoren des Mentalisierungsparadigmas fassen die Mentalisierungsentwicklung des Kindes in einem Stufenmodell zusammen (Fonagy, 2006, dt. 2009, S. 116 ff.; Fonagy et al., 2002, dt. 2004, S. 210–257):

1. Zu Beginn erlebt sich der Säugling lediglich als abgegrenzter Körper in der physischen Welt (»self as physical agent«).
2. Im Austausch mit seinen Bezugspersonen erkennt er sich basal als sozialen Akteur (»self as social agent«).
3. Ab einem Alter von etwa neun Monaten an erlebt das Kind eigene und fremde Handlungen als zielgerichtet, wenn auch noch nicht mental verursacht (»self as teleological agent«).
4. Von einfacher Mentalisierung kann man ab einem Alter von anderthalb Jahren sprechen, wenn es mentale Zustände hinter dem Verhalten annimmt (»self as mental agent«).
5. Schließlich wird mit rund vier Jahren das gleichsam voll mentalisierte Stadium erreicht, in dem sich das Kind mittels repräsentationaler Vorstellungen auf sich selbst und seine Umwelt bezieht (»self as representational agent«).

Eine besonders reife Form von Mentalisierung besteht darüber hinaus in der sogenannten mentalisierten Affektivität (Fonagy, Bateman u. Luyten, 2012, dt. 2015, S. 60), in der Affekte gleichsam »realtime«, noch während sie erlebt werden, reflektierend modifiziert werden. Diese Hochform der Mentalisierung erinnert an die Haltung des Psychoanalytikers, der in therapeutischer Ich-Spaltung Gegenübertragung gleichzeitig erlebt und abgegrenzt distanziert hält. Auf der Seite des Patienten bezeichnet das traditionelle Konzept der *emotionalen Einsicht* eine Form der hier beschriebenen mentalisierten Affektivität.

Grenzkonzepte

Die dargestellte Theorie der Mentalisierung hat noch in einigen anderen Punkten Ähnlichkeit mit bestehenden Begriffen und Modellen sowohl der Psychoanalyse wie auch anderer psychologischer Richtungen. Ein Gegenbegriff zur Mentalisierung lässt sich in dem vom Autismusforscher Baron-Cohen (1995) begründeten Begriff der *Geistesblindheit* ausmachen. Dieser aus der kognitivistischen Theory-of-Mind-Theorie (Perner u. Wimmer, 1983) abgeleitete Ausdruck dient Baron-Cohen zur Kennzeichnung des zentralen Symptoms von Autismus, der Unfähigkeit zur Entwicklung einer Theory of Mind, mithin der Unfähigkeit zur Mentalisierung. Eine dauerhafte Geistesblindheit gilt demnach als das wesentliche Kennzeichen von Autismus, dem Baron-Cohen zufolge eine neurologische Beeinträchtigung zugrunde liegt. In einem etwas weiter gefassten Sinn wenden die Vertreter der Mentalisierungstheorie *Geistesblindheit* auch auf »die funktionalen, kontextabhängigen, vorübergehenden Beeinträchtigungen des Mentalisierens« an (Allen et al., 2008, dt. 2011, S. 69). Somit erstreckt sich gleichsam ein Mentalisierungsspektrum von der Geistesblindheit auf der einen Seite zu mentalisierter Affektivität und »außergewöhnlich guter Reflexivität« (S. 84) – so der höchste Skalenwert der *Reflective Functioning Scale,* dem Instrument zur operationalisierten Messung der *Reflexionsfunktion* (Fonagy, Steele u. Steele, 1997). Grundsätzlich besteht ein entscheidender Unterschied zur Theory-of-Mind-Theorie darin, dass diese die interkulturelle Universalität der Theory of Mind in dem relevanten Entwicklungsabschnitt des Kindes betont. Demgegenüber besteht das Mentalisierungskonzept geradezu zentral aus der konstitutionstheoretischen Annahme der immer je spezifisch herzustellenden sozialen Motiviertheit von Mentalisierung in der Mutter-Kind-Interaktion.

Der ursprünglich aus dem Buddhismus stammende Begriff der *Achtsamkeit* (Kabat-Zinn, Segal, Teasdale u. Williams, 2013) wurde in den vergangenen Jahren zunehmend populär. Allen (2006, dt. 2009) schlägt eine Brücke zu diesem Konzept, indem er Mentalisierung als Achtsamkeit für die Psyche bezeichnet. Dadurch, dass sie sich nicht ausschließlich auf psychische Inhalte richtet, ist Achtsamkeit insgesamt jedoch wesentlich weiter gefasst. Ein weiterer wichtiger Unterschied besteht darin, dass Achtsamkeit eine je gegenwärtige Aktivität bezeichnet, während Mentalisierung auch vergangene und zukünftige Ereignisse fokussiert.

Insbesondere *Empathie* scheint dem Begriff der Mentalisierung sehr nahe zu stehen. Zunächst bezieht sich Empathie auf ein Objekt der Einfühlung, während die mentalisierende Betrachtung – wie oben beschrieben – sowohl auf das Gegenüber als auch auf sich selbst gerichtet werden kann. Allen, Fonagy und Bateman (2008, dt. 2011, S. 87) differenzieren weiter: »Die Empathie reicht – auch in der Beziehung zu anderen – über das Mentalisieren insofern hinaus, als sie eine angemessene emotionale Reaktion auf das, was mentalisiert wird, nach sich zieht.« Empathie hebt demnach stärker auf die emotionale Reaktion der Einfühlung ab. Mentalisierung, die sich ausdrücklich den Gefühlen zuwendet, bezeichnen die Autoren dabei als *mentalisierte Affektivität.* Gerade dieser

Mentalisierung von Gefühlen auch in hochemotionalen Situationen, in Situationen, in denen etwa ein Patient emotional stark erregt ist, kommt eine wichtige Bedeutung zu, indem sie der Emotionsregulierung zugutekommt. Ein solches Mentalisieren der Emotion zielt dabei nicht etwa auf eine gegenüber den Gefühlen distanzierte Position, sondern eine Klärung und Differenzierung des emotionalen Erlebens (S. 92).

Ähnlich verhält es sich mit dem populären Konzept der *Emotionalen Intelligenz* (Goleman, 1997), zu dem sich Allen, Fonagy und Bateman (2008, dt. 2011, S. 89 f.) ebenfalls ins Verhältnis setzen. Mentalisierung sei weiter gefasst und betreffe »die gesamte Bandbreite mentaler Zustände« (S. 89). Sie räumen aber zugleich ein, dass auch für das Mentalisierungskonzept der Fokus auf gefühlsmäßige Inhalte gerade im klinischen Kontext von zentraler Bedeutung ist (S. 89). Mentalisierung betont jedenfalls stärker die Aktivität des Mentalisierens, während Emotionale Intelligenz eher auf eine Fähigkeit, eine Disposition abhebt.

So wird auch gegenüber dem psychoanalytischen Begriff der *Einsicht* (Schöpf, 2008) die Prozessorientierung des Mentalisierungskonzepts hervorgehoben: »Zweifellos erzeugt geschicktes Mentalisieren im therapeutischen Kontext wie auch im Alltagsleben Einsichten; spezifische Einsichten aber sind eher ein Nebenprodukt des Fokussierens auf das Mentalisieren als deren eigentliches Ziel« (Allen et al., 2008, dt. 2011, S. 91).

Mentalisierungsdefizite und Psychopathologie

Aus den Ausführungen zur Mentalisierung wird deutlich, wie sehr eine hinreichende Fähigkeit zur Mentalisierung zur Etablierung einer stabilen psychischen Struktur beiträgt. Im Umkehrschluss lässt sich erahnen, wie zentral Mentalisierungsdefizite für psychische Störungen prädisponieren können. Die von den Autoren des Mentalisierungsparadigmas postulierten Zusammenhänge von Mentalisierungsdefiziten und psychischen Störungen sollen nun dargestellt werden.

Beeinträchtigungen der Mentalisierungsfähigkeit treten klinisch in mehreren Ausprägungen auf, die fallweise auch im Wechsel stattfinden: als *Mentalisierungshemmung* oder *überaktive Mentalisierung*, wobei Regressionen in einen der präreflektorischen Submodi (Als-ob-, Äquivalenz- oder teleologischer Modus) mehr oder weniger dauerhaft oder auch belastungsbedingt passager auftreten können.

Gerade bei Misshandlungen der Kinder durch die Eltern wird die Mentalisierung – hier im Doppelsinn von je akuter Aktivität und Prozess der Genese der Fähigkeit des Mentalisierens – massiv beeinträchtigt. Das misshandelte Kind hemmt die Erforschung der mentalen Zustände seiner Eltern, da es deren destruktive Absichten finden würde. Um sich vor dieser ängstigenden Entdeckung zu schützen, richtet sich das Kind in der Folge weitestgehend am äußeren Verhalten der Eltern aus. Es verbleibt mithin im teleologischen Modus. Die Mentalisierungsprobleme von Erwachsenen werden also in traumatischen Erfahrungen der Kindheit motiviert gesehen, aus denen zu Abwehrzwecken Hemmungen entstehen, sich ganz allgemein mit dem Seelenleben, dem eigenen wie auch dem anderer, zu beschäftigen.

Neben der schlichten Abwesenheit des Mentalisierens beschreiben Allen et al. (2008, dt. 2011, S. 65) verschiedene »Unzulänglichkeiten des Mentalisierens«, die sie in der therapeutischen Praxis beobachten. Dabei fallen insbesondere Verzerrungen oder inadäquat erscheinende mentalisierende Vorstellungen auf. Als Beispiele hierfür dienen den Autoren paranoide Projektionen wie auch weniger drastische Verzerrungen depressiver Wahrnehmung, wobei sie sich etwa auf die bekannte kognitive Trias[1] negativer Einstellungen berufen, wie sie von der kognitiv-verhaltenstherapeutischen Arbeitsgruppe Aaron Becks modelliert wurde (Beck, Emery, Rush u. Shaw, 1979, dt. 1982/1999). Hier wird die Nähe des Mentalisierungskonzepts zur kognitiven Verhaltenstherapie unmittelbar hervorgehoben. Der Unterschied scheint dabei darin zu liegen, dass die Mentalisierungstheoretiker unter Rückgriff auf die Bindungstheorie auf Bindungsunsicherheiten und daraus resultierenden Stress abheben, worin sie eine Vulnerabilität für Depression und den Motor ihrer Chronifizierung ausmachen (Luyten, Fonagy, Lemma u. Target, 2012, dt. 2015, S. 444 ff.). Neben terminologischen Unterschieden scheint hierin das systematische Surplus zum genannten Depressionsmodell der kognitiven Verhaltenstherapie zu liegen.

Da die Therapie von Patienten mit der Diagnose Borderline-Persönlichkeitsstörung den historischen Ausgangspunkt der Mentalisierungstheorie und bis heute einen besonderen Forschungsschwerpunkt für sie darstellt, sei diese im nächsten Abschnitt gesondert skizziert. Die Vertreter der Mentalisierungstheorie behaupten jedoch, dass Defizite der Mentalisierung im Grunde bei allen psychischen Störungen zentral sind. Im Laufe der Jahre haben Forscher und Kliniker im Rahmen des Paradigmas der Mentalisierung auch störungsspezifische Anwendungen vorgelegt. So etwa zur »Antisozialen Persönlichkeitsstörung« (Bateman u. Fonagy, 2012, dt. 2015b), Essstörungen (Fonagy u. Skårderud, 2012,

---

1 Trias nach Aaron Beck: negatives Selbstbild, negative Interpretation der Lebenserfahrung, nihilistische Sicht der Zukunft.

dt. 2015), Trauma (Allen, Fonagy u. Lemma, 2012, dt. 2015) und Drogensucht (Bateman, Kahn u. Philips, 2012, dt. 2015). Über unterschiedlichste psychotherapeutische Settings hinaus erstreckt sich das Paradigma der Mentalisierung mittlerweile auch auf Soziale Arbeit (DeCoste, Kalland, Mayes, Pajulo u. Suchman, 2012, dt. 2015; Kirsch, 2014).

Die Borderline-Persönlichkeitsstörung im Licht der Mentalisierungstheorie

Fonagys Arbeitsgruppe hat besonders ein Störungsbild mit mangelhafter Mentalisierungsfähigkeit identifiziert, das gleichsam den klinischen Ausgangspunkt für die Mentalisierungstheorie (Fonagy, 1989) und die Mentalisierungsbasierte Therapie (Bateman u. Fonagy, 2006, dt. 2009) darstellt: die Borderline-Persönlichkeitsstörung (Bateman u. Fonogy, 2012, dt. 2015c).

Die Diagnose der Borderline-Störung definiert sich insbesondere durch die verstärkte Neigung zur Abwehr mittels *projektiver Identifizierung* (Reich, 2008). Fonagy und Mitarbeiter erklären diese erhöhte Neigung mit Mentalisierungsproblemen. Den projizierten Inhalten liegen dabei verinnerlichte Anteile von *Falschem Selbst* im Sinne Winnicotts zugrunde, wie sie durch misslungene Affektspiegelung in der Mutter-Kind-Interaktion entstanden sind. Diese Dynamik der projektiven Identifizierung beschreiben sie mit ihrem Konzept der *Default-Simulation:* Als Folge der Mentalisierungshemmung kann der andere in seinem Erleben und seinen Intentionen nicht angemessen wahrgenommen werden. Stattdessen fungiert in dieser Leerstelle als Standardvorgabe (»Default-Simulation«) der fremde Teil des Selbst (etwa die feindselige Mutter) als Informationsbasis, der dann im anderen »wiedererkannt« wird, auf ihn projiziert wird. Denn: »Wenn also der mentale Zustand des anderen als Folge der defensiven Hemmung der Mentalisierung […] nicht durch Zeichenlesen identifiziert werden kann und auf Behelfssimulation zurückgegriffen werden muss, wird der auszustoßende fremde Teil der Selbstrepräsentanz als Informationsbasis schnell zur Verfügung stehen, um sich eine Vorstellung vom anderen zu bilden« (Fonagy, Gergely, Jurist u. Target, 2002, dt. 2004, S. 71).

Gegenüber den älteren Konzepten von Melanie Klein (1946/1972) und auch Otto Kernberg (1989) wird im Mentalisierungsparadigma sowohl die Verortung im Entwicklungszeitplan (zweites und drittes Lebensjahr statt erstes) als auch die Ablaufgestalt des Prozesses der projektiven Identifizierung anders, eben strikt intersubjektivistisch konzeptualisiert. Nicht Trieb, sondern pathogene Interaktion bildet demnach den Ausgangspunkt projektiver Identifizierung.

Mentalisierungsbasierte Therapie (MBT)

Als eigenständige Behandlungsform haben die Autoren – auf ihrer Theorie aufbauend – die Mentalisierungsbasierte Therapie (MBT) entwickelt (Bateman u. Fonagy, 2012, dt. 2015; Allen u. Fonagy, 2006, dt. 2009). Deren allgemeines Ziel der Verbesserung von Mentalisierungsfähigkeit umfasst unterschiedliche Programme für ambulante und stationäre therapeutische Settings wie auch Psychoedukation, Erziehungsberatung und Gewaltprävention (Allen u. Fonagy, 2006, dt. 2009).

»Das Ziel einer Mentalisierungstherapie muss ungeachtet ihres Settings darin bestehen, das Mentalisieren anzuregen und zu optimieren. Der mentalisierende Therapeut zielt weder auf kognitive Umstrukturierung noch auf den Gewinn von Einsicht oder auf direkte Verhaltensänderung. Seine Aufmerksamkeit ist auf mentale Prozesse gerichtet. Es wäre indes falsch zu sagen, dass sich in der MBT keine kognitiven und Verhaltensänderungen vollziehen oder dass Patienten in einer mentalisierungsgestützten Therapie keine zugrunde liegenden Bedeutungen entdecken oder keinen Eindruck davon bekommen, warum sie so sind, wie sie sind. Unsere empirischen Daten zeigen, dass all dies sehr wohl geschieht; allerdings vollziehen sich die Veränderungen gewissermaßen epiphänomenal. Sie ergeben sich, gleichsam als positive Nebenwirkung, aus dem veränderten Mentalisieren« (Bateman u. Fonagy, 2012, dt. 2015a, S. 14: Vorwort).

Mögliche Einwände oder: Wie »psychoanalytisch« ist die Mentalisierungstheorie?

Wenn man sich die Frage stellt, welchen Stellenwert die Mentalisierungstheorie in der heutigen Psychoanalyse einnimmt, so muss man zunächst anerkennen, dass sie institutionell die neuere britische Psychoanalyse geradezu repräsentiert. Peter Fonagy und Mary Target, wie auch viele andere Autoren, die zum Paradigma der Mentalisierung beigetragen haben, arbeiten am University College London und/oder Anna Freud Center, den bis heute maßgeblichen Institutionen von Forschung und Ausbildung in der britischen Psychoanalyse.

Die psychoanalytische Rezeption der Mentalisierungstheorie war jedoch von Anfang an teilweise sehr kritisch. Vielfach wurde und wird ihr vorgeworfen, fundamentale Konzepte und Haltungen der Psychoanalyse über Bord geworfen zu haben, insbesondere das Unbewusste und das Primat des Triebs. Die damit angesprochene, vieldiskutierte Frage nach dem eigentlichen Gegenstand der Psychoanalyse und der Angemessenheit und Relevanz empirischer Forschung für psychoanalytisches Denken und Theoriebildung kann hier nicht im Einzelnen aufgezeigt werden.

Die große Kontroverse von André Green und Daniel Stern (Sandler, Sandler u. Davies, 2000) scheint bis heute maßgeblich für diese ebenso interessante wie fundamentale Debatte zu sein. André Green, Verfechter der Psychoanalyse als einer Theorie des Unbewussten, kreidet der empirischen (Säuglings-)Forschung an, den psychoanalytischen Gegenstand zu verfehlen (»real child vs. true child«).

Mertens (2007, S. 630) kritisiert einen »neopositivistischen Normenkatalog« des Paradigmas der Mentalisierung: »Aber ist das, was die Autoren für eine zukünftige Psychoanalyse einfordern, tatsächlich eine weiterführende Alternative? Ich bin skeptisch, denn ihr Argumentieren in einem einheitswissenschaftlichen Bezugsrahmen übersieht die methodische Zurichtung einer komplexen zwischenmenschlichen Erfahrungswirklichkeit, die szientistisch dann als die eigentliche ›Empirie‹ verstanden wird, obwohl sie eine theoretisch präparierte Selektion darstellt« (S. 630). Mertens moniert wissenschaftstheoretisch ihre »Methodologie des Logischen Empirismus«, dieser werde »schon seit geraumer Zeit, wenn nicht generell in Frage gestellt, so doch hinsichtlich der Erreichbarkeit relativiert« (630). Und in der Tat wird Mentalisierung zur gleichsam belastbaren Tatsache erklärt, wenn sie mittels der *Reflective Functioning Scale* gemessen werden soll (Luyten, Fonagy, Lowyck u. Vermote, 2012, dt. 2015, S. 85). Wie auch immer manualisiert, bleibt die dabei unterstellte Messbarkeit auf die je subjektive Rater-Perspektive bezogen.

Das Mentalisierungsparadigma fügt sich jedenfalls besser in das kassenfinanzierte Modell evidenzbasierter Medizin ein als die klassische Psychoanalyse. Mit seiner Mentalisierungsbasierten Therapie (MBT) kann es beanspruchen, über »ein entwicklungspsychologisches Modell, eine Theorie der Psychopathologie und eine Hypothese über den Mechanismus der therapeutischen Wirkung zu verfügen« (Bateman u. Fonagy, 2012, dt. 2015a, S. 14: Vorwort).

Konflikt oder Mangel?

Die klassische Vorstellung fundamentaler Konflikthaftigkeit der Psyche (Mentzos, 2009, S. 29 ff.) tritt im Mentalisierungsparadigma jedenfalls stark in den Hintergrund zugunsten eines Begriffs des Psychischen, der sich – bei aller Betonung der Prozesshaftigkeit von Mentalisierung – primär als ein Vermögen in Kategorien von Vollständigkeit vs. Mangel darstellt. Darin ähnelt es dem Strukturdenken, wie es etwa von der OPD vertreten wird (Arbeitskreis OPD, 2007). Dem gegenüber steht weiterhin die Konflikt-Perspektive: »Defizite und Mängel sind keineswegs immer oder vorwiegend das Primäre; sehr oft resultieren sie erst sekundär aus inadäquaten pathologischen Pseudolösungen von primär vorgegebenen intrapsychischen Gegensätzlichkeiten, also primären Konflikten und Dilemmata« (Mentzos, 2009, S. 41). So fragt sich etwa Kristin White (2009 S. 175) in ihrer Auseinandersetzung mit dem Mentalisierungskonzept bezüglich einer Patientin: »Will sie nicht oder kann sie nicht nachdenken?«

So scheint es tatsächlich immer wieder zentral zu sein, nicht vorschnell der vereinfachenden Idee eines Unvermögens zu folgen, um den jeweiligen Patienten nicht unangemessen zu trivialisieren und den zur Verfügung stehenden Raum nicht unnötig zu beschränken. Sonst könnte man Gefahr laufen, den eigenen mentalisierenden Blick auf den Patienten zurückzufahren und dessen Potenzial zu verkennen.

Memory and Desire

White (2009) relativiert den Neuheitswert zentraler Konzepte des Mentalisierungsparadigmas. So sieht sie keine relevanten Unterschiede von markierter Spiegelung und Containment, ebenso wenig von Mentalisierung einerseits und Gegenübertragungsanalyse und Deutung andererseits, jedenfalls nicht für die klinische Praxis. »Warum muß dann die Technik geändert werden?« (S. 1168), fragt sie und äußert den Verdacht, es könne darum gehen, Behandlungen abzukürzen und lediglich symptomorientiert zu arbeiten (S. 1168).

Dies führt unmittelbar zur Frage der therapeutischen Haltung. Ronald Britton (nach White, 2009) etwa sieht keinen Grund, seine Behandlungstechnik zu ändern und betont, den Patienten nicht heilen zu wollen, sondern im Sinne Bions (1970, dt. 2006) berühmtem Postulat des *no memory, no desire* zu begegnen. Das Innenleben der Patienten genau zu verstehen – immer wieder neu – bleibe das Ziel der Behandlung (White, 2009, S. 1166).

Im Unterschied dazu ist das erklärte Ziel, die Mentalisierungsfähigkeit des Patienten zu verbessern, deutlich fokussiert. So umfasst das klinische Programm des Mentalisierungsparadigmas ausdrücklich auch Psychoedukation (Allen et al., 2008, dt. 2011, S. 371 ff.), die von Informationen für Patienten (S. 391) bis zu Gewaltpräventionskursen an Schulen (S. 403 ff.) reicht. Die Mentalisierungsautoren argumentieren deshalb zugunsten der Verbesserung von Mentalisierungsfähigkeit, weil viele Patienten nicht in der Lage seien, Deutungen produktiv zu verstehen und zu integrieren. So gestehen Fonagy und Target (2002, dt. 2006, S. 379) offen ein, dass ihr Programm »sich vorrangig auf relativ schwere Charakterstörungen konzentriert und nicht das gesamte psychopathologische Spektrum abdeckt«. Zugleich beanspruchen die Autoren viel weitgehender, dass grundsätzlich »die Fokussierung auf den Mentalisierungsprozess die klinische Praxis verbessern kann« (Bateman u. Fonagy, 2012, dt. 2015a, S. 13: Vorwort).

Die Beschäftigung mit der Mentalisierungstheorie kann zu der eigentümlichen Erfahrung führen, dass deren Konzepte und Argumente zunächst klar und sehr plausibel, gleichsam wasserdicht, erscheinen. Dabei kommt jedoch zugleich die Frage auf, ob die »Klarheit der Definition« (Allen et al., 2008, dt. 2011, S. 9) von Mentalisierung nicht möglicherweise Qualität und Problem zugleich darstellt. Zunächst – und damit kann man wohl einen großen Teil des Erfolgs des Mentalisierungsparadigmas erklären – bekommt man einen gut handhabbaren plastischen Begriff an die Hand, der in vielen Fällen passend scheint. Hier greift die Allgemeinheit des Mentalisierungskonzepts. Je nach Perspektive verschiebt sich die Bedeutung ein wenig, der Ausdruck passt aber in jedem Fall. Da der Mentalisierungsbegriff in seinen verschiedenen Facetten sehr detailliert ausgearbeitet ist, besteht gerade in seiner Universalität eine besondere Qualität. Dennoch lädt diese Allgemeingültigkeit möglicherweise zu einer verdinglichenden Vorstellung ein, bei der ein Konzept mit »der Sache selbst« gleichgesetzt wird.

Wissenschaft und Politik

Wie in den hier exemplarisch angeführten Kritiken bereits deutlich wird, tauchen in der Auseinandersetzung mit dem Mentalisierungsparadigma bisweilen wissenschaftspolitische Themen auf. Erhofft man sich aus seiner *Wissenschaftlichkeit* eine Stärkung der Psychoanalyse im Kampf mit der Verhaltenstherapie um den Status als Wissenschaft – wie insbesondere im System kassenärztlicher Versorgung? Oder fürchtet man vielmehr eine Abwertung dessen, was als Kernbestand psychoanalytischer Identität gilt? Bezüglich der ersten Position bleibt offen, ob die Hoffnungen tragen. Die Autoren der Mentalisierung selbst weichen die Grenze der verschiedenen Behandlungsverfahren erheblich auf. Sie betonen ausdrücklich, dass ihr klinisches Vorgehen zwischen Psychoanalyse und Verhaltenstherapie anzusiedeln ist (Bateman u. Fonagy, 2012, dt. 2015a, S. 14: Vorwort; Allen et al., 2008, dt. 2011, S. 46) und von allen therapeutischen Schulen integrierbar (S. 43) sei.

Flexibilisierung

Insgesamt kann im Aufweichen von Grenzen ein zentrales Moment des Mentalisierungsparadigmas gesehen werden. Was bislang oft als Gegensatz imponierte, wird durch die Vorstellungen von Fonagy und seinen Kollegen angenähert. Eine der zentralen theoretisch-systematischen Neuerungen besteht wohl in der Verschränkung des traditionell stärker als Gegensatzpaar konzeptualisierten Verhältnisses von Kognition und Affekt. Neben der daraus folgenden Annäherung von Psychoanalyse und Verhaltenstherapie ergibt sich ebenfalls die Verflüssigung der Trennlinie von Psychotherapie und Psychoedukation. Welche Grenze jeweils als *difference that makes a difference* wirkt und welche das Denken andererseits eher einschränkt, das bleibt die entscheidende Frage.

Literatur

Allen, J. (2006, dt. 2009). Mentalisieren in der Praxis. In Allen, J., Fonagy, P. (Hrsg.), Mentalisierungsgestützte Therapie (S. 23–61). Stuttgart: Klett-Cotta.

Allen, J., Fonagy, P. (Hrsg.) (2006, dt. 2009). Mentalisierungsgestützte Therapie. Das MBT-Handbuch – Konzepte und Praxis. Stuttgart: Klett-Cotta (Original: Handbook of mentalization-based treatment).

Allen, J., Fonagy, P., Bateman, A. (2008, dt. 2011). Mentalisieren in der psychotherapeutischen Praxis. Stuttgart: Klett-Cotta (Original: Mentalizing in clinical practice).

Allen, J., Fonagy, P., Lemma, A. (2012, dt. 2015). Trauma. In A. Bateman, P. Fonagy (Hrsg.), Handbuch Mentalisieren (S. 477–505). Gießen: Psychosozial-Verlag.

Arbeitskreis OPD (Hrsg.) (2007). Operationalisierte Psychodynamische Diagnostik OPD-2. Das Manual für Diagnostik und Therapieplanung (2. Aufl.). Bern: Huber/Hogrefe.

Baron-Cohen, S. (1995). Mindblindness: An essay on autism and theory of mind. Cambridge: MIT Press.

Bateman, A., Fonagy, P. (2006, dt. 2009). Mentalisieren und Borderline-Persönlichkeitsstörung. In J. Allen, P. Fonagy (Hrsg.), Mentalisierungsgestützte Therapie (S. 263–284). Stuttgart: Klett-Cotta.

Bateman, A., Fonagy, P. (Hrsg.) (2012, dt. 2015a). Handbuch Mentalisieren. Gießen: Psychosozial-Verlag (Original: Handbook of mentalizing in mental health practice).

Bateman, A., Fonagy, P. (2012, dt. 2015b). Antisoziale Persönlichkeitsstörung. In A. Bateman, P. Fonagy (Hrsg.), Handbuch Mentalisieren (S. 333–354). Gießen: Psychosozial-Verlag.

Bateman, A., Fonagy, P. (2012, dt. 2015c). Borderline-Persönlichkeitsstörung. In A. Bateman, P. Fonagy (Hrsg.), Handbuch Mentalisieren (S. 439–476). Gießen: Psychosozial-Verlag.

Bateman, A., Kahn, U., Philips, B. (2012, dt. 2015). Drogensucht. In A. Bateman, P. Fonagy (Hrsg.), Handbuch Mentalisieren (S. 507–525). Gießen: Psychosozial-Verlag.

Beck, A., Emery, G., Rush, J., Shaw, B. (1979, dt. 1982/1999). Kognitive Therapie der Depression. Weinheim u. Basel: Beltz.

Bion, W. (1970, dt. 2006). Aufmerksamkeit und Deutung. Tübingen: Edition Discord (Original: Attention and interpretation: a scientific approach to insight in psycho-analysis and groups).

DeCoste, C., Kalland, M., Mayes, L., Pajulo, M., Suchman, N. (2012, dt. 2015). Risikomütter mit Babys und Kleinkindern. In A. Bateman, P. Fonagy (Hrsg.), Handbuch Mentalisieren (S. 355–395). Gießen: Psychosozial-Verlag.

Deserno, H. (2006). Die gegenwärtige Bedeutung von Symboltheorien für die psychoanalytische Praxis und Forschung. In H. Böker (Hrsg.), Psychoanalyse und Psychiatrie. Geschichte, Krankheitsmodelle und Therapiepraxis (S. 345–358). Heidelberg: Springer.

Dornes, M. (2006). Die Seele des Kindes. Entstehung und Entwicklung. Frankfurt a. M.: Fischer.

Ermann, M. (2008). Gegenübertragung. In W. Mertens, B. Waldvogel (Hrsg.), Handbuch psychoanalytischer Grundbegriffe (3. Aufl., S. 233–239. Stuttgart: Kohlhammer.

Fonagy, P. (1989). On tolerating mental states: theory of mind in borderline patients. Bulletin of the Anna Freud Center, 12, 91–115.

Fonagy, P. (1995). Playing with reality: The development of psychic reality and its malfunction in borderline personalities. International Journal of Psycho-Analysis, 76, 39–44.
Fonagy, P. (2001, dt. 2003). Bindungstheorie und Psychoanalyse. Stuttgart: Klett-Cotta.
Fonagy, P. (2006, dt. 2009). Soziale Entwicklung unter dem Blickwinkel der Mentalisierung. In J. Allen, P. Fonagy (Hrsg.), Mentalisierungsgestützte Therapie (S. 89–152). Stuttgart: Klett-Cotta.
Fonagy, P., Bateman, A., Luyten, P. (2012, dt. 2015). Einführung und Übersicht. In A. Bateman, P. Fonagy (Hrsg.), Handbuch Mentalisieren (S. 23–66). Gießen: Psychosozial-Verlag.
Fonagy, P., Gergely, G., Jurist, E., Target, M. (2002, dt. 2004). Affektregulierung, Mentallisierung und die Entwicklung des Selbst. Stuttgart: Klett-Cotta (Original: Affect regulation, mentalization, and the development of the self).
Fonagy, P., Gergely, G., Target, M. (2002). Bindung, Mentalisierung und die Ätiologie der Borderline-Persönlichkeitsstörung. Selbstpsychologie, 7, S. 61–82.
Fonagy, P., Skårderud, F. (2012, dt. 2015). Essstörungen. In A. Bateman, P. Fonagy (Hrsg.), Handbuch Mentalisieren (S. 397–438). Gießen: Psychosozial-Verlag.
Fonagy, P., Steele, H., Steele, M. (1991). Maternal representations of attachment during pregnancy predict the organization of infant-mother attachment at one year of age. Child Development, 62 (5), 891–905.
Fonagy, P., Steele, H., Steele, M. (1997). Reflective-functioning manual for application to Adult Attachement Interviews. London: University College.
Fonagy, P., Target, M. (2000). Playing with reality III: The persistence of dual psychic reality in borderline patients. International Journal of Psychoanalysis, 81, 853–874.
Fonagy, P., Target, M. (2002, dt. 2006). Psychoanalyse und die Psychopathologie der Entwicklung. Stuttgart: Klett-Cotta (Original: Psychoanalytic theories).
Fonagy, P., Target, M. (2003). Frühe Bindung und psychische Entwicklung. Beiträge aus Psychoanalyse und Bindungsforschung. Gießen: Psychosozial-Verlag.
Freud, S. (1920). Jenseits des Lustprinzips. GW XIII (S. 1–69). Frankfurt a. M.: Fischer.
Gergely, G., Watson, J. (1996). The social biofeedback model of parental affect-mirroring. International Journal of Psychoanalysis, 77, 1181–1212.
Goleman, D. (1997). Emotionale Intelligenz. München: dtv.
Hirsch, M. (Hrsg.) (2008). Die Gruppe als Container. Mentalisierung und Symbolisierung in der analytischen Gruppenpsychotherapie. Göttingen: Vandenhoeck & Ruprecht.
Holmes, J. (2010, dt. 2012). Sichere Bindung und Psychodynamische Therapie. Stuttgart: Klett-Cotta. (Original: Exploring in security: towards an attachment-informed psychoanalytic psychotherapy).
Kabat-Zinn, J., Segal, Z., Teasdale, J., Williams, M. (2013). Der achtsame Weg durch die Depression (4. Aufl.). Freiamt: Arbor.
Kernberg, O. (1989). Projektion und projektive Identifikation. Entwicklungspsychologische und klinische Aspekte. Forum der Psychoanalyse, 5, 267–283.
Kirsch, H. (Hrsg.) (2014). Das Mentalisierungskonzept in der Sozialen Arbeit. Göttingen: Vandenhoeck & Ruprecht.
Klein, M. (1946/1972). Bemerkungen über einige schizoide Mechanismen. In M. Klein, Das Seelenleben des Kleinkindes und andere Beiträge zur Psychoanalyse (S. 101–125). Reinbek: Rowohlt.
Luyten, P., Fonagy, P., Lemma, A., Target, M. (2012, dt. 2015). Depression. In A. Bateman, P. Fonagy (Hrsg.), Handbuch Mentalisieren (S. 439–476). Gießen: Psychosozial-Verlag.
Luyten, P. Fonagy, P., Lowyck, B., Vermote, R. (2012, dt. 2015). Beurteilung des Mentalisierens In A. Bateman, P. Fonagy (Hrsg.), Handbuch Mentalisieren (S. 67–90). Gießen: Psychosozial-Verlag.
Mentzos, S. (2009). Lehrbuch der Psychodynamik. Die Funktion der Dysfunktionalität psychischer Störungen. Göttingen: Vandenhoeck & Ruprecht.
Mertens, (2007). Buchbesprechung: Peter Fonagy, Mary Target: Psychoanalyse und die Psychopathologie der Entwicklung. Psyche – Zeitschrift für Psychoanalyse und ihre Anwendungen, 61, 6, 628–632.

Perner, J., Wimmer, H. (1983). Beliefs about beliefs. Representation and constraining function of wrong beliefs in young children's understanding of deception. Cognition, 13, 103–128.

Reich, G. (2008). Projektive Identifizierung. In W. Mertens, B. Waldvogel (Hrsg.), Handbuch psychoanalytischer Grundbegriffe (3. Aufl., S. 600–603). Stuttgart: Kohlhammer.

Sandler, J., Sandler, A., Davies, R. (Eds.) (2000). Clinical and observational psychoanalytic research: roots of a controversy. André Green and Daniel Stern. London u. New York: Karnac.

Schöpf, A. (2008). Einsicht. In W. Mertens, B. Waldvogel (Hrsg), Handbuch psychoanalytischer Grundbegriffe (3. Aufl., S. 157–160). Stuttgart: Kohlhammer.

Stern, D. (1985, dt. 1992). Die Lebenserfahrung des Säuglings. Stuttgart: Klett-Cotta.

Target, M., Fonagy, P. (1996). Playing with reality II: The development of psychic reality from a theoretical perspective. International Journal of Psycho-Analysis, 77, 459–479.

White, K. (2009). »Symbolisierung und Mentalisierung – Kongruenzen und Divergenzen« mit Ronald Britton und Peter Fonagy. Psyche – Zeitschrift für Psychoanalyse und ihre Anwendungen, 63 (11), 1165–1169.

Tobias Becker und Annette Streeck-Fischer

Allan N. Schore – Die rechte Gehirnhemisphäre in der frühen Entwicklung[1]

Leben und Werk

Allan Schore kam am 20. Februar 1943 in New York zur Welt. Nach Abschluss der Highschool studierte er zunächst an der Universität von Rochester Psychologie und beendete den Graduiertenstudiengang an der Universität von Pittsburgh 1970 mit einer Dissertation über »The Effekt of Various Cognitive Sets on Cognitive Tasks«. Dort lernte er auch seine spätere Frau kennen. In Pittsburgh arbeitete er an der Child Guidance Clinic, wo er Kinder psychologisch testete. Später besuchte er die Vorlesungen von Humberto Nagera, der auch an der Hampstead-Klinik in London lehrte und guten Kontakt zu Anna Freud pflegte.

Bis 1980 war Schore Chefpsychologe der Kaisers Permanent Medical Group, wo er in der Neuropsychiatrischen Abteilung arbeitete. 1980 verließ er diese Position und eröffnete eine Privatpraxis. Während dieser Zeit schloss er die Weiterbildung in Psychoanalyse ab. In weiteren zehn Jahren vertiefte er seine Studien im privaten Rahmen. 1990 begann er, erste Arbeiten in psychologischen und psychoanalytischen Fachzeitschriften zu veröffentlichen. Diese Schriften befassten sich mit der Integration der Neurowissenschaften in die Psychoanalyse. 1994 kam sein Hauptwerk »Affect Regulation and the Origin of the Self: The Neurobiology of Emotional Development« (Schore, 1994/2016) heraus und wurde mit seinen 2.500 Literaturstellen als »outstanding« bezeichnet. Seit 1996 ist er an der Clinical Faculty of Psychiatry and Biobehavioral Science der Universität von Kalifornien, Los Angeles (UCLA), und am Center of Culture, Brain and Development tätig. Er ist Herausgeber von vielen Fachzeitschriften und erhielt wissenschaftliche Preise – u. a. von der Division of Trauma Psychology und der American Psychological Association Division of Psychoanalysis.

---

1 Leicht veränderte Fassung des Artikels in »Praxis der Kinderpsychologie und Kinderpsychiatrie«, 61, 348–359/2012.

Schores Verdienst ist, dass er Befunde der Neurobiologie, Neurochemie, Neuropsychiatrie und Evolutionsbiologie mit der Entwicklungspsychologie, Bindungstheorie und Psychoanalyse verbunden hat. Er nimmt Bezug auf eine Fülle von wissenschaftlichen Forschungsergebnissen und Theorien aus den genannten Gebieten. In seinem oben genannten ersten Buch zur Neurobiologie der emotionalen Entwicklung beschäftigt er sich multidisziplinär mit Studien zu Grundlagen der Gehirnentwicklung und der Emotionen. Ein Schwerpunkt seines Interesses bildet dabei die rechte Hemisphäre, die er als psychobiologisches Substrat des freudschen Unbewussten ansieht.

Der Psychologe, Neurobiologe und Psychoanalytiker Schore betont die hervorragende Bedeutung früher Interaktionserfahrungen bei der Hirnreifung. In der projektiven Identifikation sieht er eine Schlüsselrolle für die Entwicklung der Fähigkeit zur Affektregulation beim Säugling und auch in der späteren Entwicklung. Sein Verständnis der projektiven Identifikation ist hilfreich im Umgang mit schwer gestörten Kindern und Jugendlichen, die durch ihre affektiven Reaktionen Bedingungen schaffen, in denen sie ihre Belastungserfahrungen wiederholen. Im Folgenden soll es vor allem um dieses Phänomen gehen.

Bei dem komplexen und zum Teil schwer verständlichen Werk von Schore können nur einzelne Aspekte herausgegriffen werden, die einen Eindruck von seinen neuropsychoanalytischen Betrachtungen vermitteln.

Zum Begriff der projektiven Identifzierung

Projektive Identifizierung wird gemeinhin als früher Abwehrmechanismus angesehen, durch den eine Person sich ihres Gefühlszustandes entledigt, indem sie ihn einfach aus sich »auslagert« und in einen Menschen ihrer Umgebung »hineinlegt«, wodurch dieser Mensch dann plötzlich das fühlt, was die Person eigentlich fühlt – wenn sie es selbst fühlen würde. Die projektive Identifizierung spielt eine zentrale Rolle bei der Behandlung von schweren strukturellen Störungen, beispielsweise dann, wenn Affekte von Bedrohung oder Wut in der anderen Person deponiert werden und diese aufgefordert ist, einen Weg zu finden, um eine bedrohliche Attacke oder andere Eskalation zu vermeiden.

Projektive Identifikationen sind eine Kommunikationsform in der frühen Entwicklung, durch welche die frühe Pflegeperson die Zustände des Säuglings erfassen und erkennen kann, um darauf passend und den Bedingungen des Säuglings angemessen zu antworten. Schore verweist darauf, dass bei einer kategorialen Gegenüberstellung von Abwehrmechanismus und Kommunikationsform eine dimensionale Sichtweise erkennbar wird, die maßgeblich die frühe Mutter-Kind-Interaktion bestimmt.

Bei der projektiven Identifizierung werden nicht nur – wie bei einer einfachen Projektion – »Anteile einer abgewehrten Beziehung zwischen Selbst- und Objektrepräsentanzen in äußere Objektbeziehungen hinein verlagert«, vielmehr wird das »Gegenüber dazu gebracht, den Projektionen gemäß zu erleben und sich zu verhalten. Es wird mit diesen ›identifiziert‹ und gleichzeitig kontrolliert« (Reich, 2008, S. 600), so die übliche Definition.

Nach Melanie Klein, auf die der Begriff der projektiven Identifizierung zurückgeht, entsteht dieser Vorgang in der paranoid-schizoiden Position und besteht aus einer Kombination der Abspaltung von Selbstanteilen und ihrer Projektion auf die andere Person (Klein, 1946, S. 37). Hinshelwood beschreibt den Vorgang als eine »aggressive Objektbeziehung«, als einen »analen Angriff auf das Objekt, durch den Teile des Ichs mit dem Ziel in das Objekt hineingezwungen werden, um seine Inhalte in Besitz zu nehmen oder es zu kontrollieren« (Hinshelwood, 1993, S. 263). Die Funktion dieses Kontrollierens liegt darin, dass »das Objekt in einem gewissen Grade zu einem Repräsentanten des Ichs« wird (Klein, 1946).

»Per projektiver Identifikation [ruft] der Projizierende durch reale interpersonale Interaktionen mit dem ›Empfänger‹ unbewusst in jenem Gefühlszustände [hervor] [...], die deckungsgleich mit den ›hinausgeworfenen‹ Gefühlen sind« (Ogden, 1990, S. 79, eigene Übers.). Ogden (1988) teilt den Vorgang der projektiven Identifizierung, die auf der Interaktion von zwei Personen beruht, in drei Phasen ein: »Am Anfang steht der Wunsch, sich eines Teils des Selbst zu entledigen [...], indem es in einer schützenden Person untergebracht wird« (Ogden, 1988, S. 3). Die zweite Phase, die Ogden auch »Induktionsphase« nennt, ist gekennzeichnet durch reale Interaktionen mit manipulativem Charakter. Durch diese soll der Empfänger der Projektionen dazu gebracht werden, die Projektionen in sich zu erleben und sich ihnen gemäß zu verhalten. Erst wenn der Empfänger die Gefühle wirklich erlebt (z. B. Wut, lähmende Angst, Orientierungslosigkeit, Selbstzweifel), hat der Projizierende Erfolg und kann den Druck aus seinem projizierenden Verhalten nehmen. Als dritte Phase sieht Ogden – ähnlich wie in gelungenen frühen Interaktionen zwischen Säugling und Pflegeperson – »die (therapeutische) Möglichkeit, dass die Selbstanteile wieder – in modifizierter Form – reintrojiziert werden können« (Reich, 2008, S. 601). Auch Bion (1999) versteht die projektive Identifizierung als »Kommunikationsversuch«. Der Moment der Reintrojektion basiert auf dem Konzept des *Containments:* »Wenn der Patient danach strebte, sich von Todesängsten zu befreien, die seinem Gefühl nach zu stark waren, als dass seine Persönlichkeit sie in sich hätte bewahren können, spaltete er seine Ängste ab und legte sie in mich – den anderen – hinein; offenbar in der Vorstellung, dass sie, wenn sie lange genug in mir ruhen dürften, von meiner Psyche modifiziert werden würden, um dann gefahrlos reintrojiziert werden zu können« (Bion, 1962b, S. 122 ff., eigene Übers.).

In Weiterentwicklungen der ursprünglichen Definition der projektiven Identifizierung wird der Aspekt der Kommunikation (z. B. Joseph, 1997) hervorgehoben. Ein anderes Ich, die frühe Pflegeperson, übernimmt gewisse Funktionen für das eigene Ich.

Projektive Identifizierung kann als etwas unbeholfener, an den eigenen Bedürfnissen orientierter und die Souveränität des Gegenübers missachtender Kommunikationsversuch verstanden werden, durch den das Gegenüber um Mithilfe bei der Bewältigung des eigenen Zustandes bzw. bei der Affektregulation »gebeten« wird.

Wichtig und zumeist weniger bekannt ist die Unterscheidung zwischen einer *defensiven* und einer *adaptiven* projektiven Identifizierung (Schore, 2003, dt. 2007/2009, S. 124 f.), welche Bion (1962a, 1962b) auch als *anormale/pathologische* und *normale* projektive Identifizierung bezeichnet:
– Defensive/anormale/pathologische projektive Identifizierung: Um einen unangenehmen Affektzustand abzuwehren bzw. kontrollieren zu können, wird er gewaltsam ausgelagert. Der Schwerpunkt liegt somit mehr auf der Abwehr als auf der Bewältigung. So wurde die projektive Identifizierung vor allem von Klein (1946) verwendet.
– Adaptive/normale projektive Identifizierung: Um einen affektiven Zustand kommunizieren zu können (in der Hoffnung, dass die Bezugsperson bei der Regulation behilflich ist und man den Zustand dadurch bewältigen kann), wird dieser psychische Zustand in die andere Person hineingelegt (Hinshelwood, 1993, S. 271).

Projektive Identifikation als interpersoneller Mechanismus zur Entwicklung der Affektregulation

Aufgrund neurobiologischer Befunde zur Hirnentwicklung beschreibt Schore die frühe, noch nicht verbale Kommunikation zwischen Pflegeperson und Kind psychobiologisch als eine Interaktion der jeweiligen rechten Hemisphären. Die rechte Gehirnhemisphäre ist die Gehirnhälfte, die frühe, vorsprachliche Interaktionserfahrungen speichert. Sie ist »spezialisiert auf die Verarbeitung emotionaler Informationen« und »dominant für […] das implizite Lernen« (Schore, 2003, dt. 2007/2009, S. 91). Sie ist der Ort der »inneren Arbeitsmodelle« (Bowlby, 1973), die aufgrund früher Beziehungserfahrungen entwickelt werden. Sie spielt daher »eine wesentliche Rolle bei der nicht bewussten Bewertung der positiven oder negativen emotionalen Bedeutsamkeit sozialer Stimuli« (S. 104), z. B. bei der Einschätzung mimischer Glaubwürdigkeit (S. 104; Winston, Strange, O'Doherty u. Dolan, 2002). Sie ist dominant bei der »Wahrnehmung emotionaler Bewusstseinszustände anderer Menschen« (Schore, 2003, dt. 2007/2009, S. 105) und somit für die gesamte nonverbale Kommunikation bedeutsam (S. 91).

Die frühe Pflegeperson ist auf den Output der rechten Hemisphäre ihres Säuglings eingestimmt, um dessen Schwankungen im internen Zustand zu erfassen und um abgestimmt darauf reagieren zu können. Diese unbewussten emotionalen Kommunikationen sind Prozesse adaptiver projektiver Identifikationen, die die »erfahrungsabhängige Reifung der rechten Hemisphäre des Säuglings« unterstützen (S. 103).

»Emotionale und nonverbale Kommunikation« geschieht auf allen sensorischen Ebenen: mittels spontaner sozialer Handlungen (»spontane Gesten«) wie auch mimischer und prosodischer Reize. Indem wir »den emotionalen Zustand eines Anderen durch aktivierte somatosensorische Repräsentationen erkennen, erfahren wir, wie sich der Andere fühlen könnte, wenn er einen bestimmten Gesichtsausdruck zeigen würde« (S. 105).

Es wird durch die Kommunikation zwischen zwei limbischen Systemen quasi eine biologische Einheit zwischen früher Pflegeperson und Säugling hergestellt. Das limbische System stellt die »Zentrale des endokrinen und vegetativ-nervösen Regulationssystems« dar und ist »wesentlich für die affektive Tönung des Gesamtverhaltens, für emotionale Reaktionen (Wut, Furcht, Zuneigung)«. Es spielt »wahrscheinlich auch eine Rolle für die Gedächtnis- und Lernfunktionen des Gehirns« (Margraf u. Müller-Spahn, 2009, S. 808). Durch diese enge neurologische Verknüpfung zwischen 1. emotionalen Reaktionen, 2. vegetativer Regulation und 3. Lern- und Gedächtnisfunktionen wird der Zusammenhang zwischen sozioemotionalen Lernerfahrungen (einer abgestimmten bzw. nicht abgestimmten nonverbalen Kommunikation) und der Ausbildung der Fähigkeit zur Affektregulation deutlich.

»Der primitive Mechanismus der projektiven Identifikation wird in der frühen Interaktion aktiviert und ermöglicht im günstigen Fall eine gemeinsam hervorgebrachte affektregulierende Strategie, d. h. einen präverbalen, körperlich basierten Dialog zwischen zwei rechtsseitigen limbischen Systemen« (Schore, 2003, dt. 2007/2009, S. 104). Mithilfe projektiver Identifikationen werden Affekte mitgeteilt und ausgetauscht. Es geht dabei um Primäraffekte (Freude, Verachtung, Ekel, Angst, Neugier, Wut), die an sich schon eine Signalfunktion zur Beziehungssteuerung darstellen (Krause, 2008) Die projektive Identifikation bildet gleichsam den Kanal der Übermittlung.

Affekte, die noch nicht mentalisiert worden sind, machen sich u. a. durch vegetative Ausdrucksformen bemerkbar, z. B. über die Veränderungen in Atmung, Puls, Blutdruck, Muskeltonus, Verdauung und Stoffwechsel. Die Fähigkeit der Regulation bzw. die »Aushaltefähigkeit« bezieht sich in solchen Momenten schwerpunktmäßig auf die Kontrolle des autonomen Nervensystems – eines Systems, das sich der willentlichen Kontrolle entzieht. Da ein Säugling nur bedingt die Kontrolle über seine vegetativen Zustände hat, muss es nach Winnicott »hinreichend gute Fürsorgepersonen« geben, die – mittels Affektspiegelung, -markierung und Containment, letztlich Spielarten der rechtshemisphärischen Kommunikation – bei der Regulation und Mentalisierung dieser vegetativen Zustände helfen und anhand derer sich die Affektregulations- und Mentalisierungsfähigkeit des Säuglings bzw. des Kleinkindes ausbilden kann (Fonagy, Gergely, Jurist u. Target, 2002, dt. 2004). »In face-to-face-Interaktionen benutzt das Kind den Output des emotionsregulierenden rechten Cortex der Mutter als eine Matrix für die Prägung – die ›Hardware-Vernetzung der Kreisläufe im eigenen rechten Cortex‹ –, was dazu führt, dass die eigenen Fähigkeiten erweitert werden. [...] Die regulierenden Emotionstransaktionen der adaptiven projektiven Identifikation, die zu einer sicheren Bindung führen, haben mächtige strukturbildende Auswirkungen« (Schore, 2003, dt. 2007/2009, S. 108).

Bleibt diese Möglichkeit der interaktiven Affektregulation verwehrt, kann die eigene, selbstständige Affektregulationsfähigkeit nur ungenügend ausgebildet werden: Per projektiver Identifikation wird der eigene, dysregulierte affektive Zustand – bzw. die damit einhergehenden vegetativen Zustände – in die andere Person verlagert. Dies ist die defensive, pathologische Variante.

Projektive Identifikation in der therapeutischen und pädagogischen Arbeit

Ebenso, wie durch eine nicht abgestimmte emotionale Kommunikation zwischen Mutter und Kind die Affektregulationsfähigkeit nicht genügend bzw. verzerrt ausgebildet werden kann und im weiteren Verlauf der Biografie immer wieder auf die primitiven Abwehrmechanismen zurückgegriffen werden muss (weil keine anderen Strategien der Affektregulation erlernt wurden), können – im Idealfall – durch eine richtig gehandhabte emotionale Interaktion (z. B. zwischen Therapeut und Patient) neue Strategien der Affektregulation erlernt werden. Ziel ist dabei, »die exzessive Benutzung der projektiven Identifikation durch reifere Abwehroperationen zu ersetzen« (Schore, 2003, dt. 2007/2009, S. 93).

Das Verhältnis zwischen »Mitteilungs- und Verstehensabsicht« und dem »Wunsch nach Entladung von Spannung« wird therapeutisch genutzt, indem der Therapeut versucht, die defensive projektive Identifizierung des Patienten als adaptive projektive Identifizierung zu verstehen: als Kommunikation eines Hilfeersuchen bei der Affektregulation. Das heißt, dass sich in der Behandlungssituation eine frühere traumatische Situation wiederholen darf, durch welche die innere Repräsentation eines »Dysregulierten-Selbst-in-Aktion-mit-einem-nicht-abgestimmten-Objekt« (S. 109; Stern, 1995, dt. 1998) aktiviert wird – nun aber in Interaktion mit einer fähigeren Bezugsperson (eben einer »good enough mother«), die den kommunikativen Anteil in dieser projektiven Identifikation erkennt und – anstatt ihn abzuwehren – bei der Regulation des aufgetauchten Stresszustandes hilft.

Das Erkennen der Inhalte und Anteile, die der Patient mittels projektiver Identifizierung auslagert (Selbst- und Objektrepräsentanzen und/oder primäre Affekte wie z. B. Wut, Ekel, Angst, Trauer bzw. sogar nur deren vegetative Korrelate) wird durch die Identifizierung des Therapeuten mit dem projizierten Zustand möglich.

Es können Affekte sein, die dem präverbalen Bereich entstammen und noch nicht mentalisiert worden sind bzw. werden konnten oder auch sehr undifferenzierten Körpersensationen. Die Identifikation des Therapeuten mit dem Zustand des Patienten in solchen Momenten kann unter Umständen allein über das *Körperbewusstsein* geschehen, das heißt z. B. über die vegetativen und viszeralen Wahrnehmungen im eigenen Körper, wie etwa Müdigkeit, Erregung, Anspannung, Bauchschmerzen, erhöhte Schweißproduktion, erhöhter Puls und Blutdruck, flache Atmung etc.

Das bedeutet, dass der Therapeut seinen eigenen vegetativen Zustand während der Behandlung als Reaktion auf die Interaktion mit dem Patienten ernst nehmen und sie gegebenenfalls als *dessen* Körpergefühle (bzw. die vegetativen Begleiterscheinungen seiner Affekte) verstehen sollte, welche dieser versucht, mithilfe primitiver Abwehrmechanismen (*projektive Identifikation* oder *Dissoziation*) abzuwehren (defensiv) bzw. zu bewältigen (adaptiv).

Um mit den dissoziierten Affekten zu arbeiten, erfasst der Therapeut die Signale des körperlich gespürten Gefühls und nutzt sie als eine Quelle des autonomen Feedbacks von abgespaltenen Affekten des Patienten. Sie dienen zugleich als Angelpunkt zur Entwicklung von Bewusstsein.

Zentral ist dabei die Fähigkeit des Therapeuten, diese vegetativen Zustände in sich aushalten und autoregulieren zu können und *währenddessen* – das heißt während des Regulationsvorgangs – in Interaktion mit dem Patienten zu bleiben. Durch diese Haltung nimmt der Therapeut gleichsam die Rolle der Mutter bzw.

der »hinreichend guten Fürsorgeperson« ein, die bei der »Transformation von negativen hin zu positiven Gefühlen hilft« (Schore, 2003, dt. 2007/2009, S. 131). Diese Erfahrung bietet dem Patienten die Möglichkeit, eigene Fähigkeiten der *Affektregulation* und *Mentalisierung* entlang den Fähigkeiten des Therapeuten auszubilden. Das heißt, der Therapeut holt das nach, was eigentlich die Aufgabe einer Fürsorgeperson in der frühen Kindheit gewesen wäre.

Es handelt sich demnach um einen entwicklungsförderlichen Prozess. Eine Fallvignette aus der klinischen Arbeit soll diese Interaktionsprozesse verdeutlichen:

Der zwölfjährige David befand sich in stationärer Behandlung wegen seiner bedrohlich aggressiven Ausbrüche. Obwohl hochintelligent, war er von der Schule verwiesen worden, da sich Lehrer und Kinder gleichermaßen durch sein Verhalten extrem verängstigt fühlten.

Die Eltern gaben wenig hinsichtlich seiner frühen Entwicklung zu erkennen. Es lag jedoch nahe, dass David in seiner Kindheit wiederholt Zuständen ausgesetzt war, „in denen sein Selbst von Desintegration oder Fragmentierung bedroht war. […] Psychoneurologische Regulationen […] waren – so war zu vermuten – durch Mutter oder Vater nicht oder nur mangelhaft übernommen worden. Seine Fähigkeit zur Affektregulation war defizitär entwickelt. Sein inneres Arbeitsmodell könnte man als ein ›Selbst mit einem dysregulierenden Anderen‹ bezeichnen (Stern, 1995, dt. 1998; Streeck-Fischer, 2014, S. 206).

Es gab gleichsam keine Verbindung zwischen dem frühen und emotionalen Selbst und dem kognitiven und versprachlichten Selbst. Teicher, Anderson, Polcari, Anderso und Navalia (2002) haben solche Phänomene bei Kindern, die von einem logischen, überwertigen linkshemisphärischen State in einen hochnegativen emotionalen rechtshemisphärischen State abrupt wechseln, damit erklärt, dass durch frühe Störungen in der Mutter-Kind-Interaktion die Integration der rechten und linken hemisphärischen Funktionen gestört wird und zwei hermetisch gegensätzliche Zustände vorherrschen (vgl. Streeck-Fischer 2014 S. 221). So konnte David abrupt wechseln in einen Zustand, in dem er sich überfordert oder bedroht fühlte, verbunden mit rauschhafter Aggressivität.

Die Gegenwart eines regulierenden anderen fehlte in seiner Entwicklung. Eigene Bedrohung wurde nach außen in andere verlagert, wie die folgende Szene verdeutlicht: Plötzlich liefen alle Kinder voller Panik von draußen in ihre Zimmer und die Erzieher wagten sich nicht auf das Gelände, weil David dort tobend und wild gestikulierend herumschrie. Seine Bezugserzieherin ging hinaus und näherte sich ihm vorsichtig, wobei sie immer darauf achtete, wie nah sie an ihn herankommen durfte. Sie kündigte jeden ihrer Schritte an. Sie kam langsam näher und achtete auf das Verhalten von David. Wenn er nicht reagierte, ging sie weiter in Richtung Schaukel. Dieses vorsichtige Sichannähern zog sich über einen längeren Zeitraum hin. Als sie bei der Schaukel angekommen war, setzte sie sich einfach nur auf die Schaukel und schwieg. David setzte sich daraufhin neben sie und hielt die eine Hand zur Faust geballt. Die Erzieherin schwieg weiter, schaute einfach mit David in dieselbe die Richtung (kein direkter Augenkontakt, denn das wäre für David wahrscheinlich zu bedrohlich gewesen) und strahlte die Haltung aus: »So, wie es gerade ist, ist alles in Ordnung.« Sie schaukelte in seinem Rhythmus mit und sagte aber weiterhin nichts, sondern strahlte einfach nur aus: »Ich bin auf deiner Seite.«

Neben der Bedrohtheit spürte die Erzieherin eine tiefe Verzweiflung in sich, die ihr unbekannt war und die sie mit David in Verbindung brachte. Sie erlebte diese Verzweiflung so intensiv, dass sie anfing zu weinen. Sie wehrte sich nicht dagegen, sondern nahm diesen Zustand einfach an.

Nach einer Weile stand David auf und ging ins Haus zum Aquarium, wobei er weiterhin die Hand zur Faust geballt hatte. Die Erzieherin folgte ihm, und sie setzten sich vor dem Aquarium zusammen hin. Plötzlich fing David an zu weinen, und die Erzieherin weinte mit. Es war ein dichter Moment zwischen ihr und David, und das gemeinsame Weinen wurde zu einem »Ausdruck eines gemeinsamen unerträglichen affektiven Zustands« (vgl. Stern, 1995, S. 98). Dann fing David an zu erzählen, was los war: »Zwei jüngere Kinder der Station hatten einen Regenwurm gefunden und überlegten, wie sie ihn töten könnten: in der Sonne vertrocknen lassen oder einfach durchteilen.« Ihm war, als hörte er den Regenwurm schreien, und spürte dessen Angst. Dann öffnete David die Hand und zeigte den kleinen Regenwurm. Die Erzieherin sagte: »Ich bin jetzt traurig«, woraufhin David auch plötzlich sehr ruhig sagen konnte: »Ja, ich bin auch traurig.« Allmählich wurde es ruhiger in und zwischen beiden und irgendwann war David innerlich so ruhig, dass er wieder zurück in den Alltag gehen konnte.

In der Folgezeit war David seinen Affekten nicht mehr einfach ausgeliefert, sondern konnte einen inneren Konflikt bzw. starken affektiven Zustand erkennen und diesen aufschieben, um ihn dann zusammen bzw. in Interaktion mit der Person anzuschauen und zu klären, bei der er sich sicher und geborgen fühlte. Zwischen der Erzieherin und David gab es die Übereinkunft: »Wollen wir erst mal schaukeln gehen?« Die Schaukel etablierte sich also als der »sichere Ort«, und die Situation bzw. die Kommunikation verlief immer wieder ähnlich wie beim ersten Mal auf der Schaukel: David hatte einen unangenehmen Affektzustand gewaltsam ausgelagert, um ihn abzuwehren bzw. kontrollieren zu können, es war ein defensiver Abwehrvorgang. In diesem speziellen Fall lag möglicherweise sogar eine doppelte projektive Identifizierung vor: David identifiziert sich mit dem Regenwurm bzw. mit dessen Situation des realen Bedrohtseins und wird selbst bedroht/bedrohlich.

Die Wandlung der Situation begann dann in dem Moment, als die Erzieherin sich nicht gegen die Traurigkeit und Bedrohtheit wehrte, die sie in sich selbst erlebte, und ihr eigenes Erleben annahm, indem sie sich das Weinen erlaubte. Der zweite Schritt der Wandlung geschah dann dadurch, dass die Erzieherin Davids Bedrohung in Verbindung mit einer Vernichtungsangst verstand und sein Verhalten als »primären Abwehr- und Schutzmechanismus [...] eines unreifen oder überwältigten Ichs« (Streeck-Fischer, 2014, S. 206). Und genau dadurch konnte sich die zunächst *defensive* in eine *adaptive* projektive Identifizierung wandeln: Um einen affektiven Zustand kommunizieren zu können, wird dieser psychische Zustand in die andere Person hineingelegt in der Hoffnung, dass die Bezugsperson bei der Regulation behilflich ist und man den Zustand dadurch *bewältigen* kann (Hinshelwood, 1993, S. 271).

Weil die Erzieherin nicht nur die Abwehr *erkannte*, sondern David in dem Moment sogar eine dieser »Beziehungsformen, in denen sich Qualitäten von frühen Pflegesituationen wiederfinden« ermöglichte, übernahm sie in dem Moment »selbstobjekthafte psychologische Regulationsfunktionen, die normalerweise eine frühe Pflegeperson übernimmt und die zur Herstellung eines homöostatischen Gleichgewichts erforderlich sind« (Streeck-Fischer, Kepper-Juckenack, Kriege-Obuch, Schrader-Mosbach und Eschwege, 2003, S. 627). Dadurch ermöglichte sie David das, was ihm in dem Moment anscheinend allein nicht möglich war: den Kontakt zu seinem gesamten psychischen Zustand, die Affektregulation und den Ausdruck des eigentlichen, zugrunde liegenden Gefühls herzustellen.

In der Situation, als die Erzieherin und David gemeinsam vor dem Aquarium weinten als »Ausdruck des gemeinsamen Betroffenseins«, tritt das zutage, was Buck als die »*Konversation zwischen zwei limbischen Systemen*« versteht, und über das er sagt, dass in solchen Momenten »Die Individuen in dieser spontanen Kommunikation eine *biologische Einheit*« (Buck, 1994, S. 266, eigene Übers.) konstituiere. Hofer (1996) spricht ausgehend von Tiermodellen in der frühen Entwicklung von der Übernahme von neuropsychobiologischen Regulationsfunktionen der frühen Pflegeperson.

Darin, dass es David zuvor wahrscheinlich nicht bewusst war bzw. er es nicht in Worte fassen konnte, dass er gerade »traurig« ist, spiegelt sich seine noch mangelhaft ausgebildete Fähigkeit, sich zu erkennen, wider bzw. die mangelhafte *Verknüpfung* zwischen der rechten und linken Hemisphäre. Indem aber die Erzieherin in sich dieses Gefühl »Traurigkeit« erlebte, war es David vielleicht möglich, seine eigenen Gefühle durch diesen Spiegel zu erkennen *(Affektspiegelung)*. Und dass – nachdem die Erzieherin ihre Gefühle in Worte gefasst hatte (»Ich bin jetzt traurig«), David auch sagen konnte: »Ja, ich bin auch traurig« – er dies also *verbalisieren* konnte, was er emotional *erlebt*, mag darauf hinweisen, dass in diesem Moment eine *Verknüpfung zwischen rechter (Sprache) und linker (Emotionen) Hemisphäre* möglich wurde.

Dass David in darauffolgenden Situationen bewusst den Kontakt zu der Erzieherin suchte, zeigt seine neu gewonnenen Fähigkeiten zur *Affektregulation* und *Mentalisierung. Es wird deutlich,* dass er seinen Affekten nicht mehr einfach ausgeliefert war und sich nicht anders zu helfen wusste, als um sich zu schlagen, sondern dass er einen inneren Konflikt bzw. starken affektiven Zustand erkennen, kommunizieren und aufschieben konnte, um ihn dann zusammen bzw. in Interaktion mit der Person anzuschauen und zu klären, bei der er sich sicher und geborgen fühlte, und bei der er wusste, dass er bei ihr die Hilfe zur »Affektregulation« finden würde, die er für sich brauchte.

Um solche Erfahrungen zu ermöglichen, ist es »Not-wendig«, dass der therapeutisch Tätige den Affekt, der vom Kind auf ihn übergeht bzw. durch die Interaktion in ihm ausgelöst wird, in sich wahrnimmt und aushält. Im hier dargestellten Beispiel hat sich die Erzieherin nicht gegen das Gefühl des Bedrohtseins und der Traurigkeit gewehrt, sondern es erst einmal wahrgenommen, ernst genommen, hat es da sein lassen und nichts gesagt, sondern stattdessen diesem Erleben einfach den ihm angemessenen Ausdruck gegeben.

Schafft es der bzw. die therapeutisch Tätige nicht, den vom Patienten in ihn hineinverlagerten Affekt rechtshemisphärisch *auszuhalten* (z. B. aus eigener Angst vor Ambiguität, mangelnder Differenzierung, Nonlinearität, Chaos oder vor einer Überwältigung durch den Affekt bzw. damit einhergehenden vegetativen Reaktionen), und wehrt den Affekt ab, könnte sich dies z. B. in einem zu frühen Wechsel in die linke Hemisphäre und damit einer zu frühen kognitiven Antwort (z. B. Deutung) äußern. Dies würde keine Entwicklung in Gang bringen, da das Kind möglicherweise in den gleichen Stress gerät, den es als Säugling in einer solchen Situation erlebt hat und den es damals schon versucht hat, mithilfe der »defensiven regulatorischen Strategien der Dissoziation und projektiven Identifikation« (Schore, 2003, dt. 2007/2009, S. 108) abzuwehren. Der »Teufelskreis« nimmt damit von Neuem seinen Lauf. Da das Kind aber für genau solche Situationen eben noch keine anderen Strategien als damals zur Verfügung hat, wird es weiter – und vielleicht sogar umso heftiger – versuchen, seine unregulierten Affekte projektiv abzuwehren und auf den Therapeuten zu übertragen.

Diese Abwehr des Therapeuten würde dann den re-aktivierten Zustand eines »Dysregulierte[n]-Selbst-in-Aktion-mit-einem-nicht-abgestimmten-Objekt« nur ein weiteres Mal erfahrungsmäßig bestätigen und sogar verstärken und hätte dadurch den genau gegenteiligen Effekt als den gewünschten therapeutischen.

In diesem Prozess der Wahrnehmung der eigenen autonomen Reaktionen (rechte Hemisphäre) muss der therapeutisch Tätige immer den Zugang zur linken Hemisphäre behalten, in der ein »Symbolisieren« und »Mentalisieren« der erlebten Zustände möglich ist, um dem Kind ebenfalls diesen Übergang vom *Erleben* zum *Mentalisieren* zu ermöglichen. Denn: »[E]in adäquater Weg des Erlebens ist durch eine reflexive Aufmerksamkeit für das Gespürte in einer Situation charakterisiert« (Schore, 2003, dt. 2007/2009, S. 141).

Zusammenfassend lassen sich somit zwei Behandlungsziele eines in dieser Form gestalteten Prozesses herausstellen: 1. die Entwicklung eines »reflexiven Selbst«, das zu Introspektion in der Lage ist, und 2. die Fähigkeit, Konfusion und Ambiguität im affektiven Erleben in sich auszuhalten, »wo vorher das Bedürfnis vorherrschte, deren Existenz durch Veräußerung zu verleugnen« (S. 142). Damit wird die erfahrungsabhängige Entwicklung der rechten Hemisphäre – von der man weiß, dass sie bei der »Fähigkeit zur Tolerierung und Integration der Vielschichtigkeit der Perspektiven, der Affekte und der Selbst- und Objektrepräsentationen hin zu einem bedeutungsvollen Ganzen dominant« ist (S. 143) – reaktiviert und ein Entwicklungsprozess in Gang gebracht, der vorher verunmöglicht war.

In der gemeinsam gestalteten Situation und besonders durch die Einbeziehung des Körpers in die Interaktion, entfaltet sich die Möglichkeit, einem undifferenzierten, bis jetzt nur körperlich gespürtem und noch nicht mentalisiertem Gefühl eine Bedeutung zu geben, worin Stolorow und Atwood das Potenzial sehen, dass sich »Affekte in ihrer frühesten Form, wo sie als körperliche Sensationen erlebt wurden, hin zu subjektiven Zuständen, die allmählich verbal artikuliert werden können« (Stolorow u. Atwood, 1992, S. 42, eigene Übers.) entwickeln.

Bei David ist durch die Erfahrung mit der Erzieherin möglich geworden, die »Wiederfortsetzung der erfahrungsabhängigen Entwicklung der rechten Hemisphäre« zurückzugewinnen (Schore, 2003, dt. 2007/2009, S. 143). Dass ihm die Artikulation seiner Zustände auch weiterhin gelang, davon zeugt sein über seinen Klinikaufenthalt bestehendes Vertrauen zu der Erzieherin, die er auch nach seiner Entlassung noch zweimal in der Klinik anrief, um mit ihr zu besprechen, welche Schule er besuchen sollte oder ob er besser bei seiner Mutter oder seinem Vater leben sollte.

Schores Relevanz heute

Schore ist weiterhin aktiv, vielfältige, insbesondere neurobiologische Forschungsergebnisse in Bezug auf die frühe Entwicklung aufzugreifen und damit neue und fundierte Modelle für die Psychoanalyse und Traumaforschung zu eröffnen. Durch sein Einbeziehen von Befunden aus den unterschiedlichen wissenschaftlichen Feldern bietet er dem Leser zum Teil schwer verdauliche Kost an. Seine Integrationen sind nicht immer leicht zu verstehen.

Dem Vorwurf, er würde in seinen Arbeiten das freudsche Triebkonzept nicht genügend berücksichtigen, ist er mit einer Arbeit entgegengetreten »After Freud's Project: Is a Approachment of Psychoanalysis and Neurobiology at Hand?« (Schore, 1997; Rass, 2012). Indem er die Affektforschung bis in die »Dekade des Gehirns« nachzeichnet, betont er zugleich, dass neuere Modelle trotz ihres Paradigmenwechsels die Triebaspekte nicht gänzlich vernachlässigen dürfen.

Schore bezieht sich in seinen Konzepten vor allem auf die Selbst-Psychologie Kohuts und die Bindungstheorie Bowlbys. Gerade sein Modell in Bezug auf die affektregulativen Funktionen in umschriebenen Bereichen des Nervensystems und die epigenetischen Funktionen erklärt in erstaunlicher Genauigkeit die Wirkweisen des Gehirns (Kaplan-Solms u. Solms, 2002, dt. 2003/2007). Wenn er von der rechten Hemisphäre als dem Ort des freudschen Unbewussten spricht, so ist damit das Unbewusste gemeint, das nie bewusst war.

Literatur

Bion, W. (1962a). A theory of thinking. The International Journal of Psychoanalysis, 43, 306–310.
Bion, W. (1962b). Learning from experience. London: Heinemann.
Bion, W. (1999). Attacks on linking. The International Journal of Psychoanalysis, 40, 308–315.
Bowlby, J. (1973). Attachment and loss. Separation: Anxiety and anger. New York: Basic Books.
Buck, R. (1994). The neuropsychology of communication. Spontaneous and symbolic aspects. Journal of Pragmatics, 22 (3–4), 265–278.
Fonagy, P., Gergely, G., Jurist, E. L., Target, M. (2002, dt. 2004). Affektregulierung, Mentalisierung und die Entwicklung des Selbst. Stuttgart Klett-Cotta.
Hinshelwood, R. D. (1993). Wörterbuch der Kleinianischen Psychoanalyse. Stuttgart: Verlag Internationale Psychoanalyse.
Hofer, M. A. (1996). Hidden regulators. Implications of a new understanding of attachment and separation and loss. In S. Goldberg, R. Muir, J. Kerr (Eds.), Attachment theory. Social, developmental, and clinical perspectives (pp. 203–230). Hillsdale, NJ: Analytic Press.
Joseph, B. (1997). Projective identification. In R. Schafer (Ed.), The contemporary Kleinians of London (pp. 100–116). Madison, CT: International Universities Press.
Kaplan-Solms, K., Solms, M. (2002, dt. 2003/2007). Neuropsychoanalyse. Stuttgart: Klett-Cotta (Orginal: Clinical studies in neuro-psychoanalysis: introduction to a depth neuropsychology).
Klein, M. (1946). Bemerkungen über einige schizoide Mechanismen. In R. Cycon (Hrsg.), Melanie Klein: Gesammelte Schriften, Bd. 3 (S. 3–41). Stuttgart Fromann-Holzboog.
Klein, M. (1969/1972). Über das Seelenleben des Kleinkindes. Reinbek: Rowohlt.
Krause, R. (2008). Affekt, Emotion, Gefühl. In W. Mertens, B. Waldvogel (Hrsg.), Handbuch psychoanalytischer Grundbegriffe (3. Aufl., S. 31–38). Stuttgart: Kohlhammer.
Margraf, J., Müller-Spahn, F. J. (2009). Psychrembel Psychiatrie, Klinische Psychologie, Psychotherapie. Berlin: Walter de Gruyter.
Ogden, T. H. (1988). Über die projektive Identifizierung. Forum der Psychoanalyse, 4, 1–21.

Ogden, T. H. (1990). On the structure of experience. In B. Boyer, P. L. Giovacchini (Eds.), Master clinicians on treating the regressed patient (pp. 69–95). Northvale NJ: Aronson.

Rass, E. (2012). Allan Schore: Schaltstellen der Entwicklung. Eine Einführung in die Theorie der Affektregulation mit seinen zentralen Texten. Stuttgart: Klett-Cotta.

Reich, G. (2008). Projektive Identifizierung. In W. Mertens, B. Waldvogel (2008), Handbuch psychoanalytischer Grundbegriffe (3. Aufl., S. 600–603). Stuttgart: Kohlhammer.

Schore, A. N. (1994/2016). Affect regulation and the origin of the self: the neurobiology of emotional development. New York: Psychology Press.

Schore, A. N. (1997). A century after Freud's project: is a rapprochement between psychoanalysis and neurobiology at hand? The Journal of the American Psychoanalytic Association, 45 (3), 807–840.

Schore, A. N. (2003, dt. 2007/2009). Affektregulation und die Reorganisation des Selbst. Stuttgart: Klett-Cotta (Original: Affect regulation and the repair of the self).

Stern, D. (1995, dt. 1998). Die Mutterschaftskonstellation. Eine vergleichende Darstellung verschiedener Formen der Mutter-Kind-Psychotherapie. Stuttgart: Klett-Cotta (Original: Motherhood constellation: a unified view of parent-infant psychotherapy).

Stolorow, R. D. Atwood, G. E. (1992). Contaxt of being. The intersubjective foundation of psychological life. Hillsdale NJ: Analytic Press.

Streeck-Fischer, A. (2014), Trauma und Entwicklung. Folgen in der Adoleszenz. Stuttgart: Schattauer.

Streeck-Fischer, A., Kepper-Juckenack, I., Kriege-Obuch, C., Schrader-Mosbach, H., Eschwege, K. von (2003). »Wehe, du kommst mir zu nahe« – Entwicklungsorientierte Psychotherapie eines gefährlich aggressiven Jungen mit frühen und komplexen Traumatisierungen. Praxis der Kinderpsycholgie und Kinderpsychiatrie, 52, 620–638,

Teicher, M. H., Anderson, S., Polcari, L., Anderso, C. M., Navalia, C. M. (2002). Developmental neurobiology of childhood stress and trauma. Psychiatric Clinic of North America, 25, 297–426.

Winnicott, D. (1953). Transitional objects and transitional phenomena. The International Journal of Psycho-Analysis, 34, 98–92.

Winston, J. S., Strange, B. A., O'Doherty, J. O., Dolan, R. I. (2002). Automatic and intentional brain response during evaluation of trustworthiness of faces. Nature Neuroscience, 5, 277–283.

Entwicklungstheorien im Vergleich – grafische Übersicht

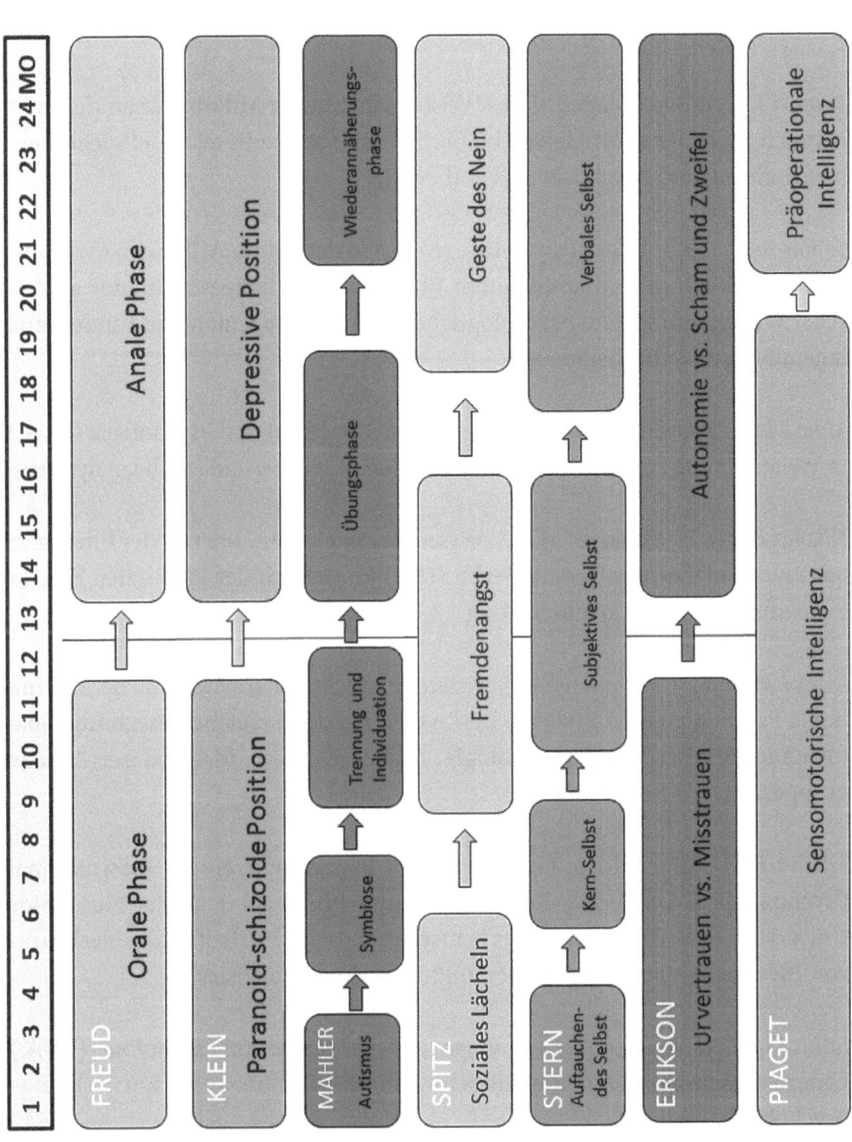

Die Autoren und Autorinnen

Samuel Bayer, Psychologe (M. A.), Wissenschaftlicher Mitarbeiter an der International Psychoanalytic University Berlin (IPU) in den Bereichen Psychotherapieforschung und Psychosenpsychotherapie.

Tobias Becker, Klinischer Psychologe (M. A.) in der Klinik Arlesheim (Schweiz) in der stationären und ambulanten Psychiatrie. In fortgeschrittener analytischer Weiterbildung zum psychologischen Psychotherapeuten und Kinder- und Jugendlichenpsychotherapeuten.

Anna Marijke da Coll, Abschluss in Germanistik (Mag.) und Psychologie (M. A.). In Weiterbildung zur psychologischen Psychotherapeutin und Psychoanalytikerin.

Nikolas Heim, Psychologe (M. A.), wissenschaftliche Mitarbeit an der International Psychoanalytic University Berlin (IPU) im Bereich der Klinischen Psychologie und Psychotherapieforschung.

Jenny Kaiser, Psychologin (M. A.), wissenschaftliche Mitarbeiterin an der International Psychoanalytic University Berlin (IPU) in den Bereichen Psychotherapieforschung, Entwicklungspsychologie, Affektforschung. Mitglied der Arbeitsgruppe OPD-KJ Beziehung.

Adrian Kind, Psychologie (B. A.), studiert Psychologie an der International Psychoanalytic University Berlin (IPU) und Philosophie an der Humboldt-Universität zu Berlin. Derzeitiger Schwerpunkt seiner Arbeit ist das Verhältnis von Psychoanalyse und der neueren Philosophie des Geistes.

Julius Kohlhoff, Wirtschaftspsychologe (B. A.) und Studium Psychologie (M. A.). Unternehmensberater. Tätigkeitsschwerpunkte Kultur- und Entwicklungspsychologie.

Lydia Kruska, Psychologin (M. A.) und Diplom-Pädagogin (Rehab.), wissenschaftliche Mitarbeiterin an der International Psychoanalytic University Berlin (IPU) in den Bereich Psychotherapieforschung, Entwicklungspsychologie, Diagnostik. In Weiterbildung zur psychologischen Psychotherapeutin (Psychoanalyse und tiefenpsychologisch fundierte Psychotherapie).

Charline Logé, Psychologin (M. A.), Wissenschaftliche Mitarbeiterin an der International Psychoanalytic University Berlin (IPU) in den Bereichen Psychotherapieforschung, Alterspsychotherapie. In Weiterbildung zur psychologischen Psychotherapeutin (Psychoanalyse und tiefenpsychologisch fundierte Psychotherapie).

Lucie Loycke-Willerding, Psychologin (M. A.), in Weiterbildung zur psychologischen Psychotherapeutin (Psychoanalyse und tiefenpsychologisch fundierte Psychotherapie).

Nora Martinkat, Psychologin (B. A.), Studentin Psychologie (M. A.) an der International Psychoanalytic University Berlin (IPU). Berufsvormund des Trägers Tutela Vormundschaften Berlin e. V.

Ulrike Mensen, Psychologin (M. A.), in Weiterbildung zur psychologischen Psychotherapeutin (tiefenpsychologisch fundierte Psychotherapie). Traumafachberaterin (DeGPT). Psychologin in der gemeindepsychiatrischen Versorgung im Berliner Krisendienst der Region Ost.

Peter Nyssen, Diplom-Soziologe und Psychologe (M. A.), arbeitet als Systemischer Therapeut in Berlin.

Ricarda Ostermann, Psychologin (M. A.) in Weiterbildung in der Fachrichtung Tiefenpsychologisch fundierte Psychotherapie und Psychoanalyse, Psychologin in der Jugendhilfe im Don-Bosco-Zentrum, Berlin Marzahn-Hellersdorf.

Lucia Röder, Dipl.-Psych., Ausbildungskandidatin der MAP München (Münchner Arbeitsgemeinschaft für Psychoanalyse).

Anikó Zeisler, B. A. Psychologin, Master-Studierende des Studienganges Psychologie, Familien- und Einzelfallhelferin in der Kinder- und Jugendhilfe Trialog e. V.